ENCICLOPEDIA DE EJERCICIOS DE MUSCULACIÓN

力量训练解剖全书

肌肉与力量的解剖学认知及科学训练方案

〔西〕奥斯卡·莫兰◎著

〔西〕伊莎贝尔·阿雷查瓦拉◎绘

杨　刘◎译

北京科学技术出版社

读者须知

运动学与医学是随着我们科研成果与经验的积累不断发展的。本书中所有的建议都由作者审慎提出。虽然如此，读者仍应根据自身情况和医生的建议来选择适合自己的运动方式。

因本书相关内容而造成的直接或间接的不良影响，出版社和作者概不负责。

Enciclopedia De Ejercicios De Musculación By Óscar Morán

© 2015 by Editorial Pila Teleña

All rights reserved.

Simplified Chinese edition copyright © 2021 Beijing Science and Technology Publishing Co., Ltd.

著作权合同登记号　图字：01-2020-7711

图书在版编目（CIP）数据

力量训练解剖全书 /（西）奥斯卡·莫兰著；（西）伊莎贝尔·阿雷查瓦拉绘；杨刘译 . — 北京：北京科学技术出版社，2021.11（2025.8 重印）

ISBN 978-7-5714-1310-1

Ⅰ. ①力… Ⅱ. ①奥… ②伊… ③杨… Ⅲ. ①肌肉 – 力量训练 – 图谱 Ⅳ. ① G808.14-64

中国版本图书馆 CIP 数据核字（2021）第 004894 号

策划编辑：周　浪		电　　话：0086-10-66135495（总编室）	
责任编辑：付改兰		0086-10-66113227（发行部）	
责任校对：贾　荣		网　　址：www.bkydw.cn	
图文制作：史维肖		印　　刷：北京宝隆世纪印刷有限公司	
责任印制：李　茗		开　　本：710 mm×1000 mm　1/16	
出版人：曾庆宇		字　　数：350千字	
出版发行：北京科学技术出版社		印　　张：22	
社　　址：北京西直门南大街16号		版　　次：2021年11月第1版	
邮政编码：100035		印　　次：2025年8月第10次印刷	
ISBN 978-7-5714-1310-1			

定　　价：98.00元

谨以此书献给我爱的人：

贝罗妮卡·莫兰·洛佩兹

致　谢

本书得以完成，得益于以下几位的帮助：

伊莎贝尔·阿雷查瓦拉

哈维尔·卡斯德洪

坎迪多·戈梅兹

胡安·马卡斯

哈维尔·莫兰

马尔克·皮拉

克拉乌蒂娅·罗梅洛

在此，谨致以诚挚的谢意。

序　言

　　传统的训练方式大多基于训练者的个人经验、训练习惯以及零散的训练学知识，往往不够系统和科学。在任何一家健身房，即便是最豪华的健身房，训练时动作不一、动作质量参差不齐的现象依然随处可见。这是因为，训练者普遍缺乏系统、科学的训练学知识的指导。

　　本书旨在说明，在健身房里流传的一些说法只不过是谣言或者个人经验，不具有普遍的指导意义。从生物学的角度来说，每项练习的效果因人而异，如果缺乏专业知识的支撑，那么对一些人来说有效的练习，用在另一些人身上也许就会造成运动损伤。我们期望通过体育运动来强身健体，但是很多情况下，由于缺乏相关知识，或者听从错误的建议，往往达不到预期的目标。

　　本书内容科学严谨，能够帮助读者理解每项练习背后的科学原理。同时，作者的介绍深入浅出、便于理解，没有使用过分生涩的训练术语，能够帮助读者根据自身需要快速准确地制订高效的训练计划。本书内容基于近年训练学的最新研究成果，辅以作者在运动指导方面多年的实践经验，而这正体现了作者的理念：将科学知识和实践经验结合起来，在做出科学指导的同时，提供具有实践意义的经验供读者参考。

　　我认为，本书条理清晰，精准呈现了我们对这类图书所期待的一切内容。本书摒弃了谬论和伪科学，剖析了有效训练的关键因素，能够为读者提供简明有效、科学合理的指导。我相信，在正确指导下训练是绝对值得付出时间和精力的。

　　本书不仅适合健身爱好者，也适合健身房的工作人员，它值得被耐心、反复地阅读。相信在本书的帮助下，读者能够制订出适合自己的训练计划，不再被错误的建议所左右。

弗朗西斯科 · 哈维尔 · 卡斯特容 · 奥利瓦

体育学硕士，教育学博士

西班牙马德里自治大学教育学院

前　言

　　你曾想过唯一可以陪伴你一生的东西是什么吗？也许你已经猜出来了，但我还得多说一句：你的一生都将完全依赖于它，它可以给你带来很多快乐，但如果你忽略了它，它就将变成沉重的负担。没错，它就是你的身体。

　　常言道："吃得好不好只有身体知道。"这句话只说对了一半。实际上，除了饮食之外，身体的好坏还取决于我们如何使用它。无论你以往读过什么或听过什么，如今已经没有人可以否认，力量训练能够让你更容易获得健康以及生活中的其他优势。而且从美学的角度出发，每个人都希望自己看上去更有魅力。此外，良好的身体素质毫无疑问可以让你在运动中，甚至在日常工作中拥有更高的效率。

　　那么，应该选择哪种运动呢？我向你推荐两种：力量训练和你喜欢的其他运动。在我自己训练以及指导他人训练的这25年中，从未有人反对过这句话：力量训练，配合适度的有氧运动和拉伸运动，是最全面的体育运动。除了力量训练之外，没有哪种运动可以如此科学、全面地锻炼我们的肌肉。我之所以向你推荐第二种运动，也就是"你喜欢的其他运动"，是为了鼓励你做任何你喜欢的运动，因为快乐也应该是运动中不可或缺的一部分。

　　诚然，大部分情况下力量训练无法给你提供快乐——尽管有些人把进行力量训练的时光当作一天中最美好的时光，但对大多数人来说，力量训练无时无刻不在耗费体力。如果你希望你的肌肉得到真正意义上的锻炼，那么没有其他路可走；如果你只是希望通过少量的运动来保持体形，那么你的任务便轻松得多。

　　本书可以作为运动员的参考用书，也可以给健身教练或者日常进行力量训练的训练者提供理论指导（广义上讲，本书适合所有人）。不管你是新手还是有经验的训练者，本书中的内容都具有不菲的价值。

　　开始阅读吧！

有的时候，新手会犯一个错误：尝试挑战自己的极限。

而事实是：没有极限！

如何使用本书

　　任何一名力量训练者都希望高质量地完成练习，从而达到预期目标。这本《力量训练解剖全书》可供力量训练初学者、有经验的训练者以及健身教练参考和借鉴。力量训练初学者只需看一下插图，并简单浏览相关的说明文字，即可掌握动作要领并了解每项练习所涉及的肌肉。健身教练和有经验的训练者还可参考所有练习的变式，以及每章开头介绍的生物力学知识。本书省略了借助于弹力带或者其他类似器械的练习，其动作要领与本书介绍的练习并无太大差异。

　　书中所有练习说明都配以精美的插图，这些插图皆由人体解剖学专家绘制而成，通过插图你可以更直观地掌握动作要领，从而更准确地完成动作。此外，本书不仅说明了如何正确地做练习，还介绍了每项练习所涉及的肌肉的名称、练习过程中的呼吸方式、应当避免的常见错误以及其他一些非常实用的建议。

　　本书可用作随时查阅的参考书，因此可以从任意一页开始读，但是请注意，每章开始的部分介绍的是最基础、最经典的练习，在介绍这些练习时作者往往会提供最丰富和最详尽的信息。

关于练习页面

　　标题：包括练习的序号、类型和名称。

　　插图：指明了练习的起始姿势和结束姿势，并标记出了参与运动的部分肌肉。

　　所涉肌肉：按肌肉的参与程度或练习对肌肉的作用程度（锻炼效果）排序，列出了相关肌肉的名称，略去了一些参与程度低的肌肉。

　　动作要领：说明了起始姿势、动作过程和呼吸方式等。

　　提示：包括具体的说明、建议、注意事项和常见错误。

　　变式：介绍主要练习的几个变式。变式在肌肉发力、姿势和动作上与主要练习有细微差别。这一部分只指出了主要锻炼的肌肉，因为变式和主要练习锻炼的肌肉大体一致。

标题　　插图　　　　　　　　　动作要领　　　　提示

所涉肌肉

主要练习

变式

　　本书非常实用的一点是，从第二章开始，在每一章的开篇，从人体解剖学角度简要介绍了主要肌肉的起点、止点和主要功能等。

　　尽管涉及专业术语时必须保证语言的准确性和专业性，作者仍然尽可能地使用了通俗易懂的语言进行描述，以便读者更好地理解和记忆，但这也意味着部分严谨的读者可能会对动作要领的描述和相关的提示内容产生异议。作者想尽可能地保证专业性和严谨性，但是使用复杂的专业术语可能很容易让读者产生误解，适得其反。基于这一点，作者认为让读者以正确的方式做练习才是最重要的。

　　此外，书中大部分练习都配了视频。需要说明的是，由于训练者的个体差异（身体状况和训练经验等），部分练习的配套视频与书中的描述存在差异，如起始姿势、结束姿势、动作幅度和动作过程等。

目　录

本书主要讲力量训练，讲解练习时除了给出详细的文字说明，还提供了有助于正确理解相关内容的图片。虽然对一套力量训练计划来说，训练才是关键的一步，但是在开始训练之前我们至少应当了解下面这几个概念。

◆ 训练量：一次训练中的活动总量。
◆ 训练频率：一个训练周期（若干周或月）内训练的次数。
◆ 训练强度：根据训练者的承受力确定的训练时所使用的重量。
◆ 重复次数：在一组练习中，根据训练者的承受力确定的动作次数。
◆ 训练密度：单位时间内训练者承受刺激的频率。
◆ 练习：训练者以达成训练目标为目的而学习并按标准做的一系列动作。

训练、组数、次数和间歇

要想确定训练量和训练密度，必须理解下面这4个概念的含义，并知道如何合理安排它们。以下是简要说明。

◆ 训练：指任何有计划的、以锻炼肌肉为目的的、主动的行为。在本书中，一次训练由一组或者多组练习组成。
◆ 组：在一次特定训练中，多次重复同一练习直到休息为止，这些练习即为一组。例如，做3组杠铃平板卧推，两次休息之间的练习即为1组。
◆ 次：指包括收缩和伸展的完整的动作组合，即每个动作组合都包含向心收缩和离心收缩两个阶段。例如，在肱二头肌发力的情况下，举起并放下器械为一次动作，紧接着再做下一次动作。

训练的组数、次数和所使用的重量决定了训练量。

$$训练量 = 组数 \times 次数 \times 重量$$

本书并非简单地教训练者如何计算所需的训练量，而要帮助训练者深入理解训练原理，从而更好地训练。

◆ 间歇：训练中组与组之间或练习与练习之间的休息。尽管训练者的体格存在差异，但通常情况下，动作的次与次之间没有间歇。

只看到这里，任何具有一定训练经验的人都会觉得是老生常谈，然而几乎所有人心中都有一个问题：训练时，到底应该如何安排训练、组数、次数和间歇呢？这是一个连专业健身教练都很难完美解答的问题。由于训练者存在个体差异，以及目标不一，答案也千差万别，本书将尽可能地给出最具适用性的解决方案。

绝大多数力量训练者的目标为以下几个：
1. 增肌塑形；
2. 提升运动能力；
3. 康复或增强体质；
4. 社交。

本书旨在让你更好地进行训练，避免不必要的错误及运动伤害。对想要实现第4个目标的人而言，只要制订一个轻松、舒缓的训练计划即可。对想要实现第3个目标的人而言，除了参考本书和向健身教练咨询，还须向自己的康复医生咨询，综合咨询结果后再制订计划。而对想要实现前两个目标（这是90%的力量训练者期望达成的目标）的人而言，了解应以怎样的强度进行训练及如何安排组数、次数和间歇是至关重要的。

接下来，我们来了解一下何为训练强度。

训练强度

你所做的练习的种类、所摄取的食物、所补充的营养、所使用的器械都是次要的，如果你的训练强度不够，那么你的身体几乎不会发生任何改变。原因很简单：我们的身体倾向于保持稳态，也就是说，倾向于维持平衡的、足够应对日常活动的状态。走路、阅读、看电视或者进行强度不足的力量训练，是无法增长肌肉的。

强度究竟指什么？

具体来说指相对强度。在力量训练中，至少在严格的力量训练中，计算及区分强度的决定性因素为"负荷"。本书用负荷（重量和训练强度）来量化所进行的训练。

接下来是比较详细的解释。

100% 强度 =1RM，指的是在不借助于外力的情况下，自身尽全力所能完成且只能完成一次完整且规范的动作（比如推举时举起和放下杠铃）时使用的最大重量，即使用此重量时，训练者只能完成一次完整且规范的动作，没有力气完成第二次。

例如，做推举时，你可以举起10千克的重量，且在使用此重量时只能完成一次完整且规范的动作，那么在接下来的训练中，10千克便是你的100% 强度，50% 的强度便是5千克。接下来，我将逐步介绍计算 RM 值的正确方法。

与强度相关的概念还有下面这两个。

◆ 间歇：间歇越短，消耗的能量就越多。
◆ 速度：尽管因具体的练习而异，但大部分情况下，动作的速度越慢意味着肌肉工作的时间越长，被激活的肌纤维数量就越多，因此消耗的能量也就越多。

了解了力量训练的相关概念（这些概念适用于健美、健身以及其他类似的体育运动）之后，我来介绍一下用数字表示训练安排的方法，以便训练者清楚地知道该如何安排训练。

表示方法及具体示例如下。

> 组数 × 次数 × 强度百分比（间歇）

示例	含义
3 x 12 x 60%（3'）	同一练习做3组，每组做12次，强度为60%，组间休息3分钟

有些训练者还会在训练过程中改变强度，如下表所示。

示例	含义
第一组：1 x 12 x 60%（2'） 第二组：1 x 6 x 80%（2'）	同一练习做2组，第一组强度为60%，做12次；第二组强度为80%，做6次。组间休息2分钟

如果你已经掌握了"强度"的含义，那么你也一定理解了训练通常有一定的强度，需要持续一定的时间。但是，切记不可进行长时间、高强度的训练。每天泡在健身房两小时以上没有任何意义。我建议有强度的训练的时间控制在70~90分钟，大部分力量训练者一次训练的时间通常都不应超过90分钟。因此，我提醒你：

要想提高训练强度，最好相应地缩减训练时间。

另一个与强度紧密相关的概念是"次数"，其表示方法通常是：次数（最大重复次数）。例如，"8（10）"表示在某一重量下，你需要做8次动作，而实际上你最多能做10次。在前面提到的表示方法中，次数这一要素不可或缺。在力量训练中，不建议始终以最大重复次数进行训练（即一个练习做到最大次数，直至力竭），因为这样会让身体承受过大负荷。通常情况下，只需1~2组练习做到最大重复次数即可。

增肌的规律和原则

增肌要遵循许多规律和原则，我将挑其中最重要的来说明一下。

1. 阈值定律。舒尔茨是第一个提出"阈值"这一概念的人。阈值定律的核心内容是：在训练中，必须给予肌肉一定程度的刺激，否则肌肉不会产生任何反应。

这一定律解释了为什么新手不管进行哪种训练，其肌肉都会增长，因为对新手来说，使肌肉产生反应的刺激阈值较低。随着时间的推移，这一阈值将不断提高，因此训练计划也应随之调整。若想更好地锻炼肌肉，就需要每天付出努力，始终将动作次数限定在一定范围内或者单靠补充某些营养成分是远远不够的。你确定这就是你能承受的最大重量吗？只是因为感到有一丝丝疲惫，你就在做完规定次数之前结束训练吗？请好好思考一下这些问题。

下面这幅图说明了刺激阈值与训练强度之间的关系。

强度
有害刺激
最高阈值
有效刺激
最低阈值
刺激不足

◆ 刺激不足：肌肉不会产生任何反应。
◆ 有效刺激：有利于肌肉的增长和改善。
◆ 有害刺激：会导致过度训练、体力不支甚至受伤。

2. 超负荷原则。我们的身体倾向于保持稳态。可以说，训练不过是向我们的身体发出的有计划的"进攻"，如果周期性重复训练，那么我们的身体会对此逐渐习惯。问一个常见的问题：如果想提升力量和耐力，该怎么做？答案显而易见：必须增大重量、增加次数或调整其他训练参数，使训练变得更加艰难，并且强迫我们的身体做好准备，迎接接下来的"进攻"。在力量训练中，改变身体形态最有效的方法就是增加肌肉的体积。

3. 循序渐进原则。在了解了上述规律和原则之后，你可能会想：我可以直接进行大重量训练，然后等待身体适应就行了。如果是这样，我们为什么还要一点一点地、逐步提高训练强度呢？岂不是浪费时间？其实，这么做主要是为了避免受伤。要知道，你还不适应某个较小的重量时，一下子尝试大重量训练，很可能会受伤。新手最大的问题就在于缺乏耐心，但是请不要忘记，伤病会大大阻碍你前进的步伐。

4. 可逆性原则。一旦停止训练，身体就会恢复稳态以维持正常活动。你或许在其他书中看到过：肌肉在停止训练之后不会转化为脂肪，而会分解（蛋白质和水分流失等）。许多有经验的运动员，尤其是健美运动员，会提到一个词，叫"肌肉记忆"，也就是说肌肉恢复曾练出的形状比从零开始练出形状容易得多。尽管关于这一现象的科学解释还存在诸多争议，但是我们通过研究证实，在某种意义上，这一解释还是成立的。

5. 针对性原则。 如果你希望增长力量、增大肌肉的体积，那就进行力量训练；如果你想减重，那就进行减重训练。跑步是一项不错的运动，可以改善心血管功能，促进新陈代谢，帮助你减脂和减重，但是无法帮助你增肌。如果你想增肌，有氧运动可能帮不上忙，你只能将跑步作为补充训练。这就是针对性原则的含义。

6. 持续性原则。 强身健体非一日之功，并且训练中断一段时间就意味着肌肉流失。力量训练贵在坚持，许多人在看不到效果之后就选择放弃。试问，如果把每一步都认真做好，即使进展很慢，又何愁看不到效果？

7. 周期性原则。 训练中不可随意地增大重量，因为我们的肌肉系统和骨骼系统有自身的限度，比如肌纤维具有一定的耐受性。训练有时候会不可避免地进入平台期，为了解决这一问题，我们必须运用好周期性原则。换句话说，要合理安排训练强度和休息时间，两次训练之间至少休息24小时，每周至少休息1天，每年至少休息2周。每个人的身体情况不同，你的教练可以帮你规划休息时间。如果你没有教练，以下建议可供你参考。

◆ 秋冬季：高强度、低次数训练，可以摄入高热量食物（但需严格控制摄入量）。

◆ 春季：中强度到低强度、高次数训练，应摄入低热量食物，多进行有氧运动。

◆ 夏季：与春季相同，安排2周的时间休息。

◆ 每2个月抽出1周的时间休息，你的肌肉不会因此流失。

你如果担心因为休息而使之前的努力付诸东流，那么请记住这一点：你的身体在休息时也得到了改善。

休息期间要保证能量和水分的摄入，并保证睡眠，这对身体的恢复和改善至关重要。

8. 超量补偿原则。 超量补偿理论是由雅克夫列夫于20世纪70年代提出来的。如果你理解了前面几条原则，那么这一条也不难理解。它告诉训练者，应该在适宜的时机给予身体下一轮刺激，也就是进行下一次训练。如果休息时间过长，你的身体将回到初始状态；如果不休息，你可能会过度训练，甚至受伤。

9. 个性化原则。 由于个体的差异性，针对一名训练者的建议不一定适用于另一名训练者。

训练频率和计划

有这样一个奇怪的现象：当一个新手走进健身房时，有些教练会问他想进行多少天的训练。但是，这一问题的答案不正掌握在教练本人手中吗？就好比看病时，医生不根据病人的病情和体质来定用药剂量，而询问病人的想法（想开多少药），这是多么荒唐！教练真正应该问的是：你期望达成什么目标？然后再提出下面一系列问题：想要在多长时间之内达成目标？之前训练过吗？平时会进行其他体育运动吗？多大年龄？有过伤病吗？如果教练计划好了训练的时间和频率，而学员没有时间或者不想按照教练的计划进行训练，那么此时教练的第一要务是告诉学员：你可能需要更长的时间才能达到预期效果，甚至可能达不到预期效果。

本书的主要目标是帮助训练者增肌、提升力量、塑形，因此有效的训练频率应当如下表所示。

身体部位	新手每周训练次数	非新手每周训练次数
胸部和背部	2~3	1~2
肩部、肱二头肌和肱三头肌	2~3	1~2
腹部	3~4	1~3
腿部	2~3	1~2

最大的问题在于我们习惯于提前制订一周的计划（即计划好周几要做什么事），而这对力量训练是不利的。你如果希望制订最合适的训练计划，那就忘记今天是周几，结合休息的时间安排好你的训练吧。不过，这也意味着你在一周中的任何时候都要做好训练的准备。你的训练计划通常是由你的教练根据你的情况制订的，但是我也可以给你提供一些建议。

你如果希望肌肉更快地增长，最好一周训练3~5次。如果有段时间你一周只能训练1~2次，那么请在每个训练日都做一些全身性运动。考虑到大多数人习惯于制订一周的计划，我也制作了下面的表格，请尽量按照下表进行训练。

| 一周训练3次 |||||||
| A：胸部、肱二头肌、肱三头肌、腹部 / B：背部、肩部、腿部、腰部 |||||||
周一	周二	周三	周四	周五	周六	周日
A	休息	B	休息	A	休息	休息
B	休息	A	休息	B	休息	休息

| 一周训练4次 |||||||
| A：胸部、肱二头肌、腹部 / B：背部、肩部、肱三头肌 / C：腿部、腰部 |||||||
周一	周二	周三	周四	周五	周六	周日
A	B	休息	C	A	休息	休息
B	C	休息	A	B	休息	休息
C	A	休息	B	C	休息	休息

| 一周训练4次 |||||||
| A：胸部、肱二头肌、腹部 / B：背部、肱三头肌、腰部 / C：腿部、肩部 |||||||
周一	周二	周三	周四	周五	周六	周日
A	B	休息	C	休息	A	休息
休息	C	休息	A	B	休息	C
休息	A	B	休息	C	休息	A
B	休息	C	休息	A	B	休息

| 一周训练4次 |||||||
| A：胸部、肱二头肌 / B：背部、肱三头肌 / C：腿部、腹部 / D：肩部 |||||||
周一	周二	周三	周四	周五	周六	周日
A	B	休息	C	D	休息	休息

| 一周训练5次 |||||||
| A：胸部、腹部 / B：背部、腰部 / C：腿部 / D：肩部 / E：肱二头肌、肱三头肌 |||||||
周一	周二	周三	周四	周五	周六	周日
A	B	C	D	E	休息	休息

如果你不知道该如何选择，建议你一周训练4次，余下的时间可以做其他运动或者休息。

再给你一个建议：一年当中，每4个月抽出2~3周进行全身性训练，其中每周选择非连续的3天进行多关节复合训练来锻炼全身，每次时间约为90分钟，强度比平时低10%~20%。此举的目的是预防训练进入平台期。

训练顺序

在介绍了如何制订训练计划后，我来说明一下训练的顺序。

1. 训练的顺序要根据训练的目标而定，这一点为重中之重。

2. 总的来说，先做复杂的、需要多个关节参与的练习，尤其是危险系数较高的练习。

3. 优先锻炼大肌肉群，再锻炼小肌肉群。小肌肉群如果处于疲劳状态，就会限制大肌肉群的运动。

4. 如果训练针对不同肌肉部位，那么先进行爆发力训练，再进行耐力训练和有氧训练。

5. 先做之前没有做过的或者尚处于学习阶段的练习。

6. 最后针对起稳定作用的身体部位（如腰部和腹部）进行训练，因为其他部位肌肉功能的实现都离不开腰腹部肌肉的支持。

7. 如果既有自由重量训练又有固定器械训练，则先进行自由重量训练。因为在力量消耗或者未掌握训练技巧的情况下，固定器械训练的安全性更高。

注意事项

你如果希望训练更加规范，那么在每次去健身房或训练场地时都应遵循以下注意事项：

1. 进入健身房或训练场地时，应当换上训练鞋。请勿穿日常穿的鞋子，哪怕是运动鞋，因为日常穿的鞋子可能会弄脏训练场地。不要因为训练中没有跑或跳等运动就忽视换鞋的重要性，否则在进行大重量训练时容易打滑或失去平衡。请穿没有鞋跟的薄底鞋，千万不要穿拖鞋之类的鞋子。

2. 训练时请勿穿过多的衣服，但是在天气寒冷时也不宜穿过少的衣服。应当始终使身体保持温热，包括休息时。

3. 训练中应及时补充水分。你可以选择等渗饮料或者其他特制饮料，但若训练时间不太长，或出汗不太多，喝水就足够了。

4. 不管健身房是否有规定，你都需要备一条毛巾，将它放在凳子上，以便让你的面部和手部保持干燥。

5. 请使用专业手套。戴手套不是为了追求时尚，而是为了避免手部受伤以及因为手部出汗而导致的打滑。最好选用轻薄的手套。不要让手套覆盖整只手，半指手套就是不错的选择。

6. 永远记得热身。你可以先花5~10分钟做缓和的有氧运动，再花3~4分钟活动一下各关节，并分别辅以拉伸运动。你如果要锻炼身体某一部位，还需专门针对该部位做一些低强度练习以促进该部位的血液循环，达到预热的效果。热身除了可以在训练中为你提供更多的力量，还可以增强体内酶的活性、降低肌肉黏滞性并防止肌肉拉伤。

训练就是"动起来"

尽管不是不可以做等长运动——有负荷但不改变关节角度的运动——但是肌肉的增长和身体状况的改善大都依赖于非等长运动，也就是说，我们需要"动起来"。因此，下面我将详细说明一下训练中该怎么"动"。

前面已经提到，力量训练前需要做简单的热身练习。此外，在做第一组正式练习时，所用的重量应当比平时所用的重量小，不管怎么样，不要超过最大重量的60%，并做15次左右。

在做练习时一边移动身体一边控制住器械，不要依靠惯性，也不要将关节锁死（关节锁死是指关节在一个方向上伸展到了极限，无法进一步伸展）。在负荷很大的情况下，锁死关节极易发生危险，因为此时肌肉无法保持持续紧张的状态，韧带及小肌肉群也无法分担重量，关节和骨骼在没有协助的情况下承受重量很容易受伤。你可能在有些健美杂志或文章中看过，动作应当做到最大幅度，这样才能让所有的肌纤维都参与其中，以实现最大程度的肌肉增长。实际上这是没有必要的，在动作做到最大幅度之前就可以停下了，此时肌肉能够承担重量，并会保持紧张状态，既起到了锻炼肌肉的作用，也能避免受伤。有关研究表明，动作做到最大幅度具有潜在的风险，而且也达不到更好的效果。

近年来，在平衡架、健身球等器械的不平稳表面进行训练已成为一种时尚。这类器械在物理治疗或者某些运动中有一定效果，但是并不利于力量的提升和肌肉的增长，并且还会增加受伤的概率。例如，如果你需要进行相当强度的仰卧起坐训练，我建议你先找一个平稳的地方做一组练习。在做完这一组练习之后，或者在这一周的其他时间，你可以在波速球、健身球、泡沫轴等器械的不平稳表面放置一块木板来做仰卧起坐，这样既可以保持平衡，又可以锻炼平衡能力。不要忘记针对性原则：围绕目标进行训练。增肌与提高平衡能力是两个不同的训练目标。此外，你在平稳表面训练时所用的重量不一定适用于不平稳表面。你一定不希望在承受几十千克重量的情况下弄伤脚踝。

进行力量训练时如何呼吸

呼吸也是需要拿出来重点讲的一部分。不少文章都讲到在进行力量训练时应该如何呼吸的问题，但大都缺乏准确性。一些人认为呼吸只有在有氧运动中才重要，其实不然。

当你向医生咨询进行力量训练时应该如何呼吸，如果他没有力量训练的相关经验，他可能会告诉你：自然呼吸即可。医生本是好意，但他是从生物学而非体育运动的角度考虑的。

力量训练中并不是所有的练习都以自然呼吸为宜。在进行大重量训练时，建议你先深呼吸，然后憋住，保持几秒，这样有利于躯干保持稳定和平衡。这种呼吸方法被称为"瓦尔萨尔瓦动作"。下面这个例子能帮你更好地理解这一呼吸方法。

如果你穿一件可充气的衣服，并将其充满气，你将很难移动。尽管衣服里面只有空气，却给你的行动造成了很大的阻力，导致你的身体不能弯曲。衣服里面没有空气的话，就不会对你的行动造成多大影响。同样，当你举起重物的时候，如果你的肺部充满空气，那么你的躯干就会变成一个坚实的"圆柱体"，四肢则会依附在其上，从而能保持平衡并更加稳定地进行训练。一旦"放气"，你便失去了躯干的支撑作用，重量则由关节承担，如果重量超出关节的承受极限，你便会受伤。

当训练强度较低以及不需要四肢承受太大重量时，自然呼吸即可。但若做抓举等强度较高的练习，那就需要在举起器械时先深吸一口气，然后在发力阶段憋气，直到放下器械时再呼气。在做本书中的练习时，请记住这一方法。

完成最后一次练习并不意味着这次训练已经结束，训练者还需将器械放回原位（地面或者专门的支架）。有的时候，训练者仅仅因为在结束时没有把器械放回原位或者没有将器械固定好而导致受伤，这样的情况完全可以避免。

我们再回到瓦尔萨尔瓦动作上。必须指出它也有不足之处，比如可能造成血压升高甚至眩晕（这在力量训练时是十分危险的）。因此，我们只有在耗力最大的阶段才需要憋气，且只可憋很短的几秒，在练习的整个过程中都憋气是完全错误的。

瓦尔萨尔瓦动作的要领是：

1. 在发力前或者练习的前1/3段吸气，吸入量为全力吸气时的75%；

2. 如果所用重量很大，且对于脊柱的稳定性有很高的要求，则在耗力最大的阶段憋住气。如果所用重量适中或者很小，换句话说，对平衡性的要求不是很高（比如锻炼前臂小肌肉群的练习），那么自然呼吸就好，无须憋气；

3. 在练习的后半段呼气。

在这里，我们想提一下健美界的传统用具——训练腰带。训练腰带会影响正常的呼吸，在训练和休息时都应当避免使用。尽管它在过去很流行，但如今我只建议在进行超大重量的训练时或者身上有旧伤的人使用，即便在这种情况下，也应当得到医生或教练的许可。使用训练腰带时间过长，会加大呼吸的难度，削弱腹部肌肉的力量。

打破平台期的方法

所有进行力量训练的人都会遭遇平台期。通常我们并不容易意识到自己进入了平台期，因为平台期并没有严重到完全阻断我们前进的步伐，它的到来往往是悄无声息的。

一些健美杂志以及许多不太专业的教练和训练者给出了数不清的方法来打破平台期，这里我将向你介绍一系列科学有效、可以真正助你打破平台期、给予身体更好发展的方法。

◆ 利用超级组。做完前一组练习之后立刻做下一组练习，但是两组练习锻炼的肌肉不同。如果两组练习（如引体向上和杠铃弯举）锻炼的肌肉之间有协同作用，叫作"协同超级组"；如果两组练习（如杠铃平板卧推和杠铃弯举）锻炼的肌肉之间有拮抗作用，则叫作"拮抗超级组"。

◆ 利用连续组。完成一组练习后，不休息，直接做下一组练习，且两组练习锻炼的肌肉相同，比如杠铃平板卧推和哑铃平板卧推。

◆ 金字塔式训练。所用重量越来越大的训练方法称为正金字塔式训练，所用重量越来越小的训练方法称为倒金字塔式训练。正金字塔式训练更加安全，不易受伤。采用倒金字塔式训练法锻炼某一部位前，你应确保不是首次锻炼此部位，并充分热身。建议你选择倒金字塔式训练，因为这样可以保证在非疲劳状态下（一般指练习刚开始时）进行大重量训练。金字塔式训练和传统的训练方法相比没有太大的优势。

◆ 增大间歇。延长组与组之间以及练习与练习之间的休息时间，以使身体得到最大程度的恢复，从而进行次数更多、重量更大的训练。间歇期也应当活动相关部位的肌肉，尽管无须进行大重量训练，但要保持肌肉热度。

◆ 创新法。无非就是做一些之前没有做过的练习来一点一点地打破平台期。

◆ 预先疲劳法。此方法是否有效还未得到证实。简单来说就是在做复杂的、需要多个关节参与的练习之前，先做简单的、针对性强的练习，使目标肌肉进入疲劳状态。例如，在做杠铃平板卧推之前，先做坐姿夹胸。

◆ 后消耗法。此方法与预先疲劳法正好相反，先做复合练习，接着做针对性练习使目标肌肉进入疲劳状态。尽管效果不是太理想，但它也是经过实践检验的有效方法。

◆ 离心训练。有段时间此方法十分流行。动作过程是这样的：训练者托住器械，或者由同伴抬起器械（或给予很大的助力）后训练者托住它，然后让器械缓缓下落。有些训练者认为此方法可以使肌肉承受更大的重量，从而使肌肉膨大。然而，这一方法省去了练习中占至少一半重要性的向心收缩过程。此方法的确可以使肌肉膨大，但它并不被体育界认可，而且它对器械和同伴都有一定的要求。

- 借助外力。此方法是使用极限重量，或者在不增加重量的情况下额外增加动作次数，并借助外力或同伴的帮助完成练习。此方法效果显著，但你必须熟练掌握动作及借力技巧才能保证安全。另外，此方法不宜常用，只可偶尔尝试，运用不当可能导致受伤。
- 额外增加动作次数。此方法以完成比计划更多的动作次数为目的。但这仅仅是打破平台期的一种方法罢了，不可将其作为常规训练方法。力量训练的宗旨是在安全的范围内较舒展地完成动作。

此外，还有一条其他教练通常不会给出的建议：如果你真想获得进步，那就尽可能地集中精神，不要被杂志、书籍、电视、闲聊等分散注意力。概括一下就是：意志要坚定。

固定器械训练好还是自由重量训练好

很多进行过多年力量训练的人以及大多数健美运动员都认为自由重量训练比固定器械训练更好。但这一观点尚存质疑。接下来我们就从以下几个方面对比一下这两种训练方法。

安全性：不相上下

- 有些固定器械（比如滑轮下拉机）一旦损坏就会发生危险，而自由重量训练所用的器械一般不易损坏。从这个角度看，自由重量训练更加安全。
- 固定器械可能由于设计不合理而导致训练者动作不规范。自由重量训练所用的器械也有可能存在误差，比如杠铃片重量不准、杠铃杆没有标注抓取的位置或者粗细不合理（直径应为25~30毫米）。但是这几种情况都很少见，对训练影响不大。
- 训练过程中，在失去力量或突然受伤的情况下，固定器械训练要比自由重量训练更加安全，因为固定器械（如史密斯机）通常具有安全装置以免在重物落下时造成意外。
- 有些固定器械也可以自由装卸重量，并且有些时候，装卸固定器械比装卸自由重量训练所用的器械更安全。

难易度：固定器械训练比自由重量训练容易

◆ 训练者在使用固定器械进行训练时，更方便锁定动作，这也意味着固定器械训练更适合新手。此外，一些训练者还希望在失去平衡或者没有同伴帮助时也能保证训练的安全。

◆ 自由重量训练对动作技巧的要求更高，即使是最简单的动作。

人体工学：自由重量训练能更好地适应人体的自然形态

◆ 尽管固定器械可以调节，但始终是训练者来适应器械。相反，在自由重量训练中，训练者可以通过增大或减小器械的重量来适应人体的自然形态。

◆ 训练者在进行固定器械训练时，器械上标注的重量不一定是实际使用的重量，因为还有滑轮和杠杆的作用。而在自由重量训练中，器械上标注的重量就是实际使用的重量。

◆ 在进行自由重量训练时，训练者的动作更加自然。

积极性：不相上下

◆ 有人认为自由重量训练比固定器械训练更能激发训练者的积极性，不过这种说法还有待论证。

◆ 装卸自由重量训练所用的器械有时比较麻烦，这可能会影响训练者的积极性。

灵活性：自由重量训练的灵活性高于固定器械训练

◆ 自由重量训练的灵活性比固定器械训练高，尤其是使用哑铃的训练。

成本：自由重量训练的成本低于固定器械训练

◆ 自由重量训练所用的器械要比固定器械便宜得多。找到一个配备高档器械的健身房很难。

时间：固定器械训练所需时间少于自由重量训练

◆ 装卸自由重量训练所用的器械比装卸固定器械麻烦，因此使用固定器械进行训练可以更快地实现重量的增大和减小。

效果：不相上下

- ◆ 使用固定器械进行训练时，训练者需要持续发力，因而固定器械训练可以提高肌肉的耐力。
- ◆ 自由重量训练能够更好地锻炼稳定肌，这类肌肉在其他运动中也十分重要。
- ◆ 在增肌方面，自由重量训练和固定器械训练的效果不相上下。

由此可见，固定器械训练和自由重量训练各有利弊。但是，对有一定训练经验的人来说，我还是建议一半以上的训练都在自由重量下进行，因为自由重量训练能够更好地锻炼稳定肌。

健身房礼仪

大部分人都倾向于去健身房和其他人一起训练。可能你在家里有一套完整的设备，但家里的氛围比不上健身房。在健身房，你会更加有积极性，还可能遇到志同道合的人，但同时也要求你在行为举止上多加注意，因此我提出以下建议：

1. 遵守健身房的规定，可以的话，请工作人员给你一份纸质版规定。

2. 尊重其他人的训练。不要认为别人选择的重量或练习跟你不同就是不正确的，毕竟你不了解别人的目标和计划。

3. 爱护器械，使其保持干净整洁，并在使用完之后放回原处。教练的工作是指导你训练及在训练时为你提供帮助，而不是整理器械。每次使用完器械后，你都应将其拆卸并放回原处。

4. 穿干净的运动服进行训练，训练结束后先洗澡再换衣服。在健身房里不要喷香水、化妆，或者穿引人注目的衣服。如果你想引起别人的注意，那你走错地方了。

5. 如果有需要，可以寻求工作人员或者其他训练者的帮助。当然，如果他人有需要，即使是陌生人，你也应当毫不吝啬地给予帮助。你可以从你的教练或者同伴身上学到如何协助他人训练，但若你帮不上忙，就礼貌地拒绝。不懂装懂有时候会引起意外。

6. 如果你需要使用的器械不在原处，你可以询问一下周围是否有人在用，也许他们正在休息。

7. 不要喧哗。一个好的训练者之所以能够引起他人的注意，是因为他的坚持和对动作的严格要求，而不是因为他做出的令人生厌的浮夸行为。

8. 训练时要强硬，为人时要谦卑。

特殊人群如何训练

如果你的身体有某处不便或者某种障碍，在很多时候做出一些调整也可以进行训练。本书给出了许多练习变式，可供你选择。你如果不能完整地完成某一项练习，那就用另一项能锻炼相同肌肉的练习来代替。

◆ 视觉或听觉障碍人士可以做书中所有的练习。但原则上讲，盲人或者有严重视觉障碍的人应当在他人陪同下训练。不要忘了，健身房是一个人员流动频繁、地面障碍较多的场所，如果与正在训练的人发生碰撞，那么双方都会有危险。

◆ 本书有很多练习可供行动障碍人士选择，但是原则上如何选择练习还是取决于他们行动障碍的部位和严重程度。

◆ 有代谢疾病、神经疾病和其他类型疾病的人训练前应向医生或教练咨询。

◆ 关于青少年如何训练，我的建议是：年满14周岁者，可以在控制训练强度、训练量和频率的前提下进行训练；年满16周岁者，训练要求基本与成年人接近；年满18周岁者，可以完全正常训练。力量训练没有明确的年龄限制，但总的来说，如果未满16周岁，保险起见训练强度不应超过70%。不管怎么说，未满18周岁的青少年，都应向医生或教练咨询如何选择训练强度和训练量，因为这些都与个人的体质、性别（男性成熟较晚）、身体发育情况及是否做其他运动等有关。

某些训练只适合特定年龄和体质的人，比如职业篮球要求运动员具有一定身高且其黄金年龄为20~30岁，但力量训练适合任何年龄和体质的人。

◆ 如果你是孕妇或产妇，请向医生或教练咨询。原则上讲，只要降低训练强度和减小训练量，不做那些较危险或需要挤压腹部的练习，你还是有很大的可能在整个怀孕期间或产后都继续训练。

以下是给孕妇和产妇的一些建议：

1. 降低训练强度，减小训练量（较小的重量、较少的组数、较长的休息时间等）。

2. 减少每天的训练时间（30~40分钟就足够了）。

3. 避免憋气。

4. 不要做需要挤压腹部的练习（比如使用坐姿划船机做的练习）。

5. 不要做有俯卧动作的练习。

6. 在做有氧运动时要降低强度，使心率不超过130次/分（根据年龄、身体状况做出调整并听从医生的建议）。

7. 不要将动作做到最大幅度（包括做拉伸练习时），以免增加受伤的概率，因为怀孕期间激素的变化会使关节的稳定性下降。

8. 严格控制饮食。

9. 请勿做难度较高或较危险的练习。

10. 禁止参加一切体育竞技活动。

11. 时刻注意体温以及室内的温度。

12. 注意卫生，保持身心健康。

13. 请勿使用训练腰带。

14. 产后请在医生的指导下进行训练。大多数女性在生产几周之后，若身体没有不适感或已恢复到之前的体形，就可以正常进行训练。

15. 一切听从医生的建议。

减脂训练

最简单、见效最快的减重方式就是少吃，或者大幅减少热量的摄入。但是，这里所说的减重是以健康的方式减少脂肪含量。

力量训练可以减少身体的脂肪含量，但是，如果你还记得之前提到的针对性原则，你应该明白，就像跑步不是增肌的好方法一样，你也不应该将减脂的希望全部寄托在力量训练上。

> 请你记住：持之以恒的有氧运动才是减脂的最好方法。

令人诧异的是，有些专业的，甚至颇有名望的学者一直建议通过高次数训练（比如15次、20次或30次）来减脂或者塑形。进行高次数训练时，我们的呼吸将急剧加速，并且我们会感到有些部位有灼热感，于是我们以为这是一种正确的减脂方法。其实不然。呼吸频率增加以及肌肉有灼热感，主要是因为身体中乳酸快速堆积，超出了人体分解或再利用乳酸的速度。乳酸是人体能量代谢的产物，在肌肉运动中有重要作用。

在减脂训练中还有一个现象，即许多人会在做完一项练习之后迅速做全身性的运动（比如有氧运动），但效果可能适得其反。其最大的危险在于训练者没有足够的时间准备好每一项练习，总是力求快速完成动作，然后马不停蹄地做下一项练习，却忽略了调试器械、摆好姿势及做好其他练习中必需的安全步骤的重要性。

如果你希望减脂，请谨记以下3条建议：

1. 摄入的能量要低于消耗的能量。尤其应注意健康饮食，少食多餐。

2. 一周抽几天时间做有氧运动，每天几十分钟即可。

3. 力量训练有助于保持较高的新陈代谢水平，也能避免高热量饮食引起的肌肉流失。

针对身体具体部位进行减脂训练也是一种选择。健身领域有一种传统的说法：针对局部肌肉进行高次数训练可以达到减脂的目的。例如，锻炼腹部肌肉时，每组练习要做15次以上。最近几十年间，科学界对此争论不休：有些学者认为，局部的减脂训练由于使身体的血流加速，受训部位肌肉的温度和激素水平会升高，另一些学者却持相反的观点。经过严密的调查研究，大部分学者认为局部减脂训练的成效一般。例如，在网球运动中，所有运动员优势侧（大多数人为右侧）肌肉的增长速度明显快于劣势侧，但是通过测量皮下脂肪含量发现，两侧的脂肪含量相同。因此，我们还需对局部减脂训练进行更加深入、全面的研究，目前只能认为效果尚无定论。身体每一处都有脂肪，而且脂肪含量因训练者的性别、脂肪所在部位的不同而有所不同。试想一下：在有氧运动中，尽管参与运动最多的是腿部，但是腰部的脂肪含量也跟着下降了。

有一件事你要明白，那就是有些传统练习对减脂毫无意义，比如有名的肱二头肌练习——21响礼炮弯举，它唯一的作用就是提高耐力。

此外，我不得不遗憾地告诉你，那些锻炼腹部的练习对减少腹部的脂肪也没有太大作用。我们经常举这样的例子：胳膊不会因为训练而变细，同样腹部的脂肪也不会因为训练而减少。此道理适用于身体任何一处：臀部不会因为仰卧起坐而变小，腰部也不会因为转体运动而变细。

如果你进行了有氧运动、力量训练，并且饮食合理健康、没有不良嗜好（抽烟、喝酒等）、睡眠充足，那么你的身材将会越来越好，你也将离你的目标越来越近。

还要补充一点，练习没有性别之分，应根据目标选择合适的练习。

肌肉增长与力量提升

肌肉增长最显著的结果就是力量的提升。

影响力量的主要因素有：

1. 肌肉的横截面积。
2. 肌纤维的密度和数量。
3. 肌肉的神经功能。肌肉的神经功能主要由肌肉中运动单位的数量（即肌肉中运动神经元及其所支配的骨骼肌纤维的数量）决定。
4. 刺激的频率。
5. 身体协调性，即肌肉中运动单位协同作用的能力。
6. 拮抗肌（其运动与直接完成动作的肌群相反）受到的锻炼。
7. 人体的杠杆系统。
8. 积极性、疲劳程度、体温、年龄、激素、体重等。

其中有些因素的改变，比如肌肉神经功能和身体协调性的改善，可以解释为什么一个人虽然肌肉的体积没有增加，但是力量得到了提升。然而，如果你希望力量提升效果显著，那么增肌是必不可少的。毫无疑问，健美运动员都十分强壮，但是你不用成为健美运动员也可以拥有不俗的力量。

肌肉为什么会增长

最后，我将回答所有人最关心的、也是最重要的问题——肌肉为什么会增长？之所以说它重要，是因为只有了解肌肉增长的原理，才能打好力量训练的基础，从而更科学地达到增肌的目的。

增肌是个复杂的过程，不是靠举起或大或小重量的器械就能轻松实现的。如果你不希望增肌，也不要害怕进行力量训练。

我们首先应当了解肌肉是由什么组成的，然后才能找到合适的训练方法。

肌肉的组成成分主要有：

1. 水分；

2. 蛋白质；

3. 脂肪；

4. 血管；

5. 其他物质。

因此，对应的增肌方法有：

1. 锁住水分。这种方法很简单，但不太有效，可以通过摄入微量元素、减少饮食中碳水化合物的比例以及激素疗法实现。单单大量喝水没有太大效果，因为水分大都会以尿液的形式排出。

2. 锁住蛋白质。蛋白质是肌肉的重要组成成分，有几种健康的方法可以有效地锁住蛋白质。请注意"锁住"这个词。如果从饮食中摄入了很多蛋白质，但蛋白质没有被肌肉利用，那么很有可能身体的消化系统出现了问题或产生了病变。

3. 增加脂肪含量。想要积累脂肪很容易，放弃锻炼、暴饮暴食、久坐不动就可以。但是我不建议这么做，因为这不仅不符合健康和美观的要求，而且脂肪在肌肉运动中没有太大的作用。

4. 扩张血管。事实上，身体的每一个组织都占有一定的空间。有人专门为毛细血管网设计了一些训练，但是由于毛细血管网体积太小，此类训练往往难见成效。

其他物质（如非结缔组织、非肌腱组织等）在增肌方面的作用较小，几乎不会产生影响。

肌肉由肌纤维构成，而肌纤维又由肌原纤维构成。关于肌纤维在增肌方面的作用，有以下说法：

◆ 可以通过增加肌纤维（以及肌原纤维）的厚度来增肌。要想达到这一目的，要进行较高强度（75%~85%）的训练。这是增肌最常见且有效的方法。

◆ 可以通过增加肌纤维的数量来增肌。但究竟是肌纤维的数量增加（值得怀疑），还是肌原纤维的数量增加（更有可能），科学家对此意见不一。

另一方面，有些读者可能已经知道肌纤维并非只有一种。肌纤维大致可以分为两种类型：Ⅰ型和Ⅱ型（还有许多子类型）。尽管这两种类型的肌纤维都可以使肌肉体积增加，但是Ⅱ型才是主要"发动机"。如果某个人先天拥有更多数量的Ⅱ型肌纤维，那么他就有可能达到更大程度的增肌效果，或者至少增肌速度更快。我们的身体可以通过针对性的训练（力量、耐力和速度）实现纤维类型的转化。

尽管这不是一本营养方面的书，但我觉得有必要简单地指出我们从食物中摄入的营养物质对肌肉增长的影响。蛋白质是肌肉的重要组成成分，而众所周知，蛋白质主要来自食物。包括蛋白质在内，营养物质可以分为下面3大类。

◆ 蛋白质：由氨基酸构成，氨基酸如同构筑生命体的"砖块"。
◆ 碳水化合物：主要为葡萄糖，是运动的主要燃料。
◆ 脂肪：是能量的主要贮存者，同样也是影响体形甚至引发某些疾病的元凶。

相信读者朋友一定对某种营养物质可以转化成哪种物质非常感兴趣，于是我列出了下表：

营养物质	是否可以转化为氨基葡萄糖	是否可以转化为氨基酸	是否可以转化为脂肪
碳水化合物	是	是	是
脂肪	脂肪中的甘油，是 脂肪中的脂肪酸，否	否	是
蛋白质	是	是	是

根据表格不难发现，3大类营养物质都可以转化为脂肪，在补充营养时请注意这一点。

尽管大多数训练者都希望通过合理饮食和补充营养实现肌肉的增长，但起主要作用的是激素，这就是有人选择服用激素的原因。不过，激素会对身体造成伤害，我不建议以任何方式补充激素，除非你的医生出于健康考虑要求你这么做。你如果觉得饮食无法满足你全面的营养需求，可以适当地摄入营养补充剂，比如服用蛋白粉之类的营养品。我在其他书中提到过如何以自然的方式促进激素分泌，但是这么做的效果是有限的。生长激素也好，睾丸激素也罢，我们都可以通过中高强度的训练、多部位的肌肉运动以及合理的休息促进其分泌。

总结

这一章为我们理解力量训练和制订训练计划打下了基础，接下来要介绍的是在实际训练中必需的知识和针对不同肌群的练习。本书介绍的所有练习都可以在健身房中完成，并能够取得显著的成效，同时还配以科学严谨的讲解，让读者远离毫无科学依据的传言和理论。练习中锻炼的主要肌肉和次要肌肉，以及许多其他肌肉，都是支撑身体或以各自的方式协助身体进行训练的重要肌肉。

力量训练，从最基本的保持体形的需求到专业的健美需求，都要求训练者对身体每个运动部位有科学的认识，同时对练习过程中的每一步有深入的理解，这也是本书的目标。你如果遵循本书中的建议，一定可以挖掘身体的潜力，健康地达成目标。

成千上万来自不同国家的训练者都采纳了本书中的建议。在这一版中，我更新了已有的内容，加入了许多训练理论中的最新成果。

欢迎你来到力量训练的世界。

第二章

胸部肌群

胸部主要肌肉示意图

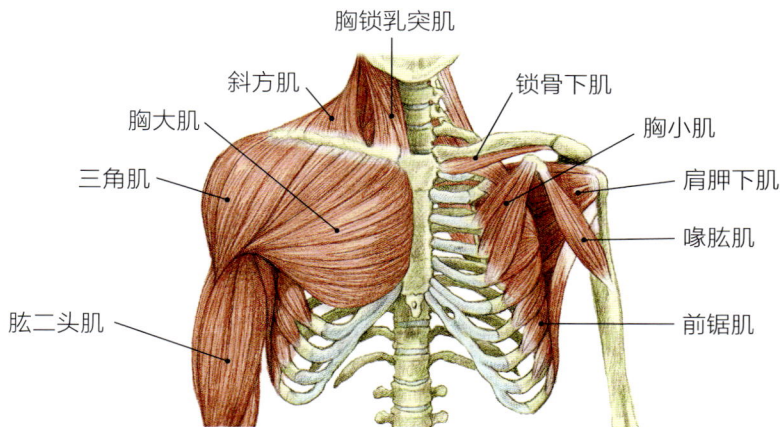

- 胸锁乳突肌
- 斜方肌
- 锁骨下肌
- 胸大肌
- 胸小肌
- 三角肌
- 肩胛下肌
- 喙肱肌
- 肱二头肌
- 前锯肌

胸部主要肌肉的生物力学介绍

附着于肱骨的肌肉

胸大肌（正面浅层肌）

起点： 锁骨内侧2/3段，胸骨前面和第1~6肋软骨，腹直肌鞘前壁上部。

止点： 肱骨大结节嵴。

主要功能： 使外展的手臂内收，使肩关节内收和旋内，使前屈的手臂后伸，帮助吸气（手臂固定的情况下）。

解析： 胸大肌位于胸廓前上部，为宽阔的扇形扁肌，一直延伸至肋骨前部，分布于两腋之间胸前的位置，易触摸到。胸大肌可分为上部（锁骨部）、中部（胸肋部）和下部（腹部）3个部分。在实际训练中，这3个部分协同完成动作。

胸大肌与躯干表面很大一部分相连，因此具有多种功能，其中最为人熟知的就是使外展的手臂内收。要进行足够的、不同的训练才能充分锻炼胸大肌。

与背部肌肉相比，胸大肌是在训练中最容易锻炼到的肌肉之一，因此胸大肌经常会出现锻炼过度的情况。如果我们将胸大肌和同样容易锻炼过度的腹直肌看作一个整体，那么随着时间的推移，我们将发现自己的身体出现比例失调的情况。为了避免此类情况，训练者应该按照合理的计划锻炼身体的各个部位，同时要做一些拉伸运动。

还需补充一点，除了职业健美运动员，训练者通常无须单独锻炼胸大肌下部。一种毫无根据的说法是，只有做下斜卧推才能锻炼胸大肌下部，事实上，常规的力量训练加上合理的饮食和有氧运动就能达到锻炼胸大肌下部的效果。

喙肱肌（正面深层肌）

详见肩部肌群。

肩胛下肌（正面深层肌）

起点：肩胛下窝。

止点：肱骨小结节。

主要功能：稳定肩关节，使肩关节内收和旋内。

解析：肩胛下肌是一块位于肩胛骨前部的三角形扁肌，主要起稳定肩关节的作用。当手臂旋内时，肩胛下肌也会协同运动。

肱二头肌（正面浅层肌）

详见肱二头肌肌群。

不附着于肱骨的肌肉

胸小肌（正面深层肌）

起点：第3~5肋。

止点：肩胛骨喙突。

主要功能：拉肩胛骨向前、向下。

解析：胸小肌位于胸大肌深面，顾名思义，它没有胸大肌大。事实上，它的功能与胸大肌完全不同，因为它不与可自由活动的肢体（手臂）相连。但是，在大多数运动中，它与胸大肌一起工作，起到协同和稳定的作用。

前锯肌（正面深层肌）

起点：通常起自第1~9肋。

止点：肩胛骨内侧缘和下角。

主要功能：拉肩胛骨向前，使肩胛骨贴合胸廓；前锯肌下部可外旋肩胛骨下角，帮助外旋的手臂抬高；当肩胛骨固定时，上提肋骨帮助吸气。

解析：前锯肌是一块位置以及肌纤维排列方式都与胸大肌相似的肌肉，它和胸大肌一样都附着于肋骨。但二者不同的是，前锯肌起自肋骨上距离胸骨最远的地方，只延伸到肋骨的中间，胸大肌则横向覆盖整根肋骨，并且前锯肌并不附着于肱骨，而附着于肩胛骨。因此，前锯肌最主要的功能就是拉肩胛骨向前，比如在做需要手臂前伸的练习时，训练者就会用到这种功能。本书也将专门介绍锻炼前锯肌的练习。

前锯肌异常主要体现在上臂外展无法超过90°或出现翼状肩胛。若只是出现了翼状肩胛，而上臂外展正常，则是菱形肌（包括大菱形肌和小菱形肌）异常。

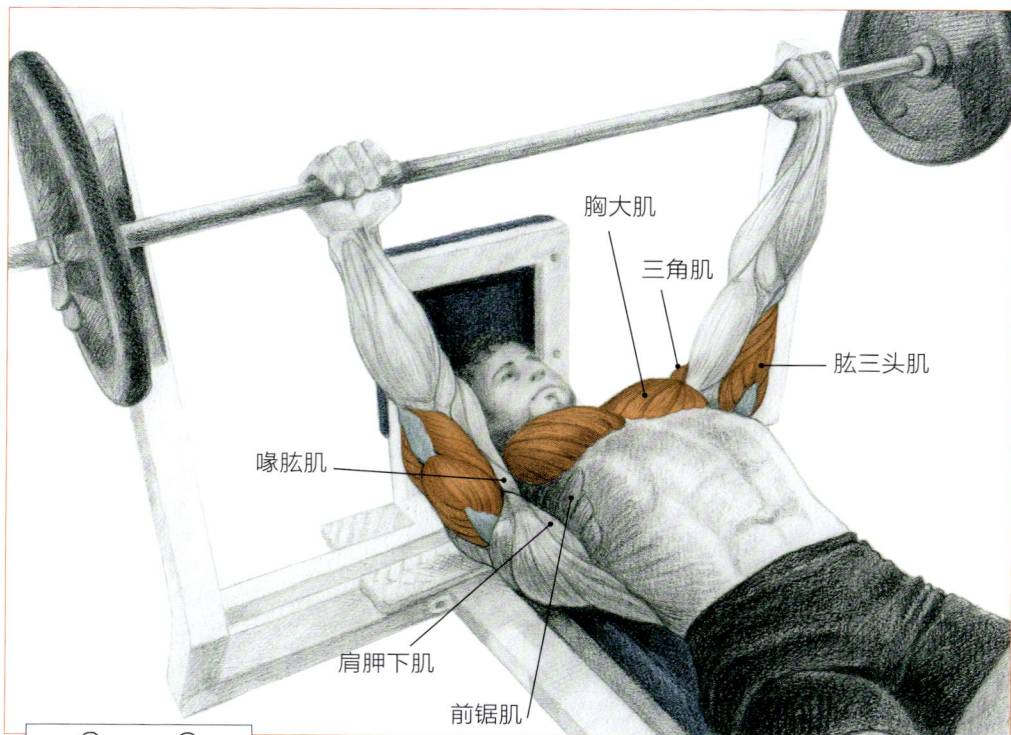

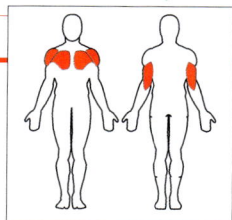

胸大肌

三角肌

肱三头肌

喙肱肌

肩胛下肌

前锯肌

所涉肌肉

主要肌肉：胸大肌、肱三头肌、三角肌（前部）。
次要肌肉：喙肱肌、前锯肌、肩胛下肌。
拮抗肌：背阔肌、肱二头肌、三角肌（后部）。

变式1　宽距杠铃平板卧推

所涉主要肌肉：胸大肌、三角肌（前部）、肱三头肌。

动作要领：此变式的握距远远大于肩宽，因此与窄距杠铃平板卧推相比，它能使三角肌前部得到更多锻炼，而使肱三头肌的工作量减少。很明显，此变式的动作幅度要小得多。理论上讲，此变式还有助于扩展胸腔，并帮助训练者进行深呼吸。此变式的缺点在于，握距过大会给肩部（比如肩袖和肩关节韧带）带来隐患。因此，我不推荐此变式。

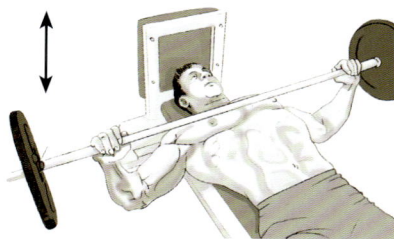

动作要领

仰卧在卧推凳上，头部和背部紧贴卧推凳，双脚置于地面。双手掌心朝前握住置于支架上的杠铃杆，握距比肩宽稍大，掌心朝向脚部，前臂与地面垂直。此时保证眼睛在杠铃杆的正下方，拇指在杠铃杆下方将其扣住。调整腕关节，使手腕与前臂在一条直线上，并锁定腕关节。先深吸一口气，接着将杠铃取下并举在胸部上方，然后将杠铃慢慢放下直到杠铃杆接近或触碰下胸部的表面，最后再将杠铃垂直举起。动作开始前吸气，完成上举动作后呼气（但是注意不要全部呼出）。

提示

这是最基本、最简单的负重练习，但练习时也需要他人的协助，且注意力要高度集中。练习结束后，请小心将杠铃放置好，以免发生意外。

如果卧推凳较高，可在脚下垫东西（如木板、矮凳等）以使脚不悬空。此举的目的不是使腰部丝毫不弯曲，而是尽量避免弯曲幅度过大。在脚下垫东西以抬高脚（或者使用较矮的卧推凳）有利于保持脊柱的自然曲度。另外，任何时候都要保证训练的平衡性，这一点很重要。

做杠铃平板卧推时，握距不同侧重锻炼的肌肉不同。窄距杠铃平板卧推可更好地锻炼肱三头肌，对胸大肌的作用则相对较小。

⚠️ **常见错误：** 背部拱起或脚部位置过低；杠铃杆撞击胸部导致胸骨和肋骨受伤；使杠铃下降到颈部或腹部；重量过大或过小；举到最高点时手臂超伸（手臂各关节锁死）；腕关节没有锁定；脚部、背部或头部移动。

✻ 身体正面和背面肌肉紧张程度不同可能导致驼背等问题，因此，在训练中除了要保证身体两侧对称，还要保证身体正面和背面对称。

变式2 肘部贴合式窄距杠铃平板卧推

所涉主要肌肉： 三角肌（前部）、肱三头肌、胸大肌。

动作要领： 动作与窄距杠铃平板卧推基本相同，但是此变式要求肘部更加靠近身体。这样一来，原本由胸大肌承受的一部分重量转移到了肩部和肱三头肌上。事实上，这是法式推举的一个变式。

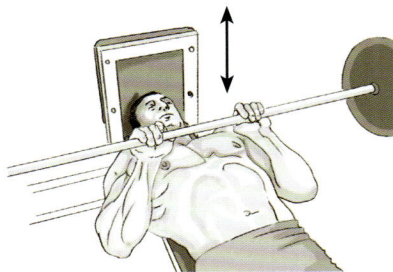

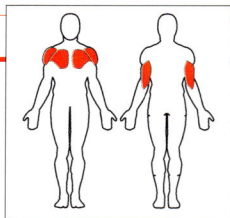

胸大肌

三角肌（前部）

肱三头肌

喙肱肌

喙肱肌

肩胛下肌

前锯肌

所涉肌肉

主要肌肉：胸大肌（上部）、肱三头肌、三角肌（前部）。
次要肌肉：三角肌（中部）、喙肱肌、前锯肌、肩胛下肌。
拮 抗 肌：背阔肌、肱二头肌、三角肌（后部）。

变式1　上斜哑铃卧推

所涉主要肌肉：胸大肌（上部）、肱三头肌、三角肌（前部）。

动作要领：卧推凳倾斜角度不变，将哑铃从膝盖或地面拿起，躺在卧推凳上。动作与杠铃平板卧推基本相同，但在举到最高点时，双臂可以靠拢。理论上此变式可以促进胸大肌近侧（靠近胸骨处）肌肉的运动，但实际上，此变式的效果与上斜杠铃卧推的效果并无太大差别。因为胸部是一个整体，训练时胸部的所有肌肉都会参与运动。此外，哑铃下降的幅度越大就越有利于提高身体柔韧性，但为了避免受伤，哑铃下降的幅度不宜过大。此变式的主要缺点在于，练习时必须全程托举哑铃，所以所用重量比做上斜杠铃卧推时小。而且，练习时是从相对较低的位置向上举哑铃，不像做杠铃平板卧推时是从上方拿取杠铃，这会使肌肉（通常是肱三头肌）疲劳，可能导致在动作即将结束时身体失去稳定性，从而发生危险。

躺在一端向上倾斜30°~45°的卧推凳上，头部和背部紧贴卧推凳，双脚置于地面。调整放置杠铃的支架的位置，使杠铃位于前额上方。双手握住杠铃杆，握距比肩宽稍大，掌心朝向脚部，前臂与地面垂直。

吸气，将杠铃从支架上取下，慢慢往下放，直至杠铃杆与上胸部接触，接着将杠铃垂直举起。完成上举动作后呼气。

提示

卧推凳向上倾斜的角度可以调至60°~70°，这样可以更好地锻炼上胸部肌肉，手臂向外旋转的角度也会更大，但同时会对肩部造成更多的磨损。因此，为了保护肩关节，我不建议使用大重量做此练习。

人们通常更关注下胸部肌肉，但上胸部肌肉也不容忽视。尽管此练习能很好地锻炼上胸部肌肉，但与人们的普遍看法相反，我认为它无法起到预防和改善女性胸部下垂的作用。

值得注意的是，肌纤维在人体中的分布有一定的规律，这使得有些肌肉在工作时，身体其他部位（胸部、背部、臀部等）的肌肉也会协同作用。但是在健美领域，训练者往往会高估这种不同部位肌肉协同作用所产生的效果。事实上，很多时候这种效果是微乎其微的，或者说没有想象中那么理想。

> ⚠️ **常见错误：** 大重量训练中卧推凳倾斜角度过大（大于50°）；背部拱起；杠铃杆撞击胸部；举到最高点时手臂超伸（手臂各关节锁死）。

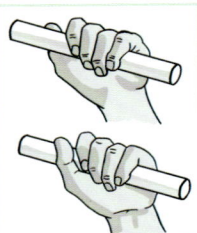

> ✳ 在力量训练中，没有锁定腕关节可能造成腕骨或肌肉的损伤，甚至可能对前臂造成一定的伤害。因此，拇指在其余四指的反面扣住杠铃杆可以使推的动作更加自然，尤其是在做各种类型的卧推时可以增强稳定性。

变式2　上斜哑铃旋转卧推

所涉主要肌肉： 胸大肌（上部）、肱三头肌、三角肌（前部和外侧）。

动作要领： 动作与上斜哑铃卧推基本相同，但在向上举哑铃的过程中要将手臂向内旋转，使拇指朝外，这个动作称为手臂旋后。理论上讲，手臂旋后的动力应当来自整条手臂，而不单单是前臂，目的是在动作即将结束时使胸骨部分的肌肉得到更大程度的收缩。但在实际训练中，往往只有前臂旋转，因此效果不太明显。在手臂向内旋转时，如果能确保胸大肌也发力推动手臂旋转，那么会更加有效。我不建议使用大重量做此变式，也不建议新手做此变式。

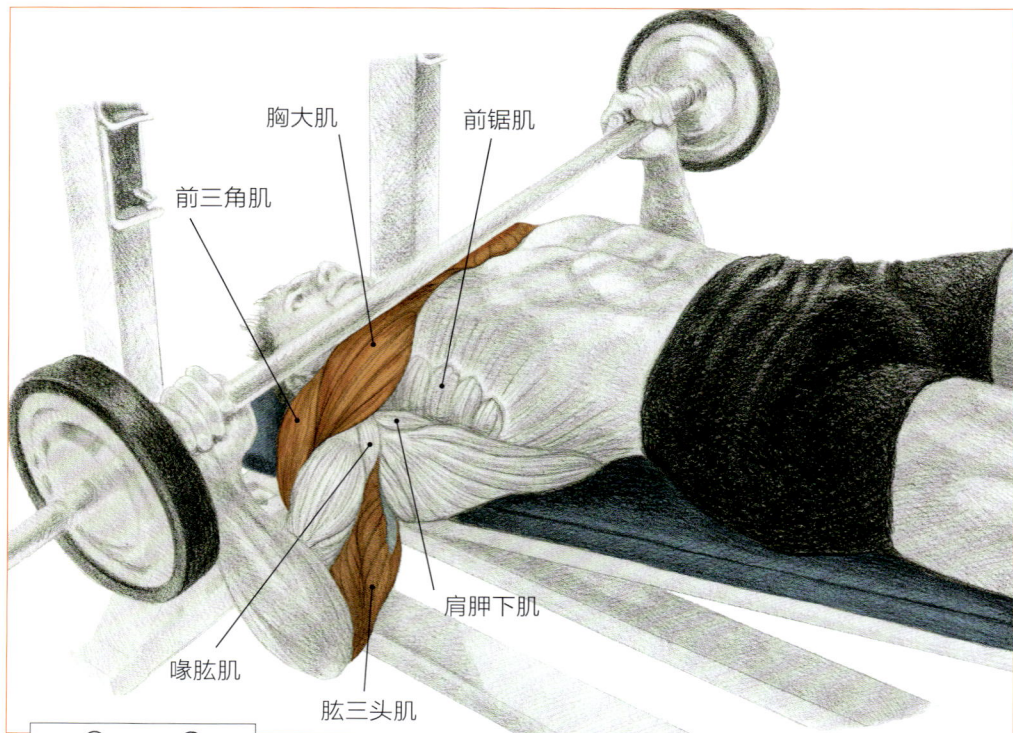

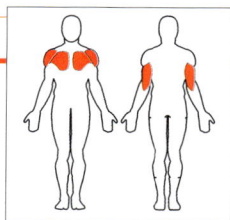

前三角肌

胸大肌　　前锯肌

肩胛下肌

喙肱肌

肱三头肌

所涉肌肉

主要肌肉：胸大肌（下部）、肱三头肌、三角肌（前部）。
次要肌肉：胸小肌、喙肱肌、前锯肌、肩胛下肌。
拮 抗 肌：背阔肌、肱二头肌、三角肌（后部）。

变式1　下斜哑铃卧推

所涉主要肌肉：胸大肌（下部）、肱三头肌、三角肌（前部）。

动作要领：动作与下斜杠铃卧推基本相同，但此时要用哑铃做练习。尽管做此变式时手臂的摆幅更大，但在拿起（动作开始）和放下（动作结束）哑铃时不仅可能损坏哑铃，还可能对肩部造成损伤，因此我不推荐此变式。如果你想尝试此变式，请确保重量不要过大，并在同伴协助下进行。

动作要领

躺在一端向下倾斜20°~30°的卧推凳上，固定腿部。双手握住位于眼睛正上方的杠铃杆，掌心朝向脚部。在将杠铃从支架上取下之前吸气，接着将杠铃缓缓放下直至杠铃杆触碰到下胸部，再将杠铃垂直举起。在这个过程中，前臂应始终与地面保持垂直，肘部不要贴近身体。完成上举动作后呼气。

提示

有不少学者和教练认为此练习可以专门锻炼下胸部，但其实常规的胸部练习加上合理的饮食和有氧运动就可以达到这一效果。因此，我不建议特意做此练习。此外，在头部低于心脏水平（头低脚高）的情况下，不要进行长时间或高强度的训练，否则易导致血液循环不畅，引发昏厥或其他问题，因为我们的身体不习惯以倒立的姿势进行运动。无论如何，卧推凳向下倾斜的角度不要超过35°，并且请始终在同伴的协助下做此练习。

> ⚠️ **常见错误：** 卧推凳倾斜角度过大；重量过大；练习时间过长。

> ✳️ 所有的训练者都应当具备一定的解剖学和生理学知识，否则永远不知道自己所做的练习是否正确。

变式2　下斜哑铃旋转卧推

所涉主要肌肉： 胸大肌（下部）、肱三头肌、三角肌（前部）。

动作要领： 动作与下斜哑铃卧推基本相同，但在向上举哑铃的过程中要将手臂向内旋转，使拇指朝外。理论上，这样可以使胸骨下部的肌肉在动作即将结束时得到更大程度的收缩，但实际上效果不太明显。我不建议使用大重量做此变式。

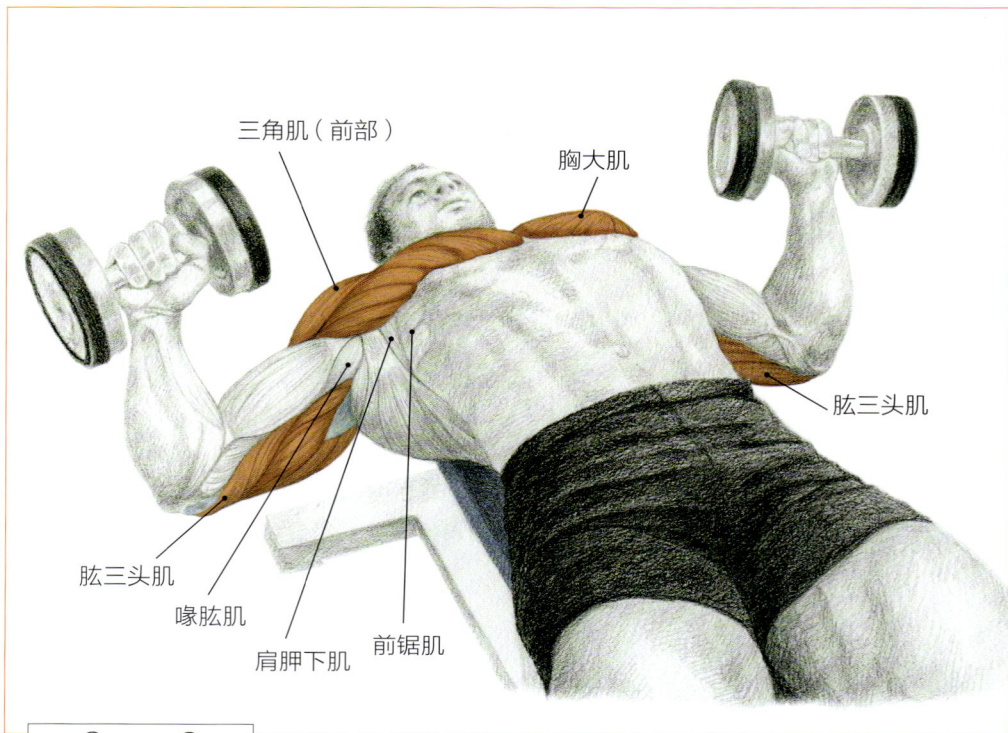

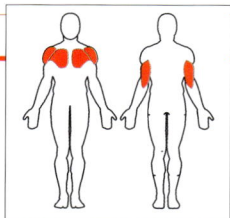

哑铃平板卧推

- 三角肌（前部）
- 胸大肌
- 肱三头肌
- 肱三头肌
- 喙肱肌
- 肩胛下肌
- 前锯肌

所涉肌肉

主要肌肉：胸大肌、肱三头肌、三角肌（前部）。
次要肌肉：喙肱肌、前锯肌、肩胛下肌。
拮 抗 肌：背阔肌、肱二头肌、三角肌（后部）。

变式1　哑铃旋转卧推

所涉主要肌肉：胸大肌、肱三头肌、三角肌（前部）。

动作要领：动作与哑铃平板卧推基本相同，但在向上举哑铃的过程中要将手臂向内旋转，使拇指朝外。这样一来，在举到最高点时两只哑铃可以靠得更近。理论上，这样做可以使胸大肌中部得到更大程度的收缩，但实际上，举起和放下哑铃的动力主要来自前臂，且在动作即将结束时，胸部几乎已经不承受哑铃的重量，因此锻炼效果大打折扣。

仰卧在卧推凳上，头部和背部紧贴卧推凳，双脚置于地面（如果卧推凳较高，可在脚下垫东西）。将哑铃举在胸部正上方，两个哑铃之间稍稍分开。在开始往下放哑铃时吸气，待哑铃下降到与胸部等高（视身体柔韧性而定）时，再将哑铃垂直举起并向中间靠拢。完成上举动作后呼气。

提示

使用哑铃做卧推可以使动作幅度更大，但是当哑铃下降到与胸部等高时就没有必要再继续了。此练习最大的弊端在于开始和结束时哑铃的拿放不方便，因此建议在同伴的协助下进行大重量训练。练习开始时你可以将哑铃置于膝盖上，在同伴的协助下将其拿起，同时身体向后倒。在练习即将结束时，双手距离适中，稍稍屈肘，抬起膝盖，起身的同时顺势将哑铃置于膝盖上。不要在仰卧时将哑铃放在身体两侧，这样容易伤到肩部，也容易损坏哑铃。一些研究表明，哑铃平板卧推可以更好地锻炼胸大肌中部。实际上，由于胸部是一个整体，训练时胸部的所有肌肉都会参与运动。

⚠️ **常见错误：** 哑铃重量过小；拿放动作不当；举到最高点时哑铃相撞。

变式2　相对式哑铃平板卧推

所涉主要肌肉： 胸大肌、三角肌（前部）、肱三头肌。

动作要领： 动作与哑铃平板卧推基本相同，但此时要掌心相对做练习。尽管做此变式时不宜使用过重的哑铃，但是理论上重量越大就越能扩展胸腔。此外，由于举起和放下哑铃的动力主要来自前臂，而非整条手臂，因此此变式对胸大肌的刺激不大。

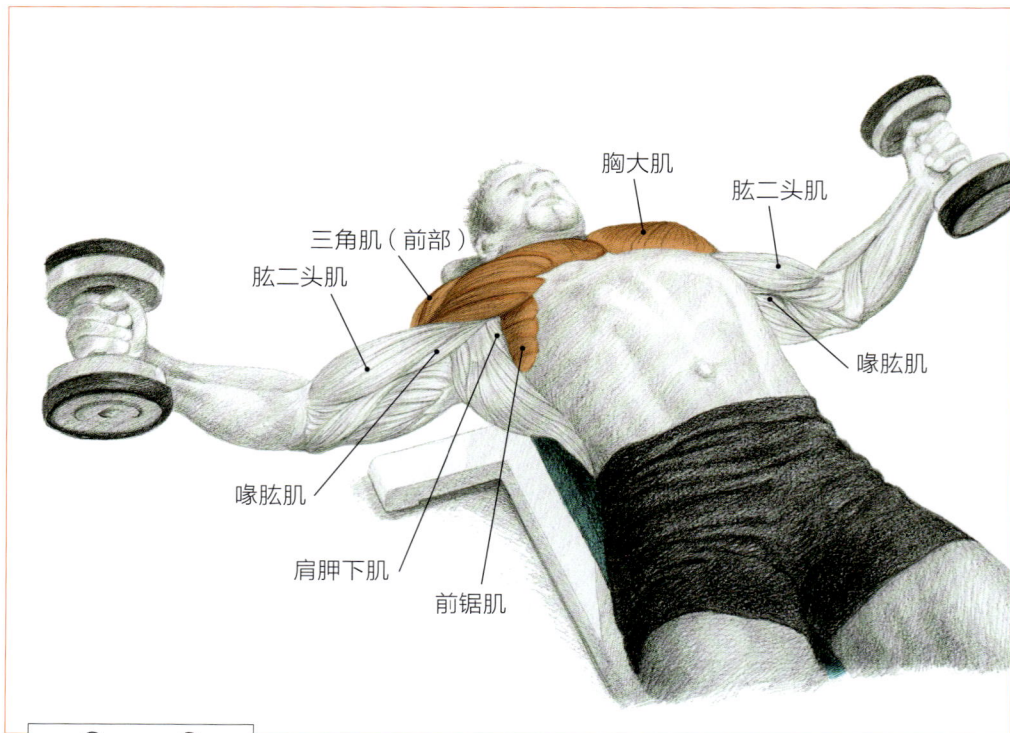

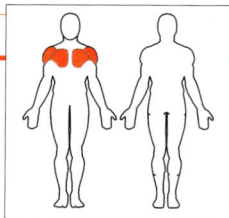

三角肌（前部）
胸大肌
肱二头肌
肱二头肌
喙肱肌
喙肱肌
肩胛下肌
前锯肌

所涉肌肉

主要肌肉：胸大肌、三角肌（前部）、前锯肌。
次要肌肉：喙肱肌、肩胛下肌、肱二头肌。
拮 抗 肌：背阔肌、三角肌（后部）、肱三头肌、斜方肌、菱形肌、大圆肌、小圆肌。

变式1　上斜仰卧哑铃夹胸

所涉主要肌肉：胸大肌（上部）、三角肌（前部）、前锯肌。

动作要领：动作与仰卧哑铃夹胸基本相同，但此时要躺在一端向上倾斜30°~45°的健身凳上做练习。此变式主要锻炼胸大肌上部。

动作要领

躺在较窄的健身凳上，双脚置于地面（如果健身凳较高，可在脚下垫东西），头部和背部紧贴健身凳。将哑铃置于胸部正上方，两个哑铃之间稍稍分开，掌心相对，肘部微屈。深吸一口气，先将哑铃往身体两侧慢慢放下，待哑铃与胸部等高时（视身体柔韧性而定），再将其举起并向中间靠拢。完成上举动作后呼气。在练习过程中，双臂始终呈拥抱状。

提示

胸部肌肉大部分附着于肱骨，因此不管是卧推还是夹胸，效果并无太大差异。但训练者在做此练习时会有和做哑铃平板卧推不同的感觉，这是因为双手离躯干的距离较远（这种状态较为费力）。此练习的特殊之处在于，因为没有肱三头肌的参与，所以能更有针对性地锻炼胸部肌肉。

有些人认为此练习可以扩展胸腔，尤其是对处在发育期的人群来说。但是，随着训练者年龄的增长，此练习扩展胸腔的效果将越来越差。

⚠️ **常见错误：** 动作过程中改变肘部的姿势使动作变成推举（尽管不会造成伤害，但是改变了原练习的动作）；哑铃过重而使关节受损；将重量转移到三角肌上；呼吸方式不当；下降幅度过大。

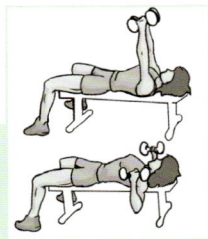

✳️ 在做仰卧哑铃夹胸时，一旦重量过大，动作就会变形为相对式哑铃平板卧推。而当重量过小时，胸部肌肉又得不到实质性锻炼。因此，就胸部肌肉的锻炼效果而言，卧推要优于夹胸。

变式2 下斜仰卧哑铃夹胸

所涉主要肌肉： 胸大肌（下部）、三角肌（前部）、前锯肌。

动作要领： 动作与仰卧哑铃夹胸基本相同，但做此变式时要躺在一端向下倾斜20°~40°的健身凳上。和上斜仰卧哑铃夹胸不同，此变式主要锻炼胸大肌下部。

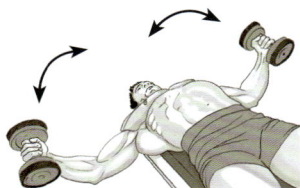

变式3 交叉式仰卧哑铃夹胸

所涉主要肌肉： 胸大肌、三角肌（前部）、前锯肌。

动作要领： 动作与仰卧哑铃夹胸基本相同，但在举到最高点时双手要交叉。理论上此变式可使胸部肌肉得到更大程度的收缩，但在实际训练中，做最后的交叉动作时胸部肌肉几乎不发力。要想达到目的，应当使用拉力器做夹胸练习（见站姿拉力器夹胸）。

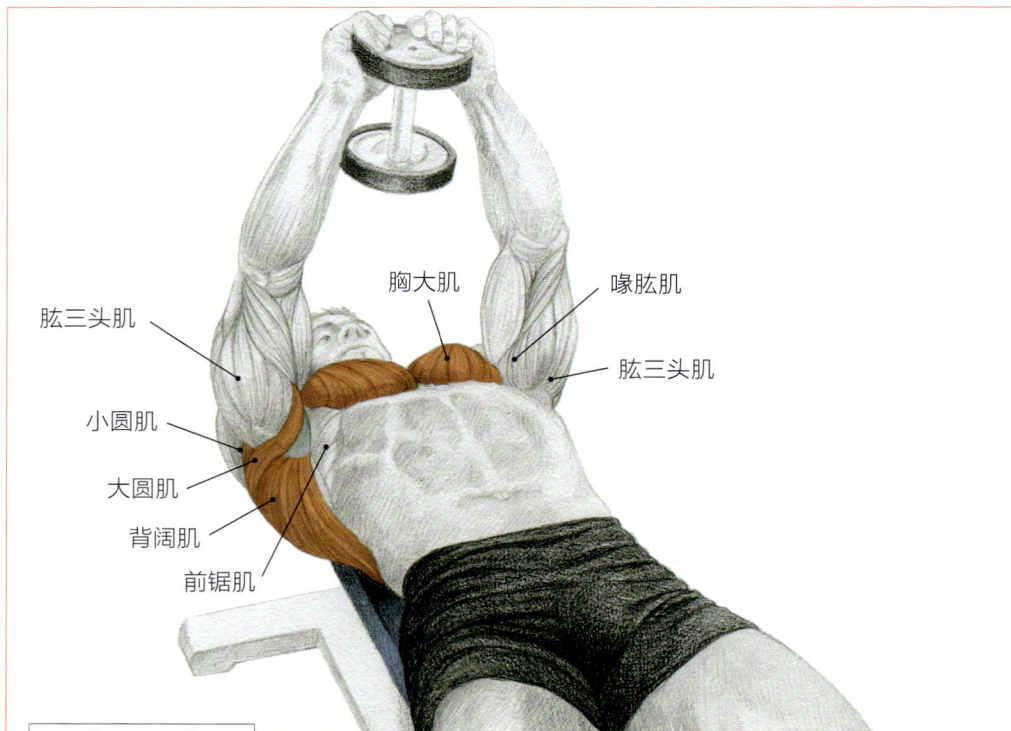

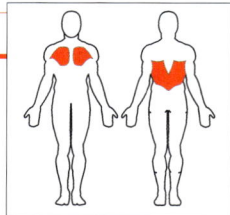

肱三头肌

胸大肌

喙肱肌

肱三头肌

小圆肌

大圆肌

背阔肌

前锯肌

所涉肌肉

主要肌肉：胸大肌、背阔肌、大圆肌、小圆肌。
次要肌肉：前锯肌、喙肱肌、肱三头肌、菱形肌。
拮 抗 肌：胸部肌肉、三角肌（前部）、肱二头肌。

变式 1　短杠铃仰卧屈臂上拉

所涉主要肌肉：胸大肌、背阔肌、大圆肌、小圆肌。
动作要领：此变式与仰卧屈臂上拉的不同之处在于将哑铃
替换成了短杠铃（EZ 杠最佳）。双手握住杠铃杆，掌心正
对双脚，动作与仰卧屈臂上拉基本相同。做此变式时身体
容易失去平衡，因此更易发生危险。

仰卧在健身凳上，头部靠近健身凳边缘。双手握住哑铃的上端（拇指在哑铃片下方，其余四指在哑铃片上方），将哑铃举至眼睛上方，双臂和身体呈三角形。慢慢将哑铃往头部后方移动，同时深吸一口气。在这个过程中，胸部肌肉应当有拉伸感，胸腔应当有扩张感。之后收缩胸部肌肉回到起始位置。动作完成后呼气。

提示

此练习适合有经验的训练者，可以很好地锻炼背部肌肉以及其他邻近肌肉。理论上此练习可以用来扩展胸腔，并提升胸部肌肉的柔韧性。因此，很有必要进行深吸气。尽管此练习锻炼的肌肉都十分发达，且练习过程中也容易保持平衡，但为了避免训练不当或引起伤病，我不建议使用重量过大的哑铃来做。此外，尽管此练习可以锻炼胸部肌肉，但它并非专门锻炼胸部肌肉的练习。最后再补充一点，不管是使用杠铃还是哑铃做练习，对胸部和背部的锻炼效果是相同的。

⚠️ **常见错误：** 哑铃过重；呼吸方式不当；动作幅度过大或过小。

✳ 力量训练中的一个关键点是将注意力集中在锻炼的肌肉上，目的不只是为了避免意外，还是为了更加充分地刺激锻炼的部位。否则，此部位肌肉的工作可能会被其他肌肉代替。

变式2　健身凳横放式仰卧屈臂上拉

所涉主要肌肉： 胸大肌、背阔肌、大圆肌、小圆肌。

动作要领： 此变式与仰卧屈臂上拉的不同之处在于健身凳横放（健身凳与身体垂直），训练者的肩部紧贴健身凳，臀部和头部悬空。在开始练习之前，请先调整好身体以保持平衡。当哑铃下降时，髋部通常也应当伴以微微的下降，使身体能更大程度地伸展。练习开始前和结束后都应将哑铃放置在头部一侧的健身凳上（或请求同伴协助）。此变式由施瓦辛格推广，更适合有经验的训练者。

变式3　双手交替仰卧屈臂上拉

所涉主要肌肉： 胸大肌、背阔肌、大圆肌、小圆肌。

动作要领： 动作与仰卧屈臂上拉基本相同（健身凳可以横放或纵放），但做此变式时使用的哑铃重量更小，且要双手交替将哑铃向上拉。此变式可以更好地单独锻炼相关肌肉，但难度更高。总体来说，此变式与仰卧屈臂上拉相比没有太大优势。

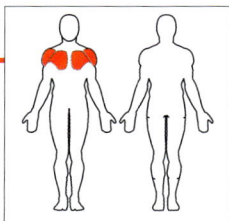

所涉肌肉

主要肌肉：胸部肌肉、三角肌。
次要肌肉：前锯肌、喙肱肌、肱二头肌。
拮 抗 肌：背部肌肉、肱三头肌。

动作要领

　　仰卧在健身凳上，将哑铃举到身体上方，掌心相对。慢慢将哑铃往头部后方移动，在这个过程中保持肘部微屈。当哑铃到达头部后方时，先张开内收的双臂，将哑铃移动到身体两侧略低于肩部的位置，再将哑铃向下旋转至体前，接着收缩肩部肌肉向上举哑铃回到起始位置。动作全程应保持慢速并且控制好哑铃。在开始将哑铃往头部后方移动时吸气，待这一动作完成后呼气；在开始将哑铃往起始位置移动时再次吸气，完成整个动作后呼气。

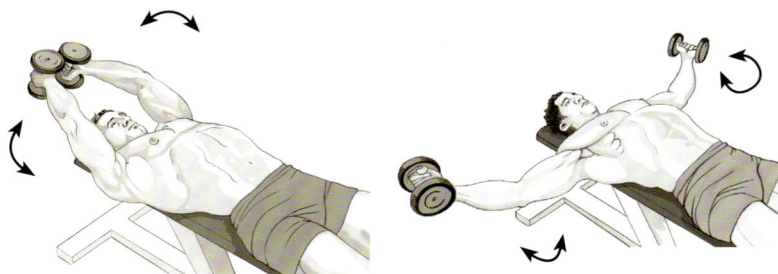

提示

　　此练习的动作看上去很像仰泳（需要灵活地转动肩膀）。严格来说，此练习的重点不在于练习量，而在于动作幅度。做此练习时所用的哑铃不宜过重。除了可以锻炼胸部肌肉，此练习还可以很好地锻炼三角肌以及其他邻近肌肉。你也可以逆向转动手臂来做此练习。

⚠️ **常见错误：**哑铃过重；双臂转动的幅度过大。

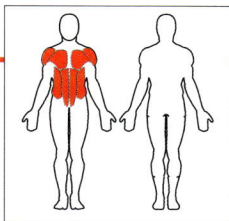

所涉肌肉

主要肌肉：胸部肌肉、三角肌（前部）、腹部肌肉。

次要肌肉：前锯肌、喙肱肌、肩胛下肌、肱二头肌。

拮　抗　肌：背部肌肉、大圆肌、小圆肌、斜方肌、三角肌（后部）。

动作要领

　　起始姿势与俯卧撑基本相同，但此时双手撑于哑铃上，掌心相对。先屈肘并张开双臂，将哑铃向外滑动。当双臂张开到一定幅度后（视身体柔韧性而定），收缩胸部肌肉并收拢双臂回到起始位置。张开双臂时吸气，回到起始位置后呼气。

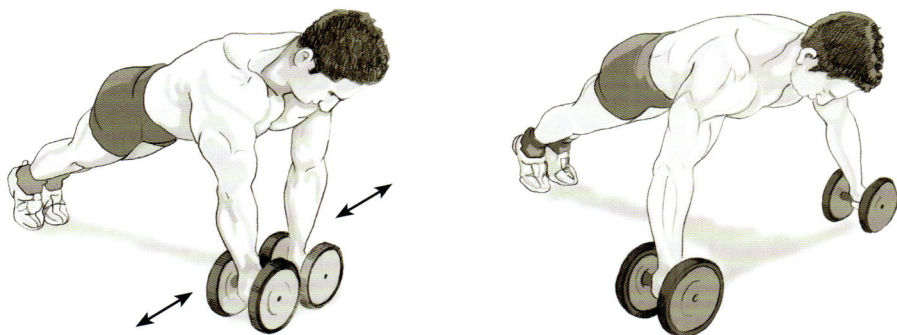

提示

　　此练习对训练者的力量和协调性的要求较高，因此较少用到。同时，此练习可以被其他更加有效的练习代替，因此不建议新手做。有些哑铃无法滑动，可以用特制的滚轮代替。还有一种方法是将一根短杆穿过哑铃片，双手握住短杆的两侧将哑铃片向前滑动，这样可以更好地锻炼腹部和背部肌肉。当你在健身房外或者没有足够的器械做高强度练习时，可以尝试此练习，但实际上此练习不是锻炼胸部肌肉的好选择。

⚠️ **常见错误**：动作不规范；未热身。

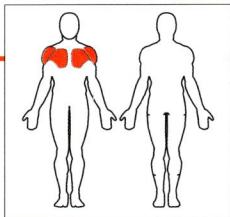

所涉肌肉

主要肌肉：胸大肌（上部）、三角肌（前部）。
次要肌肉：前锯肌、喙肱肌、肱二头肌。
拮 抗 肌：背部肌肉、大圆肌、小圆肌、斜方肌、三角肌（后部）。

动作要领

　　站立，双手握住只有一个杠铃片的杠铃，靠近杠铃片的那只手反握，远离杠铃片的那只手正握。远离杠铃片的那只手保持不动，靠近杠铃片的那只手抬起杠铃（划过一道弧线），使杠铃杆与地面垂直。接着缓缓使杠铃下降到起始位置。开始往下放杠铃时吸气，完成上举动作后呼气。

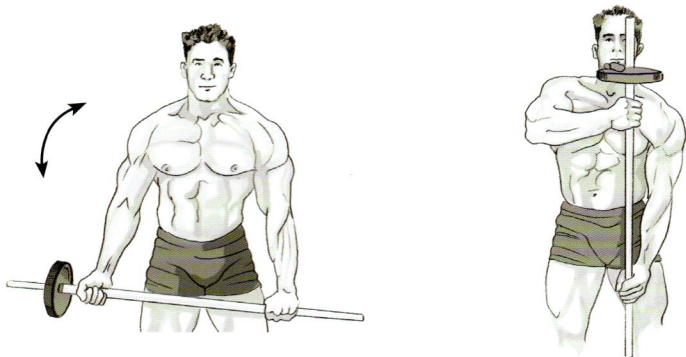

提示

　　此练习主要锻炼胸大肌上部和三角肌前部。你也可以将杠铃杆支撑在地面上，用坐姿或跪姿做练习。此练习可以放在训练的最后用于打破平台期，也可以用于专业体育训练（比如有些投掷运动），这些情况以外则较少用到。

> ⚠️ **常见错误**：杠铃过重；动作不规范。

> ✳ 力量训练对大多数人来说都有益无害。

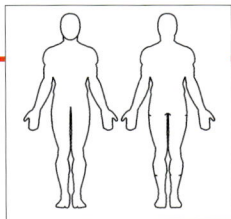

所涉肌肉

主要肌肉：前锯肌、肩胛下肌。
次要肌肉：三角肌（前部）、胸大肌。
拮 抗 肌：背部肌肉、大圆肌、小圆肌、斜方肌、冈下肌、三角肌（后部）。

动作要领

　　做此练习时所用的杠铃重量较小，并要始终保持手臂基本伸直（并非完全伸直）的状态。尽管此练习的主要动作仅仅是将肩部从卧推凳上抬高几厘米，但这足以锻炼前锯肌和肩胛下肌。肩部开始下降时吸气，肩部抬起后呼气。也可用哑铃代替杠铃做练习。

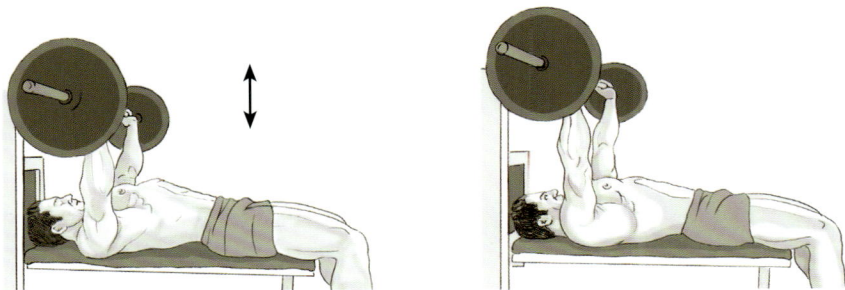

提示

　　此练习是胸部训练的补充练习，也可作为翼状肩胛、肩胛带肌肉萎缩或衰弱等问题的恢复练习。尽管此练习名叫直臂杠铃平板卧推，但训练者最好稍稍屈肘，这样重量才会集中到肌肉上而不是韧带上。只有在重量很小的情况下才允许将手臂完全伸直，比如仅用杠铃杆做练习时。

⚠ **常见错误**：与杠铃平板卧推动作混淆；肩部动作幅度过大。

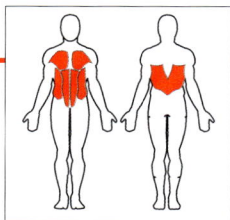

所涉肌肉

主要肌肉：胸大肌、背阔肌、腹部肌肉。
次要肌肉：大圆肌、小圆肌、前锯肌、喙肱肌、肱三头肌、菱形肌。
拮 抗 肌：三角肌、胸大肌（上部）。

动作要领

　　起始姿势与哑铃滑动俯卧撑相似。先伸展双臂使哑铃向身体前方滑动，直到身体贴近地面，再滑动哑铃靠近身体，回到起始位置。双臂向前伸展时吸气并憋住，回到起始位置后呼气。

提示

　　做此练习时腹部肌肉会强烈收缩，因此它适合有经验的训练者。体重过大者做此练习难度较高，但是可以用膝盖代替双脚来支撑地面。此练习与其他练习相比没有太大优势。用一根杠铃杆穿过哑铃片或者用特制的滚轮做此练习更有效。尽管我将此练习放在胸部肌群这一章来介绍，但它对腹部肌肉的锻炼效果也十分显著。

⚠️ **常见错误：**动作不规范；身体弯曲；双臂伸展不充分。

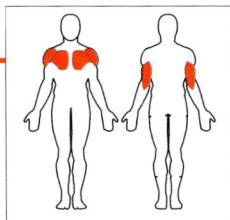

所涉肌肉

主要肌肉：胸大肌、肱三头肌。
次要肌肉：三角肌（前部）、喙肱肌、前锯肌、肩胛下肌。
拮 抗 肌：背阔肌、肱二头肌、三角肌（后部）。

动作要领

　　仰卧在垫子上，屈膝，双脚支撑在地面上。将杠铃举在胸部正上方，掌心朝前，握距比肩宽稍大。

　　在放下杠铃的过程中吸气，直到肘部碰到地面再将杠铃垂直举起。在整个动作过程中，保持肘部与身体分开并与地面垂直。举到最高点时不要使手臂超伸（不要锁死关节）。完成上举动作后呼气。

提示

　　此练习的动作与杠铃平板卧推基本相同，但由于在地面进行，所以动作幅度有限。此练习并不能全面锻炼胸部肌肉，但是肩部不适或没有同伴协助的训练者可以用它代替经典的杠铃平板卧推，以提高安全性。你也可以用哑铃做此练习，但是在拿起和放下哑铃的时候容易受伤。

⚠️ **常见错误：**杠铃过重；举到最高点时手臂超伸（手臂各关节锁死）；双臂发力不均衡。

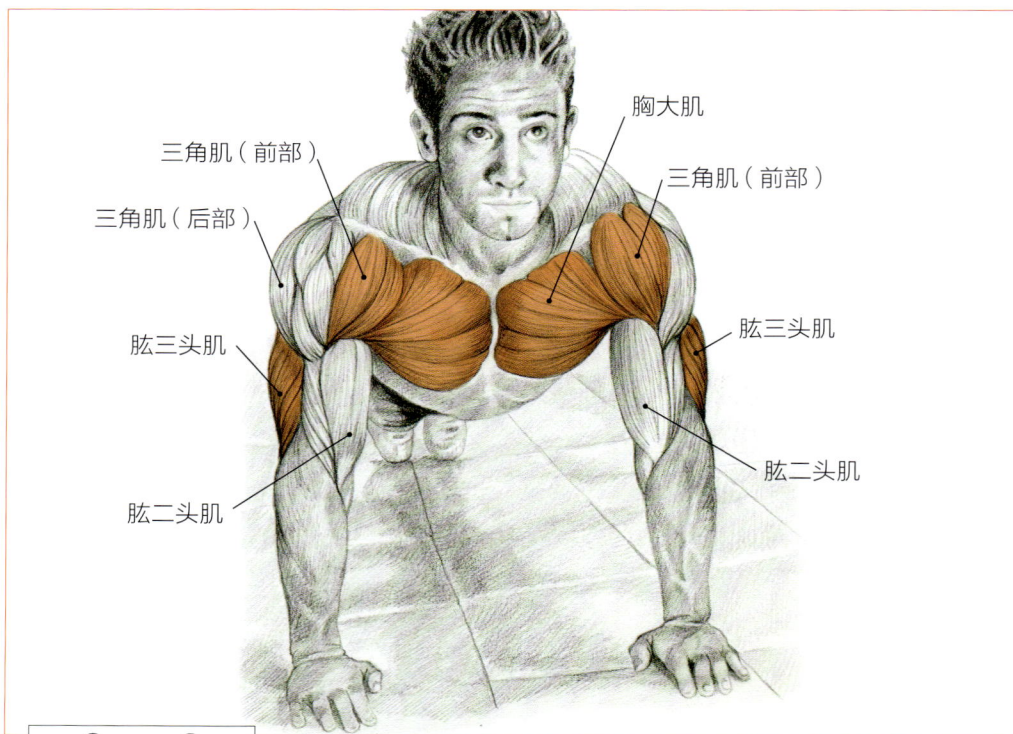

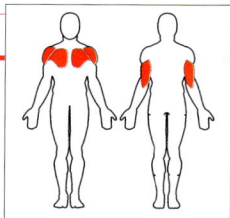

三角肌（前部）

三角肌（后部）

肱三头肌

肱二头肌

胸大肌

三角肌（前部）

肱三头肌

肱二头肌

所涉肌肉

主要肌肉：胸大肌、肱三头肌、三角肌（前部）。
次要肌肉：前锯肌、喙肱肌、肩胛下肌。
拮 抗 肌：背阔肌、肱二头肌、三角肌（后部）。

变式1　低姿俯卧撑

所涉主要肌肉：胸大肌（上部）、肱三头肌、三角肌（前部）。

动作要领：动作与俯卧撑基本相同，但做此变式时双脚要置于健身凳或台阶上。此变式可以更好地锻炼胸大肌上部。

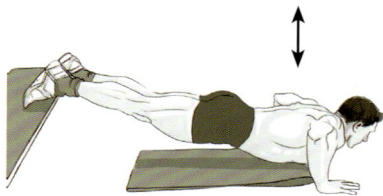

变式2　高姿俯卧撑

所涉主要肌肉：胸大肌（中部和下部）、肱三头肌、三角肌（前部）。

动作要领：动作与俯卧撑基本相同，但做此变式时双手要置于健身凳或台阶上。此变式可以更好地锻炼胸大肌的中部和下部。

双脚并拢（或分开），双手分开撑于地面，间距比肩宽稍大，眼睛看向地面，双臂自然伸直并垂直于地面。先慢慢屈曲双臂直到胸部触碰地面，再伸直双臂回到起始位置。整个过程中身体应始终呈一条直线。开始屈曲双臂时吸气，伸直双臂后呼气。

提示

此练习的效果与哑铃平板卧推相似，只不过利用的是自身的重量。如果感到手腕疼痛，可以用拳头支撑地面，这不会影响练习的效果。此系列练习从易到难的排序依次是：（1）双手支撑于墙面，双脚离墙较近；（2）双手支撑于墙面，双脚离墙较远；（3）膝盖支撑于地面，并将双手置于高处；（4）膝盖支撑于地面，并将双手也置于地面；（5）双脚支撑于地面，双手置于高处；（6）双脚和双手都支撑于地面。此外，若觉得动作比较容易，可减慢速度；若觉得动作比较困难，可将双脚分开。

此练习最大的优势在于不需要任何器械，而且在肌肉疲劳时也不会对身体造成伤害。

⚠️ **常见错误：**肩部和腰部的动作不同步；动作幅度过小或速度过快。

变式3　靠墙式俯卧撑

所涉主要肌肉：胸大肌、肱三头肌、三角肌（前部）。

动作要领：动作与俯卧撑基本相同，但做此变式时双手要撑在墙上。此变式相对容易，适合新手，也可用于热身。做此变式时应放慢速度以使肌肉保持紧张状态。双脚离墙越远，难度越高。

变式4　肩胛骨俯卧撑

所涉主要肌肉：前锯肌、肩胛下肌、三角肌（前部）、胸大肌。

动作要领：起始姿势与俯卧撑相同。做此变式时应始终保持手臂伸直，并且要下压肩部，使背部弯曲。此变式的动作幅度很小，但是足以锻炼前锯肌和肩胛下肌。

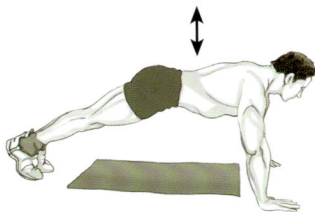

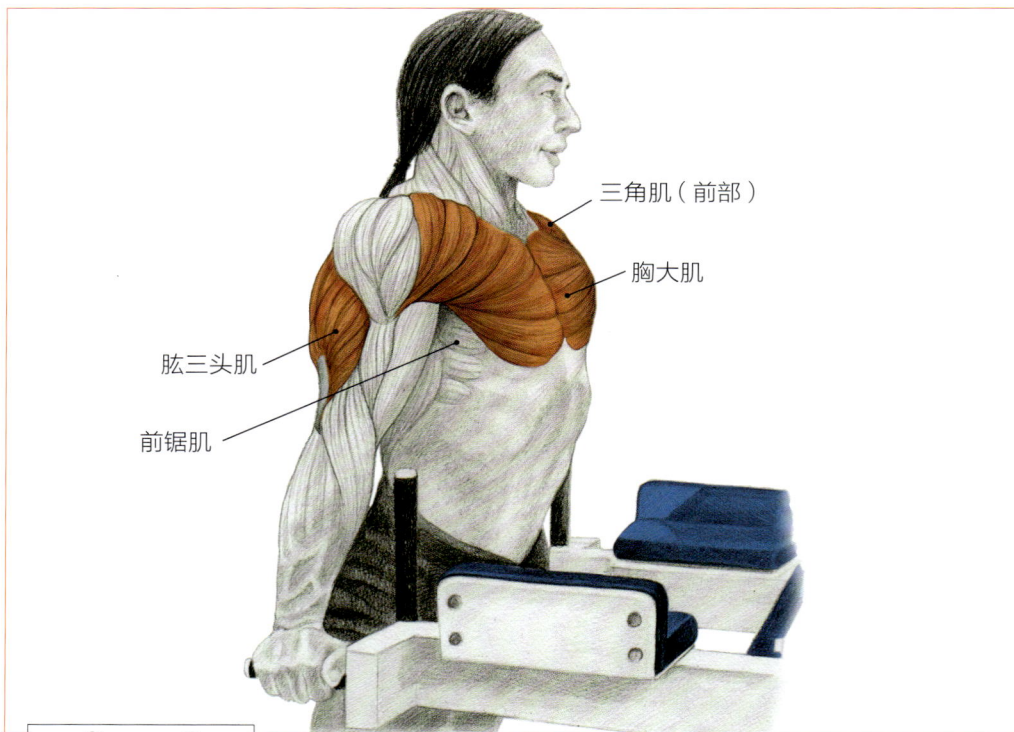

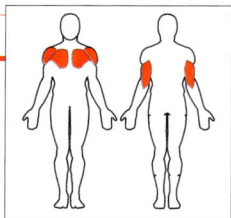

三角肌（前部）

胸大肌

肱三头肌

前锯肌

所涉肌肉

主要肌肉：胸大肌（下部）、肱三头肌、三角肌（前部）、胸小肌。
次要肌肉：前锯肌、喙肱肌、肩胛下肌。
拮 抗 肌：背阔肌、肱二头肌、三角肌（后部）、斜方肌。

变式1　负重双杠臂屈伸

所涉主要肌肉：胸大肌（下部）、肱三头肌、三角肌（前部）、胸小肌。

动作要领：动作与双杠臂屈伸基本相同，区别在于做此变式时需要在腰部挂一重物（或用双脚夹住哑铃）以提高训练强度。此变式的危险性更高，因此，双杠臂屈伸中需要注意的事项在此变式中更应当注意。

若想提高训练强度，比起增加负重，我更建议放慢速度并增加次数，这样做更加安全。

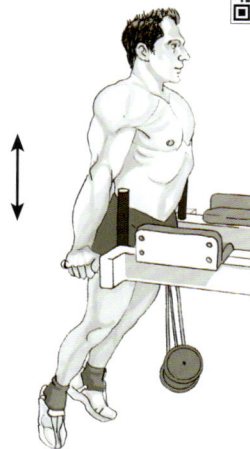

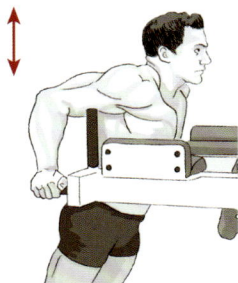

躯干微微向前倾，双脚交叉，双手自然握住双杠（或拇指与其余四指呈 V 字形握住双杠），握距适中，将身体撑起。先吸气，然后屈臂，使身体垂直下降，在这个过程中，身体应始终保持前倾，肘部应向后远离身体。下降到最低点后再将身体撑起，动作完成后呼气。

━━━ 提示 ━━━

此练习的效果与下斜杠铃卧推相似，但它对力量有一定的要求，因此不建议新手做。尽管此练习对肱三头肌和三角肌的作用不容小觑，但我们还是应当尽量将力量集中在胸部肌肉上。在身体下降时，或依靠双手的力量将身体撑起时，应充分扩展胸部。如果肘部或肩部有伤，那么请小心做练习或放弃练习。任何时候，除了进行专业的体育训练时，动作都应当保持慢速。

正确完成此练习很难，因为有些训练者不能将手臂完全屈曲，这会使效果大打折扣。

⚠ **常见错误：** 动作幅度过小；肱三头肌发力过多；身体位置不当；速度过快。

✳ **常见的伤病：** 胸部肌肉拉伤（尤其是在与肱骨连接的部位）。造成此伤病的原因主要是训练者尝试举起超过自身承受力的重量或动作幅度过大。发生拉伤时，通常需要向医生咨询：若伤势较轻，冷敷后休息一段时间即可；若伤势较重，则要休息2~3个月。

变式2　躯干直立式双杠臂屈伸

所涉主要肌肉： 肱三头肌、胸大肌（下部）、三角肌（前部）、胸小肌、背阔肌。

动作要领： 动作与双杠臂屈伸基本相同，但做此变式时躯干不需要向前倾，且下降时身体更加垂直。因此，此变式对肱三头肌的锻炼效果更明显，同时会使胸大肌下部强烈收缩。

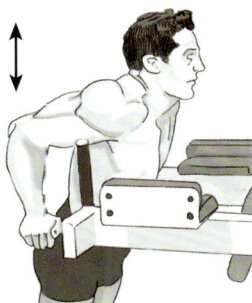

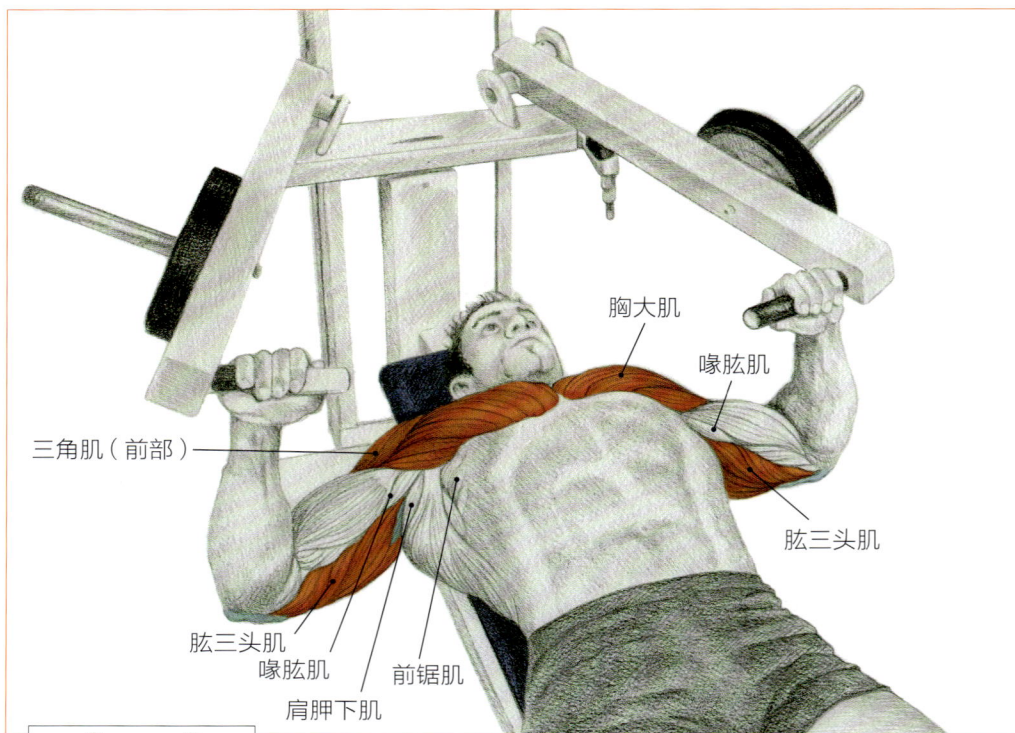

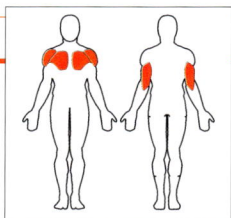

胸大肌

喙肱肌

三角肌（前部）

肱三头肌

肱三头肌

喙肱肌

前锯肌

肩胛下肌

所涉肌肉

主要肌肉：胸大肌、肱三头肌、三角肌（前部）。
次要肌肉：喙肱肌、前锯肌、肩胛下肌。
拮 抗 肌：背阔肌、肱二头肌、三角肌（后部）。

变式1　上斜器械卧推

所涉主要肌肉：胸大肌（上部）、三角肌（前部）、肱三头肌。
动作要领：动作与器械卧推基本相同，但此变式可以更好地锻炼胸大肌上部和肩部前端。有些器械设计不当，导致训练者在做此变式时依然是垂直推举，这样的话效果与器械卧推基本相同。

—— 动作要领 ——

仰卧在器械的平板上，双脚置于地面（或在脚下垫东西）。双手握住位于胸部正上方的器械的握柄，掌心朝向脚部，握距比肩宽稍大。拇指最好置于握柄下方。在向下拉的过程中吸气，拉到胸部附近再垂直举起回到起始位置。在整个动作过程中，保持肘部与身体分开并与地面垂直，举到最高点时请勿使手臂超伸（不要锁死关节）。完成上举动作后呼气。

—— 提示 ——

动作与杠铃平板卧推和哑铃平板卧推基本相同，只不过做此练习时是借助固定器械举起重量的。此练习适合新手。在上举过程中，应当内收手臂以充分挤压胸部，这样才能避免肱三头肌和三角肌前部发力过多。设计得当的器械可以使训练者在躺下时伸直手臂就能抓住握柄。

有一种器械可以让训练者坐着做垂直往下放的动作，动作和双杠臂屈伸相似。

此外，也可以用此练习中所用的器械做直臂卧推练习（见直臂杠铃平板卧推）。

⚠️ **常见错误：** 未调整器械；肱三头肌发力过多；举到最高点时手臂超伸（手臂各关节锁死）；双臂发力不均衡。

变式2　下斜器械卧推

所涉主要肌肉： 胸大肌（下部）、三角肌（前部）、肱三头肌。

动作要领： 做此变式时，头部低于身体其他部位，因此要注意此类练习（如下斜杠铃卧推）的相关提示。练习中不要将髋部抬高。

变式3　坐姿平推

所涉主要肌肉： 胸大肌、三角肌（前部）、肱三头肌。

动作要领： 此变式适合新手或想要专门锻炼胸部的训练者。此变式的效果与器械卧推没有太大的差别。有些器械的握柄可能离身体较远，在动作开始前去抓握柄时要格外小心。

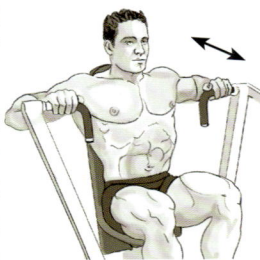

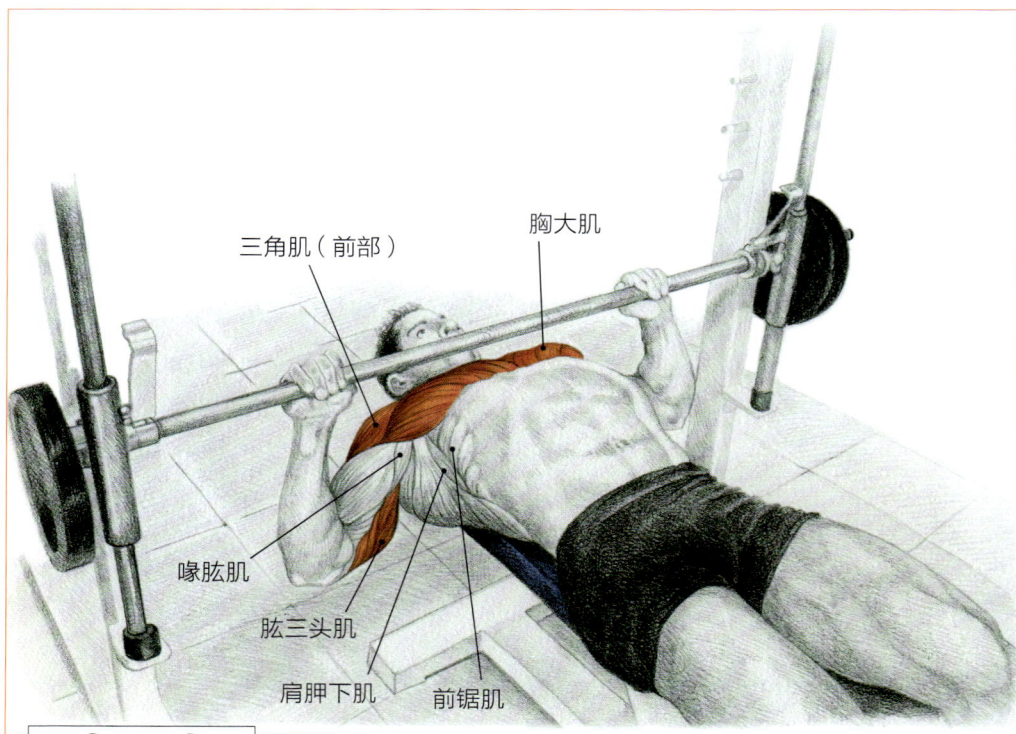

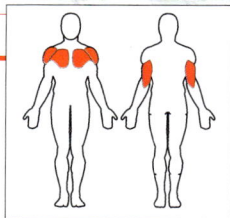

史密斯机卧推

三角肌（前部）

胸大肌

喙肱肌

肱三头肌

肩胛下肌

前锯肌

所涉肌肉

主要肌肉：胸大肌、肱三头肌、三角肌（前部）。
次要肌肉：喙肱肌、前锯肌、肩胛下肌。
拮 抗 肌：背阔肌、肱二头肌、三角肌（后部）。

变式1 上斜史密斯机卧推

所涉主要肌肉：胸大肌（上部）、肱三头肌、三角肌（前部）。

动作要领：动作与史密斯机卧推基本相同，但此时平板一端向上倾斜30°~45°。此变式主要锻炼胸大肌上部和肩部。

变式2 下斜史密斯机卧推

所涉主要肌肉：胸大肌（下部）、肱三头肌、三角肌（前部）。

动作要领：动作与史密斯机卧推基本相同，但此时平板一端向下倾斜30°左右。此变式可以充分锻炼胸大肌下部。下斜杠铃卧推中提到的头部低于脚部训练时的注意事项也适用于此变式。

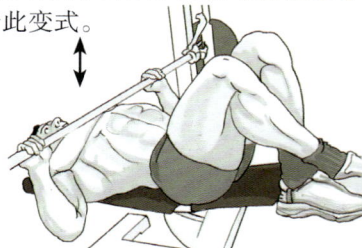

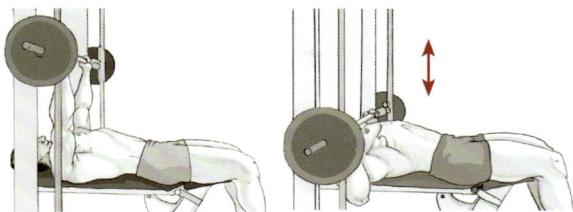

仰卧在史密斯机的平板上，双脚置于地面（或在脚下垫东西）。双臂伸直将杠铃稳定在胸部正上方，握距比肩宽稍大，拇指置于杠铃杆下方。

先旋转杠铃杆（防止下降时卡住）并将杠铃慢慢往下放，直到杠铃杆触碰胸部再将杠铃举起。在整个动作过程中，应始终保持肘部远离身体。在往下放的前半段吸气，完成上举动作后呼气。

提示

此练习的注意事项与器械卧推相同。此练习最大的好处在于可以从上方直接抓住杠铃杆，并随时结束（只要转动杠铃杆将其卡住即可），而且可以通过改变平板的倾斜角度做多种练习。有些杠铃下降到一定高度时就无法继续下降，这样更安全。

史密斯机可以说是健身房中最灵活多变的器械，但是在训练开始前，必须先调整好史密斯机的位置。

> ⚠ **常见错误：** 未调整史密斯机位置；杠铃杆撞击胸部；举到最高点时手臂超伸（手臂各关节锁死）；双臂发力不均衡；拇指未置于杠铃杆下方。

变式3　直臂史密斯机卧推

所涉主要肌肉： 前锯肌、肩胛下肌、胸大肌、三角肌（后部）。

动作要领： 做此变式时手臂保持接近伸直的状态，只轻微地移动肩部。此变式可很好地锻炼前锯肌和肩胛下肌。杠铃的重量应比做常规卧推时小。

此变式可作为胸部训练的补充练习，或作为翼状肩胛、肩胛带肌肉萎缩或衰弱等问题的恢复练习。使用史密斯机的好处就是在进行针对性训练时不必担心杠铃的平衡问题。

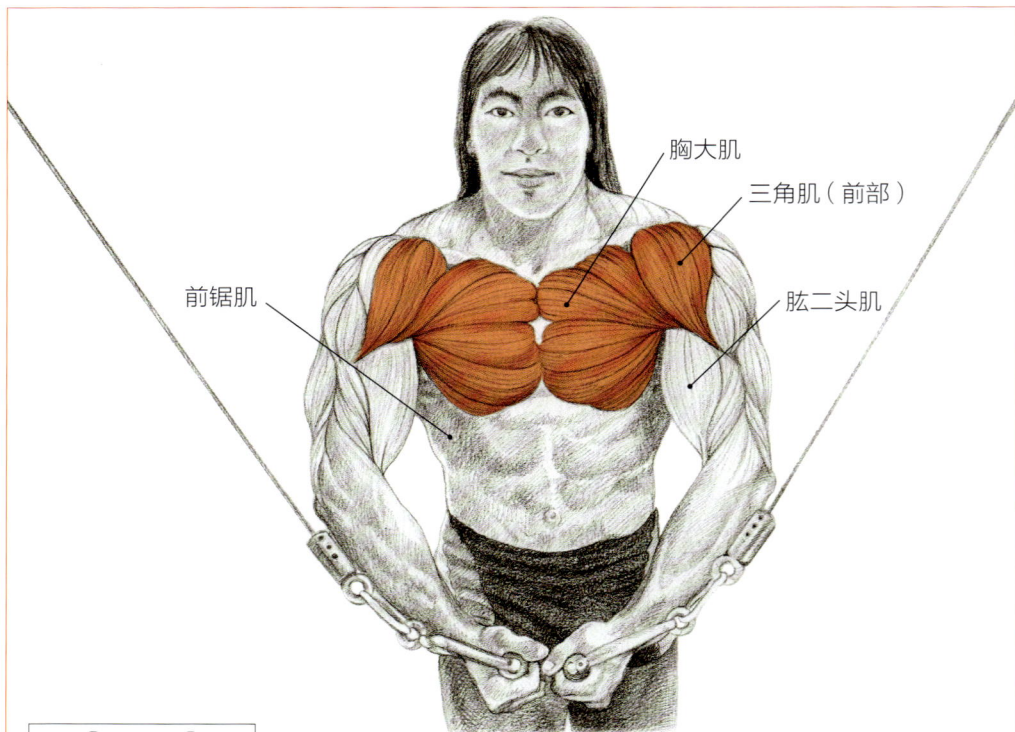

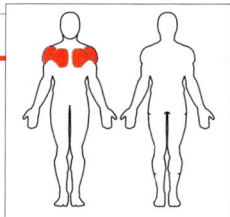

站姿拉力器夹胸

胸大肌

三角肌（前部）

前锯肌

肱二头肌

所涉肌肉

主要肌肉：胸大肌、三角肌（前部）。
次要肌肉：胸小肌、喙肱肌、前锯肌、肩胛下肌、肱二头肌。
拮 抗 肌：背阔肌、三角肌（后部）、肱三头肌。

变式1　站姿拉力器下拉

所涉主要肌肉：胸大肌、三角肌（前部）、肱三头肌。

动作要领：此变式非但不是站姿拉力器夹胸的错误动作，反而可以很好地锻炼胸部。动作与站姿拉力器夹胸基本相同，但仅在双臂张开时屈肘，当双臂向身体前方收拢时肘部要伸直。即使使用大重量做此变式也不会伤及肘部和肩部，但是我建议你使用适中或较小的重量来做多次数练习，这样可以更好地锻炼胸部。

变式2　站姿单臂拉力器夹胸

所涉主要肌肉：胸大肌、前三角肌、肱二头肌。

动作要领：动作与站姿拉力器夹胸基本相同，但此时只使用一侧手臂做练习，另一侧的手置于腰部。与运动的手臂不同侧的那条腿向前迈可使整个动作更加舒适。动作可以是夹胸也可以是下拉。在练习过程中，应保持腰部、腹部、臀部处于紧张状态以稳定身体。

站在拉力器的两个握柄之间，双腿微屈（一条腿在前），身体前倾15°~45°，腹部收紧。双臂平伸，肘部保持弯曲，双臂先向身体下前方收拢（双臂呈拥抱状，动作几乎为水平内收），直到双臂完全收拢，再平伸回到起始位置。全程保持肘部姿势不变。双臂张开时吸气，内收后呼气。

提示

此练习可以很好地单独锻炼胸部。练习时不宜使用大重量，以防对肘部和肩部造成过大的压力。值得一提的是，此练习是为数不多的不用肱三头肌发力（只起稳固作用）但可以锻炼肱二头肌的胸部练习之一（其他还有夹胸系列练习）。动作不熟练、重量过大或者双臂张开时肘部完全伸直都有可能使肱二头肌受伤。有不少训练者受伤都是因为张开手臂时动作过猛，为了避免这种情况，训练者可以选择下拉练习（见站姿拉力器下拉）。此练习不适合新手。

当双手收拢于身体下前方时，直起身体可以将压力集中到胸部的最下端。

⚠️ **常见错误：** 身体摇晃；重量过小；手臂张开时没有很好地控制住拉力器（容易受伤）；手臂张开时肘部完全伸直；重量过大；动作不熟练；将夹胸动作做成下拉动作。

变式3　站姿单臂拉力器上拉

所涉主要肌肉： 胸大肌（上部）、三角肌（前部）、肱二头肌。

动作要领： 动作与站姿单臂拉力器夹胸基本相同，但此时要将拉力器从身体下方往上方中心处拉（也可以是夹胸）。此变式可以锻炼到较难锻炼的胸大肌上部。做此变式时，使用的重量不宜过大。尽管此变式只针对胸部一小部分肌肉，但其他部位（比如三角肌前部）也会不可避免地受到不同程度的锻炼。

还有一种方法是同时用两条手臂做练习，但是姿势略显别扭。

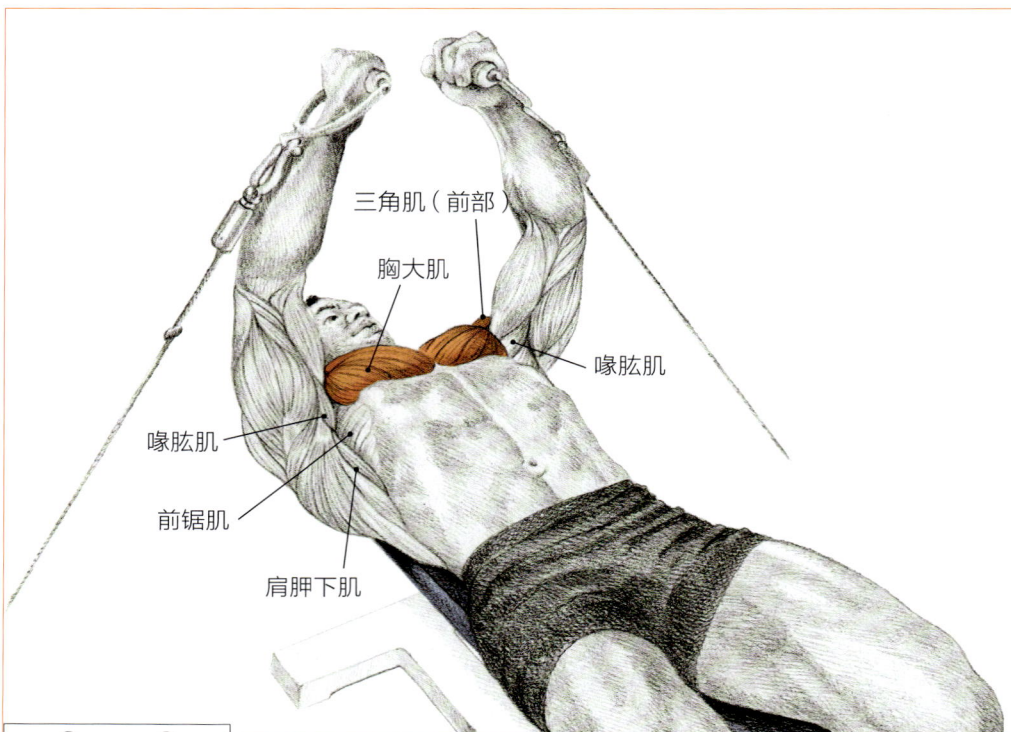

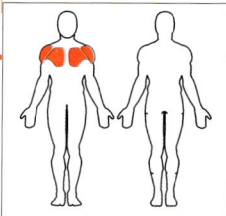

仰卧拉力器夹胸

三角肌（前部）

胸大肌

喙肱肌

喙肱肌

前锯肌

肩胛下肌

所涉肌肉

主要肌肉：胸大肌、三角肌（前部）。
次要肌肉：喙肱肌、肩胛下肌、前锯肌、肱二头肌。
拮 抗 肌：背阔肌、三角肌（后部）、斜方肌、菱形肌、大圆肌、小圆肌。

变式1　上斜拉力器夹胸

所涉主要肌肉：胸大肌（上部）、三角肌（前部）。
动作要领：动作与仰卧拉力器夹胸基本相同，但做此变式时训练者要躺在一端向上倾斜30°~45°的健身凳上。

　　此变式可以对上胸部起到仰卧哑铃夹胸无法起到的效果。尽管如此，其安全性却比不上接下来要介绍的拉力器卧推。

　　由于此变式可以锻炼到较难锻炼的部位，我建议将此变式安排在日常训练计划中。

仰卧在健身凳上，双脚置于地面（或在脚下垫东西）。双手将拉力器拉到胸部正上方，肘部微屈，掌心相对。

吸气，慢慢将拉力器放下，待双手与胸部等高时（视身体柔韧性而定）再将拉力器拉回起始位置。在整个过程中，肘部始终保持弯曲并远离身体，双臂始终呈拥抱状。完成上拉动作后呼气。

提示

动作与仰卧哑铃夹胸基本相同，不同之处在于到达动作最高点（双手收拢于身体上方）时参与运动的肌肉仍然保持紧张。此练习的效果优于仰卧哑铃夹胸。

⚠ **常见错误：** 由于拉力器过短或身体距离拉力器较远而使动作没有充分舒展；将夹胸动作做成上拉动作；没有将力量集中在胸部而使三角肌发力过多。

变式2　拉力器卧推

所涉主要肌肉： 胸大肌、肱三头肌、三角肌（前部）。

动作要领： 动作与上斜拉力器夹胸基本相同。此变式允许使用更大的重量来做，但这样会使肱三头肌发力过多。相比于夹胸系列练习，此变式可以更好地锻炼胸部肌肉，且受伤的概率更小。

变式3　仰卧单臂拉力器夹胸

所涉主要肌肉： 胸大肌、肱三头肌、三角肌（后部）、前锯肌。

动作要领： 动作可以是夹胸，也可以是上拉，但重量都不宜过大，否则可能导致身体失去平衡。只有在常规拉力器无法使用或间距不合适的情况下才可尝试此变式。

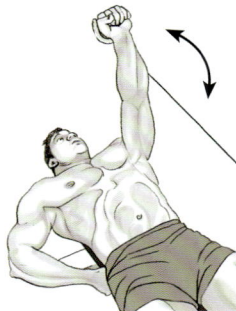

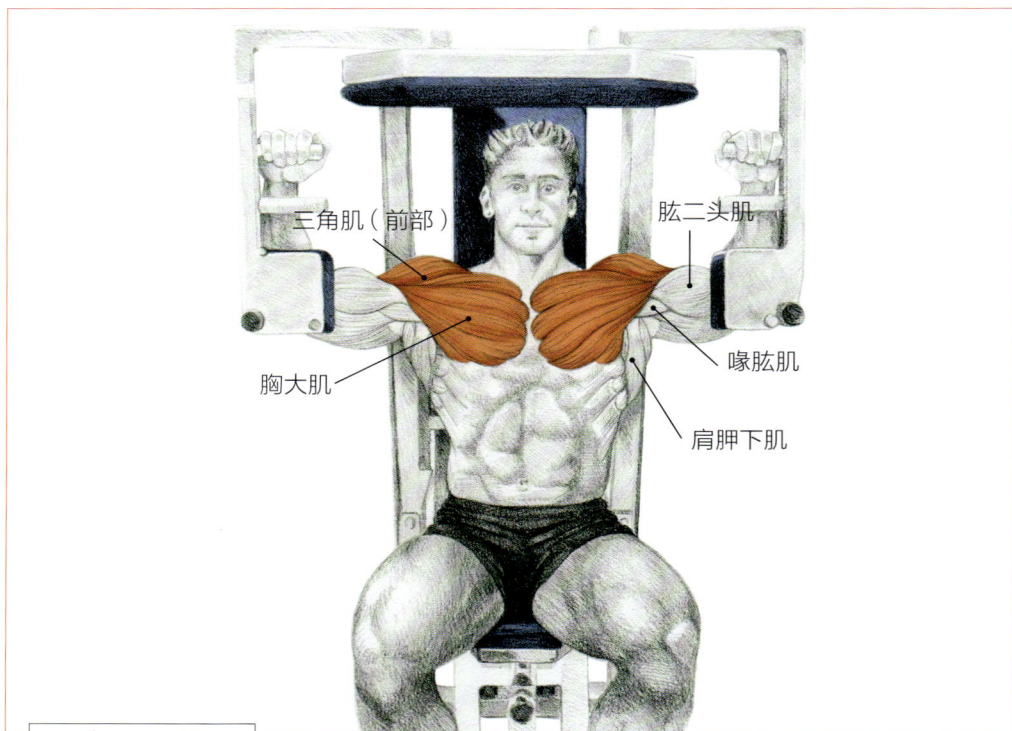

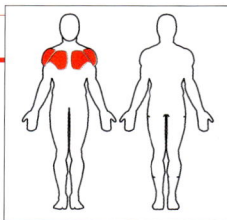

坐姿蝴蝶机夹胸

三角肌（前部）

肱二头肌

胸大肌

喙肱肌

肩胛下肌

所涉肌肉

主要肌肉：胸大肌、三角肌（前部）。

次要肌肉：喙肱肌、肩胛下肌、肱二头肌短头。

拮 抗 肌：背阔肌、三角肌（后部）、斜方肌、菱形肌、大圆肌、小圆肌。

变式1　坐姿蝴蝶机直臂夹胸

所涉主要肌肉：胸大肌、三角肌（前部）。

动作要领：动作与坐姿蝴蝶机夹胸基本相同，但要将手臂伸直做夹胸动作。此变式的优势是，练习过程中参与运动的肌肉可以始终保持紧张。

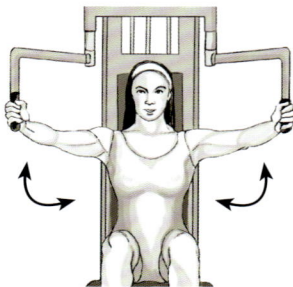

动作要领

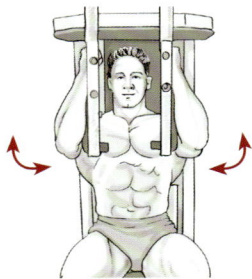

背靠器械坐下，肘部屈曲90°并抬到与中胸部等高处。双手握住握柄，肘部稳定在身体前方。先张开双臂直至达到身体柔韧性允许的最大限度，再收拢双臂回到起始位置。重量越大，双臂张开幅度应越小，以保证安全。张开双臂时吸气，回到起始位置后呼气。

提示

此练习可单独锻炼胸部（没有肱三头肌参与），我建议尽量用小重量、多次数的形式来完成练习。此练习比较简单，因此适合新手，也适合想要针对胸部进行训练的训练者（可作为杠铃平板卧推很好的补充练习）。在练习过程中深吸气有助于扩展胸腔。练习时应在脚边设置重量释放装置，以防在抓住和放下器械时受伤。若无此装置，请不要做此练习。

有些人认为，当手臂张开到最大幅度时，胸部远端（外侧）的肌肉起主要作用；而当手臂收拢时，胸部近端（中部和上部）的肌肉起主要作用。事实上，胸部是一个整体，训练时胸部的所有肌肉都会参与运动。如果我们将握柄稍微调高或调低，理论上力量会相应地集中到上胸部或下胸部，但是没有这个必要。

练习时必须时刻将注意力集中在胸部的运动上，如果你只是单纯地移动器械，很可能将力量都转移到肩部。身体柔韧性不佳的训练者无法在练习时将力量完全集中在胸部，因此我建议从新手期就开始做此练习。

> ⚠️ **常见错误：** 动作不当（少数情况下是动作幅度过小，大多数情况下是动作幅度过大而导致风险高）；肘部未紧贴器械；抓放器械时未使用重量释放装置。

变式2　中途停顿式坐姿蝴蝶机夹胸

所涉主要肌肉： 胸大肌（中部和上部）、三角肌（前部）。

动作要领： 动作与坐姿蝴蝶机夹胸基本相同，但当回到起始位置时（动作即将结束时），应尽可能久地停顿，再将双臂张开，这样做可以让胸部肌肉充分收缩。此变式有助于增加上胸部肌肉的体积，你可以将其作为卧推练习的补充练习。需要指出的是，力量训练无法使没有肌肉（只有骨骼和肌腱）的部位长出肌肉。

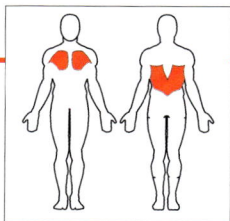

所涉肌肉

主要肌肉：胸大肌、背阔肌、大圆肌、小圆肌。
次要肌肉：前锯肌、喙肱肌、肱三头肌、菱形肌。
拮 抗 肌：胸部肌肉、三角肌（前部）、肱二头肌。

动作要领

　　仰卧在低位滑轮前的健身凳上，头部置于健身凳边缘，双臂伸直，双手将滑轮的粗绳稳定在头部后方。先缓缓将粗绳向上拉至眼睛上方，再缓缓向后方放下双臂回到起始位置。在这个过程中，应始终保持肘部姿势不变，并充分扩展胸腔。

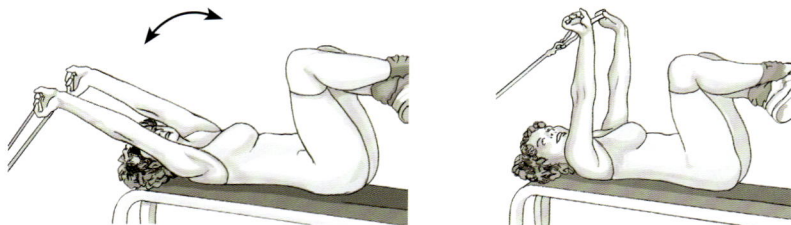

提示

　　动作与仰卧屈臂上拉基本相同。此类练习除了可以锻炼背部肌肉以及其他邻近肌肉，还有助于扩展胸腔，提升胸部肌肉的柔韧性，因此在下降过程中必须深吸气。此练习的目的不是使胸肌膨大。

　　如果用哑铃或杠铃做练习，在动作即将结束时（哑铃或杠铃位于身体上方时），参与运动的肌肉几乎不再发力，但用滑轮做练习可以保证肌肉持续发力。

> ⚠️ **常见错误：** 重量过大；呼吸方式不当；动作幅度过大或过小；屈肘（使肱三头肌发力过多）；手臂旋外。

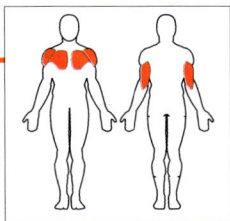

所涉肌肉

主要肌肉：胸大肌（下部）、肱三头肌、三角肌（前部）、胸小肌。
次要肌肉：前锯肌、喙肱肌、肩胛下肌。
拮抗肌：背部肌肉、肱二头肌、三角肌（后部）、斜方肌。

动作要领

　　动作与双杠臂屈伸基本相同，但此时要借助器械来做。双手自然握住握杆（或拇指与其余四指呈 V 字形握住握杆），握距适中，躯干挺直，膝盖或双脚支撑在器械的座椅上（依器械设计而定）。吸气，慢慢屈曲双臂，使身体垂直下降，同时上半身向前倾。在这个过程中肘部应向外远离身体。待双臂屈曲至最大幅度，再慢慢将身体垂直撑起回到起始位置。回到起始位置后呼气。

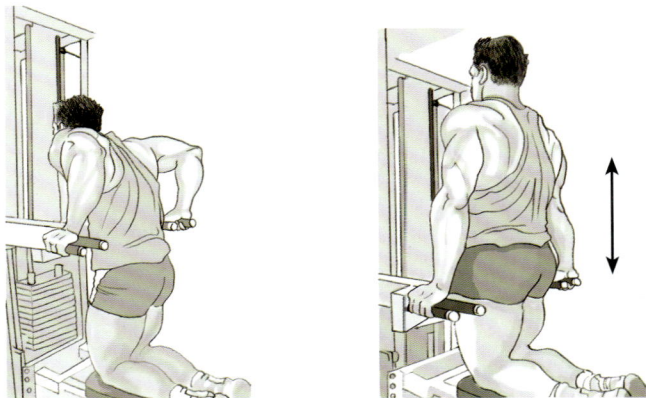

提示

　　新手可以借助器械较容易地完成双杠臂屈伸。尽管此练习中肱三头肌的作用很重要，但你还是应当尽量将力量集中在胸部，在手臂屈曲或伸直的过程中让胸部充分地伸展或收缩。肘部或肩部有伤的训练者应谨慎练习。动作越慢、助力越小，练习的难度越大。

⚠ **常见错误：** 动作幅度过小；肱三头肌发力过多；身体姿势不正确。

第三章

背部肌群

背部主要肌肉示意图

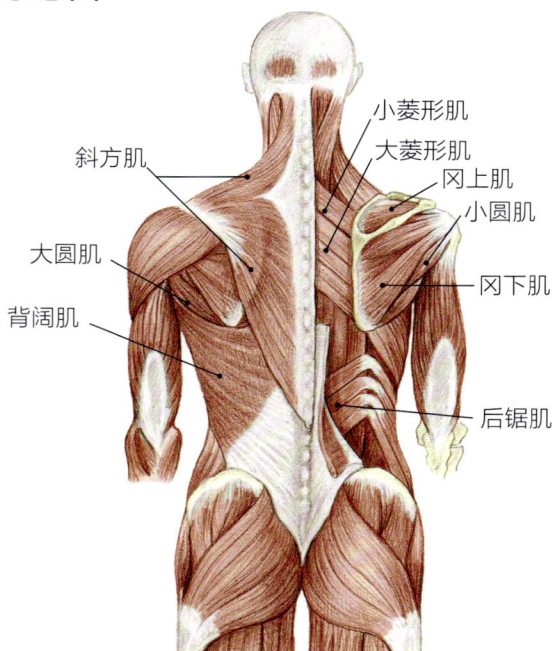

斜方肌

大圆肌

背阔肌

小菱形肌
大菱形肌
冈上肌
小圆肌
冈下肌
后锯肌

背部主要肌肉的生物力学介绍

附着于肱骨的肌肉

背阔肌（背面浅层肌）

起点： 第7~12胸椎及全部腰椎的棘突，髂嵴后部，第10~12肋骨外侧面以及肩胛骨下角。

止点： 肱骨小结节嵴。

主要功能： 使肩关节后伸、内收及旋内；使肩胛骨下降；上提躯干，辅助吸气。

解析： 背阔肌是一块占据背部较大区域的扁阔肌，呈三角形。我们可在腋下后部触摸到此肌肉，当其膨大时，可以在背部明显地观察到 V 字形。背阔肌可使双臂垂直内收（如引体向上）或水平内收（如杠铃划船），是攀登运动中的主要"发动机"。尽管背阔肌分为4个区域，但是只要将下拉练习和划船练习相结合，就可以全面地锻炼整块背阔肌。

大圆肌（背面深层肌）

起点： 肩胛骨下角背面。

止点： 肱骨小结节嵴。

主要功能： 使肩关节内收和旋内。

解析： 大圆肌是背阔肌的协同肌，体积较小，主要功能也与背阔肌相似（作用比背阔肌小）。

小圆肌（背面深层肌）

起点： 肩胛骨外侧缘。

止点： 肱骨大结节下部。

主要功能： 使肩关节旋外。

解析： 小圆肌是一块位于冈下肌下方、体积较小的肌肉，它可协助冈下肌使肩关节旋外。小圆肌在稳定肩关节、防止肩关节脱臼上起着重要作用。

冈下肌（背面深层肌）

起点： 肩胛骨冈下窝。

止点： 肱骨大结节中部。

主要功能： 同小圆肌。

解析： 冈下肌的位置和功能与小圆肌相似，很多时候这两块肌肉协同工作。

不附着于肱骨的肌肉

大菱形肌（背面深层肌）

起点： 第1~4胸椎的棘突。

止点： 肩胛骨脊柱缘。

主要功能： 使肩胛骨旋转；使肩胛骨回缩并使其稳定在回缩位置上。

解析： 此肌肉将肩胛骨与脊柱相连，在稳定肩胛骨的同时也可使肩胛骨向脊柱靠拢。

小菱形肌（背面深层肌）

起点： 第6~7颈椎的棘突。

止点： 肩胛骨脊柱缘。

主要功能： 同大菱形肌。

解析： 小菱形肌位于大菱形肌上方，功能与大菱形肌相似。

斜方肌（背面浅层肌）

详见肩部肌群。

肩胛提肌（背面中层肌）

详见肩部肌群。

下后锯肌（背面深层肌）

详见腰腹部肌群。

髂肋肌（背面深层肌）

详见腰腹部肌群。

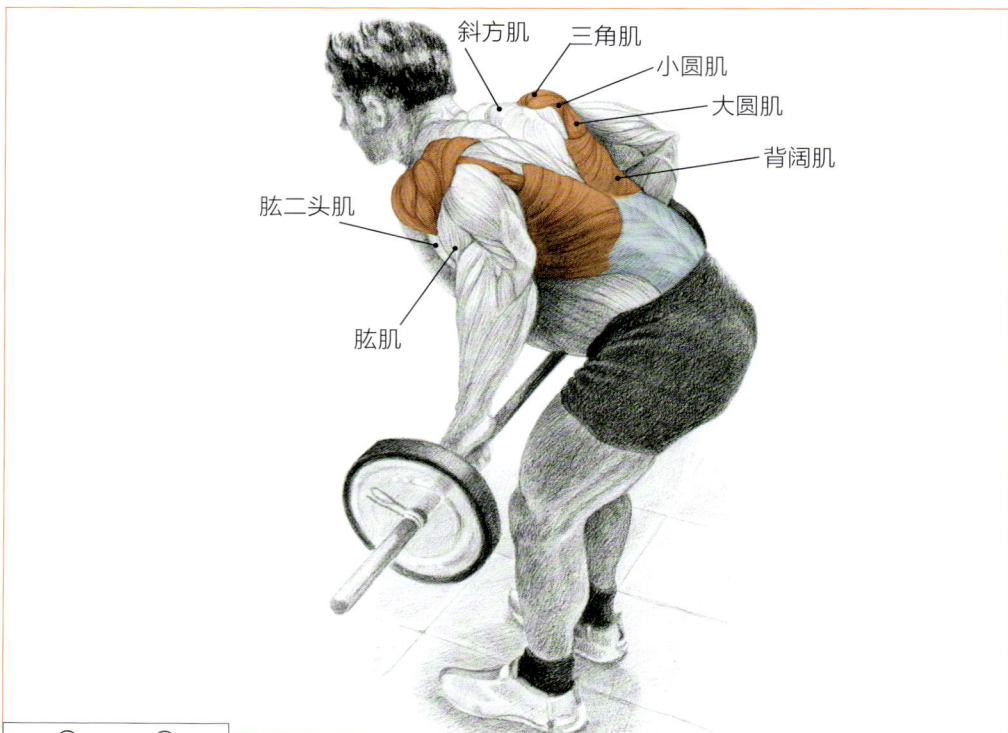

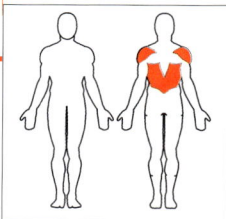

斜方肌
三角肌
小圆肌
大圆肌
背阔肌
肱二头肌
肱肌

所涉肌肉

主要肌肉：背阔肌、大圆肌、小圆肌、三角肌（后部）。
次要肌肉：菱形肌、肱二头肌、肱肌、肱桡肌、斜方肌、冈下肌、腰大肌。
拮 抗 肌：胸大肌、肱三头肌、三角肌（前部）。

变式1　哑铃划船

所涉主要肌肉：背阔肌、大圆肌、小圆肌、三角肌（后部）。

动作要领：使用哑铃做练习可以使动作更加舒展，并减轻腰椎的压力。动作与杠铃划船基本相同，二者的效果并无太大差异。

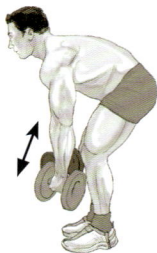

变式2　反握杠铃划船

所涉主要肌肉：背阔肌、大圆肌、小圆肌、三角肌（后部）、肱二头肌。

动作要领：反握杠铃杆（或哑铃）可以使肱二头肌更多地发力，但不会影响背部肌肉的工作，因为反握只是改变了前臂的姿势，肱骨的位置不变。

站在地面上，上身呈直线，髋部前屈约45°。屈膝，收紧腹部和腰部以保持稳定。双手握住杠铃杆，掌心朝向身体，握距比肩宽稍大。先将杠铃向上拉到腹部（肘部始终远离身体），再使杠铃下降至最低点。杠铃下降前吸气并憋住，向上拉时呼气。

提示

此练习不仅可以锻炼背阔肌，而且对背部的所有肌肉都有一定的作用。此练习可以使背部肌肉纤维增粗，提升背部肌肉的整体力量，同时也可使躯干和双腿进行等长收缩。

尽管此练习效果十分明显，但对训练者的动作技巧有很高的要求，动作不熟练或脊柱不适者请勿做此练习。其他练习也可以很好地锻炼背部肌肉，因此训练者在选择时应当好好权衡利弊。

此练习中所介绍的呼吸方式比较罕见，但这样做可以保护脊柱。为了保持姿势，可以将头部轻靠在某个支撑物上。有的练习更加安全，也更加值得推荐，如划船机练习。

常见错误： 身体过度向前倾而失去重心；动作不完整；背部拱起；将杠铃拉到胸部；呼吸方式不当；向上拉时利用惯性而不是肌肉的收缩。

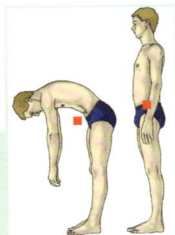

重心是可以让人体保持平衡的一个点。重心的位置可能受多种因素影响，如身材、体重以及身体的姿势等。在人体的标准解剖学姿势下，大多数人的重心都位于骨盆处。

变式3　窄距哑铃划船

所涉主要肌肉： 背阔肌、大圆肌、小圆肌、三角肌（后部）、肱肌。

动作要领： 与哑铃划船相似。掌心相对握住哑铃，全程使肘部靠近躯干以更好地锻炼背部的中下部。

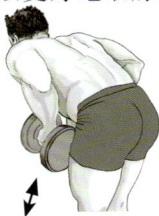

变式4　上斜杠铃划船

所涉主要肌肉： 背阔肌、大圆肌、小圆肌、三角肌（后部）。

动作要领： 俯卧在一端向上倾斜的健身凳上，双臂置于健身凳两侧。尽管此变式的动作幅度比杠铃划船小，但可以降低脊柱受伤的概率。

变式5　环形杠铃划船

所涉主要肌肉： 背阔肌、大圆肌、小圆肌、三角肌（后部）。

动作要领： 此变式将杠铃划船和哑铃划船相结合，且握距更小，但效果与前两者相差无几。

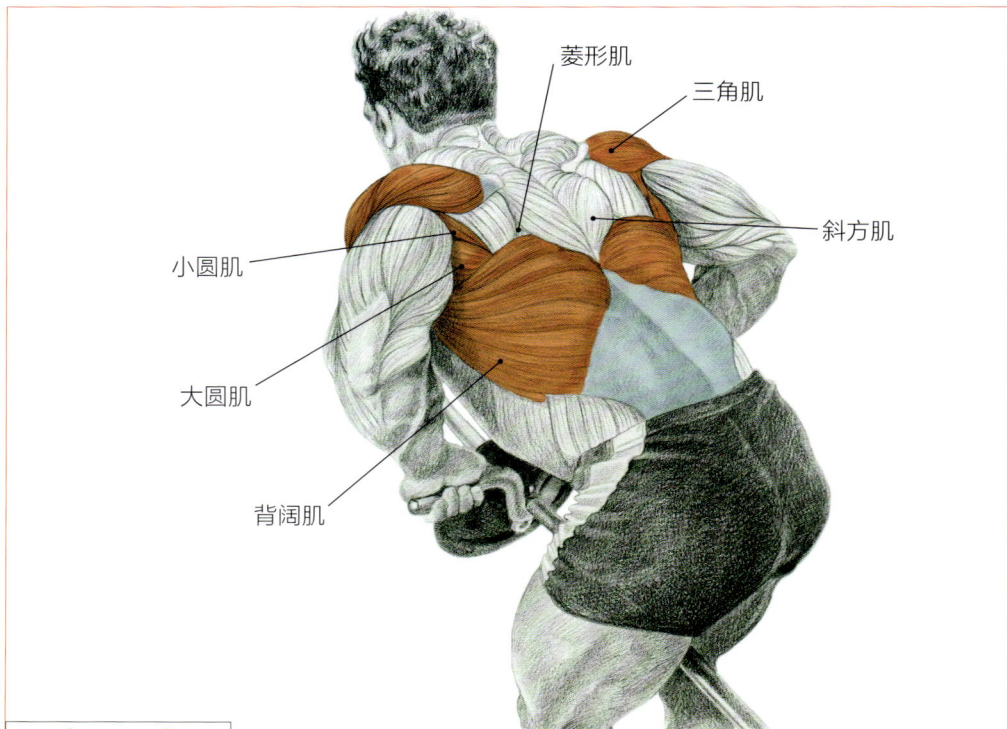

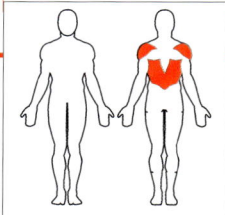

菱形肌

三角肌

斜方肌

小圆肌

大圆肌

背阔肌

所涉肌肉

主要肌肉：背阔肌、大圆肌、小圆肌、三角肌（后部）。
次要肌肉：菱形肌、肱二头肌、肱肌、肱桡肌、斜方肌、冈下肌、腰大肌。
拮 抗 肌：胸大肌、肱三头肌、三角肌（前部）。

变式1　宽距 T 杠划船

所涉主要肌肉：背阔肌、大圆肌、小圆肌、
三角肌（后部）、菱形肌、斜方肌。
动作要领：动作与 T 杠划船基本相同，但握
距更大，可以更好地锻炼上背部。此变式和
其他的背部宽距练习（如引体向上、杠铃划
船等）一样，动作幅度有限。

站在地面上，上身呈直线，髋部前屈约45°，膝盖屈曲，双手握住 T 杠（掌心朝下）并将其稳定在小腿前方。先将 T 杠向上拉至腹部，再放下 T 杠回到起始位置（肘部始终远离身体）。在 T 杠下降前吸气并憋住，在向上拉的后1/3段呼气（但不要全部呼出）。

提示

此练习与杠铃划船类似，但是做此练习时脚部位置更靠前，这可以使姿势更舒展并减轻腰椎的压力。如果没有 T 杠，可以使用普通的杠铃（只装一个杠铃片），将一根短杆穿过有杠铃片的一端的下部（二者呈十字交叉）作为握柄，另一端支撑在墙角。练习时使用的杠铃片直径不宜过大，因为杠铃片触碰到胸部会减小动作的幅度。建议使用直径较小的厚杠铃片和 U 形横杆。

> ⚠ **常见错误：** 身体过度向前倾而失去重心；动作不完整；背部拱起或其他不当姿势。

变式2　单臂 T 杠划船

所涉主要肌肉： 背阔肌、大圆肌、小圆肌、三角肌（后部）。

动作要领： 动作与 T 杠划船基本相同，但只使用一条手臂完成动作，因此所用重量应比 T 杠划船小。此变式可以集中锻炼背部的一侧，并且允许训练者完成更大幅度的动作，但它只能作为 T 杠划船的补充。练习时，最好将另一只手置于同侧膝盖或其他支撑物上，以减轻腰部的负担。

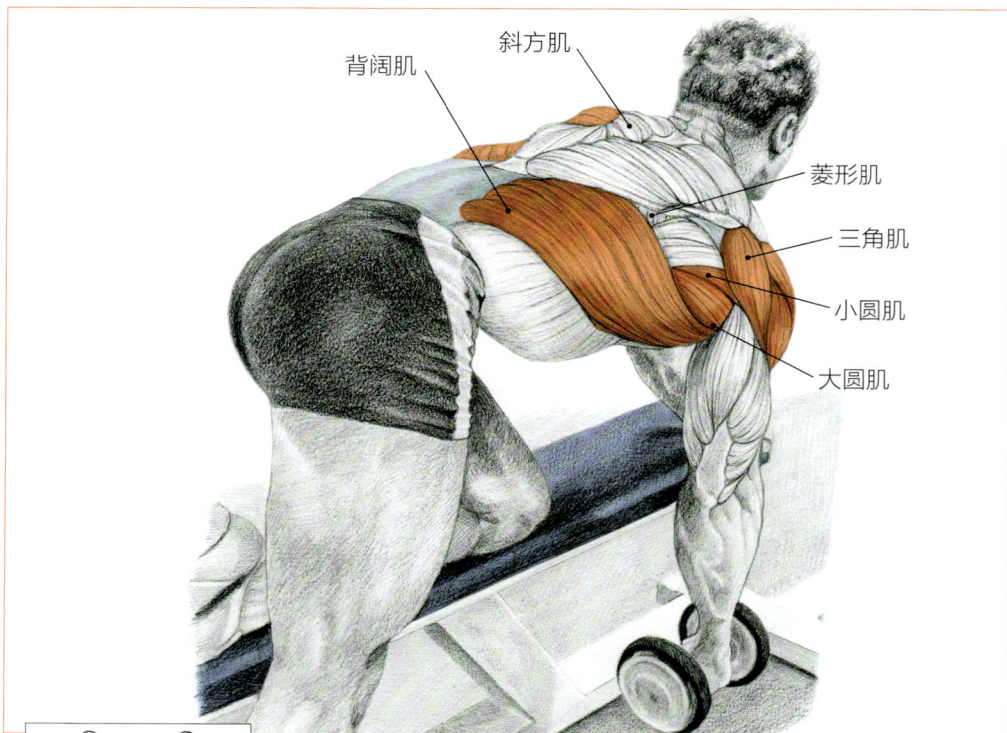

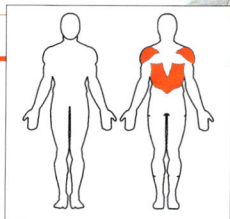

背阔肌
斜方肌
菱形肌
三角肌
小圆肌
大圆肌

所涉肌肉

主要肌肉：背阔肌、大圆肌、小圆肌、三角肌（后部）。
次要肌肉：菱形肌、肱肌、肱二头肌、肱桡肌、斜方肌。
拮 抗 肌：胸大肌、肱三头肌、三角肌（后部）。

变式1　外展式单臂哑铃划船

所涉主要肌肉：背阔肌、大圆肌、小圆肌、三角肌（后部）、菱形肌、斜方肌。
动作要领：此变式与单臂哑铃划船唯一的不同在于肘部离躯干距离较远，这样可以更好地锻炼上背部肌肉（三角肌后部、斜方肌、菱形肌等）。

变式2　上斜单臂哑铃划船

所涉主要肌肉：三角肌（后部）、斜方肌、背阔肌、大圆肌、小圆肌、肱三头肌长头。
动作要领：做此变式时应将健身凳调成上斜状态，此时训练者的上身不再与地面平行，这样可以更好地锻炼斜方肌以及上背部的其余肌肉。做此变式时所用的哑铃应比做单臂哑铃划船所用的轻。

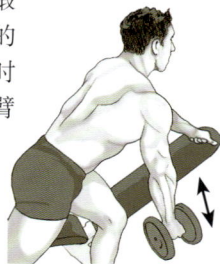

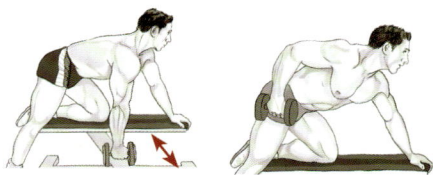

一只手掌心朝向身体握住哑铃，此时手臂与地面垂直，同侧腿支撑于地面，脚部位置稍稍靠后；另一只手以及同侧膝盖支撑于水平健身凳上，上身呈直线且与地面平行。先将哑铃向上拉至腰部附近，再将其往下放至最低点（姿势如锯木）。在这个过程中，始终保持肘部靠近躯干且前臂与地面垂直。向上拉哑铃前吸气并憋住，往下放的最后阶段呼气。

提示

这是一项适合所有训练者的传统练习，即使使用大重量也不易受伤。此练习最难的地方在于不易确定是否真正锻炼到了背部肌肉。上拉至最高点时保持前臂与地面垂直是为了让目标肌肉百分之百地承受哑铃的重量（根据自由重量训练的原则），因此请勿将哑铃从头部下方上拉至腰部（斜线运动）。有经验的训练者若想增加哑铃的重量，应将双脚都置于地面，并将支撑于健身凳的腿向前迈出。

有些训练者在练习时会加上旋转前臂的动作，这是没有必要的。

⚠️ **常见错误：** 将哑铃向上拉至肩部附近；在动作最高点前臂未与地面保持垂直；向上拉时旋转身体；重量过小；支撑腿过于垂直而使背部弯曲；上身未与地面平行。

✳️ 一些健美运动员会用"停息法"来增加动作重复次数，即完成每组规定的次数后，保持姿势不将器械放下，待呼吸3~4次后，额外再做2~3次动作。在做大重量练习时，可以在两组动作之间使用此方法，但请注意停息时不要锁死相关关节。此方法要求训练者熟练掌握动作且注意力高度集中。

变式3　直臂哑铃划船

所涉主要肌肉： 背阔肌、大圆肌、肱三头肌长头、三角肌（后部）。

动作要领： 俯身，挺直背部。双手握住哑铃（哑铃重量较小），掌心朝向身体，将哑铃稳定在身体前方。肩部发力将哑铃拉向臀部后方再回到起始位置，在这个过程中保持手臂伸直且靠近躯干。练习时，背部肌肉会强烈收缩，因此建议将此变式作为训练的最后一项或作为常规练习的补充。此变式也可较好地锻炼三角肌后部和大圆肌。另外，由于手臂进行等长运动，肱三头肌长头会强烈收缩以协助手臂运动。

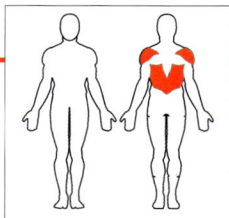

所涉肌肉

主要肌肉：背阔肌、大圆肌、小圆肌、三角肌（后部）。
次要肌肉：肱三头肌长头、菱形肌、斜方肌、冈下肌、腰大肌。
拮 抗 肌：胸大肌、肱三头肌、三角肌（前部）。

动作要领

起始姿势与杠铃划船基本相同，但此时要将杠铃稳定在双腿后方。通过伸展肩部将杠铃从体后向上举，举至最高点后再使杠铃下降回到起始位置。

开始向上举时吸气并憋住，回到起始位置后呼气。

提示

此练习较少用到，但它可以更好地锻炼三角肌后部。建议你将此练习作为训练的最后一项或常规练习的补充。与直臂哑铃划船一样，手臂的等长运动使得肱三头肌长头强烈收缩。

⚠️ **常见错误**：姿势不当；杠铃过重；借助惯性。

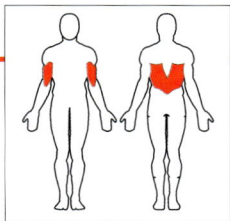

所涉肌肉

主要肌肉：背阔肌、肱二头肌、肱肌、大圆肌。
次要肌肉：菱形肌、胸大肌、肱三头肌长头、小圆肌、肱桡肌、斜方肌。
拮 抗 肌：三角肌、胸大肌、肱三头肌。

动作要领

　　站立在横杆（竖杆更佳）一侧，双脚靠近横杆。一只手抓住横杆，另一只手置于腰部。先使身体向后方缓慢下降，直到手臂几乎伸直，再将身体拉回至起始位置。在这个过程中保持身体呈直线，不要移动双脚，也不要屈曲髋部。在动作的前半段吸气，回到起始位置后呼气。

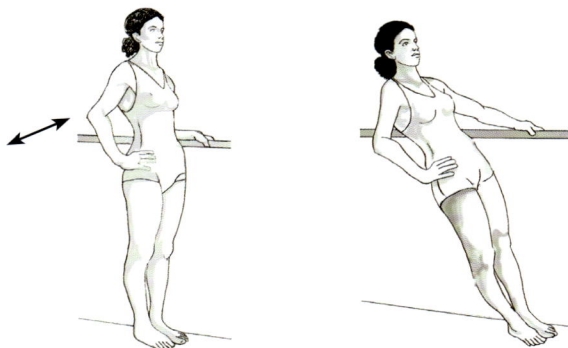

提示

　　此练习较为轻松，适合新手或可用于热身。然而，练习虽易，在过程中也应注意始终将力量集中在背部肌肉而非手臂肌肉上。若想提高练习强度，可在自由手上增加负重。此练习也可在健身房外完成。

⚠️ **常见错误：** 在两次动作间停顿使得肌肉未始终保持紧张状态；手臂发力过多；身体不直。

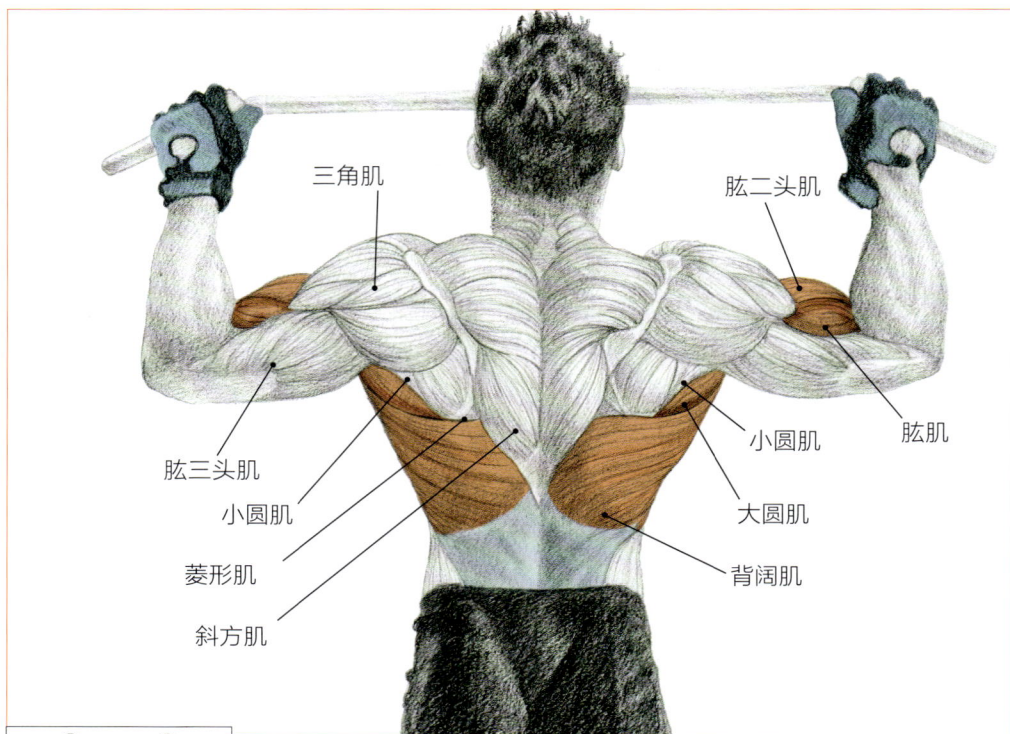

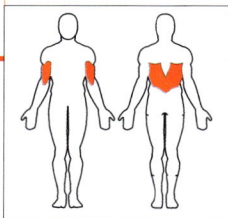

三角肌

肱二头肌

肱三头肌

小圆肌

菱形肌

斜方肌

小圆肌

大圆肌

背阔肌

肱肌

—— 所涉肌肉 ——

主要肌肉：背阔肌、肱二头肌短头、肱肌、大圆肌。

次要肌肉：胸大肌（下部和外侧）、肱三头肌长头、小圆肌、菱形肌、肱桡肌、斜方肌（下部）、肱二头肌长头、三角肌（前部和后部）。

拮抗肌：三角肌、胸大肌（上部）、肱三头肌。

变式1　颈后引体向上

所涉主要肌肉：背阔肌、肱二头肌短头、肱肌、大圆肌、小圆肌。

动作要领：将横杠置于颈后，其余动作与正握引体向上相同。有人提出，这种将身体完全垂直上拉的方式可以更好地锻炼背部的下外侧区域，但这一说法的准确性尚未得到证实。此变式可能会导致肩袖损伤。对背部肌肉锻炼效果最佳的还是正握引体向上。

变式2　平行梯引体向上

所涉主要肌肉：背阔肌、肱肌、肱二头肌、大圆肌、小圆肌。

动作要领：握姿自然（掌心相对），握距适中。屈曲手臂将身体向上拉，直到头部处于平行梯的梯阶之间。也可以向左或向右交替上拉，以使力量交替集中到身体的一侧。

正握横杠（掌心朝前），将身体悬空，握距比肩宽大。屈曲手臂将身体向上拉，使胸部向横杠靠近，身体稍微后仰。到达最高点后，伸直手臂回到起始位置。在这一过程中，双腿交叉（最好将小腿抬起），并保持放松。有两种呼吸方式：

（1）身体上升前吸气，完成整个动作后呼气。

（2）上升过程中吸气，到达最高点后呼气。

━ 提示 ━

此练习对背部和手臂肌肉的锻炼效果明显，还有助于增宽背部以及形成 V 字形背肌。练习时应保证动作协调、完整，躯干与地面垂直，且要避免手臂发力过多。

做此练习时，训练者只能将自身的体重作为负重，无法增加重量（尽管可以设置一些障碍或寻求同伴协助）。新手在练习时往往会借助身体的惯性，这样做会使效果大打折扣。要想使锻炼效果最大化，应当做8~15次标准的动作。如果你动作技巧过关，建议你做尽可能多的次数。请同伴在下方帮你固定住双腿可以使练习变得容易。引体向上系列练习种类丰富，可以让你全面锻炼背部肌肉。本书介绍的引体向上练习从易到难依次为：直体引体向上、平行梯引体向上、反握引体向上、正握引体向上、颈后引体向上、腰式引体向上。

⚠️ **常见错误：** 速度过快；动作不完整；身体摇晃；身体向前倾并将肘部前移以借助胸部肌肉的力量；借助腿部蹬力；握距过大；下降到最低点时手臂超伸。

✳️ 我建议你在训练时戴训练手套，这样既可以让双手保持干净，也可以防止因出汗而造成打滑或其他意外。

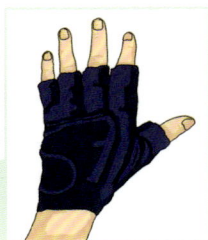

变式3　腰式引体向上

所涉主要肌肉： 背阔肌、肱三头肌、肱肌、大圆肌和小圆肌、胸大肌（下部）、锯肌。

动作要领： 握距较小，且要将身体大幅向上拉以使腰部向横杠靠近，身体向后仰。

变式4　直体引体向上

所涉主要肌肉： 背阔肌、大圆肌、小圆肌、肱肌、肱二头肌短头、斜方肌、菱形肌。

动作要领： 将横杠置于较低处，脚跟支撑于平板或地面上，使身体接近水平状态。将身体向上拉，使胸部向横杠靠近，到达最高点后再使身体下降回到起始位置。此变式的效果介于正握引体向上和杠铃划船之间。

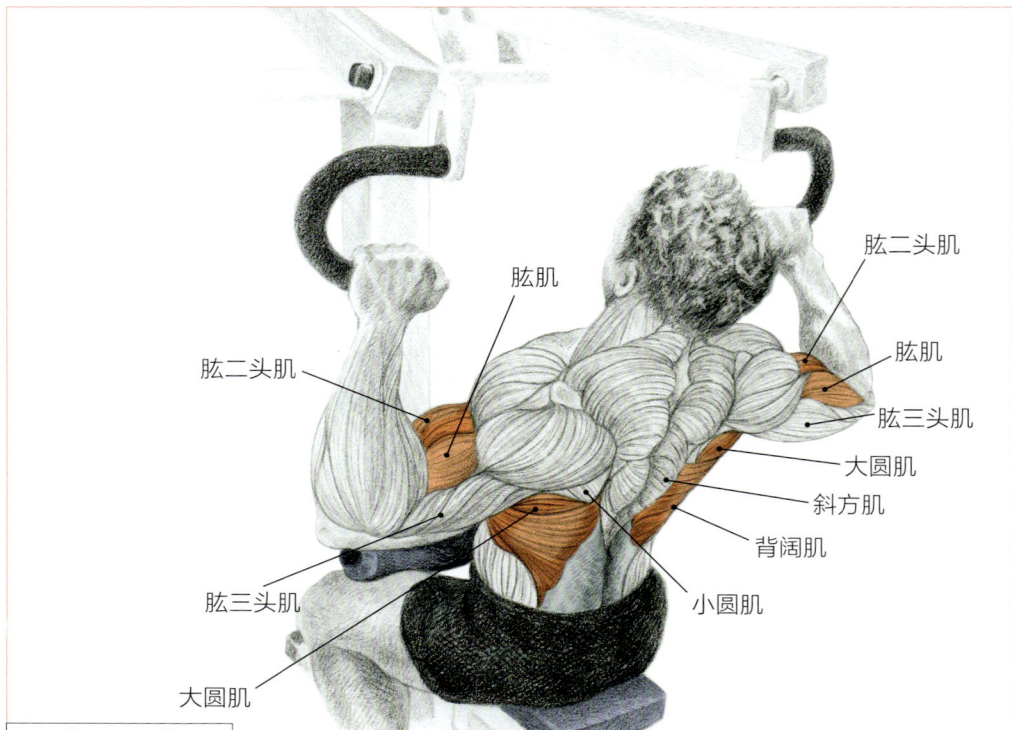

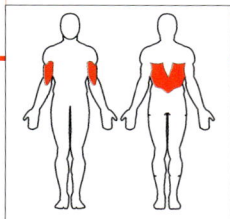

肱二头肌

肱肌

肱肌

肱三头肌

肱二头肌

大圆肌

斜方肌

背阔肌

肱三头肌

小圆肌

大圆肌

所涉肌肉

主要肌肉：背阔肌、肱二头肌短头、肱肌、大圆肌。

次要肌肉：胸大肌（下部和外侧）、肱三头肌长头、小圆肌、菱形肌、肱桡肌、斜方肌（下部）、肱二头肌长头、三角肌（前部和后部）。

拮 抗 肌：三角肌、胸大肌（上部）、肱三头肌。

变式1 高位单臂坐姿下拉（一只手固定于高处）

所涉主要肌肉：背阔肌、大圆肌、小圆肌、肱二头肌短头、肱肌、肱桡肌。

动作要领：坐姿下拉器有两个握柄，可用来做单臂练习（普通器械也可以，但姿势会让人感到不适）。做此变式时，要用一只手抓住上方的握柄并保持不动（这样可以保护脊柱），用另一只手抓住下方的握柄做运动。此外，也可双臂交替做练习。

背部挺直坐在坐姿下拉器的座椅上，双臂接近伸直，双手握住握柄（掌心朝前）。先将握柄垂直向下拉至尽可能低的位置，同时肘部向躯干两侧靠近，再伸直手臂回到起始位置。向下拉前吸气，回到起始位置后呼气。

提示

此练习对背部及其附近的肌肉要求较高，适合新手。可以在坐姿下拉器上做的练习比较单一，因此此器械在健身房中并不常见。与此练习相比，后面要介绍的坐姿滑轮下拉不但可以达到与此练习同样的效果，而且滑轮下拉机允许训练者做多样的练习。另外补充一点，坐姿下拉器在健身房中不常见并不是因为用它做练习效果不理想（效果与引体向上相近），而是因为它性价比不高。做此练习时，训练者可以在动作最高点将头部置于握柄之间，这是引体向上和滑轮下拉练习无法实现的（除非有两根分离的横杠）。

⚠️ **常见错误：** 躯干向前倾以借助胸部和腹部肌肉的力量；动作不完整；重量过小。

✳️ 一旦发育完全，任何练习都无法改变我们的身高。但是椎间盘会在没有压力的情况下（比如平躺着睡觉时）补充水分，这会使我们的身高略微增加，因此我们早晨会比晚上高。

变式2　低位单臂坐姿下拉（一只手固定于低处）

所涉主要肌肉： 背阔肌、大圆肌、小圆肌、肱二头肌短头、肱肌、肱桡肌。

动作要领： 起始姿势与高位单臂坐姿下拉相同，但做此变式时，一只手抓住下方的握柄保持不动，另一只手上下运动。也可双臂交替做练习。此变式可以使所涉肌肉强烈收缩。

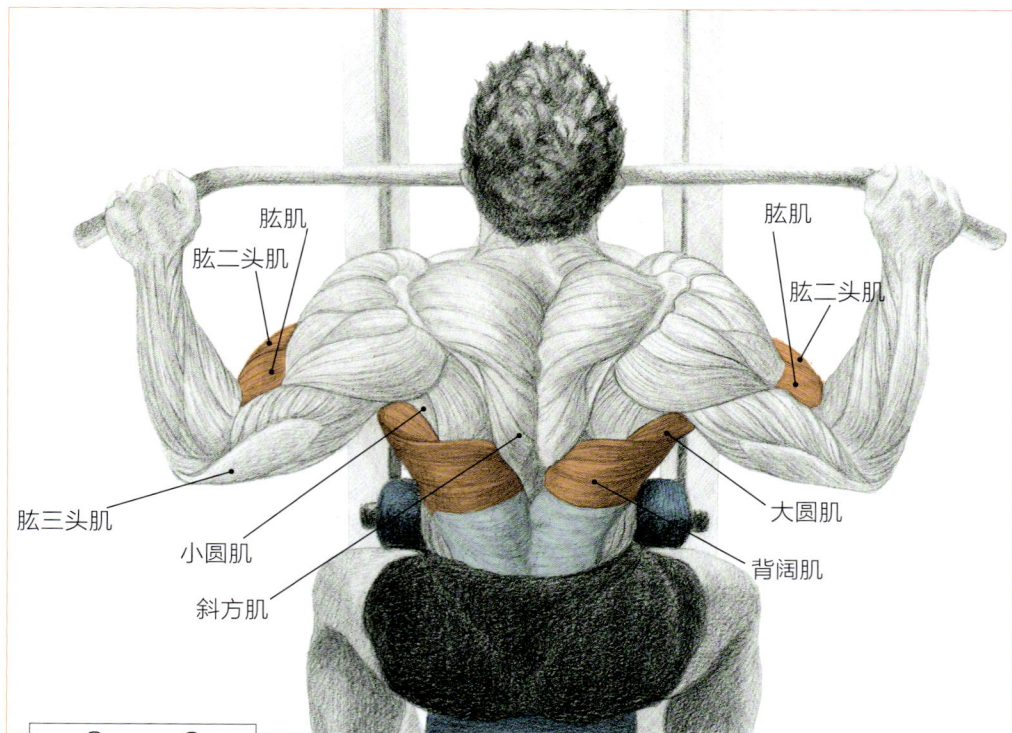

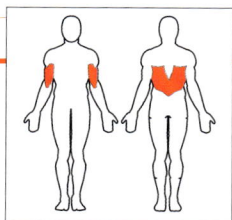

肱肌
肱二头肌
肱肌
肱二头肌
肱三头肌
小圆肌
斜方肌
大圆肌
背阔肌

所涉肌肉

主要肌肉：背阔肌、肱二头肌短头、肱肌、大圆肌。
次要肌肉：胸大肌（下部和外侧）、肱三头肌长头、小圆肌、菱形肌、肱桡肌、斜方肌（下部）、肱二头肌长头、三角肌（前部和后部）。
拮 抗 肌：三角肌、胸大肌（上部）、肱三头肌。

变式1　坐姿颈后滑轮下拉

所涉主要肌肉：背阔肌、大圆肌、小圆肌、肱二头肌短头、肱肌、肱桡肌。

动作要领：身体挺直，头部微微前倾。将握杆置于颈后，但不要触碰颈部。虽然做此变式时不太容易出错，但若出错就可能使肩部受伤。此变式的效果与坐姿滑轮下拉无异，因此不值得推荐。

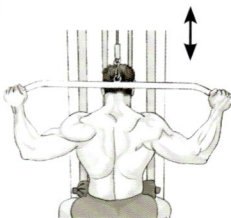

变式2　坐姿反握滑轮下拉

所涉主要肌肉：背阔肌、肱二头肌、肱肌、大圆肌、小圆肌。

动作要领：掌心朝向面部握住握杆，且握距较小，这样可以更好地锻炼肱二头肌、肱肌以及其他相关肌肉，同时也可使背部肌肉强烈收缩。注意在将握杆向上举时不要完全伸直手臂，以免受伤。

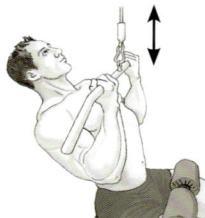

动作要领

坐在滑轮下拉机的座椅上，固定大腿，挺直背部。双臂伸直，双手正握握杆（掌心朝前），握距比肩宽大。先屈肘将握杆往下拉至胸部的最上端，同时背部微微向后屈曲以充分伸展胸部，再伸直肘部回到起始位置。往下拉握杆前吸气，回到起始位置后呼气。

提示

此练习既适合新手又适合有一定经验的训练者，对后者而言，此练习可作为引体向上的热身练习，因为二者锻炼的肌肉基本一致。此练习主要锻炼的是背部外侧和上部的肌肉，因而有利于增宽背部和形成 V 字形背肌（尽管因体形而异）。在往下拉握杆的过程中，你应当能感觉到肘部在不断向躯干两侧靠近，而手仅仅起到稳定握杆的作用。练习时请勿使用过大的重量以免伤到肱三头肌或其他肌肉。做此练习时我通常推荐采用一种被称为"开握"的握姿，即拇指和其余四指一起置于握杆上方，但采用此握姿的前提是你可以保证动作完整。

> ⚠️ **常见错误：**将握杆往下拉至腹部（重量过小）；屈曲躯干以借助胸部和腹部肌肉的力量；动作不完整；腰部肌肉发力过多；握距过大或左右距离不等。

> ✳️ 有些人认为引体向上的效果要优于坐姿滑轮下拉，尤其是将自由重量练习与固定器械练习进行对比时。事实上，二者的效果几乎没有差别。新手往往难以完成引体向上（或至少难以标准地完成）；对有一定经验的训练者而言，他们常常在练习时设置障碍（或额外增加负重）并减少重复次数；只有一小部分人能够高质量地完成引体向上。而坐姿滑轮下拉的强度可以随意调控：强度低时，可作为热身练习；强度高时，可作为引体向上的替代练习。

变式3　坐姿窄距滑轮下拉	变式4　仰卧滑轮下拉	变式5　坐姿宽距滑轮下拉

所涉主要肌肉：背阔肌、肱肌、肱桡肌、大圆肌、小圆肌、胸大肌（下部）。

动作要领：使用较窄的握杆，掌心相对握住握杆，这样可以增加动作的幅度，使背部得到全面锻炼。此外，此变式也可使手臂和下胸部肌肉强烈收缩。

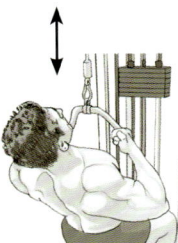

所涉主要肌肉：背阔肌、大圆肌、小圆肌、肱肌、肱二头肌、斜方肌、菱形肌。

动作要领：仰卧在滑轮下拉机上，肘部远离躯干，将握杆拉向胸前，动作与坐姿滑轮划船相似。可以通过收紧臀部和腰部肌肉或请求同伴协助来保持姿势。做此变式时应使用较小的重量。

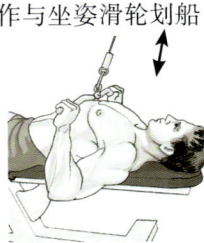

所涉主要肌肉：背阔肌、大圆肌、小圆肌、肱肌、肱二头肌。

动作要领：动作与坐姿滑轮下拉基本相同，但此时要掌心相对握住宽握杆两端的把手。此变式对背部肌肉的锻炼效果和坐姿滑轮下拉基本相同。

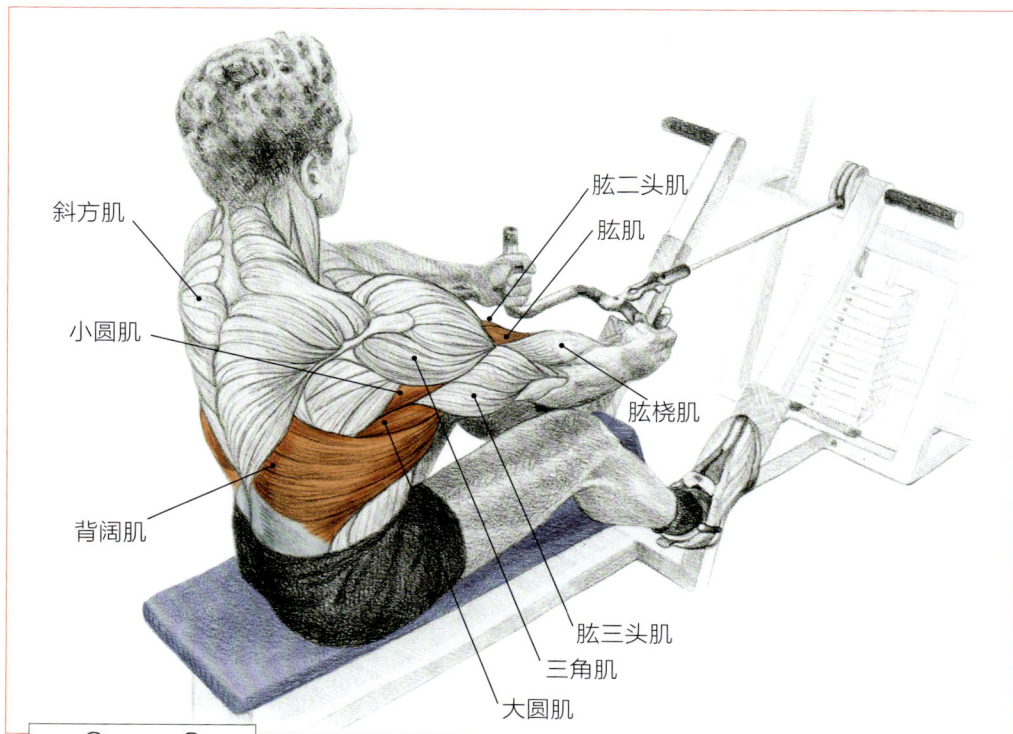

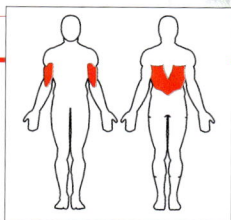

斜方肌

小圆肌

背阔肌

肱二头肌

肱肌

肱桡肌

肱三头肌

三角肌

大圆肌

所涉肌肉

主要肌肉：背阔肌、肱肌、肱二头肌、大圆肌、小圆肌。

次要肌肉：菱形肌、肱三头肌长头、肱桡肌、斜方肌（中部和下部）、三角肌（后部）、腰大肌、腰椎椎旁肌。

拮 抗 肌：三角肌（后部）、胸大肌、肱三头肌。

变式1　坐姿宽距滑轮划船

所涉主要肌肉：背阔肌、大圆肌、小圆肌、三角肌（后部）、斜方肌（中部）、菱形肌、肱二头肌、肱肌。

动作要领：动作与坐姿滑轮划船基本相同，但握距更大（掌心朝下），肘部始终远离躯干（前臂与地面平行）。此变式可以更好地锻炼上背部肌肉。

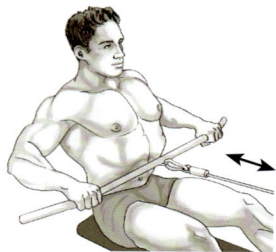

变式2　坐姿高位滑轮划船

所涉主要肌肉：背阔肌、肱二头肌、肱肌、大圆肌、小圆肌。

动作要领：此变式中滑轮的位置较高，练习时应使用较小的重量。此变式的动作介于划船练习和拉力练习之间。若增大重量，必须将双脚置于更高的位置以防身体抬起。练习时不要让身体过度后仰，因为那样就与常规的划船练习没有差别了。

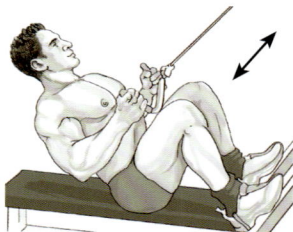

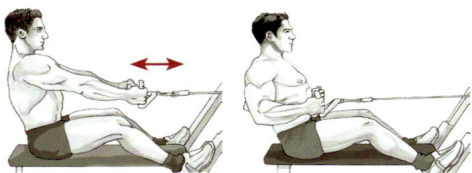

动作要领

坐在滑轮前，固定双脚，屈曲双腿。双手掌心相对握住握柄，双臂几乎伸直。先屈曲双臂将握柄拉至腹部，同时伸展胸部以使背部肌肉强烈收缩，之后伸直手臂回到起始位置。拉动握柄时呼气，将握柄放回时吸气。若重量较小，也可采用相反的呼吸方式。

提示

此练习由文斯·吉隆达推广（尽管他不是创始人），对背阔肌的锻炼效果十分显著。做此练习时可以使用大重量而不伤及腰部，尤其是对背部进行全面锻炼时，有利于增宽背部。腰部有问题的训练者可以选择划船机练习（胸部和腹部紧贴靠垫）。

在往腹部拉握柄时，你应当能感觉到肘部在不断向躯干两侧靠近，而手仅仅起到稳定握柄的作用，否则会让肱二头肌分担部分应该由背部承受的压力。新手经常会犯这样的错误，尤其是使用的重量过小时。

> ⚠ **常见错误：** 伸展躯干以借助腰椎椎旁肌的力量；双手发力过多而使肘部离躯干过远；动作不完整；重量过小。

变式3　坐姿单臂滑轮划船

所涉主要肌肉： 背阔肌、肱二头肌、肱肌、大圆肌、小圆肌。

动作要领： 动作与坐姿滑轮划船基本相同，但是此时只使用一条手臂做练习。尽管练习时使用的重量较小，但此变式更利于局部肌肉的收缩。

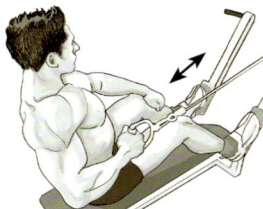

变式4　坐姿 T 杆滑轮划船

所涉主要肌肉： 背阔肌、大圆肌、小圆肌、三角肌（后部）、斜方肌、菱形肌。

动作要领： 动作与宽距滑轮划船基本相同，但要使用 T 杆做。做此变式时，参与屈臂的肌肉发力较少。

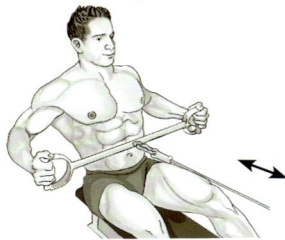

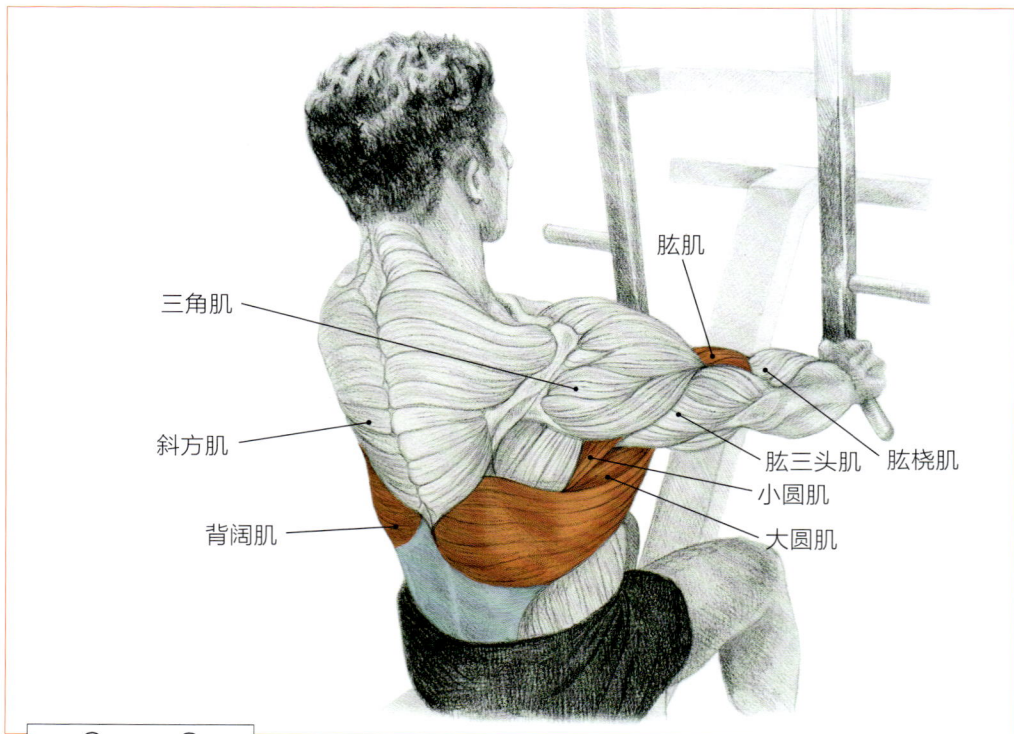

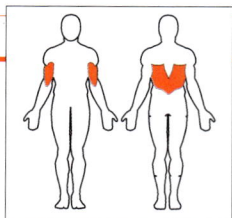

三角肌

肱肌

斜方肌

背阔肌

肱三头肌　肱桡肌

小圆肌

大圆肌

所涉肌肉

主要肌肉：背阔肌、肱肌、肱二头肌、大圆肌、小圆肌。
次要肌肉：菱形肌、肱三头肌长头、肱桡肌、斜方肌（下部）、三角肌（后部）。
拮 抗 肌：三角肌（前部）、胸大肌、肱三头肌。

变式1　宽距划船机练习

所涉主要肌肉：背阔肌、大圆肌、小圆肌、三角肌（后部）、斜方肌、菱形肌、肱二头肌、肱肌。

动作要领：动作与划船机练习基本相同，但握距更大，且掌心朝下，肘部始终远离躯干（与地面平行移动）。此变式可更好地锻炼上背部肌肉，以及三角肌后部和菱形肌等。

有些不太常见的器械允许训练者以反握的姿势做练习。

坐在划船机上，胸部和腹部紧贴靠垫，掌心相对握住握柄。先屈曲手臂将握柄拉至腹部，同时充分伸展胸部使背部肌肉强烈收缩，再伸直手臂回到起始位置。理论上，应当在将握柄拉至腹部的过程中吸气，在将其放回时呼气（但不要全部呼出）。但是，由于胸部和腹部始终紧贴靠垫，难以正常呼吸，因此练习时需要屏住呼吸。

提示

此练习锻炼的肌肉与坐姿滑轮划船基本相同，它的优点在于，胸部和腹部紧贴靠垫可以避免腰椎椎旁肌劳损，而其缺点在于靠垫会阻碍正常的呼吸。有些器械允许训练者将双脚置于前方的脚垫上，以减轻胸腔的压力。孕妇请勿做此练习。

> ⚠️ **常见错误：** 伸展身体以借助腰椎椎旁肌的力量；动作不完整；器械调整（或设计）不当。

变式2　单臂划船机练习

所涉主要肌肉： 背阔肌、肱二头肌、肱肌、大圆肌、小圆肌。

动作要领： 动作与划船机练习基本相同，但仅使用一条手臂做练习。做此变式时，应使用较小的重量以减轻胸腔的压力。此变式有利于单独锻炼某些肌肉。当训练者增大动作幅度时，另一条手臂应当抱住靠垫以稳定身体。保持身体稳定也是此变式最难的地方之一。

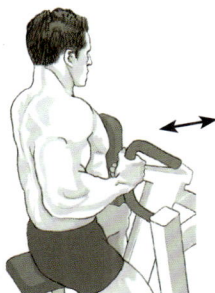

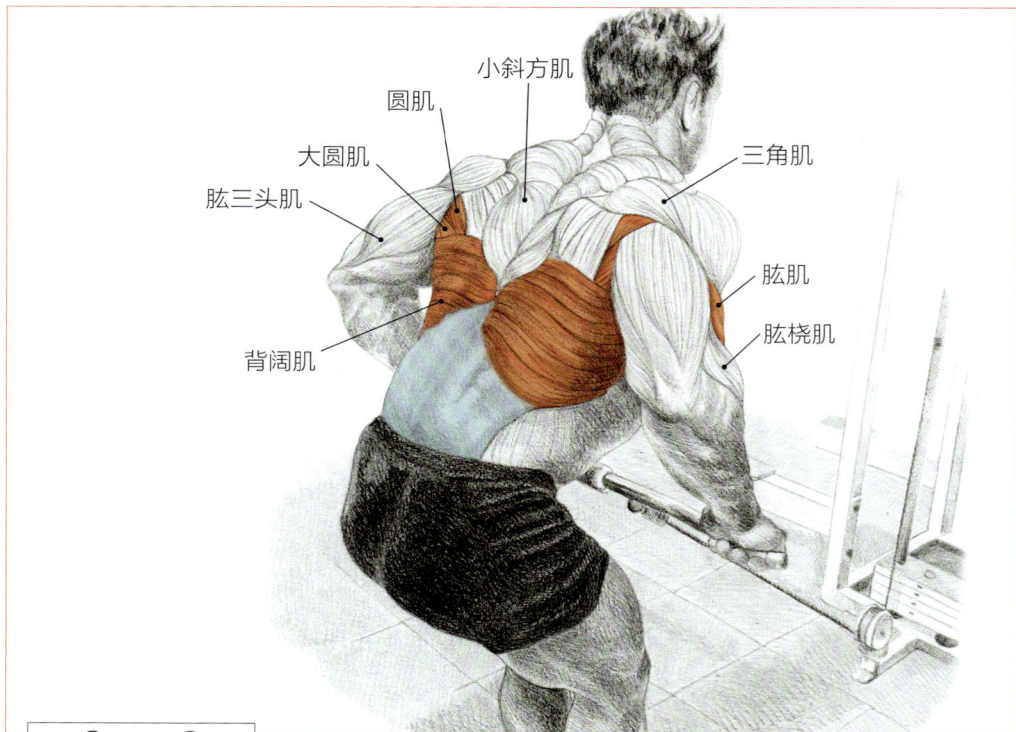

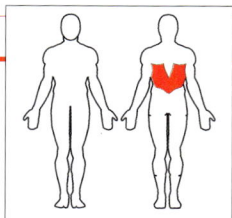

小斜方肌
圆肌
大圆肌
肱三头肌
背阔肌
三角肌
肱肌
肱桡肌

所涉肌肉

主要肌肉：背阔肌、肱肌、大圆肌、小圆肌。
次要肌肉：肱二头肌、腰大肌、腰椎椎旁肌、菱形肌、肱三头肌长头、肱桡肌、斜方肌、三角肌（后部）。
拮 抗 肌：三角肌（前部）、胸大肌、肱三头肌。

变式1　站姿高位滑轮划船

所涉主要肌肉：背阔肌、大圆肌、小圆肌、三角肌（后部）、斜方肌、菱形肌、肱二头肌、肱肌。

动作要领：由于滑轮位置较高，练习时应将身体挺得更直（介于站姿低位滑轮划船和坐姿滑轮下拉之间）。此变式对腰部的压力较小，但出于平衡考虑，仍应使用较小的重量。此变式的呼吸方式与站姿低位滑轮划船相反，因为做此变式时腰部的受伤概率大大减小。

站在低位滑轮前，上身前倾约45°，膝盖微微屈曲，背部呈直线。双臂伸直，双手掌心朝下握住握柄并将其稳定在膝盖前方。先屈曲双臂将握柄拉至腹部的最上端，同时充分伸展胸部，再伸直双臂回到起始位置。为了保持身体稳定和保护脊柱，建议在握柄离开腹部前吸气并憋住，在握柄再次到达腹部时呼气。

━ 提示 ━

此练习与T杠划船基本相同，只不过用滑轮代替了T杠。若训练者动作熟练，可以将动作做得更加舒缓，并且让相关部位始终保持压力。此练习最大的弊端在于使用的重量较小（由于躯干向前倾，使用的重量过大容易导致身体失去平衡），而它最大的难点在于要保证背部以及身体其余部位的姿势正确。由于以上原因，此练习较少用到。

此练习的呼吸方式与绝大多数练习相反，这样做的目的是让身体在以倾斜的姿势承受重量时能够保持稳定。使用较小的重量做练习时可用常规的呼吸方式。

⚠️ **常见错误：** 伸展身体以借助腰椎椎旁肌的力量；动作不完整；背部拱起。

✱ 素食主义者进行力量训练也可以取得不错的效果，但应保证菜单中至少包含鸡蛋和乳制品。

变式2　站姿单臂低位滑轮划船

所涉主要肌肉： 背阔肌、大圆肌、小圆肌、三角肌（后部）、斜方肌、菱形肌、肱二头肌、肱肌。

动作要领： 动作与站姿低位滑轮划船基本相同，但只用一只手做练习，另一只手置于支撑物或膝盖上。由于做此变式时更易保持平衡，且它对脊柱的压力更小，因此可以使用更大的重量。但请注意，练习时必须让身体保持稳定，避免转动。

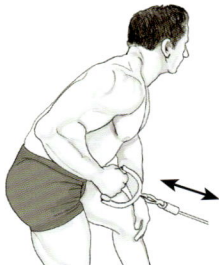

变式3　站姿反握低位滑轮划船

所涉主要肌肉： 背阔肌、大圆肌、小圆肌、三角肌（后部）、肱二头肌、肱肌、斜方肌、菱形肌。

动作要领： 动作与站姿低位滑轮划船基本相同，但握姿是掌心朝上。此变式可更好地锻炼肱二头肌和下背部肌肉（当手臂靠近躯干两侧时）。

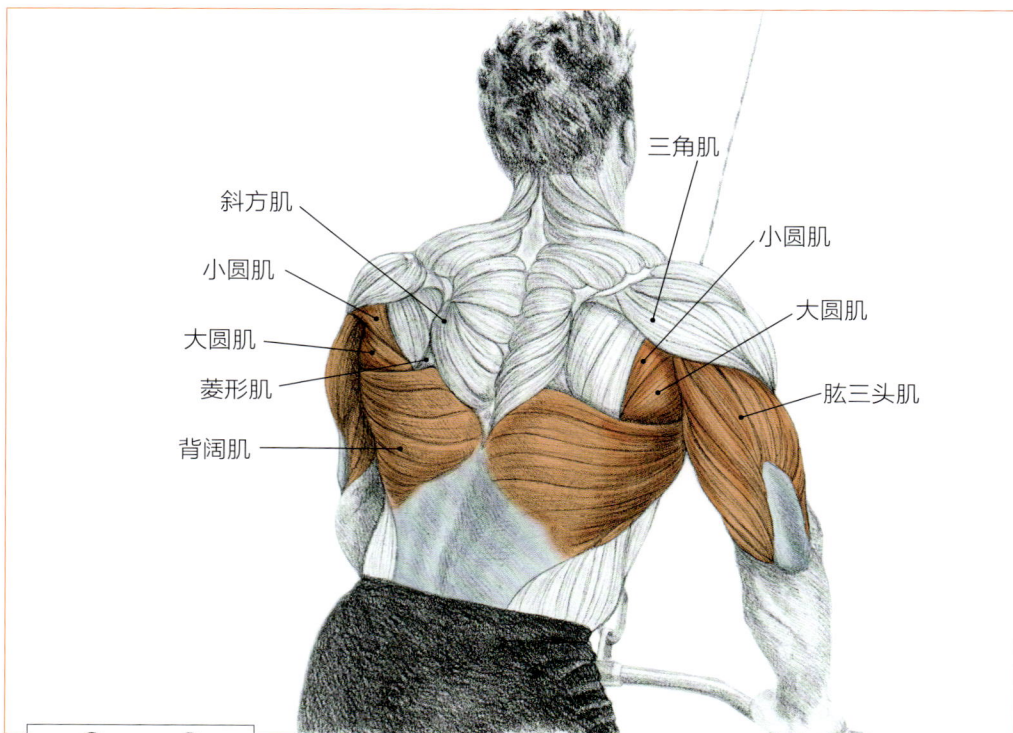

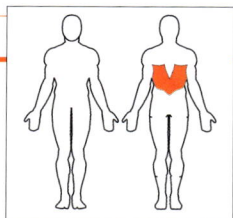

斜方肌
小圆肌
大圆肌
菱形肌
背阔肌

三角肌
小圆肌
大圆肌
肱三头肌

所涉肌肉

主要肌肉：背阔肌、大圆肌、小圆肌、肱三头肌。
次要肌肉：三角肌（后部）、菱形肌、胸大肌（下部）、斜方肌、前锯肌。
拮 抗 肌：三角肌（前部）、喙肱肌、胸大肌（上部）。

变式1　站姿滑轮锤式下拉

所涉主要肌肉：背阔肌、大圆肌、小圆肌、肱三头肌。

动作要领：动作与站姿滑轮下拉基本相同，但握杆变为粗绳。粗绳不会像握杆一样碰到身体，因此在动作最低点时动作幅度更大，这样目标肌肉可以得到更大程度的收缩，锻炼效果更好。

也可只用一条手臂完成此变式，但是这样做非但没有特别的好处，还可能导致动作变形。

面向高位滑轮站立，屈膝，使躯干微微向前倾，同时收缩腹部以保持稳定。双手掌心朝下握住握杆并将其稳定在头部前方，握距大约与肩宽相同。双臂伸直并使各个关节保持稳定。背部发力，将握杆向下拉至腹部或大腿前方，再向上回到起始位置。在这个过程中，始终保持双臂伸直。向下拉到最低点时，应充分伸展胸部并稍稍向后屈背以使目标肌肉得到更大程度的收缩。动作开始前吸气，回到起始位置后呼气。重量较小时可采用相反的呼吸方式。

提示

此练习是很好的背部练习，但由于滑轮的位置较高，不建议使用过大的重量。与常规练习相比，此练习可以从不同角度刺激目标肌肉。此外，与其他锻炼背部肌肉的练习不同，此练习中肱二头肌的作用可以忽略不计，而肱三头肌在稳定肘关节方面有更大的作用，肱三头肌长头得到了更好的锻炼。此练习中用到的肌肉与某些类型的游泳用到的肌肉相同。尽管此练习没有危险，但新手往往很难将其做到完美，因此仅建议有经验的训练者练习。

练习时也可直立，以降低动作难度。

> ⚠️ **常见错误：** 身体摇晃；腹部肌肉发力过多；屈肘而将练习做成划船练习。

✳ 向下拉时应当拉到腹部还是腿部呢？
事实上效果没有太大的区别。两种情况下手臂的动作几乎相同，但要注意的是，髋部和膝盖的屈曲角度越大，动作的幅度也越大。由于背部的部分肌肉附着于肱骨，而肱骨在两种情况下运动方式相同，所以拉到腹部还是腿部对背部肌肉的刺激并无差异。

变式2　下拉器练习

所涉主要肌肉： 背阔肌、大圆肌、小圆肌、肱三头肌。

动作要领： 动作与站姿滑轮下拉基本相同，只不过需要用专门的器械达到目的。此变式适合新手在教练的指导下做，也适合有经验的训练者使用大重量做。

下拉器功能单一，因此在健身房中较为罕见。此变式的效果不及站姿滑轮下拉。

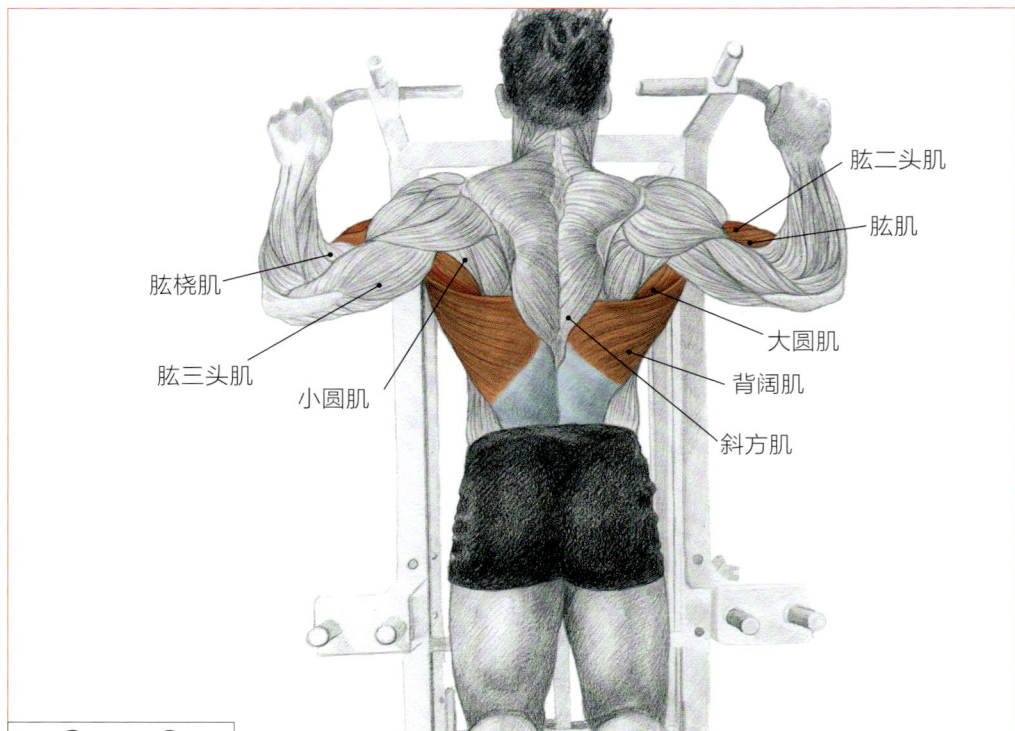

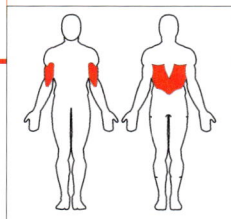

肱二头肌

肱肌

肱桡肌

肱三头肌

小圆肌

大圆肌

背阔肌

斜方肌

所涉肌肉

主要肌肉：背阔肌、肱二头肌短头、肱肌、大圆肌。
次要肌肉：胸大肌（下部和外侧）、肱三头肌长头、小圆肌、菱形肌、肱桡肌、斜方肌（下部）、肱二头肌长头、三角肌（前部和后部）。
拮抗肌：三角肌、胸大肌（上部）、肱三头肌。

变式1 相对式器械引体向上

所涉主要肌肉：背阔肌、肱二头肌、肱肌、大圆肌、小圆肌。
动作要领：若器械条件允许，你可以采用掌心相对的握姿做练习。

有些器械也可以用来做反握引体向上，但是这样的器械比较少见，因为通常情况下器械都有两个单独的握柄而不是一个长握杆。若可以做，动作要领请参考反握引体向上。

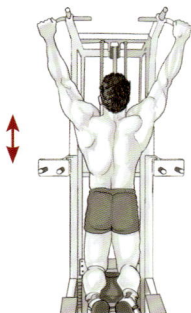

膝盖或双脚支撑在器械的座椅上，身体其余部位的姿势与正握引体向上相同，即背部挺直，掌心朝前握住握柄，握距比肩宽稍大。将身体垂直向上拉，同时微微向后屈背，以充分伸展胸部。下降时，保持肘部垂直向躯干两侧降低。此器械可以使身体垂直上升，直到头部超过握柄所在的水平面。此练习有两种呼吸方式：

（1）上升前吸气并憋住，下降时呼气。

（2）下降时吸气，到达最高点时呼气。

提示

此练习效果显著，既适合新手又适合有经验的训练者。新手做此练习时可以参考正握引体向上的动作要领。有经验的训练者可以通过此练习提高动作技巧，也可以尝试完成比做引体向上时更多的次数。此练习对背部外侧和上部的肌肉刺激最强烈，因此有利于增宽背部。在练习过程中，请勿过度依赖器械。如果减小对器械的依赖，并保证动作标准、身体不摇晃，那么练习难度将增大。如果你可以完成较多次数的引体向上，那么最好不要过多地做此练习，以免丧失对引体向上的热情。

⚠️ **常见错误：** 过度屈曲躯干以借助胸部和腹部肌肉的力量；动作不完整；上拉时动作不自然；过度依赖坐垫造成肌肉未持续发力（动作断断续续）。

✳️ 从健康和美学的角度来讲，力量训练是最全面的体育运动，优于游泳、田径、格斗等。但是，力量训练还需配合有氧运动才能达到更好的效果。

变式2　器械单臂引体向上

所涉主要肌肉： 背阔肌、肱二头肌、肱肌、大圆肌、小圆肌。

动作要领： 尽管此变式较少用到，但在某些体育项目（如攀登）的训练中，人们对单臂引体向上表现出浓厚的兴趣。训练者在没有帮助的情况下完成单臂引体向上比较困难，因此可以借助器械完成。与器械引体向上相比，此变式更加依赖器械，没有绝对的优势。

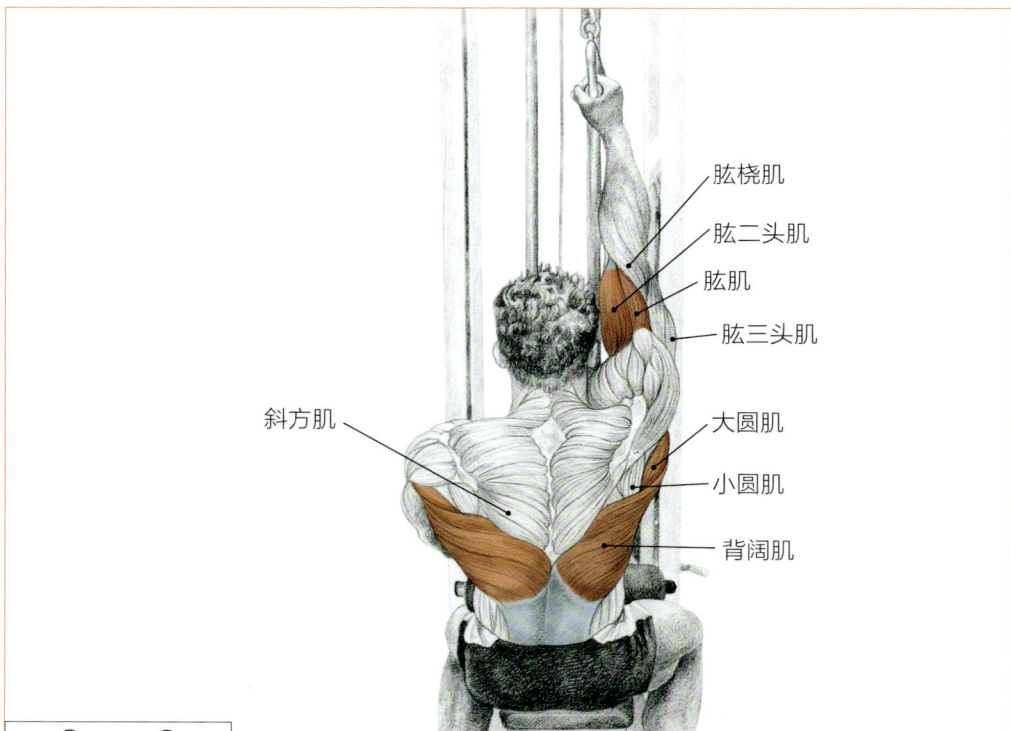

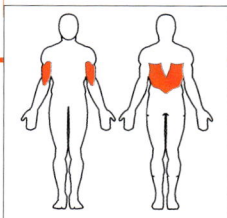

肱桡肌

肱二头肌

肱肌

肱三头肌

斜方肌

大圆肌

小圆肌

背阔肌

所涉肌肉

主要肌肉：背阔肌、肱二头肌短头、肱肌、大圆肌。

次要肌肉：胸大肌（下部和外侧）、肱三头肌长头、小圆肌、菱形肌、肱桡肌、斜方肌（下部）、肱二头肌长头、三角肌（前部和后部）。

拮 抗 肌：三角肌、胸大肌（上部）、肱三头肌。

变式1　地面单臂滑轮下拉

所涉主要肌肉：背阔肌、肱二头肌、肱肌、大圆肌、小圆肌。

动作要领：坐（或跪）在地面上可以使动作的幅度更大。练习时躯干往往会稍稍向后倾。

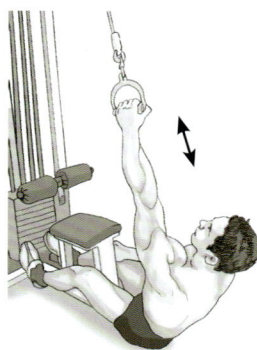

坐在滑轮下拉机的座椅上，一条手臂接近伸直并用手握住握柄。先将握柄向下拉，直到肘部靠近躯干，再伸展手臂回到起始位置。在这个过程中，另一只手抱住腿上的支撑轴或如爬绳运动一样进行伴随运动（在一只手将握柄向下拉时，另一只手轻碰下拉器）。向下拉前吸气并憋住，在伸展手臂的过程中呼气，也可根据所用重量、动作的熟练程度调整呼吸方式。

提示

尽管此练习可作为坐姿滑轮下拉的变式，但使用单臂做练习可以使背部肌肉强烈收缩，因此有必要单独介绍此练习。此练习尤其适用于爬绳、攀登等对握力要求较高的体育运动的训练。

在将握柄向下拉到最低点时，继续向后拉使肘部远离躯干可以加大动作幅度，但这样做对背部肌肉没有任何好处，只会无谓地增加肱三头肌的工作量。

⚠️ **常见错误：** 腹部肌肉发力过多；动作不完整；向下拉时身体转动明显。

✳ 背部肌肉决定着我们的身体姿势，不当的身体姿势会导致脊柱偏移等问题，在力量训练中，这类问题应该得到重视。例如很常见的脊柱后凸，病因是胸部和腹部肌肉柔韧性过差或过度紧张，以及背部肌肉张力低下。

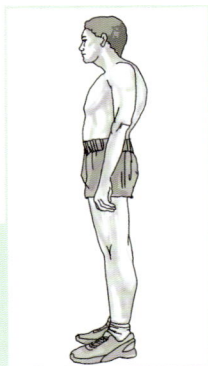

变式2　坐姿单臂滑轮侧拉

所涉主要肌肉： 背阔肌、大圆肌、小圆肌、肱肌、肱二头肌。

动作要领： 坐在健身凳上，单手握住滑轮的握柄并将其向下拉，直到肘部靠近躯干。在这个过程中，背部肌肉的收缩与做引体向上时相似，但此变式可以更好地锻炼背部外侧的肌肉，有利于增宽背部以及形成V字形背肌。此变式可用于丰富练习种类和进行针对性训练，适合有经验的训练者在背部常规练习结束后做。需要注意的是，练习时不要让肱二头肌发力过多，而应将注意力集中在背阔肌的收缩上。

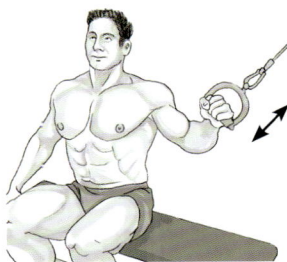

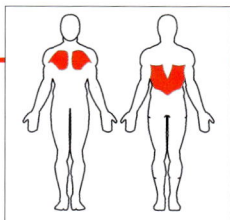

所涉肌肉

主要肌肉：背阔肌、胸大肌。

次要肌肉：肱三头肌长头、大圆肌、肱二头肌短头、三角肌。

拮 抗 肌：三角肌（侧面）、冈上肌。

动作要领

　　站在拉力器的两个握柄之间，屈膝或向前迈一条腿，微微屈曲躯干，收紧腹部和腰部肌肉，平伸双臂并用双手握住握柄。先屈肘将握柄拉至体后下方，再抬起双臂回到起始位置。双臂张开时吸气，内收后呼气。

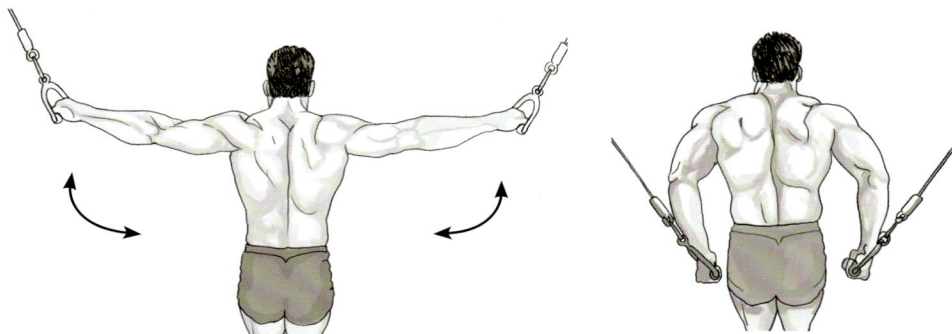

提示

　　此练习较少用到，可作为背部常规练习的补充。练习时不可使用大重量，且应当控制好身体并将注意力集中在目标肌肉上。不建议新手做此练习。

⚠️ **常见错误：** 动作错误；躯干屈曲角度过大。

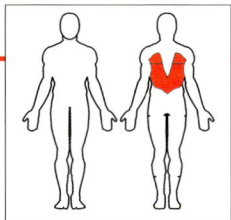

所涉肌肉

主要肌肉：背阔肌、大圆肌、菱形肌。

次要肌肉：胸大肌（下部和外侧）、肱三头肌长头、小圆肌、菱形肌、斜方肌（下部）、三角肌（前部和后部）。

拮 抗 肌：三角肌（侧面）、冈上肌、胸大肌（上部）。

动作要领

　　坐在训练器的座椅上，肘部置于支撑轴上，掌心朝前，上臂平行于地面。先内收肘部，直至肘部靠近躯干两侧，再外展肘部回到起始位置。内收肘部时吸气，回到起始位置后呼气。

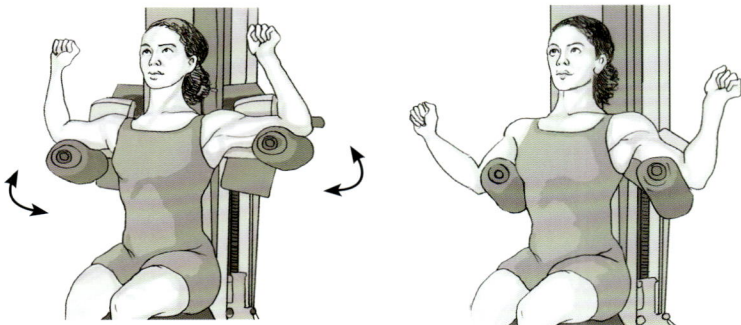

提示

　　此练习可看作坐姿滑轮下拉的变式，但是肱二头肌不参与运动。若器械设计得当，背部肌肉可得到有效锻炼；若器械设计不当，胸部肌肉可能会发力过多。此练习所用的训练器不太常见，它之所以不太常见，不是因为效果不好，而是因为功能单一、性价比不高，完全可以被滑轮下拉机替代。然而，一家好的健身房应该配备此器械，供无法在对握力有一定要求的器械上做练习的训练者使用。

> ⚠ **常见错误：**坐姿不当；重量过大或过小；肘部前移而使胸部肌肉发力过多。

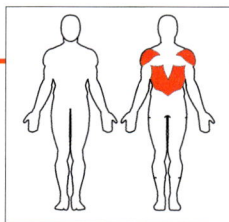

所涉肌肉

主要肌肉：背阔肌、大圆肌、小圆肌、三角肌（后部）。
次要肌肉：菱形肌、肱二头肌、肱肌、肱桡肌、斜方肌、冈下肌、腰大肌。
拮 抗 肌：胸大肌、肱三头肌、三角肌（前部）。

动作要领

起始姿势与杠铃划船相似。站在地面上，屈膝。躯干向前倾，背部呈直线，双手握住位于膝盖前方的杠铃杆（掌心朝向身体），握距比肩宽稍大。先收缩后背肌肉同时双臂发力将杠铃向上拉至腹部，再慢慢放下杠铃回到起始位置。在这个过程中始终保持肘部远离身体。为了保持身体稳定和保护脊柱，建议在将杠铃放下前吸气并憋住，待将杠铃向上拉至腹部时呼气。

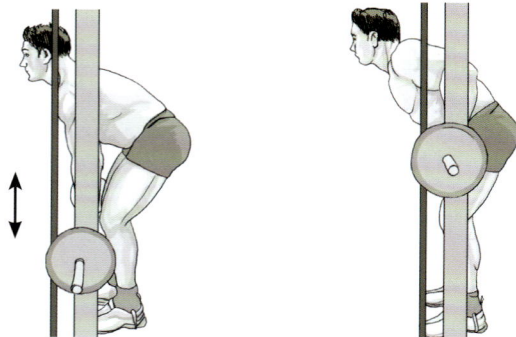

提示

这是一项基本的练习，它对背部肌肉（尤其是背阔肌）有明显的锻炼效果。此练习有利于增宽背部（中部）以及提升肌肉整体力量，因为躯干和腿部始终在进行等长收缩。

新手应当先从划船机练习做起。史密斯机划船对动作技巧要求较高，且容易导致受伤（尤其是下背部）。为使姿势更加稳定，练习时可以将前额轻轻靠在支撑物上。有些人觉得用史密斯机做练习不太舒适，但这还是因个人喜好而异。

⚠️ **常见错误：** 身体摇晃；动作不完整；背部拱起或姿势不当；将杠铃上提至胸部。

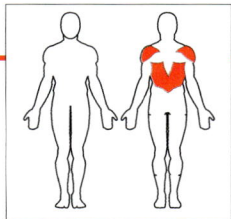

所涉肌肉

主要肌肉：背阔肌、大圆肌、小圆肌、三角肌（后部）。
次要肌肉：菱形肌、肱二头肌、肱肌、肱桡肌、斜方肌、冈下肌。
拮抗肌：胸大肌、肱三头肌、三角肌（前部）。

动作要领

　　胸部紧贴器械的平板，上身与地面平行，双臂伸直置于平板两侧，双手握住握柄。先屈肘将杠铃向上拉，再伸直双臂使杠铃回到起始位置。

　　在上升过程的前半段吸气，在将杠铃放到最低点时呼气，但不要全部呼出。

提示

　　动作与杠铃划船基本相同，但此时胸部要紧贴器械。此练习所用的器械较为罕见，它的优点在于，上身可以得到支撑，从而减轻脊柱的压力以保护脊柱；它的缺点在于，胸部紧贴器械可能会导致呼吸不畅。有一种器械可以让训练者将双脚置于器械的下部，使身体的重量分散到腿部和躯干以减轻胸部受到的压力，这样可以改善呼吸状况。

　　因为器械会挤压腹部，所以禁止孕妇做此练习。

⚠ **常见错误：** 动作不完整；练习中途休息；呼吸方式不当或呼吸困难。

第四章

肩部肌群

肩部主要肌肉示意图

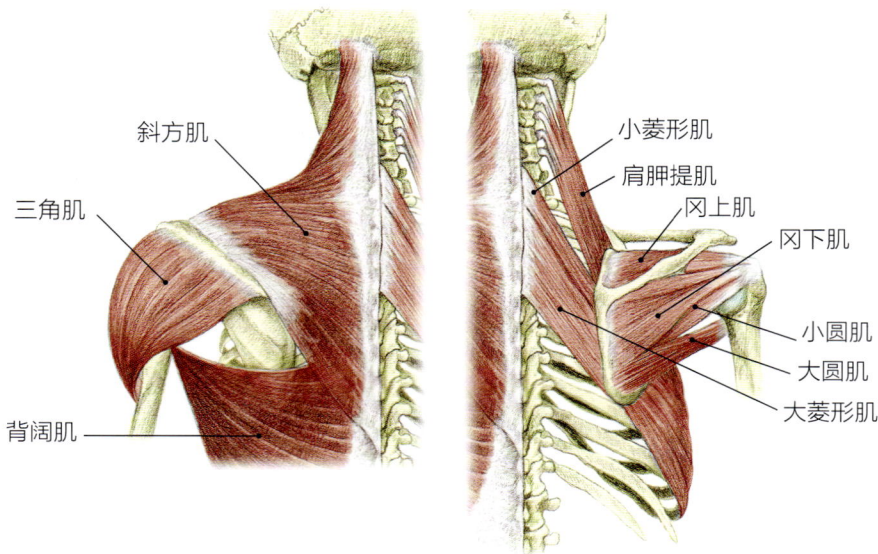

斜方肌
三角肌
背阔肌

小菱形肌
肩胛提肌
冈上肌
冈下肌
小圆肌
大圆肌
大菱形肌

肩部主要肌肉的生物力学介绍

附着于肱骨的肌肉

三角肌（侧面浅层肌）

起点：三角肌的肌束分为前、中、后3部。前部肌束起自锁骨外侧段，中部肌束起自肩峰，后部肌束起自肩胛冈。

止点：肱骨三角肌粗隆。

主要功能：外展肩关节，前部肌束收缩可使肩关节屈和旋内，后部肌束收缩可使肩关节伸和旋外。

解析：当手臂外展小于60°时，三角肌效率较低；当手臂外展在90°~180°之间时，三角肌表现出最大收缩效率。在手臂外展90°~150°的过程中，斜方肌和前锯肌起了很大作用。

从训练的角度来说，手臂外展至90°（双臂平伸）足以锻炼三角肌以及与侧举有关的其他邻近肌肉。

冈上肌（上侧面深层肌）

起点：肩胛骨冈上窝。

止点：肱骨大结节上部。

主要功能：外展肩关节。

解析：冈上肌并不像有些人所说的那样，是手臂外展的"发动机"。尽管手臂外展离不开它，但它和三角肌一样，仅仅起到抬高肱骨的作用。冈上肌的肌腱十分脆弱，极易疲劳或受伤。当其发炎时，肱骨大结节处的钙质沉淀会引发肩部疼痛，这种疼痛在手臂外展时尤其明显。

冈上肌、冈下肌、小圆肌和肩胛下肌构成肩袖肌群。

喙肱肌（正面深层肌）

起点：肩胛骨喙突。

止点：肱骨中部内侧面。

主要功能：使手臂前伸，协助手臂外展。

解析：比肌肉呈纺锤形，位于手臂上部、肱二头肌短头后内方。喙肱肌肌纤维的分布范围几乎与肱二头肌肌纤维重叠，且喙肱肌延伸至肱骨的中部。喙肱肌的主要功能是使手臂前伸，但不参与前臂的其他运动。喙肱肌损伤有时可造成肩胛骨喙突撕脱骨折。

小圆肌（背面深层肌）

详见背部肌群。

冈下肌（背面深层肌）

详见背部肌群。

肩胛下肌（正面深层肌）

详见胸部肌群。

大圆肌（背面深层肌）

详见背部肌群。

斜方肌（背面浅层肌）

起点： 上项线，枕外隆凸，项韧带，第7颈椎和全部胸椎的棘突，第4~12胸椎棘突及其棘上韧带。

止点： 锁骨外侧1/3（斜方肌上部起作用）、肩峰（斜方肌中部起作用）和肩胛冈内侧（斜方肌下部起作用）。

主要功能： 上提肩部、使头部向同侧屈或向对侧旋转（斜方肌上部起作用），使肩胛骨后缩（斜方肌中部起作用），使肩胛骨下降和后缩（斜方肌下部起作用），固定肩胛骨和肩胛带，外展肱骨。

解析： 斜方肌位于颈部后侧面，可分为上部、中部和下部。在进行针对背部和三角肌后部的训练时，主要是斜方肌的中部和下部起作用；而上部则需要针对性的训练才能锻炼到。此外，斜方肌还可以协助手臂外展，尤其是当外展角度大于90°时。

肩胛提肌（背面中层肌）

起点： 第1~4颈椎横突的后结节。

止点： 肩胛骨上角和肩胛骨脊柱缘的上部。

主要功能： 上提（外展）肩胛骨，使肩胛骨下角转向内。

解析： 肩胛提肌位于菱形肌上方，与菱形肌相比，肩胛提肌的肌纤维分布更加垂直，并将肩胛骨与颈椎的上段相连，因此其功能不仅仅是如菱形肌那样将肩胛骨拉向脊柱，而且可以上提肩胛骨。

胸锁乳突肌（正面浅层肌）

起点： 胸骨柄前面和锁骨的胸骨端。

止点： 颞骨乳突，上项线外侧。

主要功能： 双侧收缩时使头颈部后仰，单侧收缩时使头颈部向同侧屈、向对侧转。

解析： 胸锁乳突肌和斜方肌的附着点都位于头部附近，但胸锁乳突肌既起自胸骨也起自锁骨。此肌肉分布在头部两侧，它的功能取决于它是单侧收缩（使头颈部向同侧屈、向对侧转）还是双侧收缩（使头颈部后仰）。

其他肌肉

头后大直肌：起自枢椎棘突，止于枕骨下项线外侧。主要功能是使头颈部后仰，协助头颈部侧屈以及向对侧转。

头后小直肌：起自寰椎后结节，止于枕骨下项线内侧。主要功能是使头颈部后仰，协助头颈部侧屈。

头下斜肌：起自枢椎棘突，止于寰椎横突。主要功能是协助头颈部侧屈以及向同侧转。

头上斜肌：起自寰椎横突，止于枕骨下项线上方和外侧。主要功能是使头颈部后仰，协助头颈部侧屈以及向对侧转。

斜角肌：起自颈椎横突，止于肋骨。主要功能是使头颈部侧屈以及向同侧转。

棘间肌：相邻椎体棘突之间的小肌肉，主要功能是协助伸直脊柱。

前锯肌（正面深层肌）

详见胸部肌群。

胸小肌（正面深层肌）

详见胸部肌群。

大菱形肌（背面深层肌）

详见背部肌群。

小菱形肌（背面深层肌）

详见背部肌群。

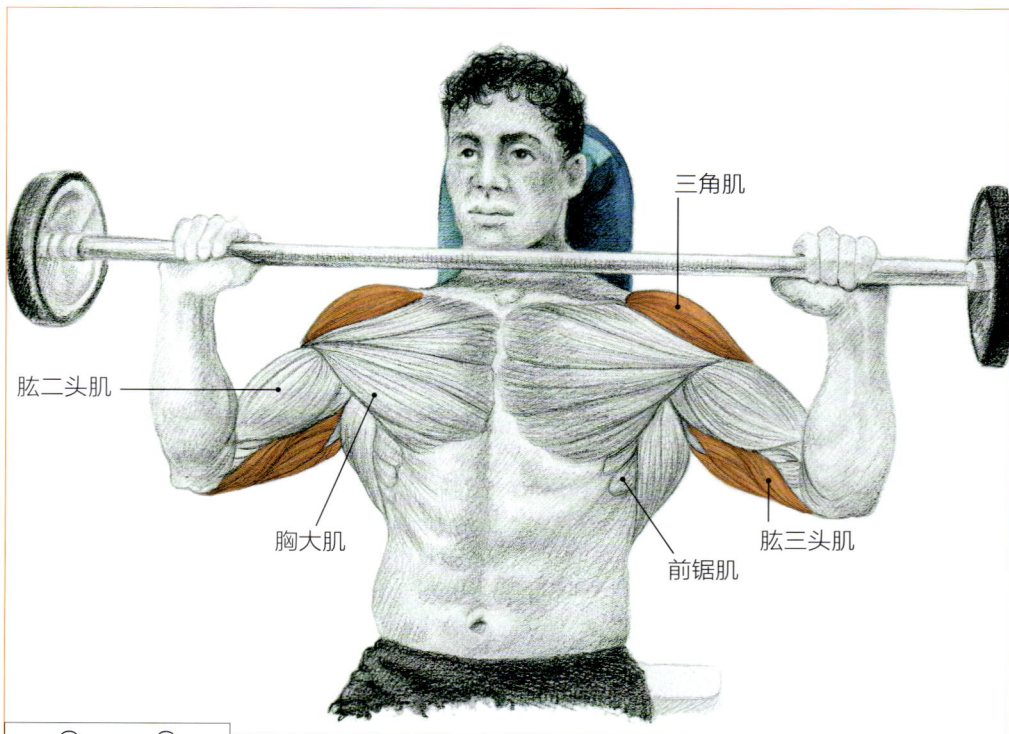

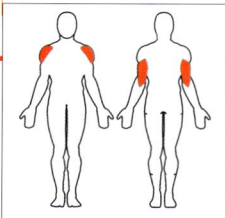

三角肌

肱二头肌

胸大肌

肱三头肌

前锯肌

所涉肌肉

主要肌肉：三角肌（前部和中部）、肱三头肌（长头除外）、冈上肌。

次要肌肉：三角肌（后部）、胸大肌（上部）、斜方肌（上部）、肱二头肌长头、前锯肌、肱三头肌长头。

拮 抗 肌：背阔肌、肱二头肌、胸大肌（下部）。

变式1　坐姿颈后杠铃推举

所涉主要肌肉：三角肌、肱三头肌、冈上肌。

动作要领：动作与坐姿杠铃推举基本相同，但此时需坐直且稍稍将头向前屈，将杠铃稳定在头部后方，然后开始推举。此变式的效果与坐姿杠铃推举没有太大差别，而且可能因动作不当而使效果减弱甚至导致受伤。尽管许多训练者和健美运动员坚持认为三角肌后部是此变式的"主角"，但我认为并非如此。杠铃下降时，注意不要将肘部向后移动。此外，做此变式时请勿使用过大的重量或使杠铃下降到过低的位置。

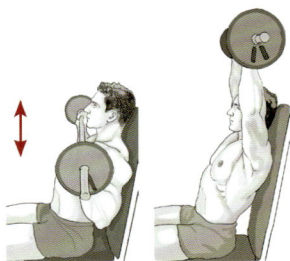

坐在靠背稍稍向后倾斜的卧推凳上，正握杠铃杆（掌心朝前），握距比肩宽大，将杠铃稳定在上胸部附近，此时前臂与地面垂直。先双臂发力将杠铃向上举，直至双臂接近伸直，再慢慢放下杠铃回到起始位置。在这个过程中，始终保持前臂与地面垂直。在杠铃下降过程中吸气，完成上举动作后呼气。

提示

对新手来说，最安全的方式是使杠铃下降到眼睛或嘴巴的高度，再往下就可能对肩关节或肩袖造成伤害。杠铃下降到上胸部附近可以提高肌肉的柔韧性，但要想达到这一目的，必须进行针对性训练，不可操之过急。肩关节十分脆弱，因此训练重量和动作幅度都不宜过大。

所有常规的杠铃推举练习（正面或颈后）主要锻炼的都是三角肌的前部和中部，然后才是三角肌后部。在做颈后杠铃推举时，肱骨的位置和运动几乎与做正面推举时一致，因此"颈后杠铃推举专门锻炼三角肌后部"这样的说法是错误的。这种错误的说法出自一些没有真正理解杠铃推举练习的传统健美运动员之口，他们往往有肩部肌肉失调的问题，并且总是肩部正面或侧面（从来不是背面）的肌肉块过大。

⚠️ **常见错误：**杠铃下降到过低的位置；腰部过度弯曲；举到最高点时手臂超伸（关节锁死）。

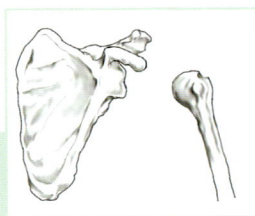

✳️ 肩关节十分脆弱，容易脱臼。

变式2　坐姿窄距杠铃推举

所涉主要肌肉：三角肌（前部和中部）、肱三头肌、喙肱肌、冈上肌、胸大肌（上部）、肱二头肌的短头和长头。

动作要领：动作与坐姿杠铃推举基本相同，但握距较小（大约与肩宽相同）且肘部稍稍前移，以更好地锻炼肩部的正面和胸大肌的最上端。

很多练习既可以用哑铃做又可以用杠铃做，效果相似，但我建议你用哑铃做，因为掌心相对的握姿（你无法用此握姿握住杠铃杆）可以使肘部更自然地保持在身体前方。

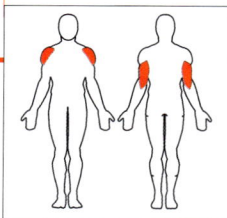

肱二头肌

肱三头肌

肱三头肌

三角肌（前部和中部）

三角肌（后部）

斜方肌

所涉肌肉

主要肌肉：三角肌（前部和中部）、肱三头肌（长头除外）、冈上肌。
次要肌肉：三角肌（后部）、胸大肌（上部）、斜方肌（上部）、肱二头肌长头、前锯肌、肱三头肌长头。
拮 抗 肌：背阔肌、肱二头肌、胸大肌（下部）。

变式1　站姿哑铃推举

所涉主要肌肉：三角肌、肱三头肌、冈上肌。

动作要领：在完成动作存在困难的情况下，站姿哑铃推举可以允许训练者借助腿部的力量。但姿势不当可能会导致身体失去平衡，且做此变式时同伴也很难帮得上忙。

变式2　站姿单臂哑铃推举

所涉主要肌肉：三角肌、肱三头肌、冈上肌。

动作要领：此变式用单臂完成。它的劣势在于，当动作不熟练或使用过大的重量时，身体可能会向前倾或旋转，以致发生危险。建议使用较小的重量做此变式。

变式3　相对式坐姿哑铃推举

所涉主要肌肉：三角肌、冈上肌、肱三头肌。

动作要领：掌心相对握住哑铃做练习。做此变式时三角肌的运动与做坐姿哑铃推举时相同。

动作要领

坐在卧推凳上，掌心朝前握住哑铃，将哑铃稳定在头部两侧，前臂与地面垂直。先将哑铃向上举，直至双臂接近伸直（此时可将两只哑铃稍稍靠近以保持平衡），再使哑铃下降至起始位置。在这个过程中，前臂始终与身体保持平行。哑铃下降过程中吸气，完成上举动作后呼气。

提示

此练习简单实用，既适合新手又适合有经验的训练者。此练习有其独特的优势：动作更加自然，比颈后杠铃推举更加安全。但此练习也有劣势：在进行高强度训练时，拿起和放下较重的哑铃以及做最后几个动作时会有困难，因此建议在同伴的协助下进行。

做任何练习时使哑铃相碰都是毫无意义的。此外，当哑铃被举到最高点时，肩部肌肉几乎不再承受重量，因此继续向上举是没有必要的，最好提前停止上举动作。

⚠️ **常见错误：** 腰部过度弯曲；在没有同伴协助的情况下勉强做练习；举到最高点时停下休息；哑铃下降位置过低。

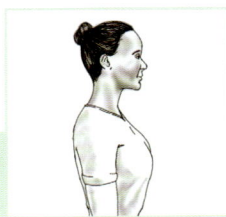

✳ 头颈部分布着许多脆弱的小肌肉群，一天中的大部分时间这些肌肉都保持紧张状态。

变式4　站姿哑铃交替推举	变式5　W形坐姿哑铃推举

所涉主要肌肉： 三角肌、肱三头肌、冈上肌。

动作要领： 动作与站姿哑铃推举基本相同，但此时要双臂交替推举（一条手臂推举时，另一条手臂将哑铃置于高处）。交替推举可提高练习强度，因为手臂始终承受着重量（另一条手臂进行等长运动）。

所涉主要肌肉： 三角肌、冈上肌、斜方肌（上部）、前锯肌。

动作要领： 与坐姿哑铃推举相比，此变式所用的重量较小，且双臂之间的距离较大（起始姿势呈W形）。肘部保持微屈，将哑铃举起，划过一个半圆。做此变式时肱三头肌发力较少，因此虽然使用的重量较小，但可以更好地单独锻炼三角肌。

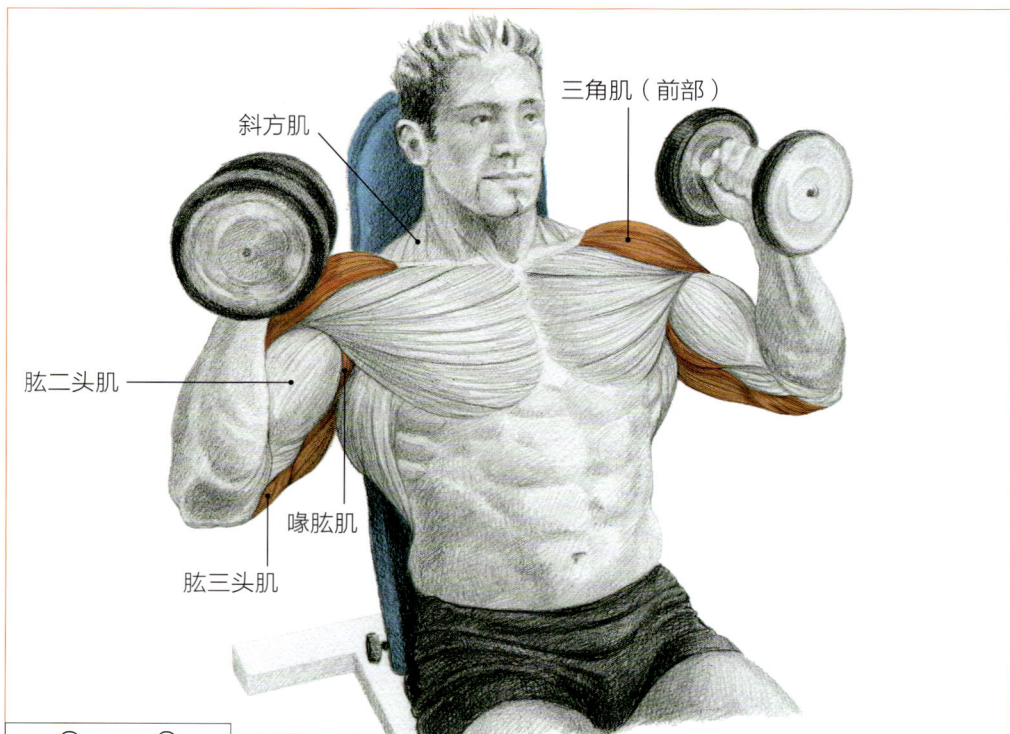

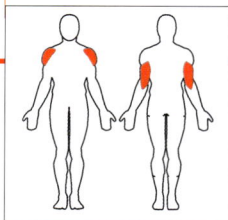

斜方肌

三角肌（前部）

肱二头肌

喙肱肌

肱三头肌

所涉肌肉

主要肌肉：三角肌（前部）、喙肱肌、肱三头肌（长头除外）、冈上肌。
次要肌肉：三角肌（中部和后部）、上胸部肌肉、肱二头肌长头、斜方肌、肱三头肌长头。
拮 抗 肌：背阔肌、大圆肌、小圆肌、下胸部肌肉、肱二头肌。

变式1　上斜哑铃体前推举

所涉主要肌肉：三角肌（前部）、上胸部肌肉、喙肱肌、肱二头肌长头、冈上肌。

动作要领：此变式要求训练者躺在一端向上倾斜45°~60°的卧推凳上做练习。尽管使用的重量较小，此变式仍可有效锻炼三角肌前部（肱三头肌的发力减小，上胸部肌肉的发力增大）。使用较小的重量并重复较多的次数可以提升练习的效果。练习时你可以选取一个视觉参照物，比如健身房天花板的某个点，可以盯着这个点看，并将哑铃举向这个点的方向，这样做可以避免在疲劳时将斜推动作做成垂直上推动作。

坐在靠背稍稍向后倾斜的卧推凳上，掌心相对握住哑铃，将哑铃稳定在锁骨附近。先将哑铃向上举，直至手臂接近伸直，再使哑铃下降回到起始位置。在这个过程中，保持肘部始终在身体前方。哑铃下降过程中吸气，完成上举动作后呼气。

提示

此练习可有效锻炼三角肌前部。你也可以站着做练习，但身体可能会失去平衡。

我始终强调，在做常规推举练习（包括颈后推举）时，应当预防和避免肩关节周围的韧带和小肌肉群出现问题。此外，与肩部后方的肌肉相比，肩部前方的肌肉更容易得到锻炼，在考虑肌肉的协调性以及体形的美观问题时应注意这一点。比起将肘部置于身体两侧，将其置于身体前方可以更好地锻炼胸部肌肉（尤其是在上举动作开始时）。

⚠️ **常见错误：**腰部过度弯曲；肱三头肌发力过多。

✳️ **三角肌分为3个部分：**
1. 前部：起自锁骨，位于肩部前侧。
2. 中部：起自肩峰，位于肩部外侧。
3. 后部：起自肩胛冈，位于肩部后侧。

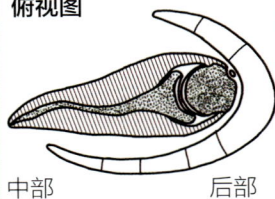

右肩三角肌俯视图

前部

中部

后部

变式2 阿诺德哑铃推举

所涉主要肌肉：三角肌、冈上肌、肱三头肌、喙肱肌、上胸部肌肉。

动作要领：此变式以著名健美运动员施瓦辛格的名字命名（尽管由拉里·斯科特推广）。练习开始时要屈肘，使肘部远离躯干，并转动哑铃使掌心朝向面部。先将哑铃向上举，在这个过程中转动手臂，使动作在到达最高点时变为常规推举动作，再屈曲手臂回到起始位置。理论上，此变式的目的是全面锻炼三角肌的3个部分，但在实际练习中，主要锻炼的是三角肌的前部和中部。此变式与常规推举练习相比没有突出的优势，其作用不过是丰富练习的种类罢了。

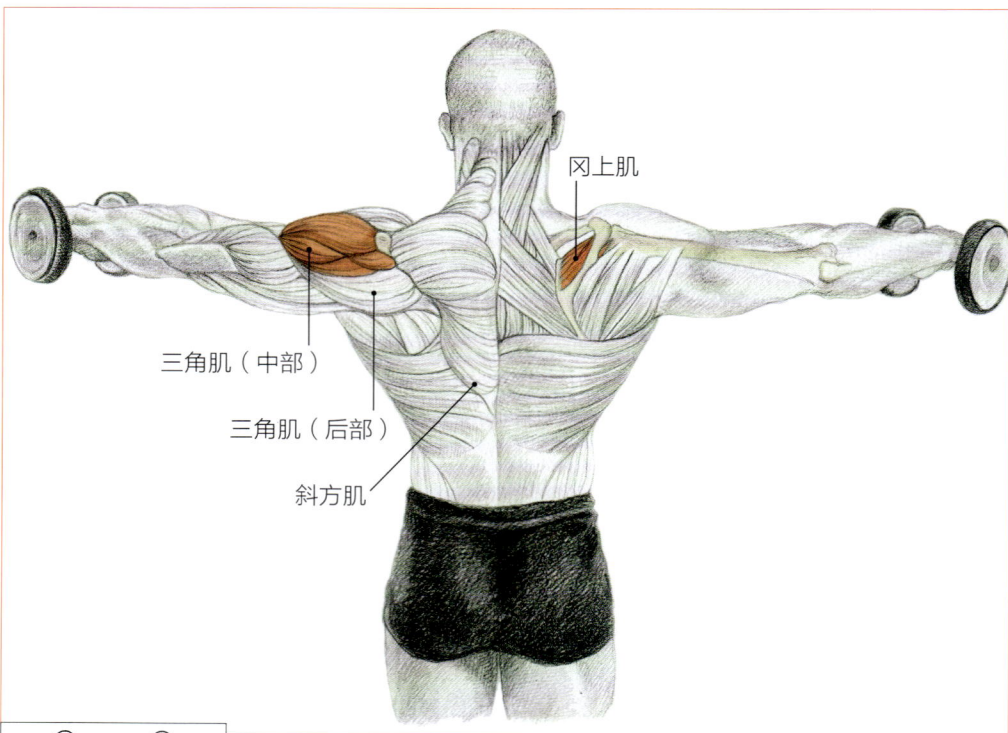

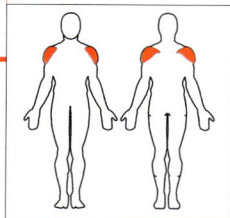

冈上肌

三角肌（中部）

三角肌（后部）

斜方肌

所涉肌肉

主要肌肉：三角肌（中部）、冈上肌。

次要肌肉：三角肌（前部和后部）、斜方肌和前锯肌（尤其是当手臂外展90°～150°时）、肱二头肌长头、肩胛下肌。

拮抗肌：背阔肌、下胸部肌肉、大圆肌、小圆肌、肱三头肌长头、肱二头肌短头。

变式1 拇指朝上式哑铃侧平举

所涉主要肌肉：三角肌（前部和中部）、冈上肌、肱二头肌长头、斜方肌（上部）。

动作要领：此变式要求训练者拇指朝上握住哑铃（肘部朝下），这样可以更好地锻炼三角肌前部和肱二头肌长头，但此变式可能对肱二头肌肌腱造成伤害，所以请勿使用过大的重量或使手臂超伸。

变式2 拇指朝下式哑铃侧平举

所涉主要肌肉：三角肌（中部和后部）、冈上肌、斜方肌（上部）。

动作要领：此变式可更好地单独锻炼三角肌的中部和后部，但是由于练习过程中肱骨会向内旋转，肱二头肌将不能有效地防止肩部脱臼，因此请使用较小的重量或避免做此变式。建议在体前外展手臂，但外展角度不要超过90°，以免伤到冈上肌及其肌腱。

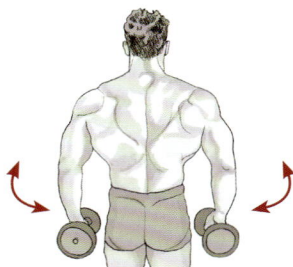

站在地面上，双腿分开，目视前方。微微屈肘，掌心相对握住哑铃并将哑铃稳定在躯干两侧或大腿前方。先外展双臂，直至双臂与地面平行，此时保证肩部、肘部和手部在一条直线上，且掌心朝向地面。接着慢慢放下哑铃回到起始位置。在向上举哑铃的前1/3段吸气（重量较大时，在上举之前吸气），在放下哑铃的过程中呼气。

提示

此练习针对的是三角肌，尤其是三角肌中部。手臂外展最好不要超过90°，因为更大的外展角度会对关节造成更大的压力，甚至会引发肩部滑囊炎或其他关节疾病。为了降低练习的难度，可以从体前（手臂向体前伸展20°~30°）开始做动作，这样可以使肩部在手臂外展时更加自然。

若以坐姿做练习，在举起哑铃时腿部和躯干无法提供助力，因此不建议在大重量下以坐姿做练习。肱二头肌（尤其是长头）在此练习中起到重要的协助作用，它的工作量占肌肉总工作量的20%~25%，在制订训练计划时应考虑到这一点。变式1和变式2的效果都不及哑铃侧平举，完全可以忽略。

⚠️ **常见错误：** 身体摇晃；向上举时旋转手臂；动作即将结束时转动前臂；动作不完整或幅度过大；重量过大；放下哑铃的速度过快；肘部过度屈曲或过度伸展；动作过快；双臂发力不均衡。

✳️ 做哑铃侧平举时要注意两个问题：第一，不要过度屈曲肘部，第二，尽量不要将手臂前移以举起更大的重量——从生物力学的角度来讲，这种方法减小了力矩，并且可以借助胸部肌肉以及其他肌肉的力量。此练习的重点不在强度，因此重量不是主要的考虑因素。

变式3　哑铃过头侧举

所涉主要肌肉： 三角肌、冈上肌、斜方肌和前锯肌（手臂外展90°~150°时）。

动作要领： 此变式要求训练者使用重量较小的哑铃，且将哑铃先侧平举再向上举至头顶。向上举时转动手臂，到达最高点时掌心相对。与哑铃侧平举相比，此变式动作幅度更大，可更好地锻炼斜方肌，但同时也更危险，肩部有问题者勿做。

变式4　哑铃体侧伸展

所涉主要肌肉： 三角肌、冈上肌、斜方肌（上部）。

动作要领： 双臂在身体两侧进行 V 字形推举或水平推举，在这个过程中可以旋转前臂使掌心朝下或相对。做此变式时要避免肘部过度屈曲。

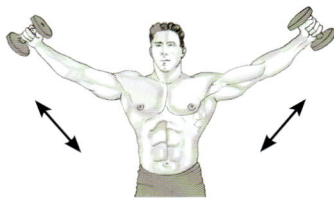

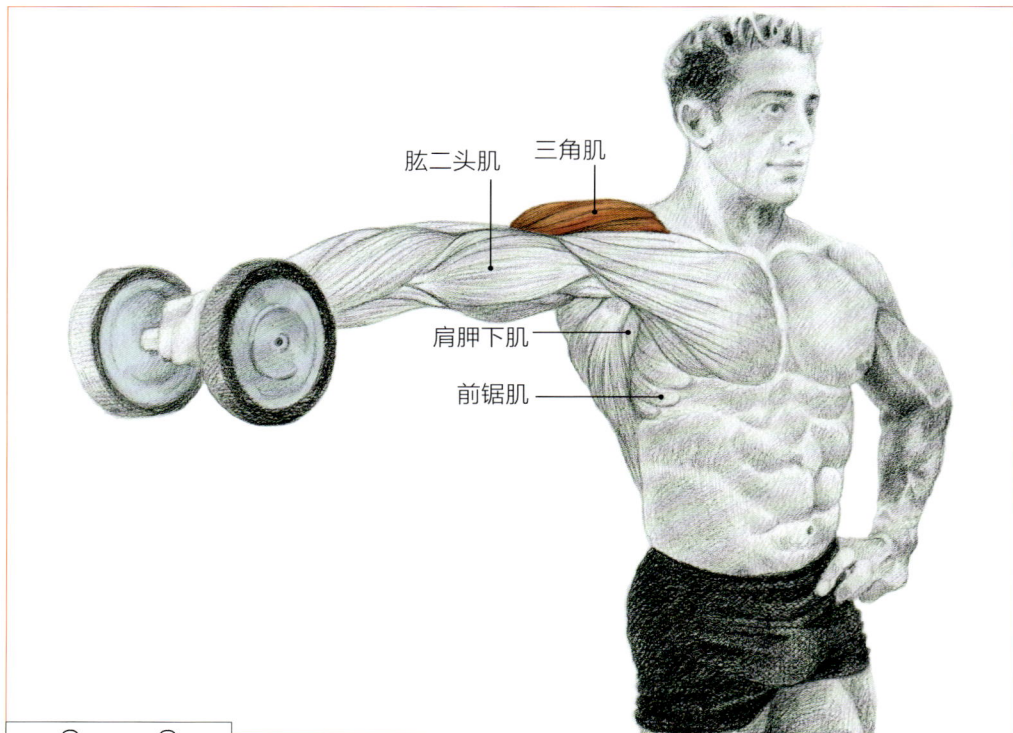

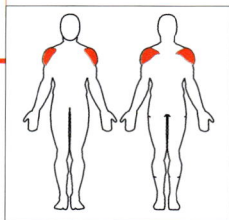

肱二头肌　三角肌

肩胛下肌

前锯肌

所涉肌肉

主要肌肉：三角肌（中部）、冈上肌。
次要肌肉：三角肌（前部和后部）、斜方肌和前锯肌（尤其是当手臂外展90°~150°时）、肱二头肌长头、肩胛下肌。
拮 抗 肌：背阔肌、胸大肌（下部）、大圆肌、小圆肌、肱二头肌短头。

变式1　上斜侧身哑铃侧平举

所涉主要肌肉：三角肌、冈上肌、斜方肌（上部）、肱二头肌长头。
动作要领：身体一侧紧贴一端向上倾斜45°~60°的健身凳。此变式的主要优势在于，可以使肌肉在运动过程中保持紧张状态，因为侧身的姿势可以消除常规侧平举练习中存在的"静点"（即动作的停滞状态）。此外，此变式可有效锻炼三角肌中部，尤其是在手臂外展角度小于30°时（恰好是单臂哑铃侧平举练习中相对轻松的阶段）。使用的重量应比做单臂哑铃侧平举时小。

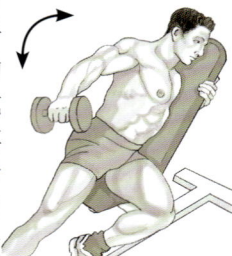

变式2　站姿斜式单臂哑铃侧平举

所涉主要肌肉：三角肌、冈上肌、斜方肌（上部）、肱二头肌长头。
动作要领：一只手握住坚固的支架，身体向支架相反侧倾斜，另一只手举起哑铃（手臂外展不要超过90°）。在做上举动作时，可以很好地锻炼斜方肌。若动作标准，目标肌肉会在动作即将结束时强烈收缩。

站在地面上，双腿分开。一只手握住哑铃，肘部屈曲，将哑铃稳定在体侧或大腿前（掌心朝向身体），另一只手置于腰上或其他支撑物上。先将握哑铃的一侧手臂外展90°左右，此时应保证手部、肘部和肩部在一条直线上。接着慢慢放下哑铃回到起始位置。在开始上举时吸气，回到起始位置后呼气。从体前开始做动作可以降低练习的难度（动作虽不标准，但可以使用更大的重量）。

提示

此练习可以很好地锻炼三角肌中部，且对增宽肩部十分有效。单臂练习相比于双臂练习的优势在于，另一只手可以置于支撑物上以保持身体平衡。与其他类似练习相同，手臂的外展角度不要超过90°。此练习的变式是我要重点介绍的。

⚠️ **常见错误：**身体摇晃；肘部与手部不在一条直线上；举到最高点时旋转哑铃；重量过大；动作不完整或幅度过大。

✳️ 对着镜子练习可以使动作更加标准，这对新手而言很有必要。

变式3　侧卧哑铃侧平举

所涉主要肌肉：三角肌、冈上肌、肱二头肌长头。

动作要领：侧卧在地面或健身凳上，将哑铃从大腿附近向上举，直至手臂与地面接近垂直。此变式较少用到，但我建议你时常做此变式以集中锻炼三角肌中部。

变式4　单臂横杆侧平举

所涉主要肌肉：三角肌、冈上肌、斜方肌（上部）、肱二头肌长头。

动作要领：使用一根长度适中的横杆（重8~12千克）并握住其中间位置做练习。有经验的训练者可以在横杆两端添加杠铃片，但是此变式的主要目的是矫正手臂的姿势，因为使用横杆更利于保持平衡和控制动作。尽管可以双手同时做练习，我还是建议你单手做练习或双手轮流做练习，这样可以将注意力集中在保持平衡上。

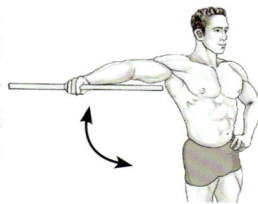

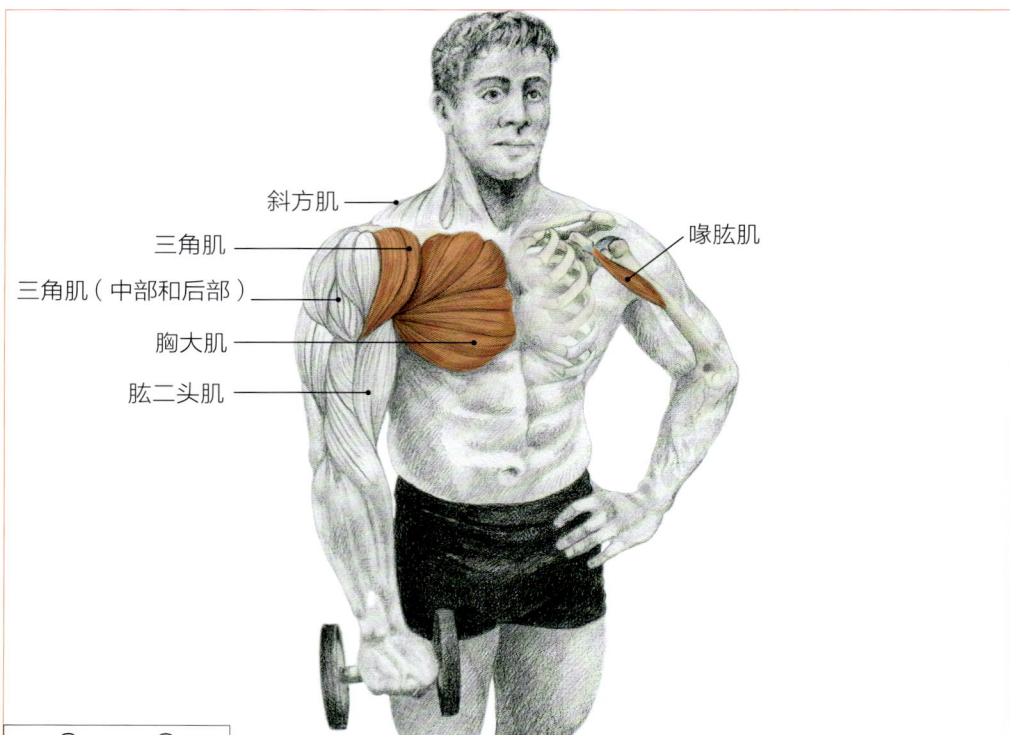

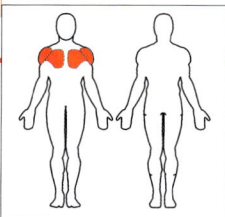

斜方肌 ——

三角肌 ——

三角肌（中部和后部）——

胸大肌 ——

肱二头肌 ——

—— 喙肱肌

所涉肌肉

主要肌肉：三角肌（前部）、喙肱肌、胸大肌（上部）。

次要肌肉：三角肌（中部和后部）、斜方肌（中部和上部）、肱二头肌、前锯肌。

拮 抗 肌：背阔肌、大圆肌、小圆肌、胸大肌（下部）、肱三头肌。

变式1　双臂哑铃前平举

所涉主要肌肉：三角肌（前部）、喙肱肌、胸大肌（上部）。

动作要领：做此变式时腰椎附近肌肉会受到较大压力，在使用较大重量时，可考虑借力来完成。建议你每完成一次动作休息几秒，并收紧身体其余部位的肌肉以保持平衡。

变式2　相对式哑铃前平举

所涉主要肌肉：三角肌（前部）、喙肱肌、胸大肌（上部）。

动作要领：动作与双臂哑铃前平举基本相同，但此时要采用掌心相对的握姿。这一握姿不仅更加自然，而且可以将力量更多地集中在胸大肌上部。练习时请勿使手臂超伸。此变式值得推荐，因为它对肘关节的压力较小。

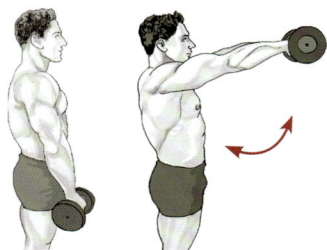

直立，双腿分开，一只手掌心朝向身体握住哑铃，将哑铃稳定在大腿前方。先将握哑铃的一侧手臂向前上方举起，直至哑铃与视线齐平，再放下手臂回到起始位置。建议双臂轮流做练习，且在练习过程中不要屈肘，也不要把哑铃向体前收拢。开始向上举时吸气，回到起始位置后呼气。

提示

此练习也可以双臂同时做，但这样做会给腰部带来较大的压力。为避免身体摇晃，练习时可以背靠墙面。

此练习所锻炼的主要部位，即肩部的正面，通常在其他练习中（尤其是在胸部练习中）也会被较多地锻炼到，因此注意不要过度锻炼此部位。

转动前臂并不会影响三角肌的工作，但在转动前臂的同时旋外或旋内就会有影响。以掌心朝上的握姿做练习会给肱二头肌带来过大的压力。

⚠️ **常见错误：** 晃动身体以举起较大的重量；放下哑铃时手臂未控制住哑铃或放下速度过快；肘关节超伸；手臂旋内。

✳️ 尽管肩部分布着众多起稳定作用的肌肉，但此部位的深层肌肉（如肩胛下肌和冈下肌）更加重要——这些肌肉具有很好的柔韧性，它们在某种程度上可以提高肩关节的稳定性。

变式3 杠铃前平举

所涉主要肌肉： 三角肌（前部）、喙肱肌、胸大肌（上部）。

动作要领： 动作与双臂哑铃前平举基本相同，但此时要用杠铃做。还有一种方式是以坐姿做练习（有无靠背皆可），这种方式不仅可以避免借助因身体摇晃产生的惯性，还可以减轻腰部的压力，但会使动作幅度和使用的重量都变小，因此我还是建议你背靠墙壁以站姿做练习。此变式会给肩部带来不小的压力。

变式4 杠铃片或单只哑铃前平举

所涉主要肌肉： 三角肌（前部）、喙肱肌、胸大肌（上部）。

动作要领： 动作与杠铃前平举基本相同，但此时要以掌心相对的握姿握住杠铃片或哑铃做练习。若使用的重量过大，会对腰部造成负担。对肩部而言，此变式比杠铃前平举或双臂哑铃前平举更加安全。使用杠铃片做练习效果更佳，因为使用哑铃时，必须双手叠加握住哑铃，这会使一条手臂的运动量大于另一条手臂的运动量。

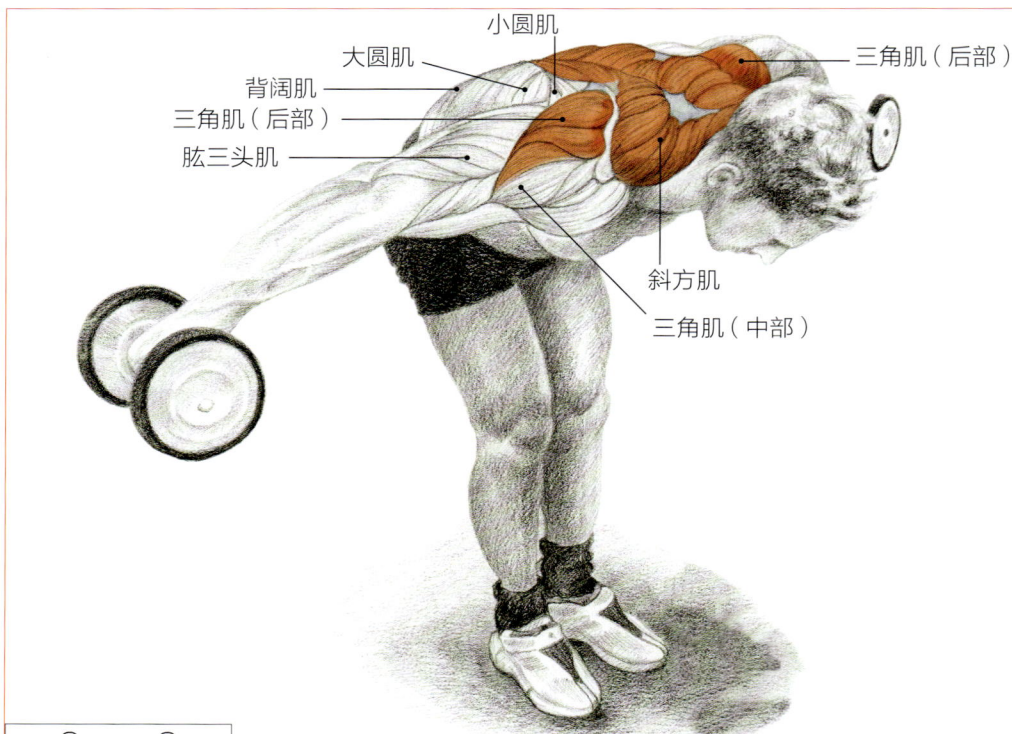

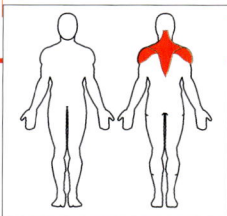

小圆肌
大圆肌
背阔肌
三角肌（后部）
肱三头肌
三角肌（后部）
斜方肌
三角肌（中部）

—— 所涉肌肉 ——

主要肌肉：三角肌（后部）、斜方肌。
次要肌肉：三角肌（中部）、背阔肌、菱形肌、大圆肌、小圆肌、肱三头肌、冈下肌、腰椎椎旁肌。
拮 抗 肌：三角肌（前部）、胸部肌肉、肱二头肌。

变式1　坐姿俯身哑铃侧平举

所涉主要肌肉：三角肌（后部）、斜方肌、肱三头肌。

动作要领：动作与俯身哑铃侧平举基本相同，但此时要坐在健身凳的边缘处，先将哑铃置于大腿两侧下方，接着俯下身体，使胸部触碰到大腿。此变式最大的优势在于易保持平衡且对腰部的压力较小，但为了使动作更加标准，通常只能使用较小的重量来做。

变式2　上斜俯身哑铃侧平举

所涉主要肌肉：三角肌（后部）、斜方肌、肱三头肌。

动作要领：此变式十分有效。俯卧在一端向上倾斜的健身凳上（胸部和腹部紧贴健身凳）可以避免身体摇晃、减轻腰部的压力甚至避免受伤。做此变式时应使用较小的重量。俯卧在健身凳上做练习对三角肌的要求较高，因为这样完全无法借助腿部的力量。

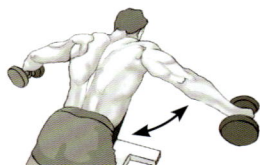

双腿微屈并略微分开站在地面上,俯下身体,使得背部几乎呈直线,并与地面平行。屈肘,掌心相对握住哑铃,将哑铃稳定在小腿前方。先将手臂侧平举,直至哑铃与躯干齐平,再放下手臂回到起始位置。在这个过程中不要改变肘部和手腕的姿势。另外,肘部应始终远离躯干,以免借助背部肌肉的力量。向上举哑铃时吸气,放下手臂时呼气(但不要全部呼出)。

提示

此练习难度较大,通常难以正确完成。同时,此练习还有可能引起背部损伤,原因是练习时难以保持顺畅的呼吸以保护脊柱。要想达到保护脊柱的目的,必须使肺部时刻充满空气,而这是不可能实现的。若在练习中感到不适,可将头靠在支撑物上以减轻腰部的压力,但不要让颈部过多受力。另一种方式是单臂做练习,另一条手臂固定在支撑物上。

双臂侧平举并保持水平,相比于双臂向后伸(背部肌肉及其邻近肌肉的参与度较高)能更好地单独锻炼三角肌后部。将哑铃向上举时,斜方肌和菱形肌会不可避免地参与运动,尤其是在动作即将结束时。在举起手臂时向外旋转手臂可以更好地锻炼斜方肌中部,而将手臂向斜前方举起则可以更好地锻炼斜方肌下部。

> ⚠️ **常见错误:** 摇晃身体;放下哑铃时手臂未控制住哑铃或放下速度过快;肘部紧贴躯干;改变肘部的姿势。

> ✳️ 本书自始至终都在强调动作的规范性,但你可以偶尔利用惯性来举起更大的重量或完成更多的次数。新手最好不要这么做,因为动作不当可能会导致受伤。

变式3 上斜俯身单臂哑铃侧平举

所涉主要肌肉: 三角肌(后部)、斜方肌、肱三头肌。

动作要领: 动作与上斜俯身哑铃侧平举基本相同,但此时只使用一条手臂做练习,另一条手臂环抱健身凳以保持平衡。此变式最主要的优势在于,使用一条手臂做练习可以使注意力更集中。

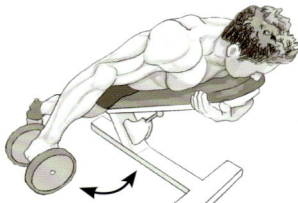

变式4 仰卧双肘撑体

所涉主要肌肉: 菱形肌、三角肌(后部)、斜方肌。

动作要领: 仰卧在健身凳上,背部紧贴健身凳。肘部屈曲并支撑在身体两侧更高的健身凳上,双臂向下发力将身体撑起。此变式难度较高,且较少用到,但它对肩部某些回旋肌的锻炼效果较好。将健身凳一端向上倾斜可降低动作难度。

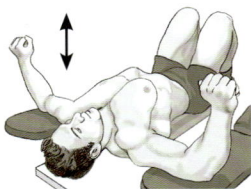

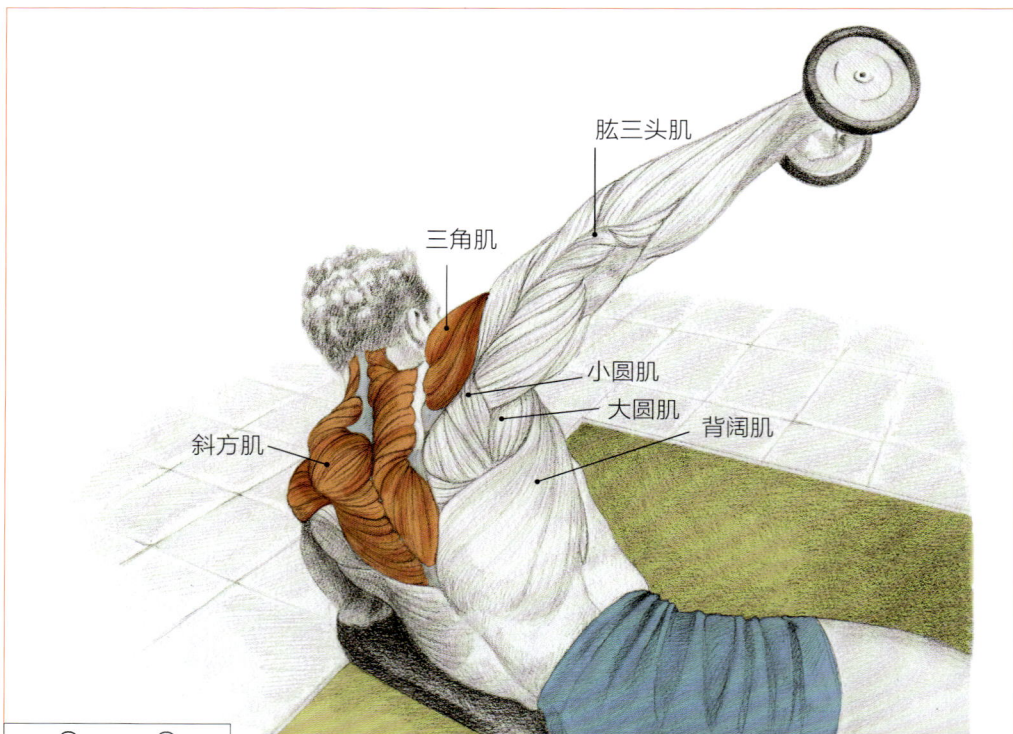

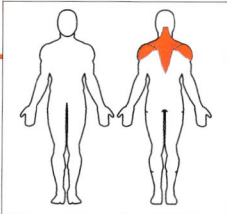

肱三头肌

三角肌

小圆肌

大圆肌

背阔肌

斜方肌

所涉肌肉

主要肌肉：三角肌（后部）、斜方肌。

次要肌肉：三角肌（中部）、背阔肌、大圆肌、小圆肌、菱形肌、肱三头肌、冈下肌。

拮 抗 肌：三角肌（前部）、胸部肌肉、肱二头肌。

变式1 肘部贴合式侧卧哑铃上举

所涉主要肌肉：三角肌（后部）、背阔肌、菱形肌、肱三头肌。

动作要领：动作与侧卧哑铃侧平举基本相同，但此时肘部离躯干更近。此变式可以使用更大的重量来做，尽管会使背部肌肉强烈收缩。三角肌中部在做此变式时进行等长收缩，以支撑手臂不使其贴近躯干。有些人可能认为三角肌中部对完成整个练习起主要作用，但事实并非如此。

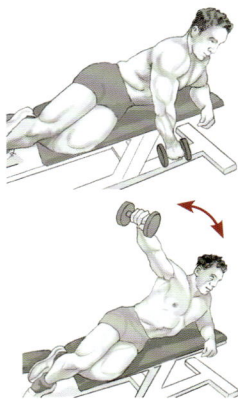

侧卧在健身凳上，将一条手臂支撑在健身凳上。用对侧的手握住哑铃（掌心朝下），将哑铃置于身体前方，并保证手臂与地面垂直。先将哑铃向身体侧上方举起，直至手臂与地面接近垂直，再放下哑铃回到起始位置（三角肌后部及其邻近肌肉发力）。也可以拇指朝上握住哑铃。放下哑铃前吸气，举到最高点时呼气。

提示

此练习对新手来说比较难。请注意，即使在健身凳上保持住姿势存在困难，也不要使腰部发力过多。

⚠️ **常见错误：** 肘部贴近身体以借助背部肌肉（比三角肌更加结实的肌肉）的力量；身体晃动。

✳️ 增肌的3个基本要素为：科学的训练、合理的饮食和充分的休息。

变式2 俯身哑铃单臂伸展

所涉主要肌肉： 三角肌（后部）、背阔肌、大圆肌、小圆肌、肱三头肌。

动作要领： 一只手支撑在健身凳上，背部与地面接近平行。另一只手握住哑铃，手臂接近伸直并贴近躯干。先将哑铃向身体后侧推举，直至手臂与地面接近平行，再放下哑铃回到起始位置。做此变式时，背部肌肉的收缩十分明显，尽管随着手臂伸展角度的增大，背部肌肉的作用会逐渐减弱。

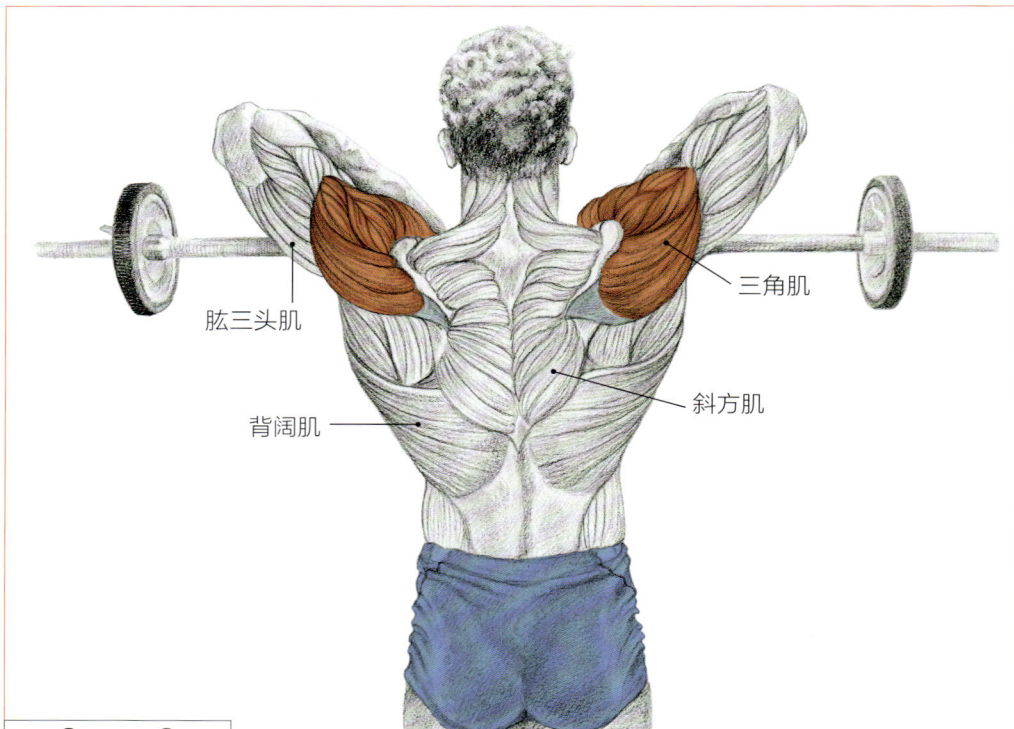

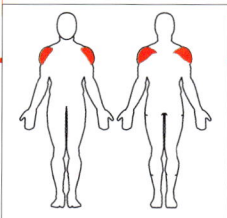

杠铃上提

肱三头肌

三角肌

斜方肌

背阔肌

所涉肌肉

主要肌肉：三角肌。

次要肌肉：斜方肌、肩胛提肌、冈上肌、肱二头肌、参与屈臂的肌肉、菱形肌、腰部肌肉。

拮 抗 肌：背阔肌、胸部肌肉、肱三头肌。

变式1　哑铃上提

所涉主要肌肉：三角肌、斜方肌（上部）。

动作要领：动作与杠铃上提基本相同，但此时要使用哑铃做练习。此变式的效果与杠铃上提的效果基本相同。

变式2　杠铃上提前伸

所涉主要肌肉：三角肌、斜方肌（上部）。

动作要领：杠铃到达颈部之前的动作与杠铃上提相同，到达颈部之后，手臂伸直将杠铃推向前方，并利用三角肌（尤其是前部）的离心收缩将杠铃放下。做此变式时，斜方肌的运动方式没有发生改变，因为主要力量都集中在三角肌前部。维持身体姿势需要腰部肌肉始终进行等长收缩，因此腰部十分容易疲劳。

动作要领

双腿分开站在地面上，身体挺直。掌心朝向身体握住杠铃杆，握距比肩宽稍小，将杠铃稳定在大腿前方，双臂接近伸直。先屈肘将杠铃向上提到颈部附近，在这个过程中始终保持杠铃靠近身体。肘部随着杠铃的上提而抬高，并在最高点时处于比手部更高的位置。在最高点停顿几秒后，放下杠铃回到起始位置。开始向上提杠铃时吸气，将杠铃放下时呼气。

提示

此练习主要锻炼三角肌，其次是斜方肌。当手臂外展超过90°时，斜方肌的收缩更强烈，但你最好不要使手臂过度外展，以免对肩部造成负担，尤其是要避免肩关节处的小肌肉群与骨骼发生摩擦。

在实际练习中，向上提杠铃时往往会耸肩，这是因为斜方肌在工作。

请注意不要猛地将杠铃放下，以免引起肩关节损伤。总之，此练习会对肩部关节造成一定的压力，因此我建议你不要过多地做此练习，若感到不适或完成动作有困难时，请立刻停止练习。

> ⚠️ **常见错误：** 手部位置高于肘部；身体摇晃；将杠铃推向体前且刚举到颈部就立刻将杠铃放下（对斜方肌的锻炼效果减弱）；放下杠铃时动作过猛。

> ✳️ 斜方肌的基本功能如下。
> 斜方肌上部：上提肩胛骨（如做哑铃耸肩时）。
> 斜方肌中部：内收肩胛骨（如做宽距滑轮划船时）。
> 斜方肌下部：使肩胛骨下降（如做肩部提拉时）。

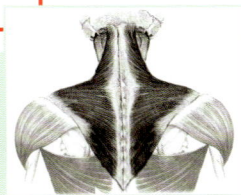

变式3　俯身杠铃上提

所涉主要肌肉： 斜方肌。
动作要领： 动作与杠铃上提基本相同，但练习时上半身始终保持前倾。前倾角度越大，对斜方肌的中部和下部以及三角肌后部的锻炼效果越好。

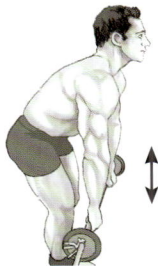

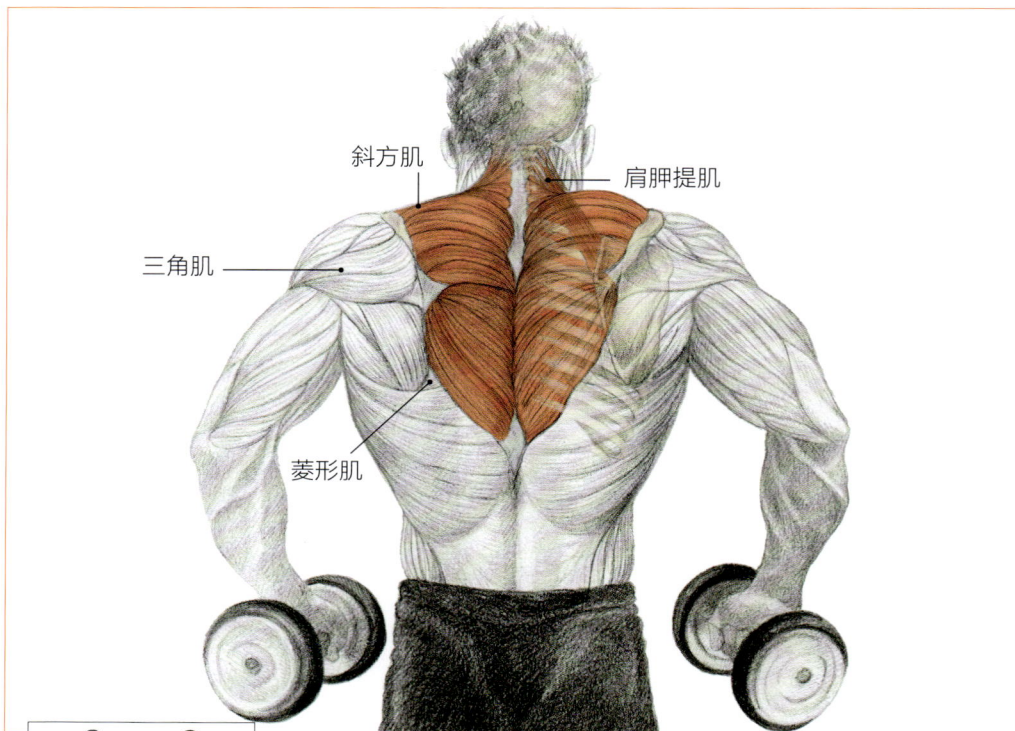

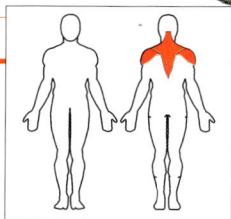

斜方肌

肩胛提肌

三角肌

菱形肌

所涉肌肉

主要肌肉：斜方肌（上部）、肩胛提肌。
次要肌肉：菱形肌、斜方肌（中部）、三角肌、冈上肌。
拮抗肌：胸小肌、斜方肌（下部）、胸大肌、背阔肌。

变式1　哑铃旋转耸肩

所涉主要肌肉：斜方肌（上部）、肩胛提肌。

动作要领：动作与哑铃耸肩基本相同，但此时在抬起肩膀和放下肩膀的过程中要加上旋转肩膀的动作（顺时针或逆时针）。只有在哑铃重量较小时才可做此变式。

变式2　杠铃耸肩

所涉主要肌肉：斜方肌（上部）、肩胛提肌。

动作要领：要将杠铃稳定在体前或体后做练习，也可使用史密斯机、卧推机或划船机做练习。此变式无法锻炼斜方肌下部。做同样的动作时，轻微改变手臂的位置会带来不同的效果。此变式的动作要领和注意事项与哑铃耸肩基本相同。舒适度是选择练习的重要标准之一，使用哑铃时姿势更加舒适，因此哑铃耸肩是更好的选择。

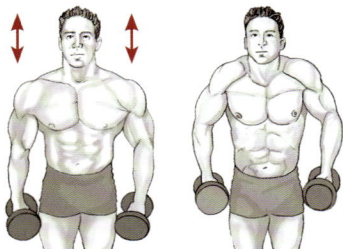

双腿分开站在地面上，身体挺直。双手掌心相对握住哑铃并将哑铃稳定在身体两侧，双臂自然下垂。先尽可能大幅度地抬高肩膀，到最高点时再放下肩膀回到起始位置。在整个动作过程中，手臂应始终保持紧张状态并握紧哑铃（不要做多余动作）。在抬肩过程中吸气，放下肩膀时呼气。

提示

此练习可以很好地锻炼斜方肌和肩胛提肌。它比较简单，适合不同水平的训练者，其中新手做此练习可以迅速见到成效。请注意放下肩膀时动作不要过猛，以免肩关节受伤。

斜方肌过度发达可能会使肩部的宽度在视觉上减小，在制订训练计划时应当考虑这一点。

⚠️ **常见错误：** 动作次数过多或过少；哑铃过重或过轻；动作不完整；放下肩膀时动作过猛。

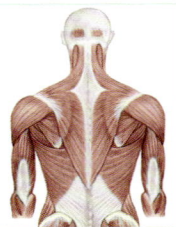

✳️ 在力量训练中，有两项简单但对锻炼斜方肌上部很有效的练习：哑铃耸肩和杠铃耸肩。但有些训练者将这两项练习复杂化了，比如用较难的姿势、利用器械做练习等。

变式3 俯身杠铃耸肩

所涉主要肌肉： 斜方肌（中部）、肩胛提肌、菱形肌。

动作要领： 动作与杠铃耸肩基本相同，但此时躯干要前倾20°~30°，这样能更好地锻炼菱形肌。最理想的姿势是身体紧贴可调整角度的健身凳（面部朝下），这样训练者可以自由选择动作的角度。在俯身划船机上做练习效果更佳。

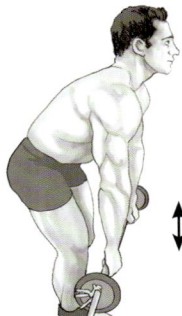

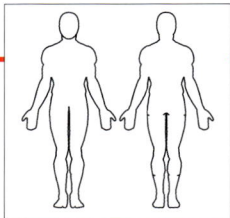

所涉肌肉

主要肌肉：冈下肌、小圆肌（通常协同运动）。
次要肌肉：三角肌（后部）、菱形肌、斜方肌。
拮 抗 肌：肩胛下肌、背部肌肉、胸部肌肉。

动作要领

　　侧卧在健身凳（或地面的垫子）上，一条手臂屈曲90°支撑在健身凳上，另一只手握住哑铃（掌心朝下）并将其稳定在腹部附近。先将运动侧手臂向体侧外展，同时向上举起哑铃，直至前臂与地面接近垂直（肘部不要紧贴躯干），再缓缓放下哑铃回到起始位置。在这个过程中，始终保持肘部屈曲90°左右。练习时自然呼吸即可。

提示

　　此练习可有效提高肩袖部位的稳定性，但请勿使用过大的重量来做。我建议你在完成所有肩部练习后再做此练习。你也可俯卧在健身凳上做这一练习，但同样应保持肘部姿势不变（屈曲90°左右）。以站姿做练习无法对目标肌肉起到锻炼作用，除非借助滑轮或其他专业的器械。

⚠️ **常见错误：**哑铃过重；动作过快；三角肌后部发力过多。

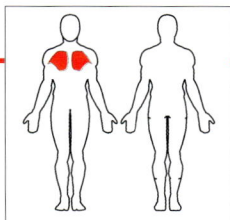

所涉肌肉

主要肌肉：肩胛下肌、胸大肌。
次要肌肉：背阔肌、大圆肌、三角肌（前部）、肱二头肌长头、前锯肌、胸小肌。
拮 抗 肌：冈下肌、小圆肌。

动作要领

　　侧卧在健身凳（或地面的垫子）上，紧贴健身凳一侧的手握住哑铃，掌心朝上，前臂与地面平行，另一只手放在腰部。先内收前臂（肩部发力）使哑铃向身体靠近，直至前臂与地面垂直，再缓缓放下哑铃回到起始位置。练习时自然呼吸即可。

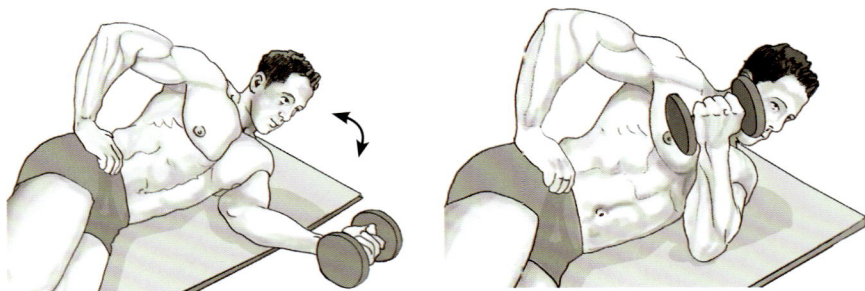

提示

　　需要注意的是，与手臂内收有关的肌肉比与手臂外展有关的肌肉更结实，且能更多地被锻炼到。以仰卧的姿势做练习也比较舒适且有效。
　　与侧卧哑铃外展相同，以站姿做练习无法对目标肌肉起到锻炼作用。

⚠ **常见错误**：哑铃过重；动作过快；动作不规范。

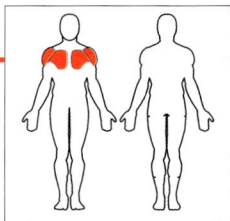

坐姿上斜哑铃上举

所涉肌肉

主要肌肉：三角肌（前部）、喙肱肌、胸大肌（上部）。
次要肌肉：肱二头肌、三角肌（中部和后部）、斜方肌（中部和上部）、前锯肌。
拮抗肌：背阔肌、大圆机、小圆肌、胸大肌（下部）、肱三头肌。

动作要领

　　坐在一端向上倾斜45°~60°的健身凳上，掌心相对将哑铃稳定在髋部两侧，肘部微屈。将哑铃于体前上举，直至哑铃到达比头部稍高的位置，且上臂与前臂接近垂直，再缓缓放下哑铃回到起始位置。开始向上举哑铃时吸气，回到起始位置后呼气。

提示

　　正如在其他类似练习中提到的那样，在锻炼身体其他部位时，肩部的正面通常也会得到锻炼，因此没有必要过多地做此练习。但是，这并不意味着肩部的正面就不用单独进行锻炼。做此练习时应使用合适的重量，以便有效锻炼三角肌前部。

⚠️ **常见错误**：肘部过度屈曲；肘部完全伸直；动作过快。

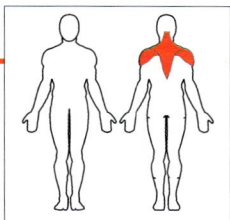

所涉肌肉

主要肌肉：三角肌（后部）、斜方肌。
次要肌肉：三角肌（中部）、菱形肌、冈下肌、腰椎附近肌肉。
拮抗肌：三角肌（前部）、胸部肌肉、背阔肌。

动作要领

一只手支撑在水平健身凳上，另一只手握住哑铃（掌心朝向身体），将哑铃稳定在体侧。双腿伸直或屈曲，与支撑手同侧的一条腿向前迈，另一条腿置于身体后方。先将哑铃向上举（肩部发力），直至哑铃到达头部附近，再缓缓放下哑铃回到起始位置。在整个动作过程中，应保持躯干呈直线且与地面平行。向上举哑铃时吸气，放下哑铃时呼气。

提示

做此练习时手臂向上举的方向与俯身哑铃直臂伸展正好相反。有些人会误认为此练习可以锻炼肩部前部，实际上在躯干保持水平以及手臂被动外展90°的情况下，肩部前部的肌肉几乎不发力，反而是肩部其他部位的肌肉起主要作用。

你也可以直立或双手同时做练习，但这样会给腰部带来不必要的压力。

⚠️ **常见错误：** 手臂摇晃；放下哑铃时肩部肌肉没有始终保持紧张状态；向上举哑铃时借助躯干的力量。

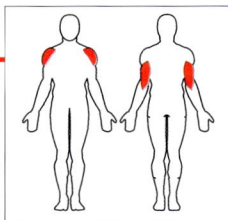

所涉肌肉

主要肌肉：三角肌（前部和中部）、肱三头肌、冈上肌。
次要肌肉：三角肌（后部）、胸大肌（上部）、斜方肌（上部）、前锯肌。
拮 抗 肌：背阔肌、肱二头肌、胸大肌（下部）。

动作要领

倒立，双手撑地，双脚固定在攀缘架上。先屈肘使头部向地面靠近，直至上臂与前臂接近垂直时再将身体撑起。动作开始时吸气，回到起始位置后呼气。

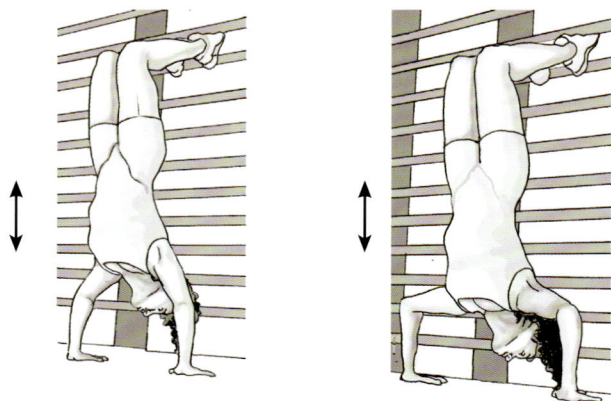

提示

建议在同伴的协助下做练习，以保证安全。除非进行专业的体育训练，否则没有必要做此练习。以倒立姿势做练习会引发诸多问题，你应选择更加安全且有效的练习。

⚠️ **常见错误**：频繁做此练习；练习时间过长；动作不规范。

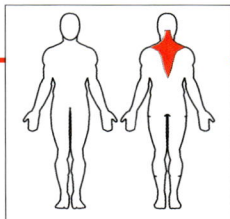

所涉肌肉

主要肌肉：胸小肌、斜方肌（下部）。
次要肌肉：菱形肌。
拮抗肌：斜方肌（上部）、肩胛提肌。

动作要领

前臂和肘部支撑在双杠上，身体悬空。先伸展肩部使身体垂直上升，到达最高点后再收缩肩部使身体下降。身体下降时吸气，上升时呼气。

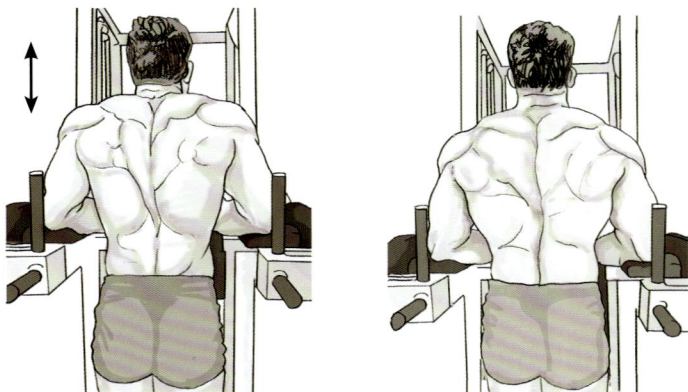

提示

此练习可锻炼到由于不太显眼而经常被遗忘的斜方肌下部和胸小肌。此练习虽较少用到，但若动作标准，也会有不错的效果。有经验的训练者可在腰部悬挂重物或双腿夹住哑铃来做练习。

⚠ **常见错误**：动作过快；练习强度过低；动作不完整。

✳ 斜方肌上部十分显眼，较容易被锻炼到，而斜方肌中部和下部经常被忽视。

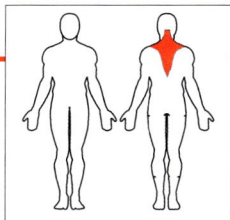

所涉肌肉

主要肌肉：斜方肌（上部）、半棘肌、夹肌。

次要肌肉：棘间肌、颈棘肌、竖脊肌（上部）、头后大直肌、头后小直肌、多裂肌、头上斜肌、头下斜肌、肩胛提肌、头半棘肌。

拮 抗 肌：胸锁乳突肌、前斜角肌、中斜角肌、后斜角肌、头长肌、颈长肌、头前直肌。

动作要领

俯卧在健身凳上，使胸部和腹部紧贴健身凳。双手背于身后（也可以双臂环抱健身凳以保持稳定），上胸部位于健身凳边缘处，头颈部悬空并略下垂。先抬头目视前方，再缓缓低头回到起始位置。练习时自然呼吸即可。

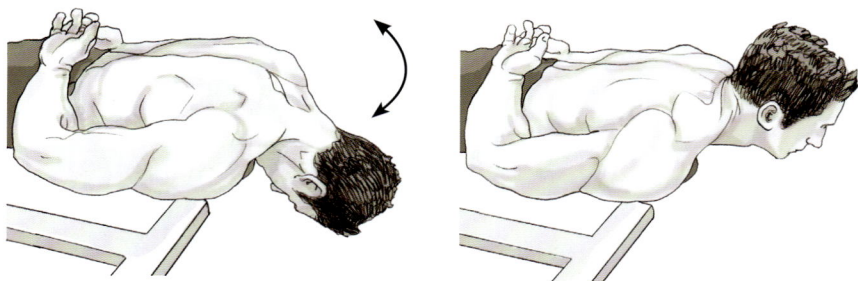

提示

一些有经验的训练者会在颈后放置杠铃片或使用附加重物的弹力带以提高练习的难度，但我不建议这么做，因为颈部很脆弱，练习时应该十分小心。还有一种方式是以较小的幅度抬头和低头，下巴始终指向地面。随着头部运动幅度的变化，锻炼的主要肌肉和次要肌肉也会发生变化。

⚠️ **常见错误**：附加重物过重；动作速度或幅度不当（脊柱及其周围的小肌肉群有受伤的风险）。

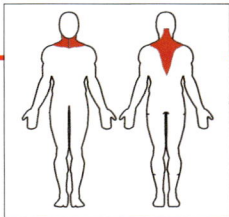

所涉肌肉

主要肌肉：参与颈部伸展和屈曲的肌肉。
次要肌肉：头颈部深层肌肉和沿脊柱的肌肉（一侧）。
拮 抗 肌：头颈部和肩部对侧的同类型肌肉。

动作要领

　　侧卧在健身凳上，肩部紧贴健身凳。先缓缓将头向肩部靠近，接着向相反的方向抬起，动作幅度约为90°，然后回到起始位置。练习时最好闭上眼睛，自然呼吸即可。

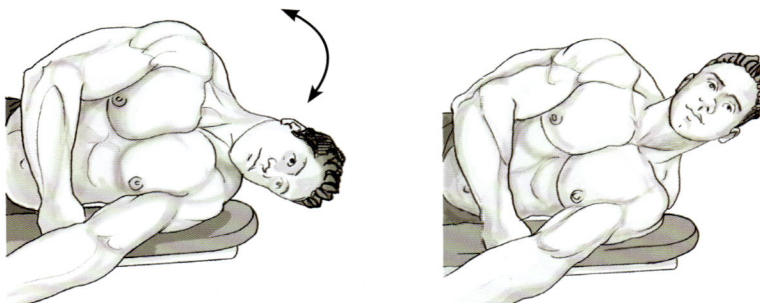

提示

　　若不想闭眼，可以把目光聚焦在前方的一个点上。有经验的训练者可以在头部上侧放置杠铃片或使用附加重物的弹力带以提高练习的难度，但不要忘记颈部很脆弱，练习时应该十分小心。

⚠ **常见错误：** 附加重物过重；速度过快。

✳ 做颈部练习时最好闭上眼睛，但在做其他练习时必须睁开眼睛以保持身体平衡并观察自身的动作。

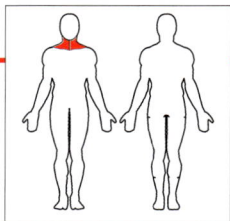

所涉肌肉

主要肌肉：胸锁乳突肌、前斜角肌、中斜角肌、后斜角肌、小斜角肌。

次要肌肉：头长肌、颈长肌、头前直肌、下颌舌骨肌、甲状舌骨肌、胸锁乳突肌、胸骨甲状肌、肩胛舌骨肌。

拮　抗　肌：斜方肌（上部）、半棘肌、夹肌、棘间肌、颈棘肌、竖脊肌（上部）、头后大直肌、头后小直肌、多裂肌、头上斜肌、头下斜肌、肩胛提肌、头半棘肌。

动作要领

　　仰卧在健身凳上，肩部紧贴健身凳，头部置于健身凳外并略微后仰。一只手放在腹部，另一只手扶住健身凳一侧以保持稳定。先抬头并将颈部向前屈曲，到达最高点后再向后仰头回到起始位置。练习时自然呼吸即可，向后仰头时吸气最佳。

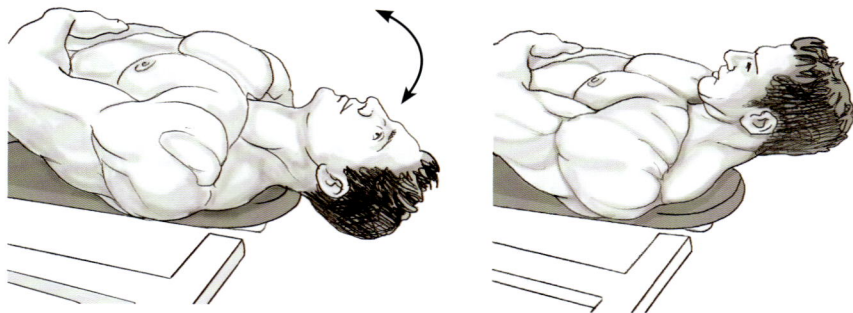

提示

　　有经验的训练者可以附加重物或其他障碍以提高练习的难度，但是练习时应该格外小心。练习过程中也可闭上眼睛。

　　随着头部运动幅度的变化，锻炼的主要肌肉和次要肌肉也会发生变化。

⚠️ **常见错误**：附加重物过重；速度过快；动作幅度过大。

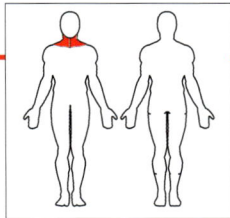

所涉肌肉

主要肌肉：夹肌（旋转侧）、胸锁乳突肌（相反侧）。
次要肌肉：斜角肌、肩胛提肌、头后大直肌、头下斜肌、头上斜肌（相反侧）。
拮 抗 肌：头颈部和肩部对侧的同类型肌肉。

动作要领

　　侧卧在健身凳上，肩部紧贴健身凳，眼睛看向地面。先缓缓向上转头（约转动170°），使眼睛看向天花板，再缓缓向下转头回到起始位置。练习时自然呼吸即可。

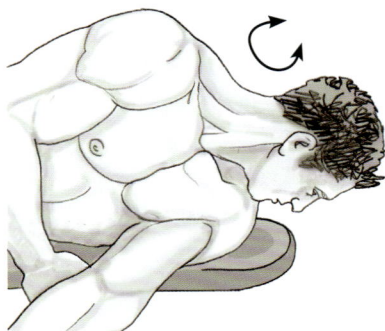

提示

　　练习过程中可闭上眼睛。也可以俯卧或仰卧在健身凳上做练习，相比之下，仰卧做练习更轻松。

　　做此练习时，即使是有经验的训练者，也不建议附加重物。若你的目标只是提高头颈部肌肉的灵活性，那么可以坐在健身凳上交替看向头部两侧（动作类似于摇头）。

⚠ **常见错误：**附加重物过重；动作过快；转头的同时向前伸头。

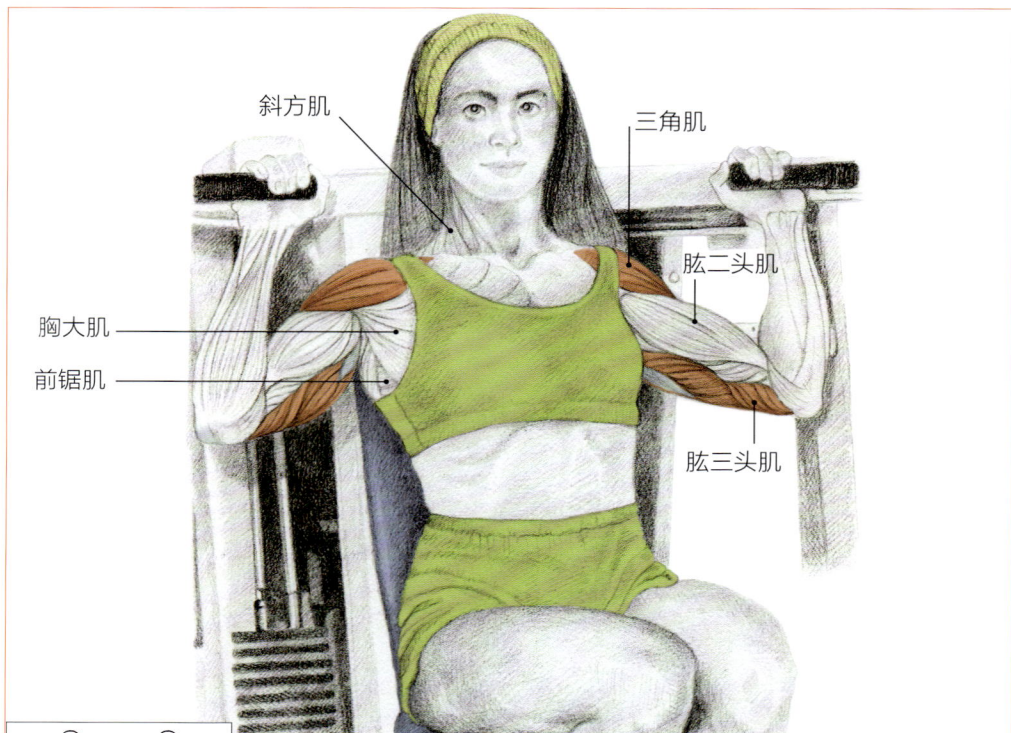

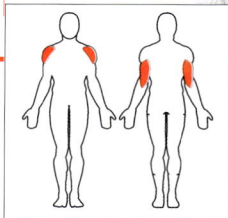

斜方肌

三角肌

肱二头肌

胸大肌

前锯肌

肱三头肌

所涉肌肉

主要肌肉： 三角肌（前部和后部）、肱三头肌（长头除外）、冈上肌。

次要肌肉： 三角肌（后部）、胸大肌（上部）、斜方肌（上部）、肱二头肌长头、前锯肌、肱三头肌长头。

拮 抗 肌： 背阔肌、肱二头肌、胸大肌（下部）。

变式1　器械体前推举

所涉主要肌肉： 三角肌（前部和中部）、肱三头肌、喙肱肌、冈上肌、胸大肌（上部）、肱二头肌长头、肱三头肌短头。

动作要领： 起始姿势与器械肩上推举基本相同，可将推举机靠背的倾斜角度稍稍调大。动作也与器械肩上推举基本相同，但此时要将肘部置于身体前方，以更好地锻炼三角肌前部和胸大肌上部。

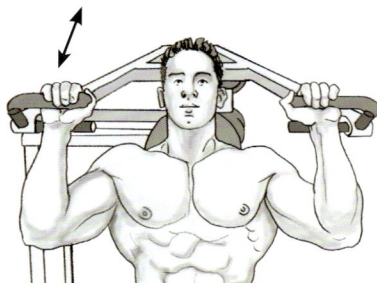

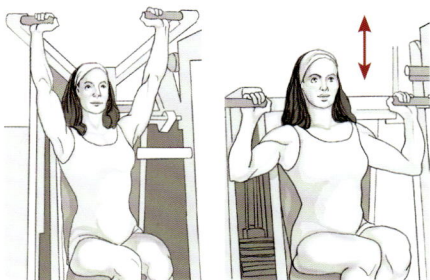

坐在推举机的平板上，将靠背调成垂直或稍微向后倾斜的状态。掌心朝前握住推举机的握柄，握距比肩宽稍大，此时手臂接近伸直。先将握柄向下拉直至双手到达颈部两侧，再将握柄向上推回到起始位置。在这个过程中，始终保持前臂与躯干平行。向下拉前吸气，回到起始位置后呼气。

提示

此练习的效果与坐姿杠铃推举和坐姿哑铃推举的效果基本相同。在做此练习时应注意将力量集中在三角肌而不是肱三头肌（尽管肱三头肌除长头外的部位会不可避免地发力）上，还应注意肩关节比其他关节更加脆弱。做此练习和其他类似练习时，三角肌不同部位的参与程度从大到小依次为：三角肌前部、三角肌中部、三角肌后部。

如果有独立的杠杆，那么你可以像做站姿哑铃交替推举那样双臂交替做练习。

⚠️ **常见错误：** 由于器械设计不当使得手臂起始位置过低；腰部过度屈曲；器械调节不当（尤其是靠背的角度和平板的高度不当）；手臂超伸。

✳️ 肩袖部位的肌肉包括肩胛下肌、冈上肌、冈下肌和小圆肌，这些肌肉对"激活"韧带有重要作用，而且可以稳定肩关节并防止其脱臼。

变式2 坐姿滑轮推举

所涉主要肌肉： 三角肌、肱三头肌、冈上肌。
动作要领： 坐在两个低位滑轮之间的平板上，挺直躯干，掌心朝前握住握柄并将其拉至头部两侧。先像做推举练习那样将双臂向上伸展，直至双臂接近伸直，再放下双臂回到起始位置。

此变式很少用到，但它可以丰富练习种类。尽管允许使用的重量较小，但是由于手臂做斜线运动，肌肉会始终受到压力。此变式的主要作用是能更加有效地单独锻炼三角肌。另外，练习时强度不宜过高。

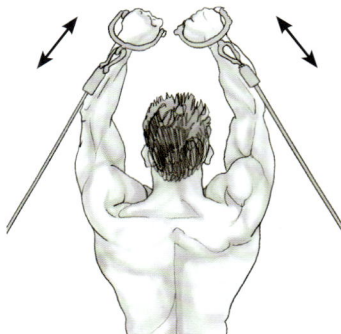

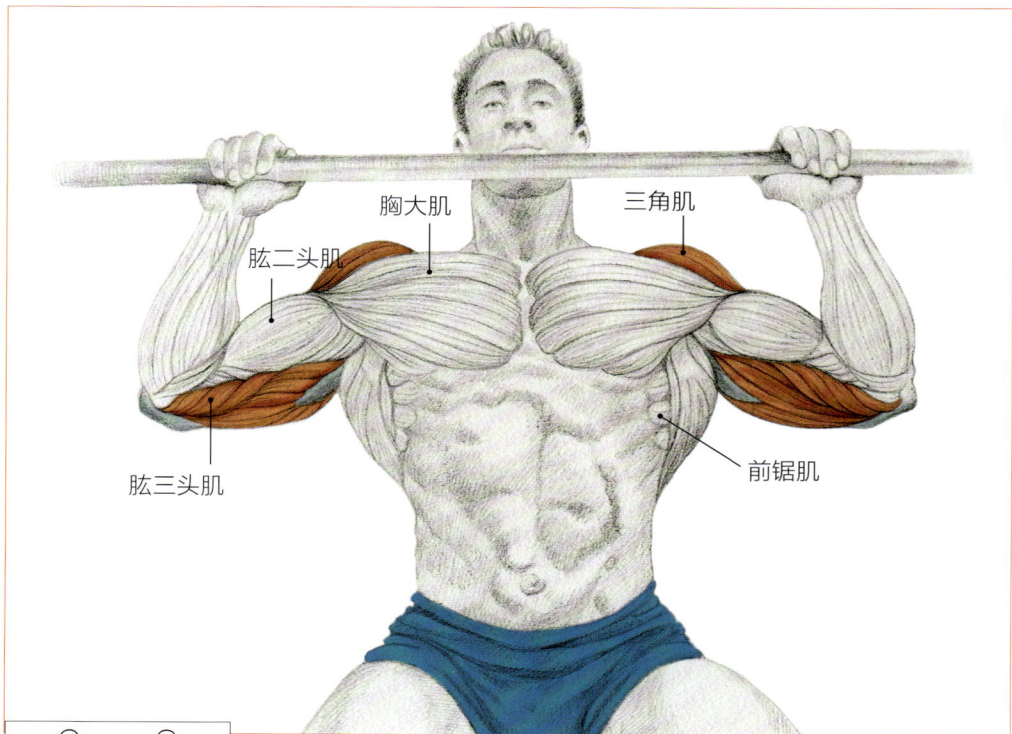

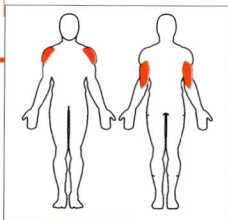

肱二头肌

胸大肌

三角肌

肱三头肌

前锯肌

— 所涉肌肉 —

主要肌肉：三角肌（前部和后部）、肱三头肌（长头除外）、冈上肌。
次要肌肉：三角肌（后部）、胸大肌（上部）、斜方肌（上部）、肱二头肌长头、前锯肌、肱三头肌长头。
拮 抗 肌：背阔肌、肱二头肌、胸大肌（下部）。

变式1　史密斯机颈后推举

所涉主要肌肉：三角肌、肱三头肌、冈上肌。
动作要领：动作与史密斯机推举基本相同，但此时要将杠铃置于颈后做练习。需将靠背调至与地面垂直，且头部微微前屈。做此变式时，手臂的运动几乎与做史密斯机推举时相同，因此并不会对三角肌后部产生针对性的作用。此变式可很好地锻炼肱三头肌（尤其是前部和中部）。需要注意的是，使用的重量不宜过大，杠铃下降的位置不宜过低，且杠铃下降时请勿将肘部向后移动。此变式比体前推举更容易导致受伤。

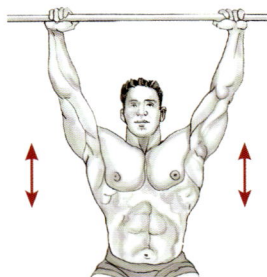

坐在史密斯机杠铃下的平板上，躯干稍稍后仰，掌心朝前握住杠铃杆，握距比肩宽稍大，此时手臂接近伸直。先将杠铃缓缓向下拉直至杠铃到达下颌或肩部附近，再将杠铃向上举回到起始位置。若放下杠铃时头部感到不适，可将头转向一侧。开始向下拉杠铃时吸气，回到起始位置后呼气。

提示

尽管此练习与器械肩上推举类似，但它拥有后者所不具备的优势：可从上方拿取杠铃，可自由选择握距，并且在没有同伴协助时，只要旋转杠铃杆即可在任何高度停止练习。这些优势不是所有的器械都具备的。

与其他使用史密斯机的练习一样，做此练习时应当避免举到最高点时使手臂超伸。

常见错误：腰部过度屈曲；靠背调节不当；重量过大；举到最高点时手臂超伸（手臂各关节锁死）。

无论是体前推举还是颈后推举都会使肱骨向外旋转。肩部最脆弱的部分为前部和中部，虽然颈后推举对这两部分的伤害更大，但是不代表体前推举就是百分之百安全的。练习时应当小心谨慎，一旦感到不适请立刻停止。

变式2 窄距史密斯机推举

所涉主要肌肉：三角肌（前部和后部）、肱三头肌、喙肱肌、冈上肌、胸大肌（上部）、肱二头肌。

动作要领：动作与史密斯机推举基本相同，但此时握距更小，且肘部始终置于身体前方。此变式可更好地锻炼三角肌前部和胸大肌上部。可以说，此变式是哑铃体前推举的器械版，但它可能会给肱三头肌带来更大的压力。

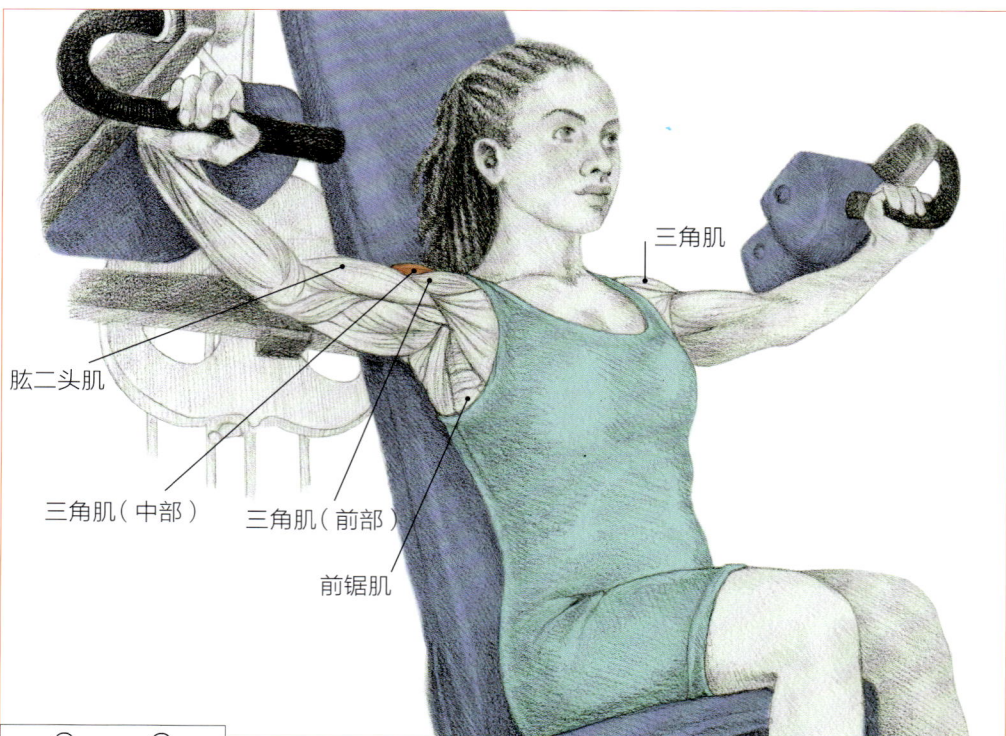

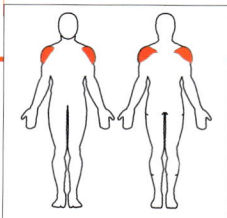

三角肌

肱二头肌

三角肌（中部）　三角肌（前部）

前锯肌

所涉肌肉

主要肌肉：三角肌（中部）、冈上肌。

次要肌肉：三角肌（前部和后部）、斜方肌和前锯肌（尤其是当手臂外展90°~150°时）、肱二头肌长头、肩胛下肌。

拮 抗 肌：背阔肌、胸大肌（下部）、大圆肌、小圆肌、肱三头肌长头、肱二头肌。

变式1　单臂器械侧平举

所涉主要肌肉：三角肌、冈上肌。

动作要领：动作与器械侧平举基本相同，但此时仅用一条手臂做练习。此变式的效果与器械侧平举的效果没有太大的区别。与其他单臂练习一样，做此变式时也应保证脊柱和身体其余部位的姿势正确。

　单臂做练习并不比双臂同时做练习更具优势，并且不是所有的器械都允许单臂做练习。若条件允许，在用一条手臂做练习时应当将支撑手置于高处，以使目标肌肉始终保持紧张状态。

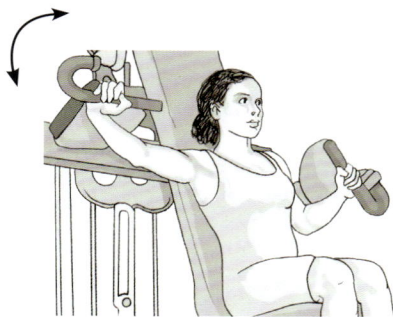

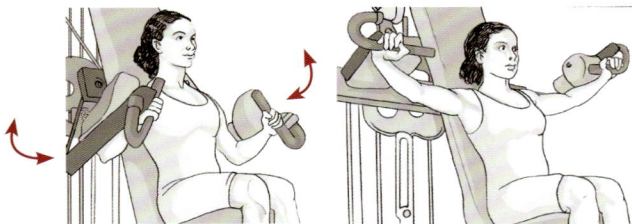

坐在器械的平板上，屈肘（屈曲角度依器械而定），将握柄稳定在躯干两侧。先外展手臂（肘部发力），直至手臂平伸（手臂与地面接近平行），再缓缓内收手臂回到起始位置。手臂外展时吸气，回到起始位置后呼气。

提示

与哑铃侧平举一样，此练习也可很好地锻炼三角肌中部，且对增宽肩部有着极大的作用。当手臂外展至与地面接近平行时，不建议再往上举，尽管再往上举可以锻炼到斜方肌和前锯肌（手臂外展至90°左右只能锻炼三角肌）。与使用哑铃相比，使用器械可以更好地矫正动作和姿势，且可以减小肘部和手腕的压力。但如果器械设计不当（比如缺少重量释放装置）也会影响锻炼效果。为了保持身体稳定，有些器械配有胸部靠垫。

因为此练习所用的器械功能较单一，所以在健身房中不太常见。

⚠ **常见错误：** 重量过大或过小；动作幅度过大或过小。

✳ 在介绍哑铃侧平举时，我强调肘部屈曲角度不要过大。但是在使用器械做练习时，肘部屈曲角度可能会过大，有些读者认为这是因为器械设计不当，其实不然。这是因为使用这种类型的器械做练习时，着力点通常在肘部，而在自由重量练习中，着力点通常在手部。

变式2　上斜器械侧平举

所涉主要肌肉： 三角肌、冈上肌。

动作要领： 动作与器械侧平举基本相同，但此时要调整靠背使其向后倾斜，同时将头向后仰，将上臂置于支撑轴下。此变式可以更好地锻炼三角肌前部。由于此变式相比于器械侧平举没有太大的优势，因此较少用到。

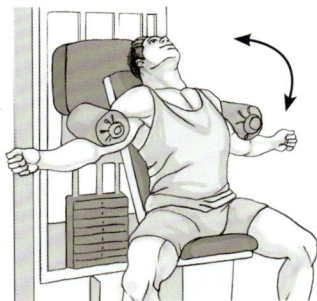

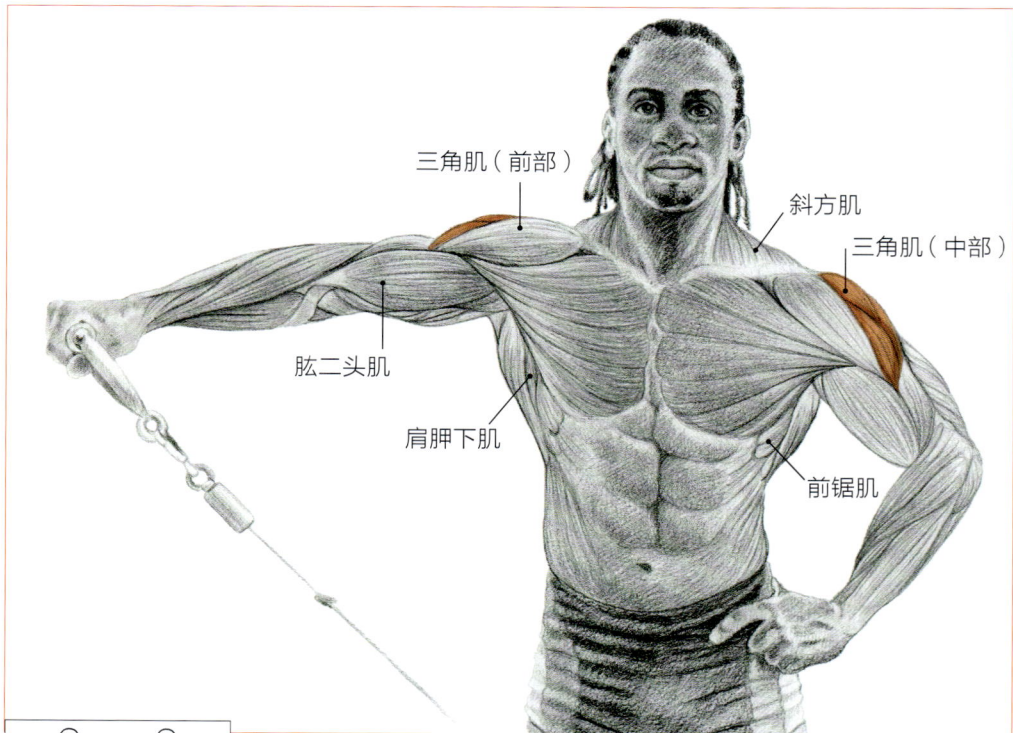

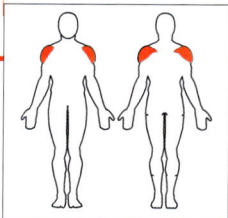

三角肌（前部）

斜方肌

三角肌（中部）

肱二头肌

肩胛下肌

前锯肌

所涉肌肉

主要肌肉：三角肌（中部）、冈上肌。

次要肌肉：三角肌（前部和后部）、斜方肌和前锯肌（尤其是当手臂外展90°~150°时）、肩胛下肌。

拮 抗 肌：背阔肌、胸大肌（下部）、大圆肌、小圆肌、肱三头肌长头、肱二头肌。

变式1 单臂滑轮背后侧平举

所涉主要肌肉：三角肌、冈上肌。

动作要领：动作与单臂滑轮侧平举基本相同，但此时滑轮位于身体后方。此变式的主要不同在于，向上拉时，滑轮绳索的阻力可以保证手臂不前移，因此可以将力量更好地集中在目标肌肉上。此变式的效果与单臂滑轮侧平举的效果几乎相同。

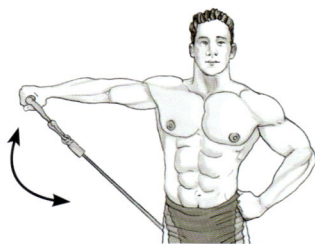

动作要领

站在低位滑轮一侧，双腿分开。用远离滑轮的一只手握住握柄并将握柄拉至身体一侧靠近髋部的位置，使滑轮的绳索从身体前方经过，微微屈肘，将另一只手置于腰部以保持身体平衡。先将运动侧手臂向外伸展，直至手臂接近平伸状态（肩部、肘部和手部在一条直线上），再内收手臂回到起始位置。练习时应当控制住握柄，避免动作急停急起。手臂开始外展时吸气，回到起始位置后呼气。

提示

此练习的动作与单臂哑铃侧平举基本相同，但是由于用的是滑轮，若动作标准，可以使目标肌肉始终保持紧张状态。此练习对锻炼三角肌（尤其是中部）有着不俗的效果。也可双臂同时做练习，但是握柄和绳索可能会发生碰撞。

> ⚠️ **常见错误：** 身体摇晃；肩部、肘部、手部不在一条直线上；重量过大；动作幅度过大或过小；动作急停急起。

✳ 伤病：是肌肉酸痛还是受伤？
接下来我来讲解如何区分肌肉酸痛（训练后出现的持续性疼痛）与受伤。如果出现以下情况，大都为肌肉酸痛：
1. 身体左右两侧都感到疼痛（因为两条手臂同时受伤的概率很小）。
2. 在训练结束后的24~48小时出现疼痛感。
3. 几天内疼痛感消失。
4. 肌肉的中心处感到疼痛。
5. 未出现淤血、肿胀或移动不便的情况。
6. 在做非常规的练习后出现疼痛感（比如做之前没有做过的练习，或者改变练习强度等）。
虽然我们给出了以上几点以供参考，但你还需根据具体情况来分析，切不可盲目追求效果，一旦感到不适，请立即停止训练；若不适感持续存在，请尽快就医。最后补充一句，摄入糖分或其他营养物质可以缓解肌肉酸痛的说法是毫无科学依据的，无论是否摄入糖分，肌肉酸痛都会自行消退。

变式2　双臂滑轮交叉侧平举

所涉主要肌肉： 三角肌、冈上肌。
动作要领： 站在两个滑轮之间，左手握住右侧滑轮的握柄，右手握住左侧滑轮的握柄。滑轮绳索交叉产生的阻力可能会影响锻炼效果，因此此变式的效果不及单臂滑轮侧平举。

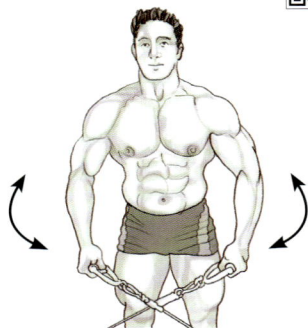

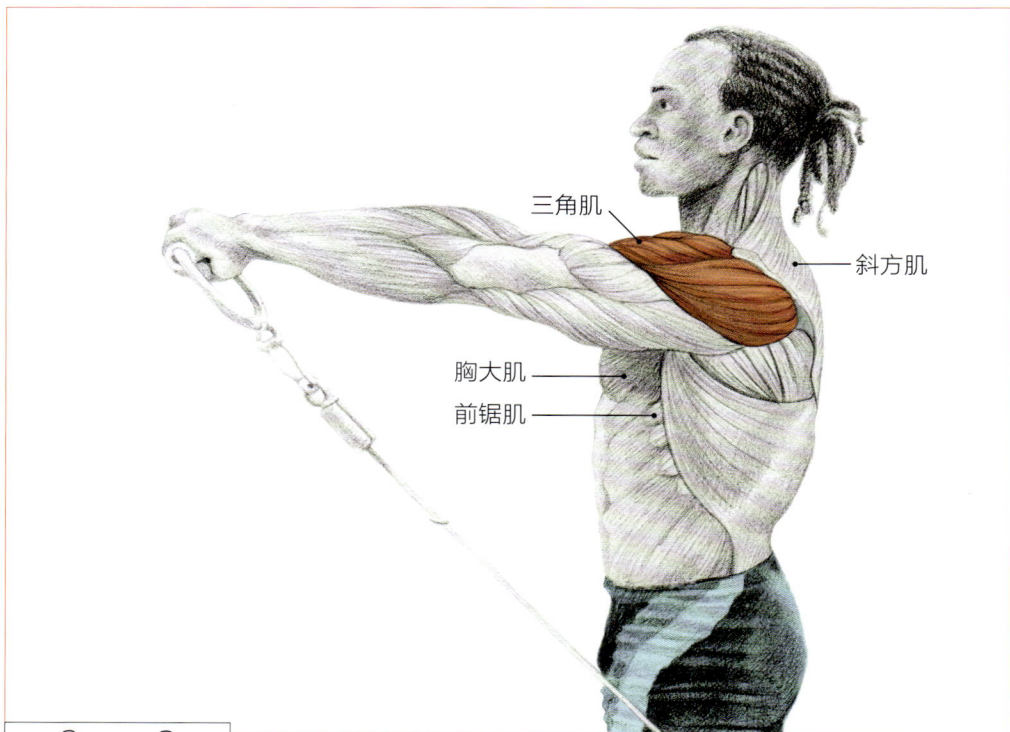

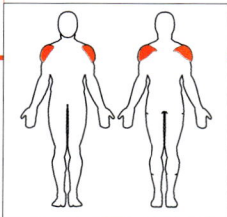

三角肌

斜方肌

胸大肌

前锯肌

所涉肌肉

主要肌肉：三角肌（前部）、喙肱肌。

次要肌肉：胸大肌（上部）、三角肌（中部）、三角肌（后部）、肱二头肌、前锯肌、斜方肌（上部和中部）。

拮 抗 肌：背阔肌、大圆肌、小圆肌、胸大肌（下部）、肱三头肌。

变式1　双臂锤式前平举

所涉主要肌肉：三角肌（前部）、喙肱肌、胸大肌（上部）。

动作要领：手臂动作与单臂滑轮前平举基本相同，但此时双手同时握住粗绳，微微屈肘，且滑轮的绳索应位于两腿之间。此变式非但没有太大的优势，反而会使背部有问题的训练者感到不适。

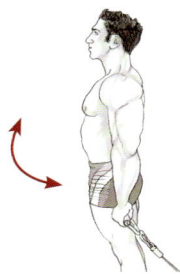

站在地面上，背对低位滑轮，双腿分开，身体挺直，一只手掌心朝下将滑轮握柄稳定在大腿一侧。先将手臂前平举直至手臂与地面平行，再放下手臂回到起始位置，在这个过程中不要屈肘。将手臂前平举时吸气（若重量较大，可更早地吸气），放下手臂时呼气。

提示

尽管也可以双臂同时做练习（可以将握柄换成粗绳），但单臂练习可以减轻背部的压力。说到固定器械练习与自由重量练习的区别，那就不得不提使用滑轮做练习的优势：可以使目标肌肉始终保持紧张状态。在握住粗绳做练习时，你可以采用自然握持的方式，以使动作更加自然并减轻肩部的压力。

⚠️ **常见错误：** 重量过大时晃动身体以完成练习；动作过快或急停急起。

✳️ 人的正常体温在36~37.3℃之间，进行力量训练时体温会上升。出汗是人体散热的一种方式，因此应当穿轻便透气的衣服以保持体温。由合成纤维制成的弹力紧身服可能不适合力量训练。此外，高温和潮湿的环境会阻碍人体体温调节中枢的正常工作，但补充水分对此中枢的工作有帮助，因此训练时应当多摄入水分。

变式2　单臂滑轮体前前平举

所涉主要肌肉： 三角肌（前部）、喙肱肌、胸大肌（上部）。

动作要领： 动作与单臂滑轮前平举基本相同，但此时滑轮位于身体前方。此变式较少用到。与单臂滑轮前平举相比，此变式的优势在于：在动作起始阶段可以减轻肌肉的压力（效果视绳索的长度而定）。

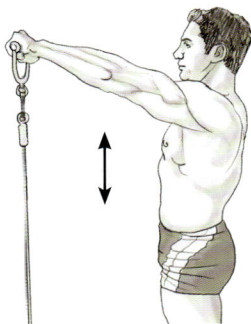

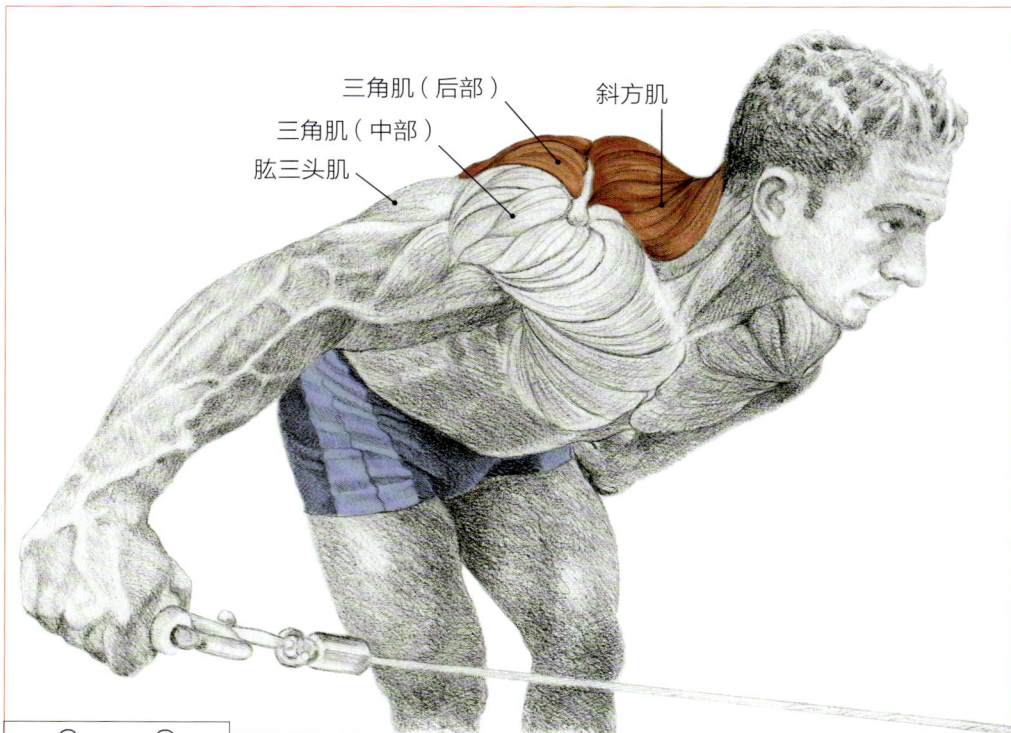

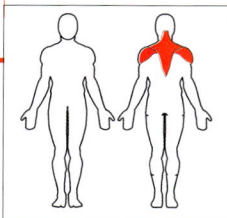

三角肌（后部）
斜方肌
三角肌（中部）
肱三头肌

所涉肌肉

主要肌肉：三角肌（后部）、斜方肌。

次要肌肉：三角肌（中部）、背阔肌、大圆肌、小圆肌、肱三头肌、菱形肌。

拮 抗 肌：三角肌（前部）、胸部肌肉、肱二头肌。

变式1　俯身滑轮直臂伸展

所涉主要肌肉：三角肌（后部）、背阔肌、菱形肌、肱三头肌。

动作要领：俯下身体，眼睛看向滑轮，将与支撑手同侧的腿向前迈出。另一侧的手握住握柄，手臂从体前开始做前后伸展动作。做此变式时背部肌肉起到不可或缺的作用。也可双手握住粗绳做练习。

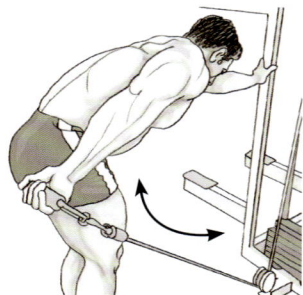

俯身站在滑轮旁（躯干与地面平行），双腿分开并微微屈膝。将离滑轮近的一只手置于髋部，另一只手将握柄拉至滑轮近侧的小腿前。先将运动侧手臂向外侧平举，举至与躯干等高时再放下手臂回到起始位置。在这个过程中，应始终保持肘部远离躯干（防止背部过多发力）。开始侧平举时吸气，放下手臂时呼气。

提示

此练习与俯身哑铃侧平举相似，但使用滑轮做练习可以使肌肉始终保持紧张状态。在这里重申一下，三角肌后部通常难以锻炼到，因此我们必须给予这部分肌肉足够的重视。在做向上拉和向下放的动作时，肩胛骨会外展和内收，因此也会相应地锻炼到斜方肌和菱形肌。双手同时做练习可能会引起不适。

常见错误： 动作过猛；肘部离躯干过近（背部发力过多）。

变式2　跪姿单臂滑轮侧平举

所涉主要肌肉： 三角肌（后部）、斜方肌。

动作要领： 此变式与俯身单臂滑轮侧平举的不同在于，以跪姿做练习且身体离地面更近、膝盖承受的压力更大。此变式可使肩胛骨得到更大幅度的旋转，因此可更好地锻炼斜方肌和菱形肌。

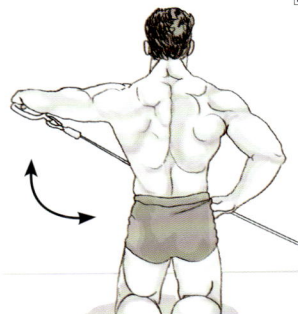

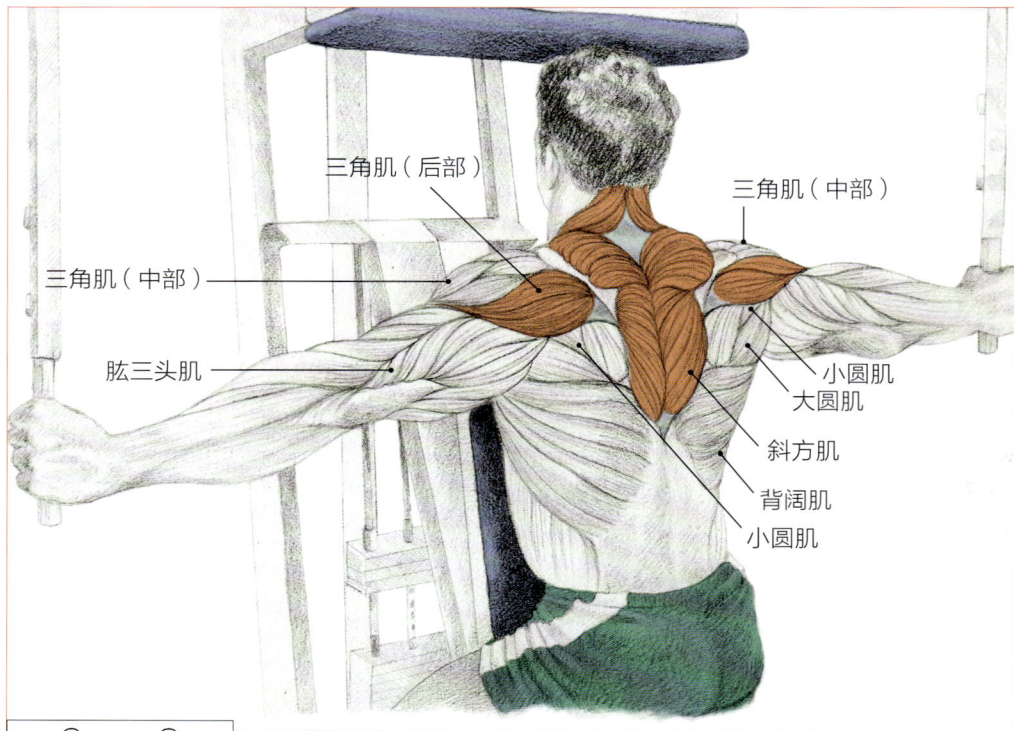

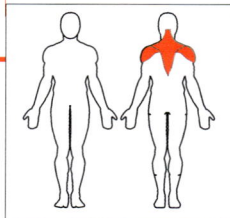

反向坐姿器械侧平举

三角肌（后部）

三角肌（中部）

三角肌（中部）

肱三头肌

小圆肌

大圆肌

斜方肌

背阔肌

小圆肌

所涉肌肉

主要肌肉：三角肌（后部）、斜方肌。
次要肌肉：三角肌（中部）、菱形肌、背阔肌、大圆肌、小圆肌、肱三头肌。
拮抗肌：三角肌（前部）、胸部肌肉、肱二头肌。

变式1 反向坐姿器械夹胸

所涉主要肌肉：菱形肌、三角肌（后部）、斜方肌。

动作要领：动作与反向坐姿器械侧平举基本相同。反向坐在夹胸机上（胸部紧贴靠背），肘部屈曲90°置于两侧的支架上。若器械设计得当，你可以将肘部置于专门为前臂设计的支撑垫上以更好地锻炼三角肌后部。若健身房里配有专门锻炼三角肌后部的器械，则不必使用夹胸机做练习，但若还想锻炼菱形肌以及参与肩胛骨外展和内收运动的其他邻近肌肉，那么夹胸机是十分重要的器械。

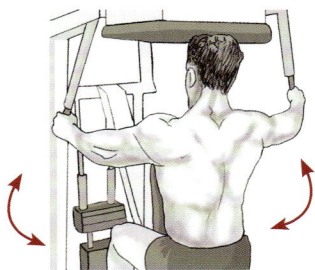

反向坐在器械的平板上，胸部紧贴器械的靠垫以保持稳定。屈肘并使肘部远离躯干，外展双臂使双臂与地面平行，双手握住握柄，将握柄稳定在身体侧面。先将双臂向两侧平伸（类似于倒着做拥抱的动作），再内收双臂回到起始位置。双臂向两侧平伸时吸气，内收时呼气（但不要全部呼出）。

提示

此练习能很好地锻炼肩部后部。在做这一练习时，你可以使用较大的重量，因为无须像做一些自由重量练习那样需要依靠核心肌群来保持躯干稳定。此外，以坐姿做练习可更好地保护背部。此练习还可用于矫正姿势，因为它可以锻炼到对人体姿势有重要影响的躯干背面的肌肉（如菱形肌）。用滑轮做练习和常规练习相比效果差不多，但难度更高。若胸部紧贴器械的靠垫让你感到呼吸不畅，可以将双脚支撑在身前的支架上以保持平衡。

⚠️ **常见错误：** 动作不完整；动作过快或急停急起。

✳️ 酒精、烟草和大多数药物的摄入除了会影响训练的效果，也会影响你的身体状况和外在形象。

变式2　手臂外旋式反向坐姿器械夹胸

所涉主要肌肉： 菱形肌、斜方肌、三角肌（后部）。

动作要领： 动作与反向坐姿器械夹胸基本相同。若想更有针对性地锻炼斜方肌中部，可以以肘部屈曲90°的姿势向外旋转手臂。但旋转幅度应该小一些，且在动作即将结束时进行。练习时应试着使肩胛骨向后收缩。

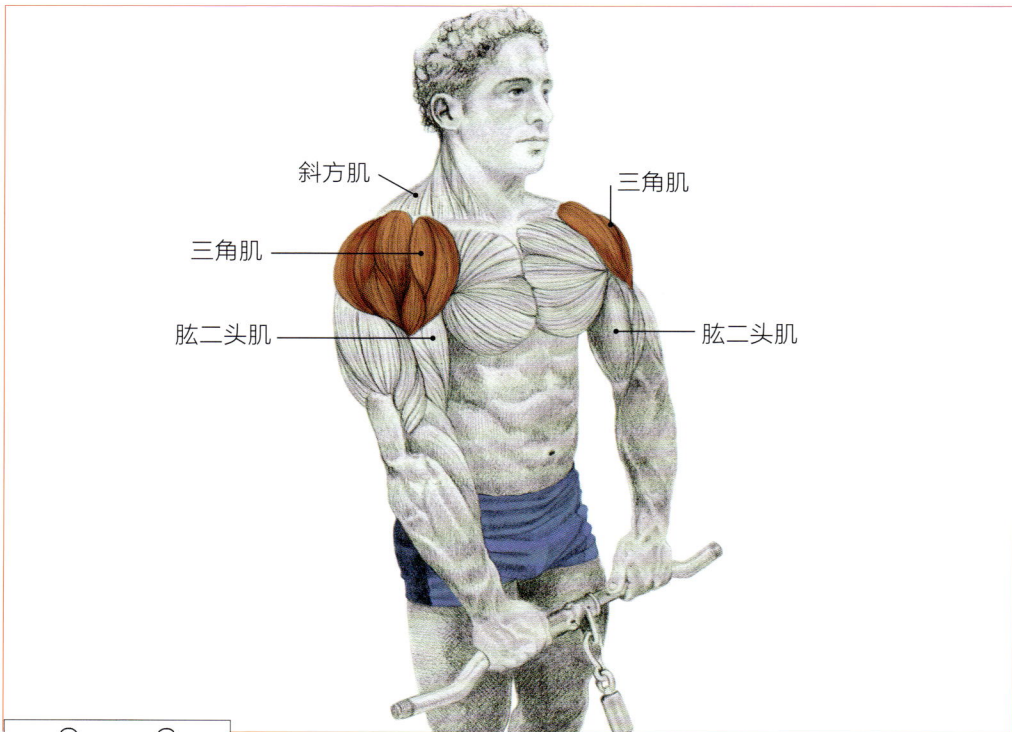

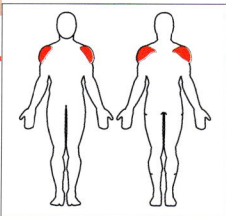

斜方肌

三角肌

三角肌

肱二头肌

肱二头肌

所涉肌肉

主要肌肉：三角肌。

次要肌肉：斜方肌、肩胛提肌、冈上肌、肱二头肌、参与屈臂的肌肉、菱形肌、腰部肌肉。

拮 抗 肌：背阔肌、胸部肌肉、肱三头肌。

变式1 仰卧滑轮上提

所涉主要肌肉：三角肌、斜方肌（上部）。

动作要领：此变式要求训练者仰卧在健身凳上，这样不但可以使身体更加稳定，而且可以减轻腰部的压力。此变式唯一的劣势在于，若器械设计不当可能无法正常完成练习。

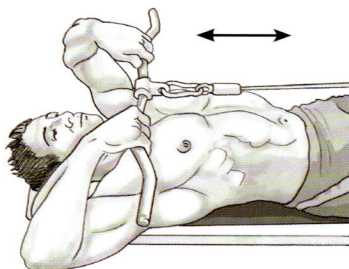

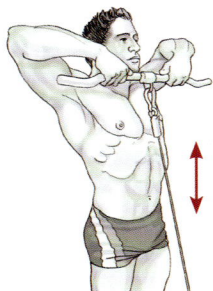

双腿分开站在地面上，身体挺直。掌心朝向身体并将握杆拉至大腿前方，握距比肩宽小，此时双臂接近伸直。先屈曲双臂将握杆向上提至颈部，接着放下握杆回到起始位置，在这个过程中始终保持握杆靠近身体。向上提握杆的过程中，应始终保持肘部位置高于手部。开始向上提握杆时吸气，放下握杆时呼气。

提示

此练习与杠铃上提相似，因此杠铃上提中提到的注意事项同样适用于此练习。这是一项锻炼三角肌和斜方肌的高强度练习，握距越大，肩部所承受的压力就越大。

尽管此练习可以锻炼斜方肌，但它不是专门针对斜方肌的练习，它主要锻炼的是三角肌。做此练习时，肩部可能会出现与做杠铃上提时一样的问题，因此不要过度做此练习。新手做此练习时，向上提握杆的过程中可保持肘部与手部齐平，以降低动作难度。

⚠️ **常见错误：** 手部位置高于肘部；摇晃身体；上提动作过猛；握杆离身体过远。

变式2　史密斯机杠铃上提

所涉主要肌肉： 三角肌、斜方肌（上部）。
动作要领： 使用史密斯机做练习的优势在于可以将注意力完全集中在动作上，而不用担心身体失衡或力竭。此变式的效果与滑轮上提和杠铃上提的效果没有差别。

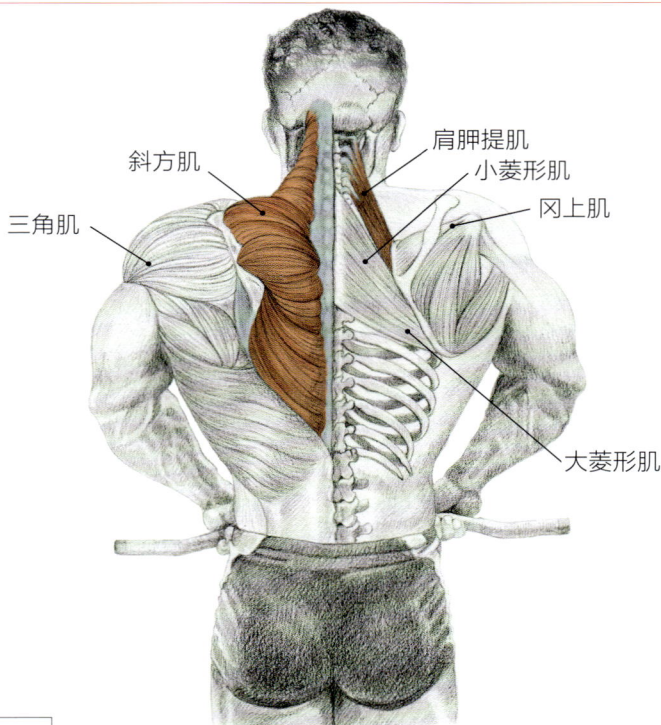

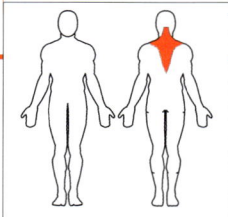

斜方肌
肩胛提肌
小菱形肌
冈上肌
三角肌
大菱形肌

━━ **所涉肌肉** ━━

主要肌肉：斜方肌（上部）、肩胛提肌。
次要肌肉：菱形肌、斜方肌（中部）、三角肌、冈上肌。
拮 抗 肌：胸小肌、斜方肌（下部）、胸大肌、背阔肌。

变式1　史密斯机杠铃耸肩

所涉主要肌肉：斜方肌（上部）、肩胛提肌。

动作要领：动作与滑轮耸肩基本相同，但是在史密斯机上做练习允许使用更大的重量。你可以将杠铃置于身前或者身后，但效果不会有太明显的差别。

变式2　滑轮上提前伸

所涉主要肌肉：三角肌（后部）、斜方肌（上部）、肩胛提肌。

动作要领：此变式的前半段动作与滑轮上提相同，但是将握杆提至颈部时，先将双臂水平前伸，然后放下双臂（肘部接近伸直）。这样做可以在放下双臂（肌肉进行离心收缩）时更好地锻炼三角肌前部，但请保证斜方肌不要过多地发力。

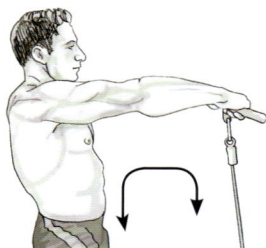

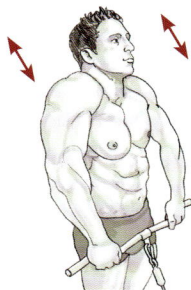

动作要领

站在低位滑轮前，双腿分开，身体挺直，双手掌心朝向身体握住握杆并将握杆稳定在大腿前方。先抬起肩部（应注意抬肩时不要屈肘）至最高点，停顿几秒钟后再放下肩部回到起始位置。做此练习时手臂只起到稳定握杆的作用（尽管也始终保持紧张状态）。也可将握杆置于身后做练习。抬肩时吸气，放下肩部时呼气。

提示

与使用杠铃或哑铃做练习（如哑铃耸肩或杠铃耸肩）一样，此练习可有针对性地锻炼斜方肌上部、肩胛提肌和其他邻近肌肉。

此练习的变式之一是：站在深蹲机下方，双手置于腰部或自然下垂，用肩膀直接向上推支撑垫。这一变式适用于手部、腕部或肘部不适者。

⚠️ **常见错误：** 旋转肩部；重量过大或过小；动作不完整；练习组数过少；抬肩时屈肘；动作过猛。

✳️ 情绪既可以促进也可以阻碍增肌。请不要将个人问题带进训练中。

变式3　单臂滑轮耸肩

所涉主要肌肉： 斜方肌（上部）、肩胛提肌。

动作要领： 站在低位滑轮的一侧，用一只手握住握柄，并抬起同侧的肩膀，到达最高点后再回到起始位置。完成一组后，换另一侧重复动作。

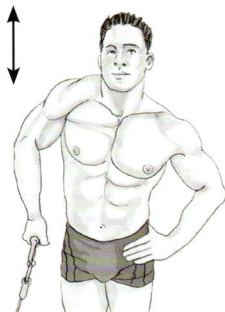

变式4　俯身器械耸肩

所涉主要肌肉： 斜方肌（中部）、菱形肌。

动作要领： 起始姿势与俯身器械划船相同。在做此变式时不要屈肘，而要利用上背部的力量控制住杠铃，并使肩胛骨向后收缩以小幅度地提起杠铃。此变式对矫正姿势有显著的效果。

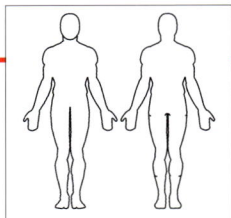

侧卧滑轮外展

所涉肌肉

主要肌肉：冈下肌、小圆肌。
次要肌肉：三角肌（后部）。
拮抗肌：肩胛下肌、背部肌肉、胸部肌肉。

动作要领

　　侧卧在健身凳或地面的垫子上，用非支撑手握住滑轮的握柄（掌心朝向身体），并将运动侧手臂紧贴于躯干侧面。先外展手臂，直至前臂与地面接近垂直，再慢慢放下手臂回到起始位置。练习时自然呼吸即可。

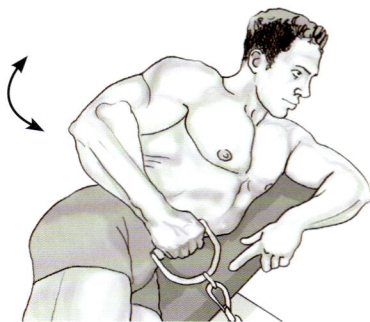

提示

　　侧卧哑铃外展中提到的注意事项大多适用于此练习，但使用滑轮做练习可以使肌肉始终保持紧张状态。做此练习时除了要选择合适的重量外，最重要的就是应始终控制好动作节奏，并保持肘部的姿势不变。也可以以跪姿或坐姿做练习（身体侧面朝向滑轮）。

⚠️ **常见错误**：重量过大；动作过快；动作开始前手臂未紧贴躯干侧面；改变肘部姿势而使三角肌后部发力过多。

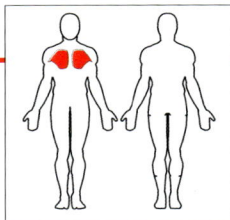

所涉肌肉

主要肌肉：肩胛下肌、胸大肌、肱二头肌长头。
次要肌肉：背阔肌、大圆肌、三角肌（前部）。
拮抗肌：冈下肌、小圆肌。

动作要领

　　侧卧在健身凳或地面的垫子上，用支撑手（下侧）握住握柄，前臂与地面平行。先内收下侧手臂直至前臂与地面垂直，再慢慢放下手臂回到起始位置。在这个过程中，确保只有肘部在屈伸。练习时自然呼吸即可。

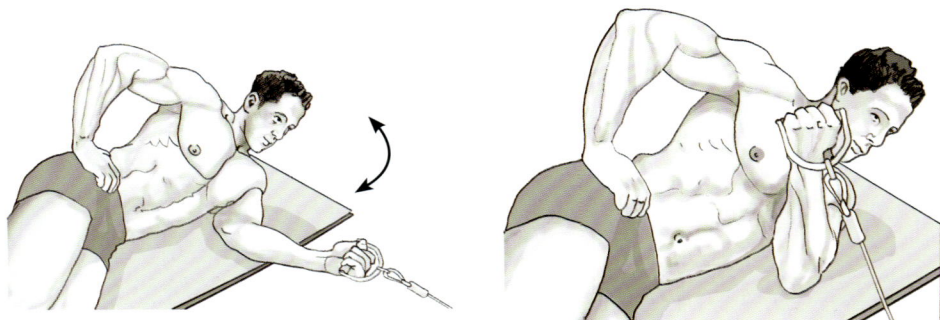

提示

　　侧卧哑铃内收中提到的注意事项大多适用于此练习，但使用滑轮做练习可以使肌肉始终保持紧张状态。也可以以跪姿或坐姿做练习，这样更加舒适有效，尽管借力的可能性更大。

⚠️ **常见错误**：重量过大；动作过快；肘部远离身体而使胸部肌肉和三角肌发力过多。

第五章

肱二头肌肌群

左臂正面主要肌肉示意图

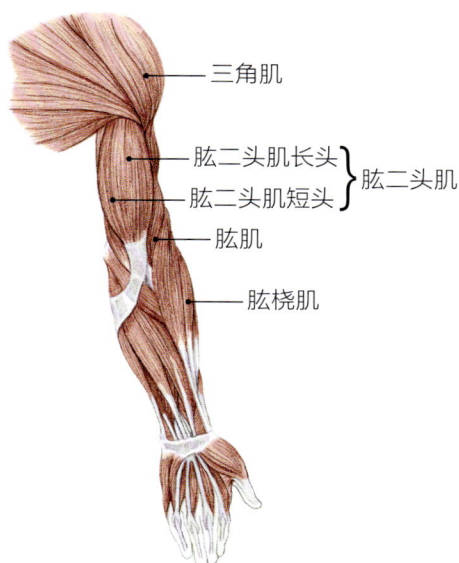

三角肌

肱二头肌长头 ⎫
肱二头肌短头 ⎭ 肱二头肌

肱肌

肱桡肌

手臂主要屈肌的生物力学介绍

— 附着于肱骨的肌肉

肱二头肌（正面浅层肌）

起点：肱二头肌有长、短两个头，长头起自肩胛骨盂上结节，短头起自肩胛骨喙突。

止点：桡骨粗隆和前臂筋膜。

主要功能：使肘关节屈曲（长头和短头都起作用）；使前臂旋后（长头和短头都起作用）；使肩关节旋内（长头和短头都起作用）；使肩关节前屈和外展（长头起作用）；使肩关节内收（短头起作用）。

解析：肱二头肌或许是人们最熟悉的肌肉，同时发达的肱二头肌也最能展现一个人的强壮体魄。矛盾的是，虽然肱二头肌属于骨骼肌三大肌群中的四肢肌，但它并不会过多发力，仅仅是进行快速的、大幅度的运动而已。很多人夸大了肱二头肌练习的种类，人们总是力求将肱二头肌分成许多部分进行锻炼，于是，出现了所谓针对肱二头肌上部、下部以及肌峰的各种练习。但他们忽略了肱二头肌其实是一个整体这一事实。实际上，肱二头肌上工作的肌束几乎是不变的，因此针对肱二头肌的练习的种类比针对胸大肌等大体积肌肉的练习的种类少得多。为了有效锻炼肱二头肌，你应当以掌心朝上的姿势做练习，或至少在肱二头肌收缩时掌心朝上。因为当掌心相对和掌心朝下时，肱二头肌的工作量减少，肱肌以及前臂其他肌肉的工作量增加。

肱二头肌长头的近端嵌入点十分脆弱，因此在做肩部和胸部的夹胸练习以及肩部和手臂姿势不太自然的练习时应加以注意。另外，有极少数人的肱二头肌可能出现第3个头。

你可以在日常饮食时观察到手臂的运动方式：当你拿取面前的食物时，需要使前臂向内旋转以使掌心朝下；当你将食物送进嘴里时，需要使前臂向外旋转以使掌心朝上，并使手臂屈曲。当你做使前臂旋内的动作时，还通常伴以肩部的外展，比如将水壶里的水倒进杯子里时。

有些人肱二头肌较短，但力量训练无法改变这一情况。没有肌肉的部位无法生长出肌肉，因此肱二头肌也不可能延长至肘部，只能通过锻炼肱肌使手臂变得美观。

最后还要注意，肱二头肌的体积比肱三头肌的小，因此，如果你想拥有美观健壮的手臂，也不要忽略对肱三头肌的锻炼。

肱桡肌（侧面浅层肌）

起点：肱骨外上髁上方，臂外侧肌间隔。
止点：桡骨茎突的底部外侧。
主要功能：屈肘关节（尤其是掌心相对和掌心朝下时）；使前臂从旋前位和旋后位回到中立位。
解析：肱桡肌在水平屈臂和关节复位方面起到特殊的作用。此肌肉主要位于前臂，在这一部分介绍此肌肉是因为它的主要功能为屈肘。

肱肌（正面深层肌）

起点：肱骨体前面下部。
止点：尺骨粗隆。
主要功能：屈肘关节。
解析：肱肌位于肱二头肌下半部的深面，且与肱二头肌平行。肱肌的功能比肱二头肌更加单一。事实上，当前臂旋内时，肱二头肌的作用会相对减小，但肱肌的作用不变。正因如此，肱肌常被认为是最重要的肘屈肌。

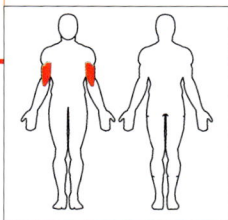

反握杠铃弯举

肱二头肌
肱肌
肱桡肌
桡侧腕长伸肌
桡侧腕屈肌

所涉肌肉

主要肌肉：肱二头肌、肱肌、肱桡肌。
次要肌肉：旋前圆肌、桡侧腕长伸肌、指浅屈肌、桡侧腕屈肌。
拮 抗 肌：肱三头肌、肘肌。

变式1 反握 EZ 杠弯举

所涉主要肌肉：肱二头肌、肱肌、肱桡肌。

动作要领：从人体解剖学的角度来说，使用 EZ 杠可以使握姿更加自然，但是对肱桡肌和肱二头肌长头的要求更高。此变式的劣势在于，练习时无法像使用直杆杠铃那样自由调整握距。

变式2 21响礼炮弯举

所涉主要肌肉：肱二头肌、肱肌、肱桡肌。

动作要领：每组练习连做21次：先将手臂从起始位置举至屈曲90°，做7次；接着将手臂从屈曲90°举至最高点，做7次；最后做完整动作，做7次。3个阶段锻炼的肌肉是相同的。此变式可以提高目标肌肉的耐力。

站在地面上，双腿分开以保持平衡。双手掌心朝上握住杠铃杆并将杠铃稳定在大腿前方，握距比肩宽稍大，此时双臂接近伸直。先缓缓将杠铃举起，直到肘部屈曲到最大角度（145°左右，重量过大时可适当减小屈曲角度），再将杠铃慢慢放下回到起始位置。向上举杠铃前吸气，回到起始位置后呼气。

提示

此练习适合所有的训练者，它对肱二头肌的锻炼效果显著，可以同时锻炼肱二头肌的长头和短头：握距越大，对肱二头肌短头的作用越大；握距越小，对肱二头肌长头的作用越大。练习时可以使用较大的重量，但注意不要使手臂超伸，以免伤及肱二头肌肌腱。

许多训练者（尤其是健美运动员）经常问这样一个问题：用直杆杠铃和曲杆杠铃（如EZ杠）做练习练哪个效果更好？答案是二者的效果不相上下。使用直杆杠铃做练习能够更有针对性地锻炼肱二头肌短头，因为此时短头处于一个非常好发力的位置，而使用曲杆杠铃做练习时主要刺激的是肱二头肌长头。使用直杆杠铃做练习能够举起更大的重量，而曲杆杠铃独特的弧形设计可以使握姿更加自然，能够减轻手腕的压力。二者各有优点，综合考虑，建议使用杠身曲度较小的杠铃。

练习时将一条腿置于身体后方、略微弯腰和屈膝可以令你身体的下盘更稳，并可防止脊柱过度前凸。

⚠️ **常见错误：** 摇晃身体；将肘部向后移以减小动作的幅度或借助背部的力量；将肘部向前移以借助三角肌的力量。

✳️ 当肘关节完全伸直，前臂处于中立位时，上臂轴线与前臂轴线形成的夹角称为提携角。尽管提携角的大小因人而异，但也解释了为什么做杠铃弯举时宽握要比窄握更加舒适。

变式3 双人杠铃弯举

所涉主要肌肉： 肱二头肌、肱肌、肱桡肌。

动作要领： 需要两个人做练习。首先，第一个人完成一次完整且标准的动作后，将杠铃递给第二个人（或将杠铃放置在二人之间的平板上），第二个人重复一次动作后再递回给第一个人。接着，第一个人完成两次完整且标准的动作后，第二个人再次重复第一个人的动作，以此类推，直到达到目标次数。此变式可以提高肌肉的力量和耐力，且双人练习可以提高训练者的积极性。

变式4 坐姿反握杠铃弯举

所涉主要肌肉： 肱二头肌、肱肌、肱桡肌。

动作要领： 动作与反握杠铃弯举基本相同，但以坐姿做练习会使动作幅度变小。我建议使用较小的重量，注意动作必须标准。此变式没有特别的优势。

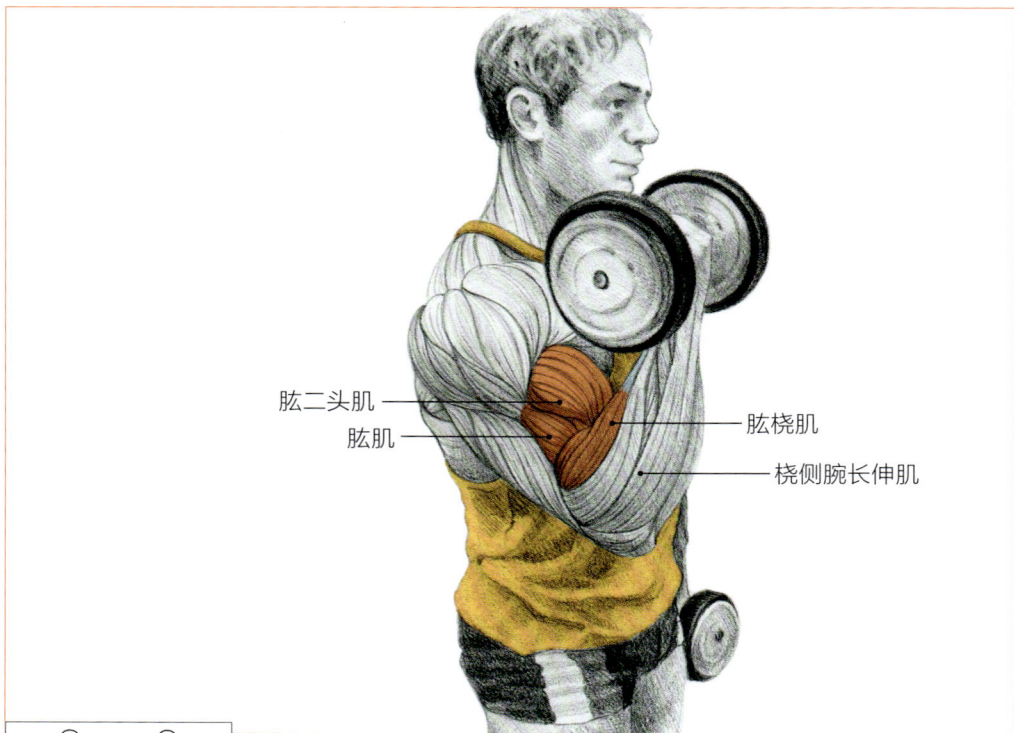

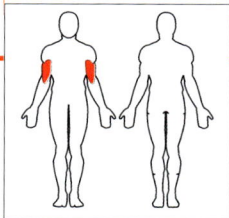

肱二头肌 —
肱肌 —
— 肱桡肌
— 桡侧腕长伸肌

所涉肌肉

主要肌肉：肱二头肌、肱肌、肱桡肌。
次要肌肉：旋前圆肌、桡侧腕长伸肌、指浅屈肌、桡侧腕屈肌。
拮抗肌：肱三头肌、肘肌。

变式1 掌心朝前式哑铃交替弯举

所涉主要肌肉：肱二头肌、肱肌、肱桡肌。

动作要领：此变式效果显著，动作与哑铃交替弯举基本相同，但此时要掌心朝前握住哑铃，在动作最高点掌心朝后。练习时注意不要将手臂完全伸直，因为肱二头肌的肌腱在手臂完全伸直时会承受相当大的压力。

变式2 掌心相对式哑铃交替弯举

所涉主要肌肉：肱肌、肱桡肌、肱二头肌。

动作要领：此变式与哑铃交替弯举类似，但在举到最高点时掌心朝向与在起始位置时一致。此变式对肱二头肌（尤其是肱二头肌长头）的作用较明显，并且对肘部其他屈肌也有很好的锻炼效果。做此变式时，屈臂动作更加自然，桡骨和尺骨的位置也更加合理。

自然站立，双腿稍稍分开以保持平衡，躯干挺直。双手掌心相对握住哑铃并将哑铃置于身体两侧，此时双臂接近伸直。先屈曲一条手臂将哑铃缓缓举起，同时使前臂旋后，使得举到高点时掌心朝向肩部。接着在将哑铃放下的同时，使前臂旋前回到起始位置。之后换另一条手臂重复动作。向上举哑铃前吸气，放下哑铃后呼气。也可以坐姿做练习。

提示

此练习简单易行，允许使用较大的重量，对肱二头肌的锻炼效果显著。做此练习时，肱二头肌可以发挥它的两个最基本的功能：使肘关节屈曲和使前臂旋后。

双臂练习和单臂练习的区别在于，单臂练习可以使每条手臂交替休息几秒，使练习更轻松。

训练者在使用哑铃做练习时通常会犯与使用杠铃做练习时一样的错误。有些训练者，尤其是新手，通常会在向上举一条手臂的同时放下另一条手臂。尽管从动作技巧角度来说没有太大的问题，但是通常情况下，建议等一条手臂完全放下后再开始另一条手臂的动作，这样可以使我们的注意力更加集中。

⚠️ **常见错误：** 摇晃身体；将肘部向后移以减小动作的幅度或借助背部的力量；将肘部向前移以借助三角肌的力量；向上举哑铃时屈曲手腕；屈臂和旋后动作不协调。

✱ 如果你背部有问题，或想避免借助背部的力量，可以以背靠墙壁、双脚与墙壁分离的姿势做练习。靠在墙上可以减轻身体压力并避免不必要的小动作。

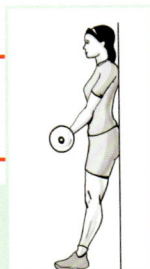

变式3 掌心朝后式哑铃交替弯举

所涉主要肌肉： 肱肌、肱桡肌、肱二头肌。

动作要领： 此变式主要锻炼的是肱肌和肱桡肌，其次才是肱二头肌。做此变式时应使用比做哑铃交替弯举时更小的重量，因为这样的握姿不好发力。我建议在肱二头肌常规练习结束后再做此变式。

变式4 上斜哑铃交替弯举

所涉主要肌肉： 肱二头肌、肱肌、肱桡肌。

动作要领： 坐在一端向上倾斜约45°的健身凳上交替做弯举。在手臂下降到与地面垂直的过程中，肱二头肌会得到一定程度的拉伸。此变式为哑铃交替弯举的补充，对锻炼肱二头肌长头十分有效，尤其是以掌心相对或前臂稍微外旋的姿势做练习时。尽管如此，肱二头肌的长头和短头都在此变式中起到重要的作用。做此变式时不宜使用过大的重量。

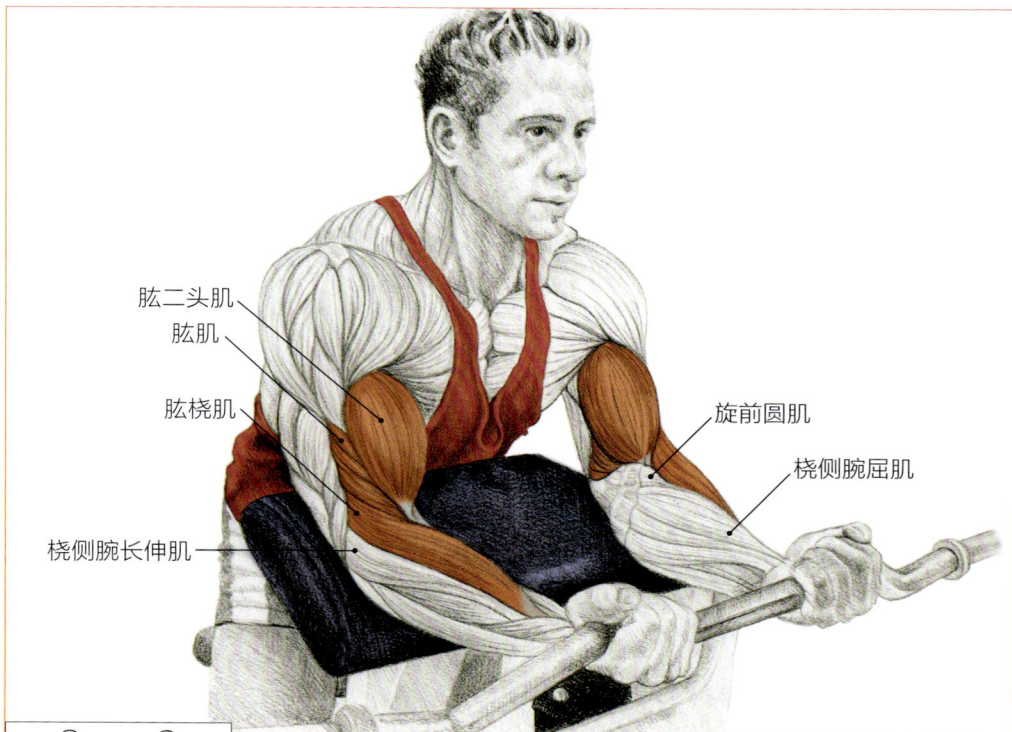

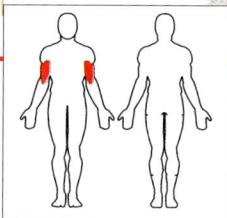

肱二头肌
肱肌
肱桡肌
旋前圆肌
桡侧腕屈肌
桡侧腕长伸肌

所涉肌肉

主要肌肉：肱二头肌、肱肌、肱桡肌。
次要肌肉：旋前圆肌、桡侧腕长伸肌、指浅屈肌、桡侧腕屈肌。
拮抗肌：肱三头肌、肘肌。

变式1 单臂哑铃斜托弯举

所涉主要肌肉：肱二头肌、肱肌、肱桡肌。
动作要领：此变式与杠铃斜托弯举的区别
在于使用单臂做练习，且将杠铃换成了哑
铃。支撑手抓住平板可以保持身体平衡，同
时可以在一组练习即将结束时协助另一只
手完成额外的动作次数。你也可以同时用
双臂做练习，其效果和杠铃斜托弯举接近。

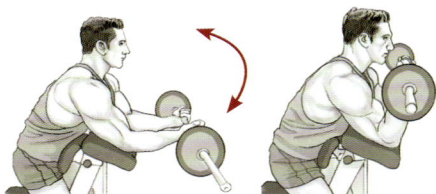

坐在斜托凳上，肱三头肌紧贴靠垫，腋窝位于靠垫的边缘处。先屈曲手臂将杠铃慢慢向上举到胸部上方，再慢慢放下杠铃回到起始位置。在杠铃下降的前1/3段吸气，回到起始位置后呼气。

提示

此练习由拉里·斯科特推广（不是发明），他将他父亲使用的牧师椅进行改造，并在上面做练习。此练习并不像有些人说的那样可以打造肱二头肌的肌峰，也不会对其他肌肉起到塑形作用，但练习时肘部远离身体可以使肌肉更强烈地收缩。也可使用 EZ 杠做练习或做成锤式弯举。调大靠垫的倾斜角度可提高练习难度并避免"死角"，使肌肉达到最佳收缩效果。我建议你在充分热身之后再做此练习。最理想的器械（很少见）的靠垫可以使肘部悬空。手臂伸展幅度过大会导致尺骨鹰嘴、关节囊、肱动脉或韧带等受伤，但不会伤害到肱二头肌本身。

事实上，使用平板做练习弊大于利。靠垫倾斜角度变大（初始位置为水平）会使手臂伸展幅度变大，这样会增加受伤的概率。此练习最大的优势在于可以避免借助其他肌肉的力量，但此优势不足以让训练者将此练习放在常规的杠铃弯举或哑铃弯举之前。

> ⚠️ **常见错误：** 肘部紧贴靠垫；向下移动身体以利用杠杆作用完成弯举；重量过大。

> ✳ 身体某一部位受伤通常不会影响其余部位的训练。你可以根据具体情况向你的医生或者教练咨询。

变式2　单臂哑铃斜托旋转弯举

所涉主要肌肉： 肱二头肌、肱肌、肱桡肌。

动作要领： 此变式同样用到了肱二头肌最基本的两个功能：使肘关节屈曲和使前臂旋后。在起始位置时，使掌心朝向支撑手，接着一边将哑铃向上举一边使前臂旋后，使得哑铃到达最高点时掌心朝向面部。

变式3　单臂哑铃斜托锤式弯举

所涉主要肌肉： 肱肌、肱桡肌、肱二头肌。

动作要领： 动作与单臂哑铃斜托旋转弯举基本相同，但此时要始终保持掌心朝向支撑手。在此握姿下，屈臂动作更加自然，桡骨和尺骨的位置也更加合理。

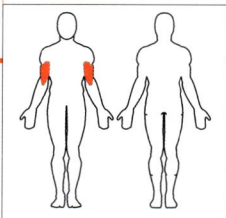

肱二头肌

肱肌

肱桡肌

桡侧腕长伸肌

所涉肌肉

主要肌肉：肱二头肌、肱肌、肱桡肌。
次要肌肉：旋前圆肌、桡侧腕长伸肌、指浅屈肌、桡侧腕屈肌。
拮 抗 肌：肱三头肌、肘肌。

变式1　站姿哑铃集中弯举

所涉主要肌肉：肱二头肌、肱肌、肱桡肌。
动作要领：站在地面上，使躯干向前倾约
90°。一只手握住哑铃，此时手臂接近伸直
并与地面垂直，另一只手撑在腰上或膝上。
先屈曲运动侧手臂，将哑铃向上举至与支
撑手同侧的肩部附近，再将哑铃放下回到
起始位置。呼吸方式与哑铃集中弯举相同。
练习时请不要摇晃手臂。

动作要领

坐在健身凳上，一只手撑在大腿上，躯干稍稍前倾，另一只手掌心朝上握住哑铃，将哑铃稳定在小腿附近，肘部（肱三头肌的远端）紧贴大腿内侧。先将哑铃缓缓向上举，直至哑铃到达胸部上方，再缓缓放下哑铃回起始位置。在哑铃下降的前1/3段吸气，回到起始位置后呼气。

提示

此练习可以很好地锻炼肱二头肌。在使用哑铃的相似练习（如哑铃交替弯举）中提到的注意事项也适用于此练习，比如不要屈曲手腕，以及保持手腕与前臂在一条直线上。练习时应向外旋转前臂至尽可能大的角度，以使肱二头肌充分收缩，否则肱肌和肱桡肌将或多或少地代替肱二头肌工作。此外，腿部要保持不动，除非你在练习中感到困难，才可腿部发力完成练习。

练习时应当避免脊柱的不正常弯曲，也不要过度拱起背部。在做所有的非对称练习时，应收紧腰部和腹部的肌肉以保持背部的平衡，同时将另一只手支撑在腿上以减轻腰椎的压力。

有些人认为此练习可以打造肱二头肌的肌峰。结合生物力学和其他相关知识，可得出结论，所谓的肌峰与这3个因素有关：遗传、肌肉线条、发育良好的肱二头肌长头。

> ⚠️ **常见错误：** 向上举哑铃时腿部和躯干发力过多；屈曲手腕。

> ✳ 肱肌的功能只有一个，就是屈肘关节，它是为数不多的只有单一功能的肌肉。

变式2 平板哑铃集中弯举

所涉主要肌肉： 肱二头肌、肱肌、肱桡肌。
动作要领： 动作与哑铃集中弯举基本相同，但此时要跨坐在健身凳上做练习，并使肘部紧贴健身凳。此变式的优势仅仅在于可以避免腿部发力过多，除此之外没有其他明显的优势，甚至可能造成不适。

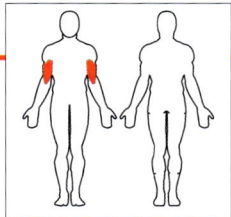

所涉肌肉

主要肌肉：肱二头肌、肱肌、肱桡肌。
次要肌肉：旋前圆肌、桡侧腕长伸肌、指浅屈肌、桡侧腕屈肌。
拮 抗 肌：肱三头肌、肘肌。

动作要领

　　仰卧在一端微微向上倾斜的健身凳上，一只手掌心朝上握住重量较小的哑铃，此时手臂接近伸直，哑铃离地面较近。先屈曲手臂向上举哑铃，直至前臂与地面垂直，再将哑铃慢慢放下回到起始位置。练习时自然呼吸即可。或在放下哑铃时吸气，回到起始位置后呼气。

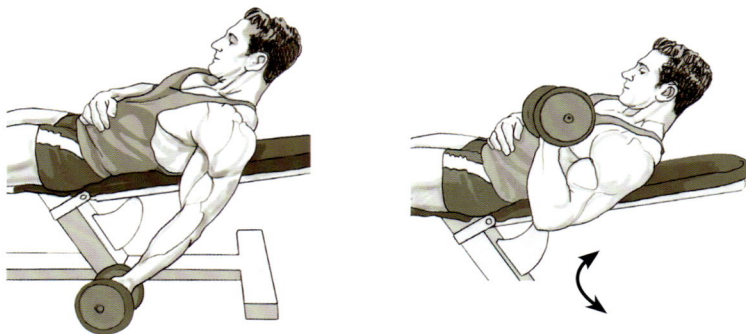

提示

　　禁止使用过大的重量做此练习。此练习的目的不是使肌肉膨大，它不适合新手，因为练习时稍不注意就会受伤。尽管在水平健身凳上做练习可以更好地拉伸肱二头肌，但我还是建议你在倾斜的健身凳上做练习。

　　事实上，此练习的效果存在一定的争议，因此不建议将其列入常规练习中。

⚠️ **常见错误**：重量过大；哑铃下降位置过低；借助肩部的力量举起哑铃。

✳ 起屈肘作用的肌肉要比起伸肘作用的肌肉多，主要有：肱二头肌、肱肌、肱桡肌。

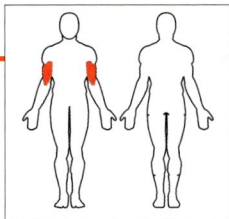

所涉肌肉

主要肌肉：肱二头肌、肱肌、肱桡肌。
次要肌肉：旋前圆肌、桡侧腕长伸肌、指浅屈肌、桡侧腕屈肌。
拮 抗 肌：肱三头肌、肘肌。

动作要领

自然站立，双手掌心相对握住哑铃并将哑铃置于身体两侧。先屈曲一条手臂将哑铃举起并划过腹部，同时使前臂外旋，使举到最高点时前臂位于体侧，接着以反向动作放下哑铃。向上举哑铃时吸气，放下哑铃时呼气。之后换另一条手臂重复动作。

提示

此练习没有特别的优势，其作用只是丰富练习种类而已。也有人将佐特曼交替弯举称为哑铃旋转弯举。

此练习还有一种做法为：向上举哑铃时掌心朝上，放下哑铃时掌心朝下。

⚠️ **常见错误：**晃动手臂以借助惯性；动作不完整。

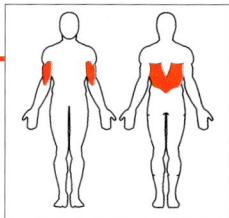

所涉肌肉

主要肌肉：肱二头肌、肱肌、肱桡肌。
次要肌肉：旋前圆肌、桡侧腕长伸肌、指浅屈肌、桡侧腕屈肌。
拮抗肌：肱三头肌、肘肌。

动作要领

俯卧在一端向上倾斜45°的健身凳上（胸部和腹部紧贴健身凳），一只手正握或反握哑铃做弯举练习，另一只手抱住健身凳。在练习过程中，胸部不要离开健身凳。开始向上举哑铃时吸气，在放下哑铃的过程中呼气。

提示

此练习较少用到，主要适合背部有问题的训练者，以使部分重量由健身凳分担。除此之外，它与常规的哑铃弯举或杠铃弯举相比没有任何优势。此练习也被健美运动员称为"蜘蛛弯举"。

如果你斜向外移动手臂，那么可使动作幅度更大，但这完全没有必要，效果与常规练习几乎没有区别。

> ⚠️ **常见错误：** 晃动手臂以借助惯性；动作不完整。

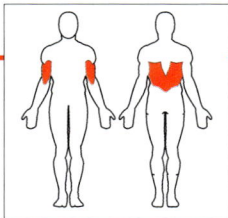

所涉肌肉

主要肌肉：背阔肌、肱二头肌、肱肌、大圆肌、小圆肌。
次要肌肉：菱形肌、胸大肌（下部）、喙肱肌、肱二头肌长头、肱桡肌、斜方肌（下部）。
拮 抗 肌：三角肌、胸大肌、肱三头肌。

动作要领

　　掌心朝后握住横杆，握距与肩宽相同，使整个身体悬空。先屈曲手臂将身体向上拉，使上胸部向横杆靠近，同时身体微微向后倾斜，再伸直手臂使身体下降至起始位置。在这个过程中，双腿屈曲交叉于身后并保持放松。请注意，应始终保持肘部朝向前方。

　　身体上升前吸气并憋住，身体下降时呼气。

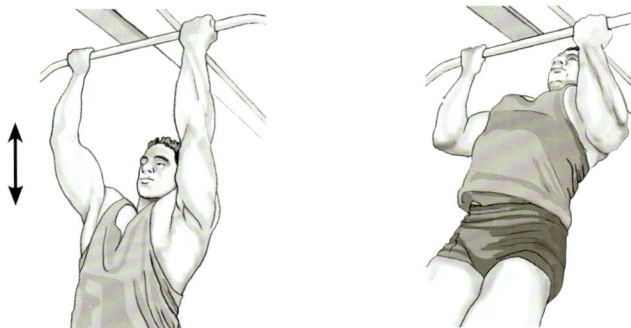

提示

　　此练习对背部肌群以及手臂屈肌的要求很高。做此练习时，即使整体控制力很好，手臂屈肌的工作强度依旧很大。

　　虽然此练习没有太大危险，但是当身体处于悬空状态时请勿放松警惕，因为肱二头肌外侧的肌腱可能会受伤。此练习的难度比传统的宽距正握引体向上小，对新手来说，在保证动作质量的基础上完成规定的次数即可。此外，此练习还要求训练者有一定的身体控制能力以将力量分散到肱二头肌，使背部肌肉仅仅起到协助的作用，这一点很难做到，因为背部肌肉要结实得多。有些训练者在练习时肱二头肌感受不到压力，这主要是因为动作不到位。我的建议是，你可以在训练时集中精神感受肩部向前臂靠拢的过程，想象你手握的是杠铃杆，只不过此刻杠铃杆是静止的而你的身体是移动的。

　　为提高训练强度，你可以适当设置负重，而更好的做法是放慢动作速度或增加重复次数。

⚠️ **常见错误**：摇晃身体；动作不完整；手臂屈曲不到位（背部发力过多）。

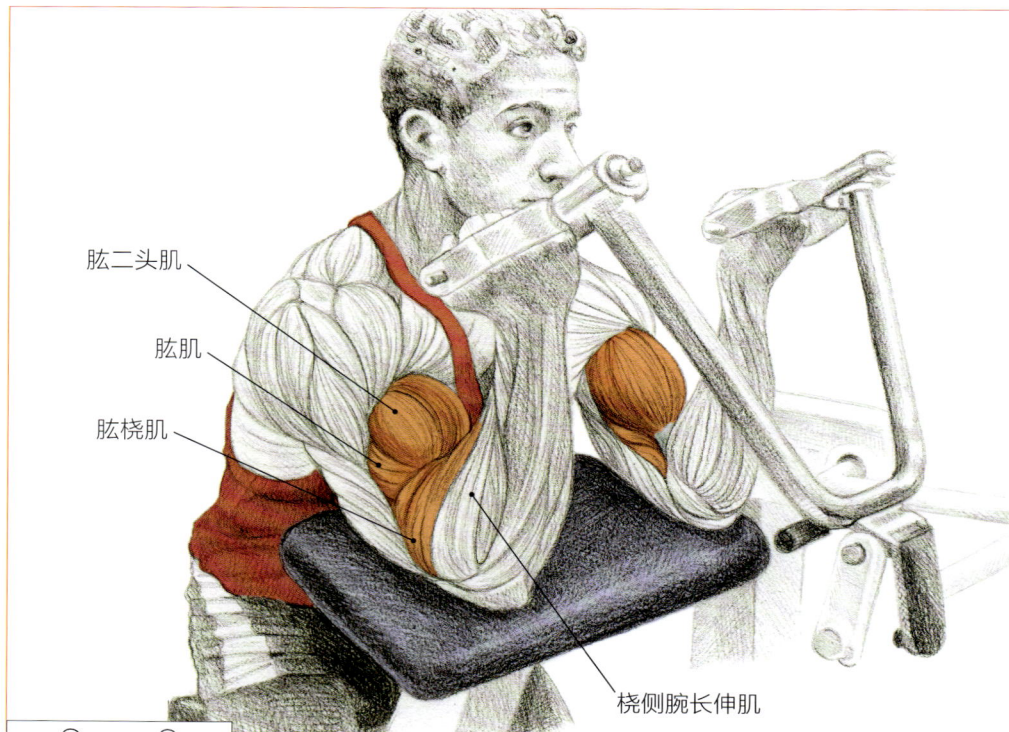

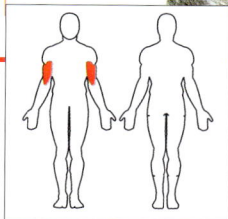

肱二头肌

肱肌

肱桡肌

桡侧腕长伸肌

── 所涉肌肉 ──

主要肌肉：肱二头肌、肱肌、肱桡肌。
次要肌肉：旋前圆肌、桡侧腕长伸肌、指浅屈肌、桡侧腕屈肌。
拮抗肌：肱三头肌、肘肌。

变式1　锤式器械斜托弯举

所涉主要肌肉：肱肌、肱桡肌、肱二头肌。
动作要领：若条件允许，可以采用掌心相对的握姿做练习，以更好地锻炼肱二头肌长头以及其他手臂屈肌（与其他锤式练习一样）。在这样的握姿下，屈臂动作更加自然，桡骨和尺骨的位置也更加合理。

动作要领

坐在斜托凳上，肱三头肌紧贴斜板，腋窝位于靠垫的边缘处。双手掌心朝上握住器械的握柄，此时双臂接近伸直（不要完全伸直，以免肘关节受伤）。先屈肘将握柄向上拉，直至前臂与上臂垂直，再慢慢放下握柄回到起始位置。握柄下降的前1/3段吸气，回到起始位置后呼气。

提示

动作和杠铃斜托弯举基本相同。此练习并无打造肱二头肌肌峰的作用，也没有更好的塑形作用，它的优势不过是使肌肉强烈收缩的同时避免借助惯性。手臂越接近水平位置（肩关节屈曲90°），肱二头肌发力越多。

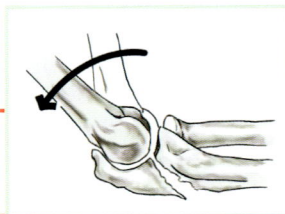

⚠ **常见错误：** 向下移动身体以利用杠杆作用完成弯举；握柄下降位置过低而使肘部发力困难。

✳ 前臂和上臂肌肉相碰就是手臂屈曲的极限，因此在做弯举练习时将手臂屈曲至最大角度没有任何危险。但是骨骼结构决定了手臂伸展的极限，如果伸展幅度过大可能会导致尺骨鹰嘴、关节囊、韧带甚至肱动脉受伤。在做斜托弯举时，放下握柄时动作幅度过大有可能伤到手臂骨骼。

变式2　滑轮斜托弯举

所涉主要肌肉： 肱二头肌、肱肌、肱桡肌。

动作要领： 将斜托凳置于低位滑轮对面，动作与使用杠铃时一样。如果姿势正确，使用滑轮做练习可以使肌肉始终保持紧张状态。调整好斜板的角度以防滑轮绳索与斜板触碰。还有一种阿特拉斯（Atlas）滑轮，用它做练习可以使手臂保持水平状态，并且让肘部与肩部等高，从而更好地锻炼肱二头肌（当手臂靠近躯干两侧时），但练习前设置器械的过程比较麻烦。

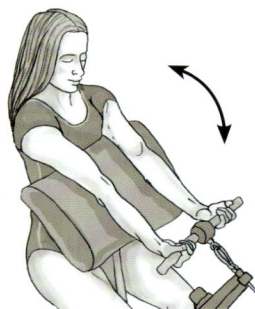

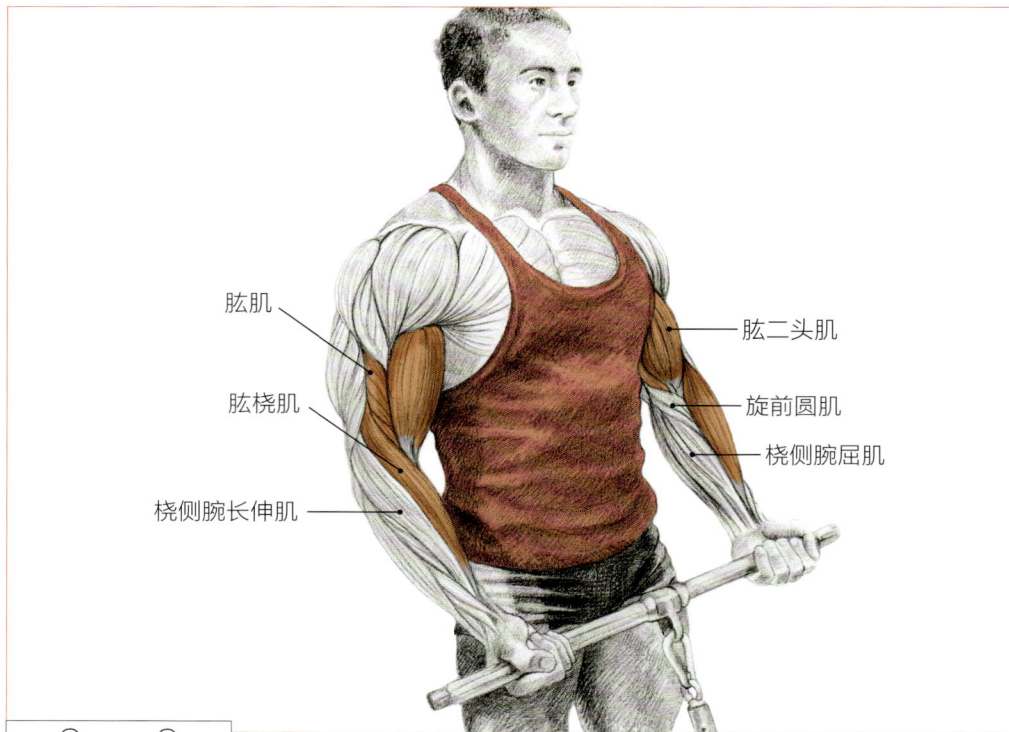

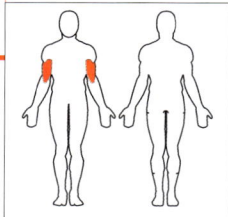

肱肌

肱桡肌

桡侧腕长伸肌

肱二头肌

旋前圆肌

桡侧腕屈肌

所涉肌肉

主要肌肉：肱二头肌、肱肌、肱桡肌。
次要肌肉：旋前圆肌、桡侧腕长伸肌、指浅屈肌、桡侧腕屈肌。
拮抗肌：肱三头肌、肘肌。

变式1　低位滑轮锤式弯举

所涉主要肌肉：肱肌、肱桡肌、肱二头肌。

动作要领：使用粗绳时，可以采用掌心相对的握姿（锤式）。此变式可更好地锻炼肱二头肌长头。举到最高点时使前臂旋后可以提高练习的难度，对肱二头肌的锻炼效果也更好。

变式2　单臂低位滑轮弯举

所涉主要肌肉：肱二头肌、肱肌、肱桡肌。

动作要领：背对滑轮，单手握住握柄，手臂接近伸直。先屈肘向上拉握柄，到达最高点后再伸直手臂回到起始位置。练习过程中通常伴以轻微的肩部伸展，并且目标肌肉自始至终都保持较强的压力。练习时请勿将手臂完全伸直，以免伤到肱二头肌肌腱。

站在低位滑轮前，双腿微微分开以保持平衡，躯干挺直。双手掌心朝上握住握杆（握距比肩宽稍大），将握杆稳定在大腿或髋部附近。先将握杆缓缓向上拉直到手臂屈曲到最大角度（约145°），再缓缓放下握杆回到起始位置。向上拉握杆前吸气，放下握杆时呼气。

提示

此练习与反握杠铃弯举相似，因此注意事项也相同。此练习允许使用较大的重量来做，对肱二头肌的锻炼效果显著，且适合所有训练者。练习中肱二头肌的长头和短头都参与运动，尽管握距越大肱二头肌短头的工作量越大，握距越小肱二头肌长头的工作量越大，但是握距的变化不会对锻炼效果产生太大影响。放下握杆时请勿将手臂完全伸直，以免伤到肱二头肌肌腱。使用 EZ 杠做此练习也有非常好的效果。

有人说使用滑轮做练习有利于打造肱二头肌的肌峰，以起到更好的塑形作用，但这种说法是没有科学依据的。

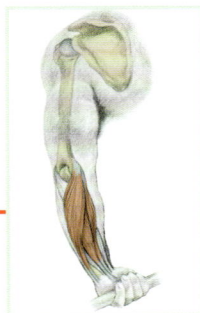

⚠️ **常见错误：** 摇晃身体以借力向上拉；肘部向后移以减小动作的幅度并借助背部肌肉的力量；肘部向前移以减轻重力的影响；动作过猛以借助惯性。

变式3　仰卧低位滑轮弯举

所涉主要肌肉： 肱二头肌、肱肌、肱桡肌。

动作要领： 仰卧在健身凳上或地上做练习。此变式的效果与低位滑轮弯举的效果相似，但此变式中背部肌肉（尤其是骨盆和脊柱沿线的肌肉）的压力减轻了。背部不适者可以选用此变式。

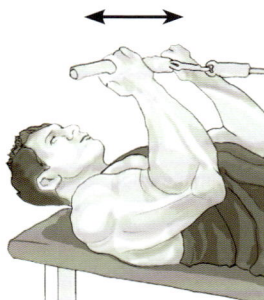

变式4　蹲式低位滑轮弯举

所涉主要肌肉： 肱二头肌、肱肌、肱桡肌。

动作要领： 蹲在地上，双肘撑在膝盖上做练习。在身体蹲下的情况下，训练者离滑轮越远，屈臂时肱二头肌发力就越大，但同时身体的平衡性也越差。因此，做这一变式时使用的重量不宜过大。

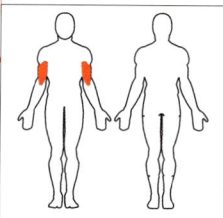

肱桡肌

旋前圆肌 肱二头肌

肱肌

所涉肌肉

主要肌肉：肱二头肌、肱肌、肱桡肌。
次要肌肉：旋前圆肌、桡侧腕长伸肌、指浅屈肌、桡侧腕屈肌。
拮抗肌：肱三头肌、肘肌。

变式1　双臂高位滑轮弯举

所涉主要肌肉：肱二头肌、肱肌、肱桡肌。

动作要领：如果两个高位滑轮之间的距离适当，你可以站在滑轮之间，使用双臂做练习，动作与单臂高位滑轮弯举基本相同。这样做可以更快地完成练习，也更容易保持平衡。

变式2　仰卧低位滑轮夹胸

所涉主要肌肉：肱二头肌、肱肌、肱桡肌。

动作要领：仰卧在两个低位滑轮之间的健身凳上，双臂接近伸直，双手掌心朝上握住握柄。先屈曲双臂将握柄拉至肩部上方，再伸展双臂回到起始位置。滑轮位置最好不要低于肩部过多。练习时请勿抬起肘部，以免胸部肌肉和三角肌发力过多。

此变式不宜使用过大的重量来做，它与常规练习相比没有明显优势，仅可用来丰富练习的种类。

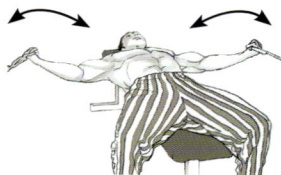

站在高位滑轮前、身体与滑轮保持一段距离，双腿分开以保持平衡，躯干挺直。一只手置于腰部或支架上，另一只手以手臂接近伸直（不要完全伸直）的姿势握住握柄，掌心朝向头部。先将握柄拉向颈部附近，再伸展手臂回到起始位置。在开始拉动握柄时吸气，回到起始位置后呼气。

—— 提示 ——

此练习的主要优势在于，它可以全面锻炼肱二头肌而不必担心受伤（杠铃斜托弯举就无法满足这一点）。但是也请注意，不要将手臂完全伸直，以免伤到肱二头肌肌腱。此练习还可以使肱二头肌进行超出固有运动范围的收缩。也可将握柄换成粗绳做练习。因为对动作技巧的要求较高，所以此练习不太适合新手。此外，即使是有经验的训练者也不宜使用过大的重量做练习。我建议将此练习作为自由重量弯举练习的补充。

> ⚠️ **常见错误：** 肘部向前移以借助胸部肌肉和三角肌前部的力量；动作急停急起（借助惯性）；手臂伸直时休息。

> ✱ 真正激动人心的时刻不是自己的力量和肌肉变得比别人强时，而是看到训练前后身体发生显著变化时。

变式3　仰卧高位滑轮弯举

所涉主要肌肉： 肱二头肌、肱肌、肱桡肌。

动作要领： 此变式较少用到。仰卧在健身凳上，使滑轮位于头部正上方，用一条手臂或两条手臂（更推荐）做练习。手臂微屈抓住握柄，将握柄向下拉，直至握柄几乎碰到额头。

此变式唯一的问题是不宜使用过大的重量（尤其是在独自训练时）来做，以免身体被拉起。也可将握柄换成粗绳做练习。

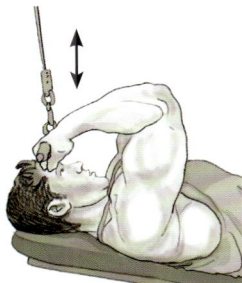

第六章

肱三头肌肌群

右臂背面主要肌肉示意图

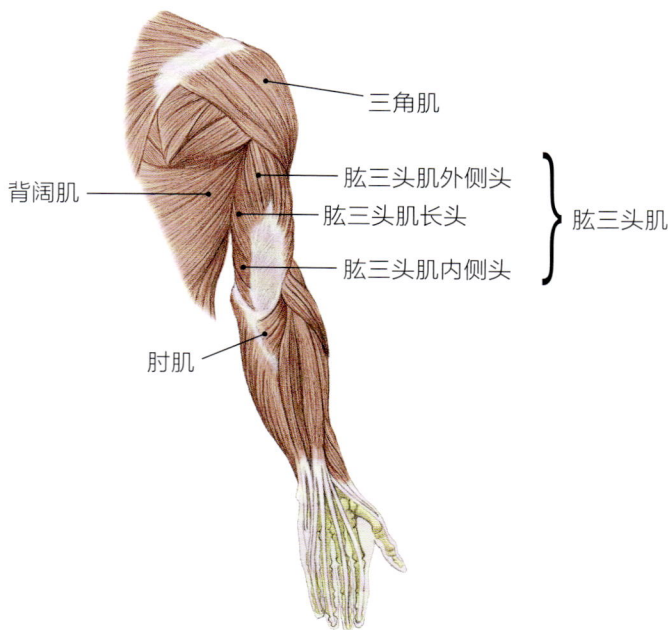

三角肌

背阔肌

肱三头肌外侧头

肱三头肌长头 　肱三头肌

肱三头肌内侧头

肘肌

手臂主要伸肌的生物力学介绍

肱三头肌（背面浅层肌）

起点： 肱三头肌有3个头，分别为长头、外侧头和内侧头。长头起自肩胛骨盂下结节，外侧头起自肱骨体后面桡神经沟外上方，内侧头起自肱骨体后面桡神经沟内下方。

止点： 尺骨鹰嘴。

主要功能： 伸肘（肱三头肌的3个头共同起作用）；使肩关节后伸和内收（肱三头肌长头起作用）。

解析： 肱三头肌的主要功能为伸肘，不管手部和肩部是什么姿势，它的3个头都发挥作用。然而，训练时应该以不同的姿势做练习，因为随着肩关节屈曲角度变大，肱三头肌长头的工作量也会变大。

有些健身教练认为，正握时肱三头肌外侧头和内侧头的工作量更大，反握时肱三头肌长头的工作量更大。握姿的不同的确会造成轻微的影响，但不能如此简单地一概而论，有关这方面的研究较少，并且缺乏科学论证。我的观点是，锻炼肱三头肌时最重要的是握姿稳定（反握时不太稳定）以及关节连接状况良好（掌心相对时关节连接状况更好）。当肘关节和肩关节同时伸展时，肱三头肌起的作用较大；当肘关节伸展而肩关节屈曲时，肱三头肌起的作用较小。

相比于肱二头肌，肱三头肌的体积对

手臂围度的影响更大，也就是说，如果你想练就结实的手臂，无论如何都不可忽视对肱三头肌的锻炼。肱三头肌力量较小有可能影响其他肌肉的增长，因为在练习中对其他肌肉的锻炼会减少，比如做杠铃平板卧推时，在主要肌肉（胸大肌和三角肌）尚未得到充分锻炼前，肱三头肌的力量就已经消耗殆尽了。

　　肘关节在大多数锻炼上半身肌肉的练习中都发挥着重要作用。尽管我们很少专门锻炼肘肌，但在锻炼其他肌肉（如胸部和肩部肌肉）时肘关节也会承受压力。因此，在进行上半身训练时，我建议你每周抽出一天的时间进行有氧训练或腿部训练以使肘关节得到休息。

肘肌（背面浅层肌）

起点：肱骨外上髁。

止点：尺骨鹰嘴外侧面。

主要功能：伸肘（起较小作用），保护关节囊，使前臂旋前和旋后（起较小作用）。

解析：肘肌最重要的功能就是协助肱三头肌伸肘。

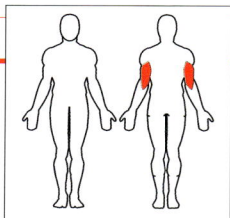

肱二头肌

肱肌

肘肌

肱桡肌

肱三头肌

所涉肌肉

主要肌肉：肱三头肌。
次要肌肉：肘肌。
拮 抗 肌：肱二头肌、肱肌、肱桡肌。

变式1　EZ杠法式推举

所涉主要肌肉：肱三头肌。
动作要领：使用EZ杠做练习时，握姿更加自然，能够减轻手腕的压力。

变式2　环形杠铃法式推举

所涉主要肌肉：肱三头肌。
动作要领：与使用直杆杠铃相比，使用环形杠铃做练习可以使握姿（掌心相对）更加舒适，桡骨和尺骨的位置也更加合理。此变式的效果与杠铃法式推举的效果相同。

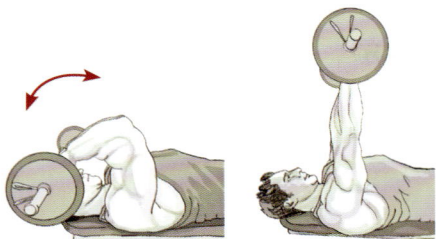

仰卧在卧推凳上，如卧推凳较矮可将双脚置于地面，如较高则将双脚置于支撑物上。双手正握短杠铃并将其举到上胸部上方，此时双臂接近伸直。先屈肘使杠铃向前额的方向下降，到达最低点后再伸直肘部将杠铃向上举到起始位置。在杠铃下降的前1/3段吸气，在向上举的最后阶段呼气。

提示

此练习允许使用大重量（不要过大）来做，可锻炼肱三头肌的3个头。练习时应当小心，不要改变肘部的位置。肘肌也具有伸肘的作用，但它很脆弱，只起到次要作用。若肘关节有不适感，最好使用哑铃做练习，并在练习开始或结束时从腹部附近拿取或放下哑铃。请不要将注意力完全集中在肘关节的屈曲和伸展上，因为舒适的姿势更加重要。

尽管许多健美运动员都极力推荐此练习，但也有一些人表示做此练习时尺骨鹰嘴处会有不适感。我认为此练习有一定的风险，若感到不适，请立刻停止练习。此练习不适合新手。若手腕有不适感，应当选用 EZ 杠做练习。

> ⚠️ **常见错误：**移动肘部以借助胸部和背部的力量；杠铃下降到最低点时，肘部离身体过远。

> ✳️ 对于所有的创伤、扭伤以及小肌肉或韧带的拉伤，紧急处理措施有4步：制动、冰敷、加压包扎、抬高患肢。若情况严重，应立即就医。

变式3 反握 EZ 杠法式推举

所涉主要肌肉：肱三头肌。

动作要领：一些核磁共振成像的研究表明，以反握的姿势做法式推举时，肱三头肌能更强烈地收缩。但我认为，正握与反握对肱三头肌的作用几乎相同。

变式4 头后杠铃法式推举

所涉主要肌肉：肱三头肌。

动作要领：肘部移动到比做杠铃法式推举时更靠后的位置（肩部屈曲程度更大），这样可以使肱三头肌长头得到拉伸，从而加大肱三头肌的工作量。此变式的劣势在于只能使用很小的重量来做。

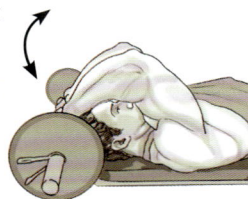

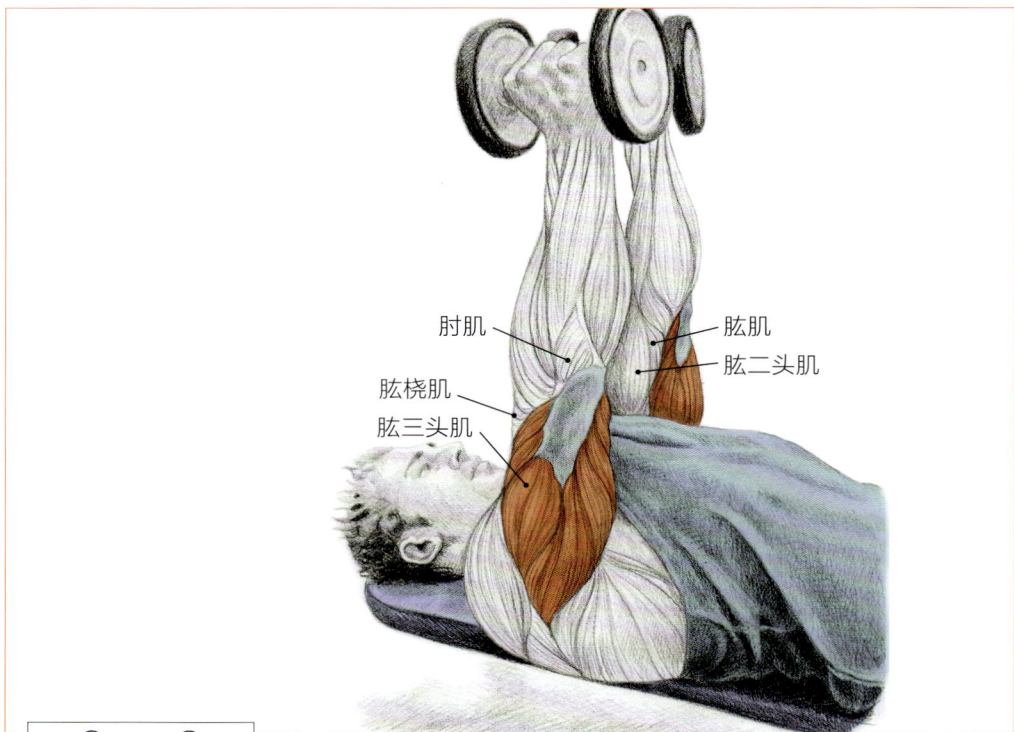

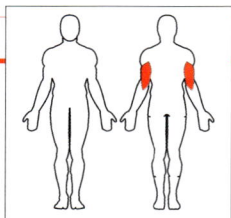

肘肌

肱肌

肱桡肌

肱二头肌

肱三头肌

所涉肌肉

主要肌肉：肱三头肌。
次要肌肉：肘肌。
拮 抗 肌：肱二头肌、肱肌、肱桡肌。

变式1　面前交叉哑铃法式推举

所涉主要肌肉：肱三头肌

动作要领：一只手正握哑铃，另一只手放在对侧手臂的肱二头肌处起固定作用。将哑铃朝着受训手对侧的肩部缓缓放下，使拇指向肩部靠近。与哑铃法式推举相比，此变式可以使手臂更加稳定，因此不少人在练习时感到比较舒适。此变式与其他锻炼肱三头肌的练习一样，可以锻炼到肱三头肌的3个头，尽管它通常被推荐用于锻炼肱三头肌外侧头。

动作要领

仰卧在卧推凳或健身凳上，双脚置于地面或支撑物上。双手掌心相对握住哑铃并将其举到上胸部上方，此时双臂接近伸直。先将哑铃向前额处缓缓放下直至贴近前额（肘部位置不变），再将哑铃向上举起，回到起始位置。开始放下哑铃时吸气，回到起始位置后呼气。

提示

此练习可使用较大重量来做。与使用杠铃相比，使用哑铃做练习对肘关节和腕关节的压力更小，桡骨和尺骨的位置也更合理。当以仰卧的姿势做练习时，在练习开始和结束时，请勿将哑铃直接放到地上，否则不但容易伤到肩部，还容易损坏哑铃。肌纤维在人体中的分布有一定的规律，这使得有些肌肉在工作时，身体其他部位的肌肉会协同作用，但是健美运动员往往会高估这种不同部位肌肉协同作用所产生的效果。很多时候这种效果微乎其微，或者说没有那么理想。肱三头肌长头的活跃程度会随着练习时姿势的变化而变化，但是肱三头肌的内侧头和外侧头在伸展手臂时始终保持活跃。

⚠ **常见错误：** 移动肘部以借助胸部和背部的力量；哑铃下降到最低点时，肘部离身体过远。

变式2　单臂哑铃法式推举

所涉主要肌肉： 肱三头肌。

动作要领： 动作与哑铃法式推举基本相同，但此时仅用一只手握住一只哑铃做练习，另一只手放在对侧手臂的肱三头肌处以防肘部移动。做完一组后换另一只手重复动作。

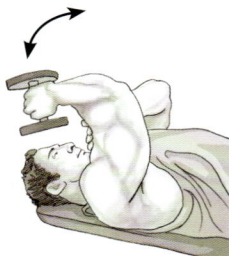

变式3　侧卧哑铃法式推举

所涉主要肌肉： 肱三头肌。

动作要领： 侧卧在卧推凳上，位于上方的手正握哑铃，手臂外展并伸直。先屈曲手臂将哑铃朝着头部的方向缓缓放下，使拇指向头部靠近，再伸直手臂回到起始位置。此变式较少用到，但它可以使肱三头肌强烈收缩，尤其是肱三头肌的长头和内侧头。做此变式时使用的重量不宜过大。

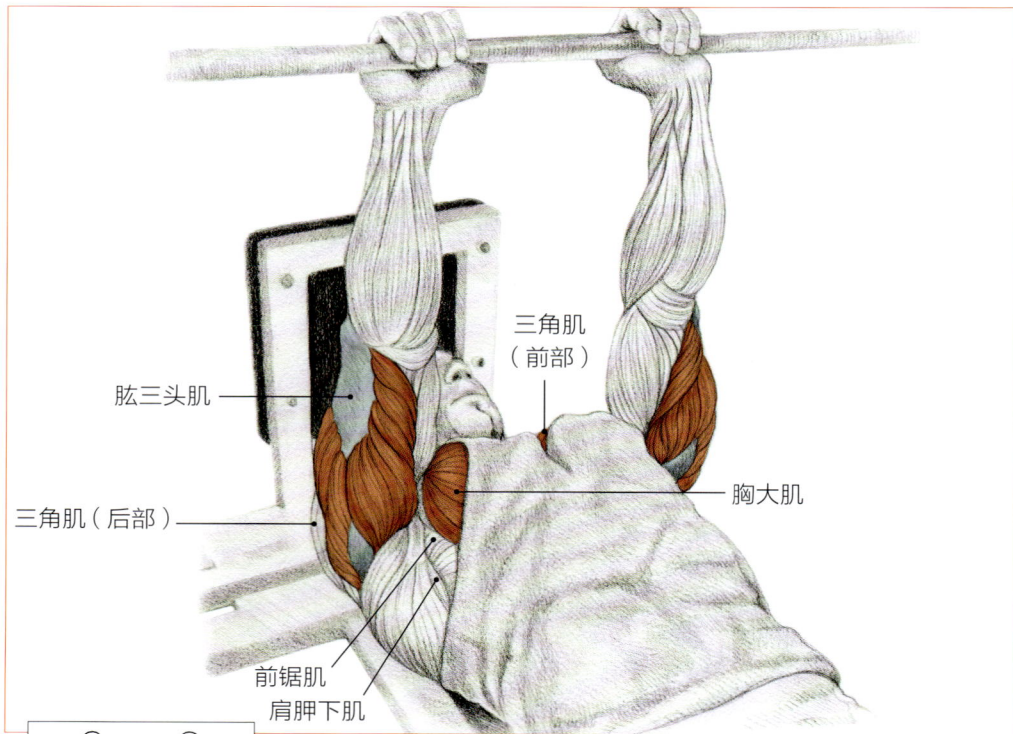

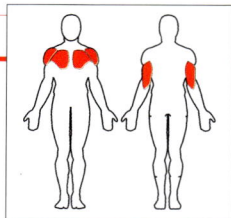

肱三头肌

三角肌（后部）

三角肌（前部）

胸大肌

前锯肌

肩胛下肌

所涉肌肉

主要肌肉：肱三头肌、胸大肌、三角肌（前部）。
次要肌肉：喙肱肌、前锯肌、胸小肌、肩胛下肌、肘肌。
拮 抗 肌：背阔肌、肱二头肌、三角肌（后部）。

变式1　开肘式窄距杠铃平板卧推

所涉主要肌肉：肱三头肌、胸大肌、三角肌（前部）。

动作要领：动作与窄距杠铃平板卧推基本相同，但是在放下杠铃的过程中，肘部要远离躯干。此变式的姿势介于窄距杠铃平板卧推和常规杠铃平板卧推（握距比肩宽稍大）之间，但它对肱三头肌的锻炼效果仍然较明显。做此变式时，你可能会感到手腕不适，因此练习时不宜使用过大的重量做练习，甚至最好不做此变式。

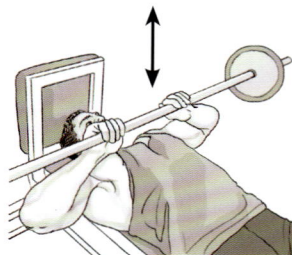

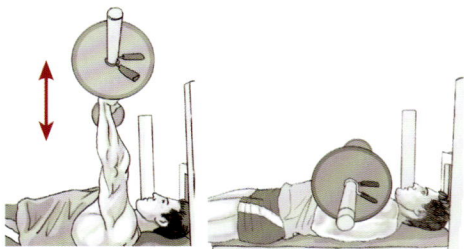

仰卧在卧推凳上，头部和背部紧贴卧推凳，双脚置于地面。双手握住杠铃杆（掌心朝前，腕关节保持稳定），握距比肩宽小（约为20cm）。先吸一口气，将杠铃取下并撑于胸部上方，此时双臂接近伸直。接着屈曲手臂使杠铃朝着胸骨的位置下降，至杠铃接近胸部时再将杠铃垂直举起。在杠铃下降过程中，肘部要贴近躯干两侧。开始将杠铃放下时吸气，完成上举动作后呼气（但不要全部呼出）。

提示

　　此练习为杠铃平板卧推的一个变式，它可以更好地锻炼肱三头肌，其中对肱三头肌的外侧头和内侧头的锻炼效果更好，对肱三头肌长头的锻炼效果相对较差。与其他类似练习一样，如果卧推凳较高，应将双脚置于支撑物上以使背部紧贴卧推凳。手腕或手肘不适者请勿做此类练习。尽管采用锁握（拇指位于其余四指对侧）可使握姿更加稳固，但握距较小，因此，有经验的训练者往往习惯于采用开握（拇指和其余四指位于同一侧）。

> ⚠ **常见错误：** 背部没有紧贴卧推凳；杠铃杆撞击身体；握距过大；肘部没有贴近躯干两侧。

> ✳ 肱三头肌长头是肱三头肌的3个头中唯一连接肩关节的，它在所有推举练习中都能得到锻炼。

变式2　中距杠铃平板卧推

所涉主要肌肉： 胸大肌、肱三头肌、三角肌（前部）。

动作要领： 做此变式时应采用适中的握距（与肩宽相同）。此变式可同时锻炼胸大肌和肱三头肌，若想将力量集中在肱三头肌上，可在向上举杠铃、伸展肘部时，使双手向杠铃片的方向发力，尽管双手的位置并没有改变。

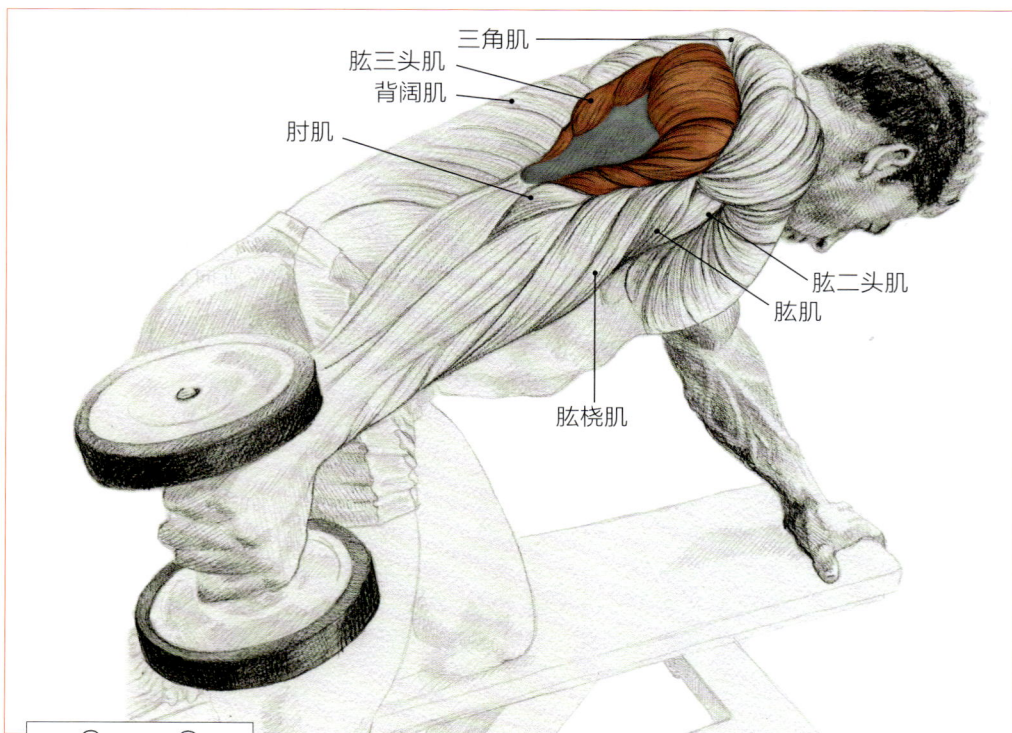

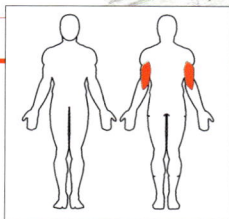

单臂哑铃后屈伸

三角肌
肱三头肌
背阔肌
肘肌
肱二头肌
肱肌
肱桡肌

所涉肌肉

主要肌肉：肱三头肌。
次要肌肉：肘肌、三角肌（后部）、背阔肌。
拮 抗 肌：肱二头肌、肱肌、肱桡肌。

变式1　掌心朝后式单臂哑铃后屈伸

所涉主要肌肉：肱三头肌。
动作要领：掌心朝后握住哑铃，使手臂向后伸时掌心朝上。与单臂哑铃后屈伸相比，此变式对肱三头肌内侧头的锻炼效果较好。

变式2　掌心朝前式单臂哑铃后屈伸

所涉主要肌肉：肱三头肌。
动作要领：掌心朝前握住哑铃，使手臂向后伸时掌心朝下。与单臂哑铃后屈伸相比，此变式对肱三头肌外侧头的锻炼效果较好。

一只手和同侧的腿支撑在健身凳上。另一只手掌心朝向身体握住哑铃，将哑铃稳定在腹部附近，此时上臂与地面平行，前臂与地面垂直。另一条腿支撑在地面上，躯干与地面接近平行。先将手臂向后伸展直至接近伸直，之后屈曲手臂回到起始位置。在这个过程中，保持肘部始终靠近躯干，且肘部的位置不变。练习时自然呼吸即可。重量较大时，可以在屈曲手臂时吸气，完成向后伸展的动作后呼气。

提示

此练习对肱三头肌的锻炼效果显著，且不会对肘关节造成伤害，但我不建议将手臂完全伸直，以免引起不适。你也可以站着做练习，一只手支撑在健身凳或其他支撑物上，躯干和运动侧手臂的姿势不变。在此练习中，当手臂伸展时，肱三头肌的外侧头和内侧头的工作量较大，肱三头肌长头的工作量相对较小。

使用过大的重量会使三角肌很快进入疲劳状态，这会影响整个练习，使用滑轮做练习可以部分解决这一问题。请务必选择合适的重量。新手需要注意的是，不要随意改变姿势或者动作，以免受伤。

> ⚠️ **常见错误：** 摇晃哑铃以借助惯性；手臂屈曲超过90°（最后一次动作除外）；手臂伸展幅度不够；移动上臂以借助背部和肩部的力量；躯干和上臂未处于水平状态。

变式3　单臂哑铃旋转后屈伸

所涉主要肌肉： 肱三头肌。

动作要领： 动作与单臂哑铃后屈伸基本相同，但是在练习过程中要旋转手臂。例如，起始姿势时掌心朝前，在向后伸展时要旋转手臂使得掌心朝上。此变式没有明显的优势。

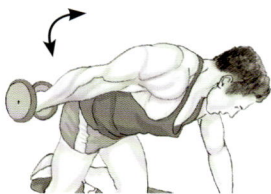

变式4　双臂哑铃后屈伸

所涉主要肌肉： 肱三头肌。

动作要领： 动作与单臂哑铃后屈伸基本相同，但此时要用两条手臂同时做练习。做此变式时，训练者身体某些部位（尤其是背部）会感到不适。此变式唯一的优势就是可以节约一些时间。

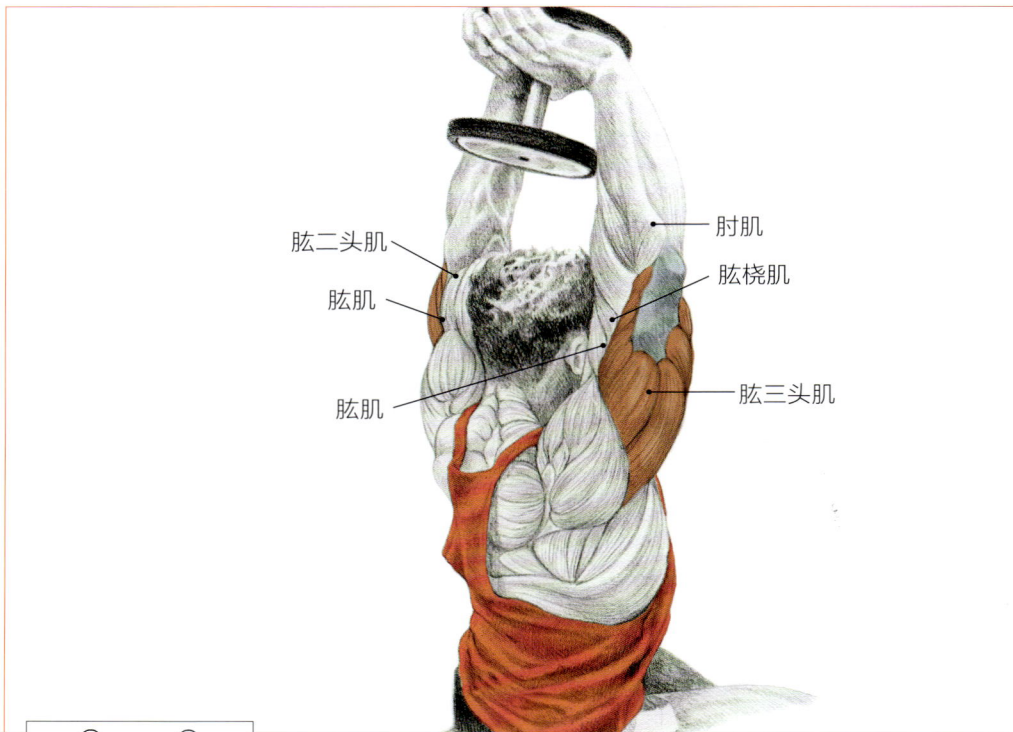

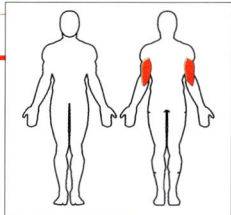

肱二头肌

肱肌

肱肌

肘肌

肱桡肌

肱三头肌

所涉肌肉

主要肌肉：肱三头肌。
次要肌肉：肘肌。
拮 抗 肌：肱二头肌、肱肌、肱桡肌。

变式1　颈后杠铃臂屈伸

所涉主要肌肉：肱三头肌。

动作要领：双手掌心朝前握住杠铃做练习，握距与肩宽相同。核磁共振成像的研究表明，做此变式时肱三头肌长头的参与度比另外两个头低，但差别不是太明显。因为此变式的姿势不太舒适，容易导致身体失去平衡，而且与其他练习相比没有明显优势，所以较少用到。仅用杠铃杆做练习可降低动作难度。

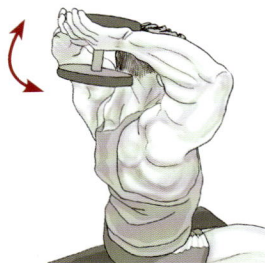

动作要领

可以以坐姿或站姿做练习，也可以靠在靠背上（但靠背高度不要超过颈部）做练习。收紧腹部，双手握住哑铃（托住上方哑铃片），以手臂接近伸直、掌心朝上的姿势将哑铃托举至头部上方。先屈曲手臂，使哑铃向头部后方下降，再伸直手臂回到起始位置。在放下哑铃的过程中吸气，回到起始位置后呼气。

提示

如果使用的哑铃重量较大且没有同伴协助，你需要先了解一下做此练习时该如何拿取和放下哑铃，以免发生意外。练习开始前先将哑铃放在高度适中的平板或者支架上（竖放），同时收紧腰部和腹部以保持躯干挺直，接着双手置于下方哑铃片朝上的一面并将哑铃提升至肩部，然后翻转手掌使刚刚位于下方的哑铃片位于上方，最后肱三头肌发力将哑铃举到动作的起始位置。练习结束后用同样的方式将哑铃放下。

此练习允许使用较大的重量来做，但是同伴在协助时会存在困难，因此练习时要格外小心，以免发生意外。

此练习可较好地锻炼肱三头肌的3个头。

> ⚠️ **常见错误：** 向上举哑铃时移动肘部以借助惯性；靠背过高而使手臂无法充分向后移动；哑铃下降时肘部张开角度过大；拿取和放下哑铃的方式不当。

> ✱ 与和你体格、目标都相似的同伴一起训练，对你的身心将有很大帮助。

变式2　单臂颈后哑铃臂屈伸

所涉主要肌肉： 肱三头肌。

动作要领： 动作与颈后哑铃臂屈伸基本相同，但此时仅使用一条手臂做练习。另一条手臂置于体侧的支撑物上或放在髋部以保持平衡，在练习开始和结束时，这条手臂还可以协助拿取和放下哑铃。

变式3　颈后哑铃双臂屈伸

所涉主要肌肉： 肱三头肌。

动作要领： 动作与颈后哑铃臂屈伸基本相同，但此时要用两只哑铃做练习。此变式的效果与前几个练习没有太大差别，你可以根据个人喜好决定是否选择此变式。若无法保证动作的完整性，请勿做此变式。

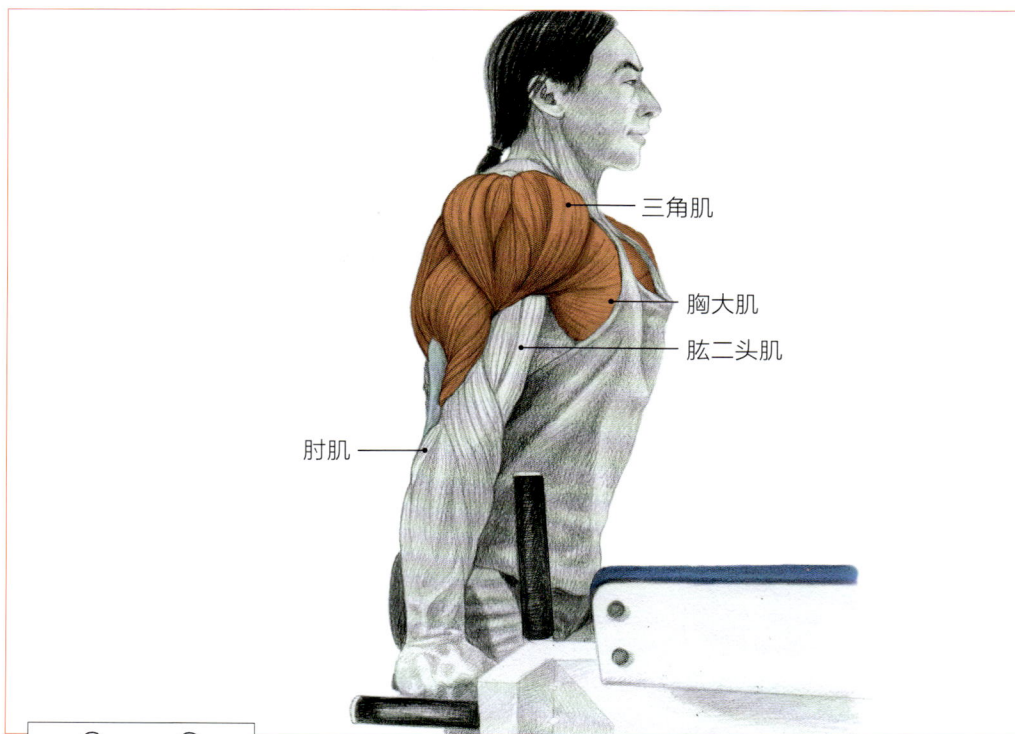

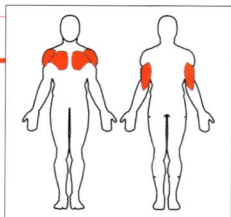

三角肌

胸大肌

肱二头肌

肘肌

所涉肌肉

主要肌肉：肱三头肌、胸大肌（下部）、三角肌（前部）。
次要肌肉：胸小肌、前锯肌、喙肱肌、肩胛下肌、肘肌。
拮 抗 肌：背阔肌、肱二头肌、三角肌（后部）。

变式1　平板臂屈伸

所涉主要肌肉：肱三头肌、胸大肌（下部）、
三角肌（前部）。

动作要领：双手掌心朝下支撑在健身凳的
边缘处，双臂和双腿伸直，脚跟撑地。先
屈曲肘部使身体垂直下降（使背部靠近健身
凳），再利用肱三头肌的伸展将身体向上撑
起。也可以脚掌撑地并稍稍屈腿，以降低
练习的难度。

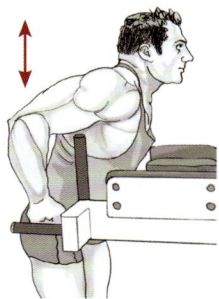

双手掌心相对以较小的握距握住双杠的握柄将身体撑起，此时双臂接近伸直，躯干挺直，双腿向后屈曲。先深吸一口气，屈曲双臂使身体垂直下降，到达最低点时，再将身体垂直撑起，同时呼气。在这个过程中，身体不要过度前倾，以防胸部肌肉发力过多。此外，保证手臂缓慢屈曲和伸展而不是一下子使身体下降或上升，肘部应始终靠近身体。

提示

与胸部肌群中的双杠臂屈伸相同，此练习也不失为一个好的练习。尽管做这一练习时胸大肌和三角肌前部发挥着重要作用，你还是应当将主要力量集中在肱三头肌上，以期在肩部未屈曲的情况下，像杠铃法式推举那样锻炼到肱三头肌的3个头。如果你有"网球肘"或肩部有问题，请小心做练习。总的来说，除非是进行有针对性的体育训练，此练习都应缓速完成。相比设置障碍，减慢速度并增加动作次数是更好的选择。新手或者体重较大的训练者如果无法完成目标次数，应选择其他变式。

⚠️ **常见错误：**动作幅度过小；肘部离身体较远而使胸部肌肉发力过多；设置过多障碍；身体位置不当；速度过快。

变式2 平板间臂屈伸

所涉主要肌肉：肱三头肌、胸大肌（下部）、三角肌（前部）。

动作要领：动作与平板臂屈伸基本相同，但此时要将双脚置于高处（比如另一个健身凳上）做练习，因此动作难度加大。

变式3 平板间障碍臂屈伸

所涉主要肌肉：肱三头肌、胸大肌（下部）、三角肌（前部）。

动作要领：动作与平板间臂屈伸基本相同，但此时要在大腿上放置一个重量适中的杠铃片做练习。你也可以在大腿上叠加多个杠铃片，随着力竭点越来越近，让同伴逐个去掉杠铃片，这样做可以让你在完成较多次数的同时保证足够高的训练强度。

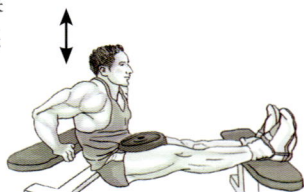

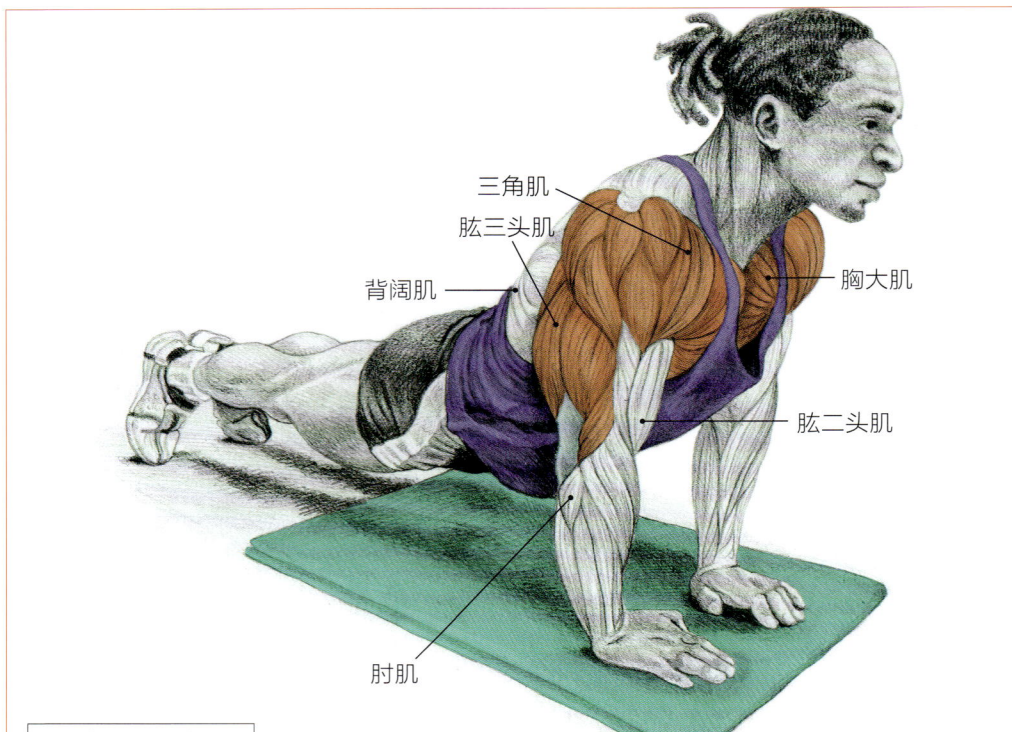

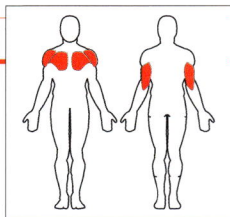

三角肌
肱三头肌
背阔肌
胸大肌
肱二头肌
肘肌

所涉肌肉

主要肌肉：肱三头肌、胸大肌、三角肌（前部）。
次要肌肉：胸小肌、前锯肌、喙肱肌、肩胛下肌、肘肌。
拮 抗 肌：背阔肌、肱二头肌、三角肌（后部）。

变式1　双手叠加式窄距俯卧撑

所涉主要肌肉：肱三头肌、胸大肌、三角肌（前部）。

动作要领：动作与窄距俯卧撑基本相同，但此时要将一只手放在另一只手上做练习。在锻炼肱三头肌方面，此变式的效果与窄距俯卧撑的效果基本相同。

双脚并拢，双手分开（双手间的距离与肩宽相同）支撑在地面上，双臂伸直。先深吸一口气，屈曲双臂使身体下降，直到胸部触碰地面，再伸直双臂回到起始位置。在身体下降的过程中，保持肘部始终靠近躯干，且不要改变髋部的姿势。在身体下降的前半段吸气，回到起始位置后呼气。

提示

此练习与胸部肌群中的俯卧撑相似，但练习时肘部更靠近躯干，这会使手臂得到更大程度的伸展，从而更好地锻炼肱三头肌。练习时应当避免只有头部下降而身体不动或者只有下半身下降而上半身不动的错误。练习的难度排序可参考俯卧撑。

⚠️ **常见错误：** 肩部和腰部的动作不同步；动作幅度过小或速度过快；双肘或双手分开距离过大而使胸部肌肉发力过多。

✳️ 补充水分在力量训练的整个过程中都是不可或缺的。

变式2　单臂窄距俯卧撑

所涉主要肌肉： 肱三头肌、胸大肌、三角肌（前部）。

动作要领： 动作与窄距俯卧撑基本相同，但此时只用一条手臂做练习。一只手支撑在地面上，另一只手放在背后。可以使双腿分开的角度更大，以保持平衡。此变式只适合经验丰富的训练者，因为它难度较大，且训练者通常难以将动作做到位。

变式3　靠墙式窄距俯卧撑

所涉主要肌肉： 肱三头肌、胸大肌、三角肌（前部）。

动作要领： 动作与窄距俯卧撑基本相同，但要双手支撑在墙上，以站姿做练习。此变式适合新手，因为大部分的压力被转移到了脚部，手臂受到的压力较小。有经验的训练者也可利用此变式来热身。

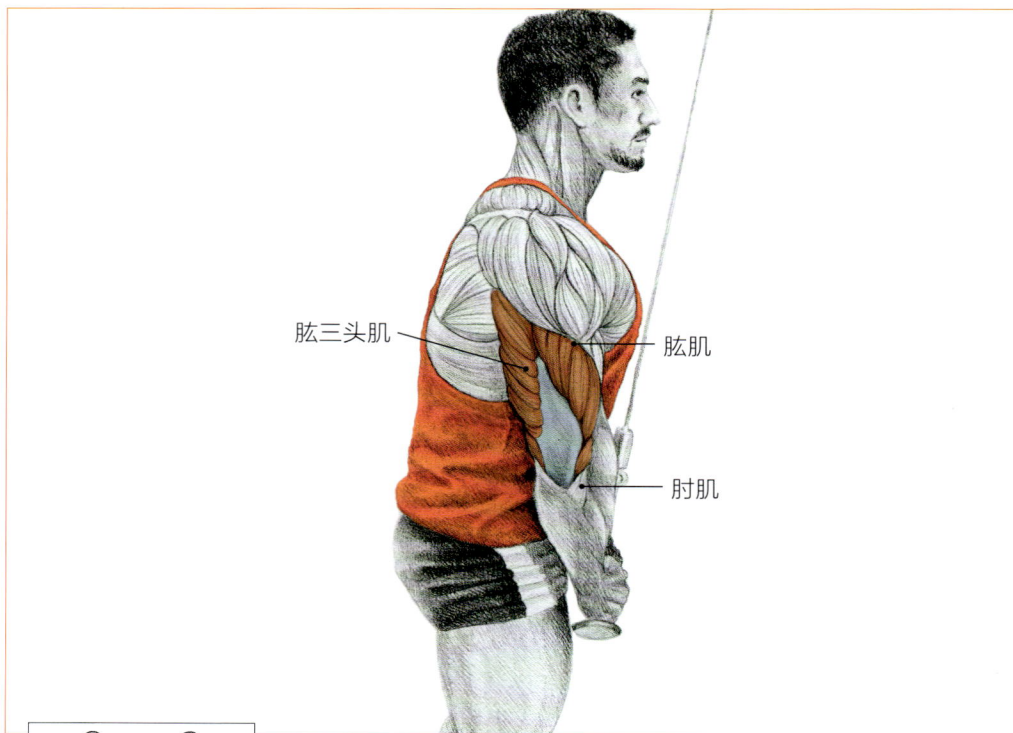

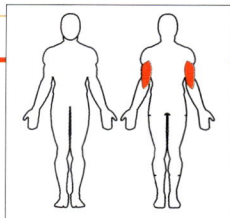

肱三头肌 —
肱肌
肘肌

所涉肌肉

主要肌肉：肱三头肌。
次要肌肉：肘肌。
拮 抗 肌：肱二头肌、肱肌、肱桡肌。

变式1　掌心朝下式单臂滑轮下压

所涉主要肌肉：肱三头肌。
动作要领：一只手掌心朝下握住握柄做练习。做此变式时应使用较小的重量，做完一组后，换另一条手臂重复动作。此变式的效果与滑轮下压的效果差不多。

变式2　掌心朝上式单臂滑轮下压

所涉主要肌肉：肱三头肌。
动作要领：一只手掌心朝上握住握柄做练习。有些人认为，此变式可更好地锻炼肱三头肌外侧头。虽然这个观点存在争议，但可以肯定的是，做此变式时使用的重量不宜过大。做完一组后，换另一条手臂重复动作。

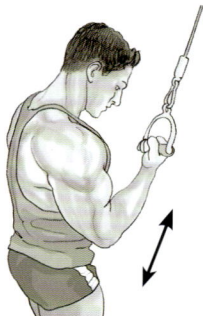

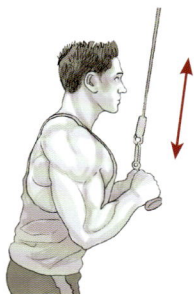

站在高位滑轮前，双手掌心朝下握住握杆并将握杆稳定在胸前，握距与肩宽相同或比肩宽稍小。双腿分开，最好一条腿向前迈，以保持身体稳定。先伸展双臂将握杆向下拉，待双臂接近伸直时再缓缓屈臂回到起始位置。在向下拉握杆的过程中，应保持肘部位置不变。在屈臂过程中吸气，双臂接近伸直时呼气。整个练习过程中必须收紧腹部。

── 提示 ──

此练习简单而有效，既适合新手又适合有经验的训练者。你也可以采用跪姿做练习。此练习可很好地锻炼肱三头肌的3个头，尽管对肱三头肌长头的锻炼效果稍弱。为了更好地锻炼肱三头肌长头，可向前移动手臂。有些训练者在手臂接近伸直时还会加上屈曲手腕的动作，这样非但不会增强锻炼效果，还有可能起到反作用。

做此练习时不应改变肘部的位置，但在高强度练习中你可以通过以下方法降低练习难度：当握杆被拉到最低点后，你可以借助绳索的弹力使握杆上升，你甚至可以稍稍抬起手臂（将肘部向前上方移动），借助背部的力量使握杆上升。这样既能获得一些助力，又不会过多地影响锻炼效果。但过度使用此方法会起到反作用。

> ⚠ **常见错误：** 肘部离躯干过远而将动作做成向下推；动作幅度过大或过小；在手臂接近伸直时屈曲手腕。

变式3　反握滑轮下压

所涉主要肌肉： 肱三头肌。

动作要领： 与滑轮下压不同的是，此变式在起始姿势时采用掌心朝向身体的握姿。在这里我想强调，决定肱三头肌收缩程度的是握力而非握姿。

变式4　单臂滑轮锤式下压

所涉主要肌肉： 肱三头肌。

动作要领： 动作与滑轮下压基本相同，但此时要使用锤式握姿握住粗绳做练习，并扩大身体与滑轮之间的距离。也有一种握杆允许两只手掌心相对做练习。此变式的握姿比反握滑轮下压的握姿更加舒适，因为桡骨和尺骨的位置更加合理。

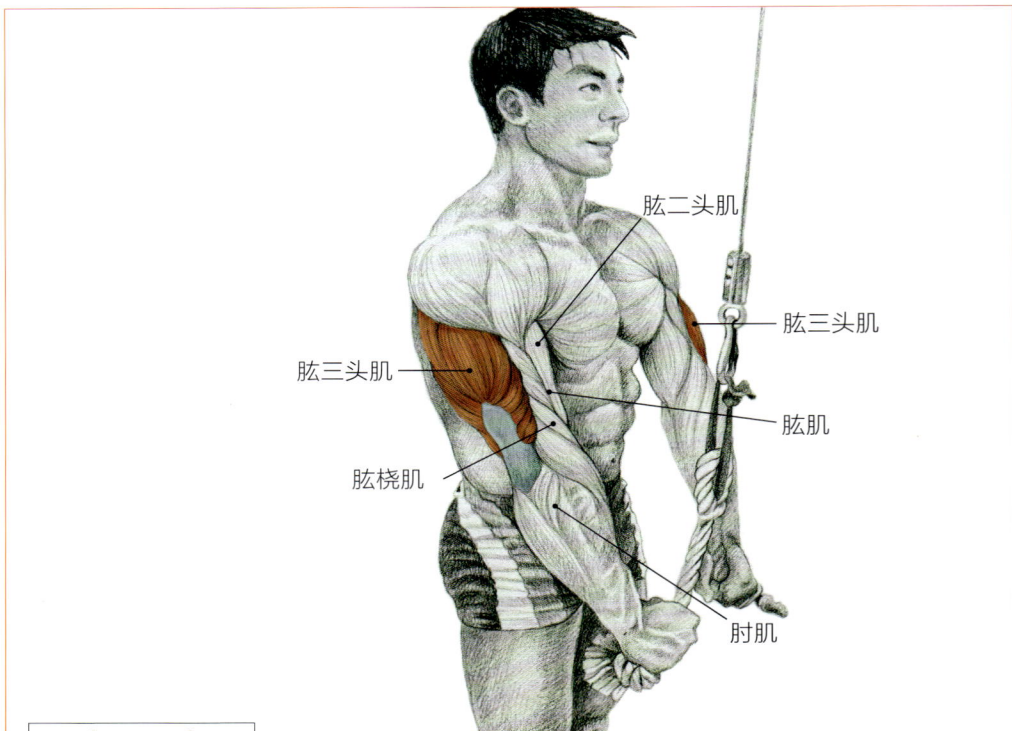

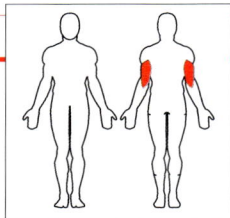

肱二头肌

肱三头肌

肱三头肌

肱肌

肱桡肌

肘肌

所涉肌肉

主要肌肉：肱三头肌。
次要肌肉：肘肌。
拮 抗 肌：肱肌、肱桡肌、肱二头肌。

变式1　颈后滑轮锤式下压

所涉主要肌肉：肱三头肌。

动作要领：背对低位滑轮站立，一条腿置于身体后方以保持身体稳定。先收拢双臂，将粗绳稳定在颈后，接着向前上方伸展手臂。在这个过程中不要改变肘部的位置，同时记得收紧腹部，并使躯干微微向前倾。

　　与滑轮锤式下压相比，此变式可更好地锻炼肱三头肌的长头和外侧头。也可将粗绳换成握杆做练习。

变式2　单臂颈后滑轮锤式下压

所涉主要肌肉：肱三头肌。

动作要领：动作与变式1基本相同，但此时躯干不向前倾，且仅用一只手握住粗绳做练习。理论上此变式可以伸展肱三头肌长头，甚至比变式1更能锻炼到肱三头肌，但实际效果并非如此。

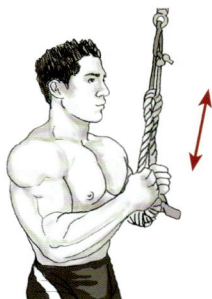

站在高位滑轮前，双手掌心相对握住粗绳并将粗绳稳定在胸前，握距比肩宽小。双腿分开，最好一条腿向前迈，以保持身体稳定。收紧腹部，挺直身体。先伸展双臂将粗绳向下拉，待双臂接近伸直时再缓缓屈臂回到起始位置。在向下拉粗绳的过程中，应保持肘部位置不变。在屈臂过程中吸气，双臂接近伸直时呼气。

提示

此练习与滑轮下压相似，但使用粗绳可以使肌肉在动作即将结束时得到更大程度的收缩。尽管使用粗绳时的握力和舒适度不及使用握杆时，但使用粗绳允许采用掌心相对的握姿，这样在不借助外力和惯性的前提下，手臂可以屈曲至90°或更大的角度。

此练习可锻炼肱三头肌的3个头，如果你想更好地锻炼肱三头肌长头，应扩大身体与滑轮之间的距离并屈曲躯干和肩部。使用粗绳可以更好地锻炼肱三头肌外侧头的说法是毫无根据的。有些训练者在手臂接近伸直时，还会增加手部动作（如内收或旋内），这样非但不能增强锻炼效果，反而可能伤到手腕。

⚠ **常见错误：** 肘部离躯干过远而将动作做成向下推；动作幅度过大或过小；增加不必要的手部动作。

变式3　单臂滑轮后屈伸

所涉主要肌肉： 肱三头肌。

动作要领： 动作与单臂哑铃后屈伸基本相同，因此此变式可更好地锻炼肱三头肌而不会对肘关节造成伤害。请不要过多地向前移动手臂，以免做成划船动作。

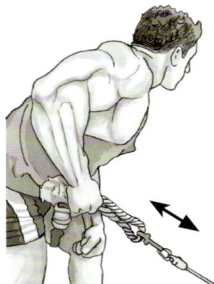

变式4　仰卧滑轮单臂屈伸

所涉主要肌肉： 肱三头肌。

动作要领： 动作与面前交叉哑铃法式推举基本相同，但使用滑轮做练习可以使肱三头肌始终受到压力，这是使用哑铃做练习无法实现的。

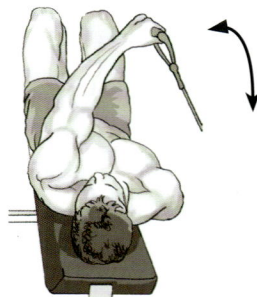

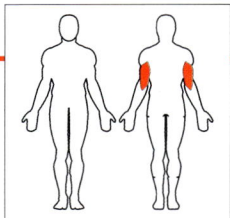

所涉肌肉

主要肌肉：肱三头肌。
次要肌肉：肘肌。
拮 抗 肌：肱二头肌、肱肌、肱桡肌。

动作要领

　　坐在类似于斜托凳的训练凳上，双手握住握柄（具体握姿视器械设计而定），上臂紧贴斜板，前臂与地面垂直。先伸展双臂将握柄向前下方推，直至双臂接近伸直，再屈曲双臂回到起始位置。屈臂时吸气，双臂接近伸直时呼气。在整个练习过程中肘部应始终紧贴斜板。

提示

　　因为此练习所用的训练凳功能单一，所以在健身房中不太常见。此练习能够很好地锻炼肱三头肌，尤其是对新手以及想要丰富练习种类的训练者来说。尽管肩关节屈曲时肱三头肌发力困难，但还是会锻炼到肱三头肌的3个头。做此练习时最理想的握姿为锤式（掌心相对）。

> ⚠️ **常见错误**：重量不当；练习时抬起肘部。

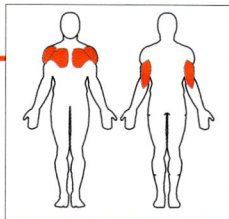

所涉肌肉

主要肌肉：肱三头肌、胸大肌、三角肌（前部）。
次要肌肉：胸小肌、喙肱肌、前锯肌、肩胛下肌、肘肌。
拮 抗 肌：背阔肌、肱二头肌、三角肌（后部）。

动作要领

　　动作与窄距杠铃平板卧推基本相同，但此时要在史密斯机上做练习。仰卧在卧推凳上，中胸部位于杠铃杆正下方，掌心朝向脚部握住杠铃杆，握距比肩宽稍小，握姿为半握（拇指和其余四指在杠铃杆同一侧）。此时双臂接近伸直。

　　吸气，先屈曲双臂使杠铃缓缓下降，直至杠铃杆触碰到中胸部，再将杠铃垂直举起。完成向上举的动作后呼气。

提示

　　此练习为杠铃平板卧推的一个变式，它对肱三头肌的锻炼效果较好，而且使用史密斯机做练习无须担心平衡问题。若采用掌心向上的握姿，且将杠铃下降到腹部位置，则会将很大一部分重量转移到三角肌上，但请注意此握姿的握力较小且会给肩关节造成压力。

⚠ **常见错误：** 握距过小；重量过大。

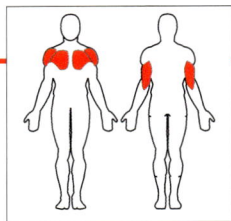

所涉肌肉

主要肌肉：肱三头肌、胸大肌、三角肌（前部）。
次要肌肉：胸小肌、喙肱肌、前锯肌、肩胛下肌、肘肌。
拮 抗 肌：背阔肌、肱二头肌、三角肌（后部）。

动作要领

　　坐在平推机上，双手以较小的握距握住握柄，肘部贴近躯干。手臂做平推动作，但要避免超伸。要将力量集中在肱三头肌而非胸部和肩部上。屈臂前吸气，完成伸展动作后呼气。

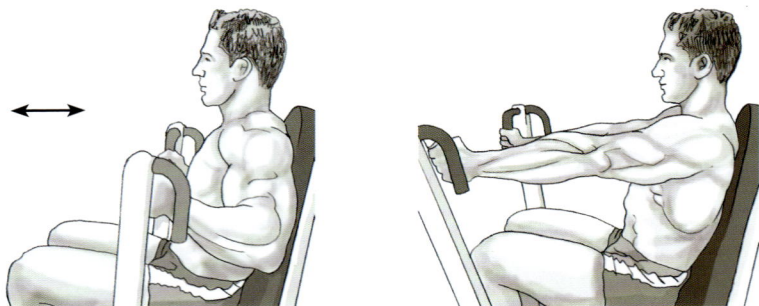

提示

　　此练习既适合新手又适合有经验的训练者。对新手而言，此练习可作为双杠臂屈伸或平板臂屈伸的热身练习；而对有经验的训练者而言，此练习可用于丰富练习的种类以及更安全地进行大重量练习。做此练习时，拇指既可以置于其余四指对侧也可置于同侧（依个人舒适度而定），但在后一种情况下，应特别注意手部的发力情况以及在伸展动作即将结束时手腕的姿势。将力量更多地集中在肱三头肌上的窍门为：双手向前下方（不仅仅是前方）施加压力。

　　有一种变式可以更加有效地锻炼肱三头肌：以坐姿做垂直下推动作（动作与双杠臂屈伸相似）。这是因为当手臂悬垂、肩膀不弯曲时，肱三头肌的收缩最强烈，而三角肌和胸大肌的收缩都相对减弱（尽管还需考虑器械设计和动作技巧的因素）。

⚠️ **常见错误：** 肘部远离躯干而使胸大肌发力过多；手臂超伸。

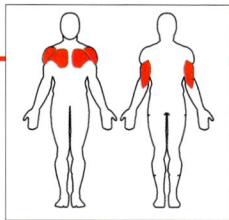

所涉肌肉

主要肌肉：肱三头肌、胸大肌（下部）、三角肌（前部）。
次要肌肉：胸小肌、前锯肌、喙肱肌、肩胛下肌、肘肌。
拮 抗 肌：背阔肌、肱二头肌、三角肌（后部）。

动作要领

　　动作与双杠臂屈伸基本相同，但此时膝盖或者双脚（依器械设计而定）要支撑在器械的座椅上做练习。以较小的握距握住握杆并挺直躯干。先深吸一口气并屈肘，使身体垂直下降，在这个过程中不要使肘部远离躯干，以免胸大肌发力过多。到达最低点后再将身体垂直撑起，同时呼气。

提示

　　在练习过程中你应该感受到是在伸直你的手臂而不是在"推"。在身体下降过程中，肘部应始终贴近躯干（朝向身体后方而不是两侧）。除此之外，在双杠臂屈伸中提到的注意事项皆适用于此练习。此练习适合新手，也适合希望提高动作技巧（在做更多次数的同时避免身体摇晃）的训练者。

⚠ **常见错误**：动作幅度过小；肘部远离躯干而使胸大肌发力过多；躯干姿势不正确；在动作最高点时手臂超伸。

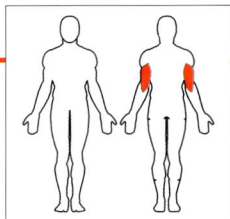

滑轮背后臂屈伸

所涉肌肉

主要肌肉：肱三头肌。
次要肌肉：肘肌、胸大肌、三角肌（前部）。
拮 抗 肌：肱肌、肱桡肌、肱二头肌。

动作要领

背对高位滑轮站立，双手正握或反握握杆，屈曲双臂将握杆稳定在身后。双腿分开，头部和躯干向前倾。先伸展双臂将握杆向身体后下方拉，待双臂接近伸直时再屈曲双臂回到起始位置。屈臂时吸气，完成伸展动作后呼气。

提示

此练习较少用到，它的效果介于滑轮下压和平板间臂屈伸之间。此练习有一定难度，因此不宜使用过大的重量来做。

⚠️ **常见错误**：移动身体以协助手臂伸展；姿势不当。

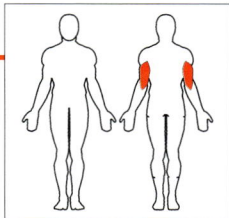

所涉肌肉

主要肌肉：肱三头肌。
次要肌肉：肘肌。
拮 抗 肌：肱二头肌、肱肌、肱桡肌。

动作要领

　　仰卧在低位滑轮前的健身凳上，掌心朝上握住握杆，将握杆稳定在头部附近。先伸展双臂将握杆向前上方拉，直至双臂接近伸直再屈双臂回到起始位置。在这个过程中不要改变肘部的位置。开始屈臂时吸气，完成伸展动作后呼气。

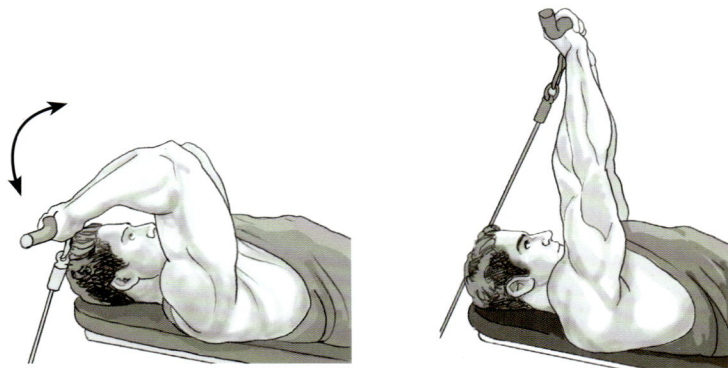

提示

　　此练习与杠铃法式推举相似，但使用滑轮做练习可以使肱三头肌强烈收缩并始终保持压力，尤其是在持续时间较长的练习当中。此练习安全性较高，训练者可独自完成，但我还是建议以掌心相对的握姿做练习（比如握住粗绳）。此练习的难点在于抓取握杆，尤其是重量较大时，因为握杆可能处于很低的位置（应当避免这一情况）。建议在同伴的协助下抓取握杆。

> ⚠️ **常见错误**：改变肘部位置以借助胸部和背部的刀量。

第七章

前臂肌群

手臂背面主要肌肉示意图

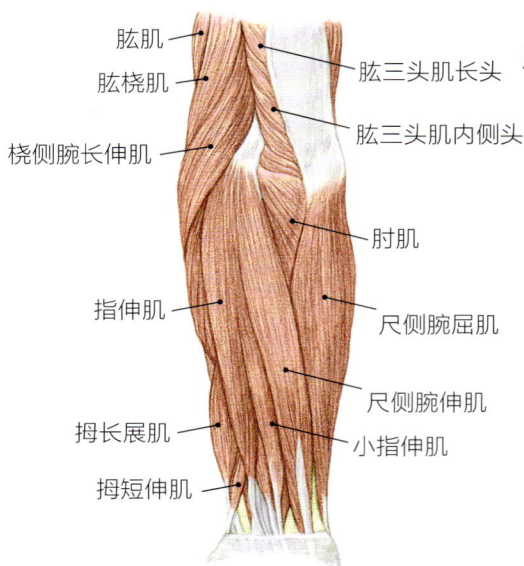

肱肌
肱桡肌
桡侧腕长伸肌
指伸肌
拇长展肌
拇短伸肌

肱三头肌长头
肱三头肌内侧头
肘肌
尺侧腕屈肌
尺侧腕伸肌
小指伸肌

手臂正面主要肌肉示意图

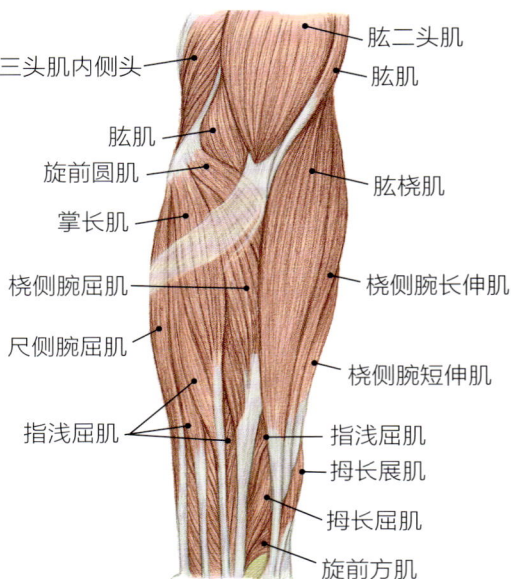

肱三头肌内侧头
肱肌
旋前圆肌
掌长肌
桡侧腕屈肌
尺侧腕屈肌
指浅屈肌

肱二头肌
肱肌
肱桡肌
桡侧腕长伸肌
桡侧腕短伸肌
指浅屈肌
拇长展肌
拇长屈肌
旋前方肌

前臂主要肌肉的生物力学介绍

屈肌

指浅屈肌（正面浅层肌）

起点：肱骨内上髁、尺骨和桡骨前面。
止点：第2~5指中节指骨体两侧。
主要功能：屈指、屈腕和屈肘（作用较小）。

指深屈肌（正面深层肌）

起点：尺骨上端前面和骨间膜。
止点：第2~5指远节指骨底掌面。
主要功能：屈指和屈腕。

尺侧腕屈肌（正面浅层肌）

起点：肱骨内上髁、尺骨鹰嘴、尺骨上2/3和前臂深筋膜。
止点：豌豆骨。
主要功能：屈腕、使腕内收和协助屈肘。

桡侧腕屈肌（正面浅层肌）

起点：肱骨内上髁和前臂深筋膜。
止点：第2掌骨底掌面（部分人群也止于第3掌）。
主要功能：屈肘、屈腕和使腕外展。

旋前圆肌（正面浅层肌）

起点： 肱骨内上髁和前臂深筋膜。
止点： 桡骨外侧面。
主要功能： 使前臂旋前和屈肘。

旋前方肌（正面深层肌）

起点： 尺骨下1/4的前面。
止点： 桡骨下1/4的前面。
主要功能： 使前臂旋前。

掌长肌（正面浅层肌）

起点： 肱骨内上髁和前臂深筋膜。
止点： 掌腱膜。
主要功能： 屈腕和紧张掌腱膜，协助屈肘。

拇长屈肌（正面深层肌）

起点： 桡骨上端前面和附近的骨间膜。
止点： 拇指远节指骨底掌面。
主要功能： 屈拇指指间关节和掌指关节。

解析：

考虑到前臂肌群的复杂性，此处仅仅介绍参与抓握的主要肌肉对力量训练的作用。本书没有介绍锻炼手部小肌肉群的具体练习，如果你想锻炼这些肌肉，可以用手捏一个软球。

前臂的肌肉和肌腱是人体所有部位中最复杂的，它们会参与力量训练中的大部分练习。此外，相比于旋前，参与旋后（如拿起食物送到嘴中）的肌肉数量更多，力量也更强。

> * 许多人认为手是使人类拥有智慧的工具，它既能抓取沉重的物体，又能操作精巧的器械，还能传递信息、感知温度、估计重量等。

指伸肌（背面浅层肌）

起点： 肱骨外上髁、尺侧副韧带和前臂筋膜。
止点： 第2~5指背面。
主要功能： 使手指像扇子一样伸展和分开，强有力地伸展手腕。

桡侧腕长伸肌（侧面浅层肌）

起点： 肱骨外上髁上嵴。
止点： 第2掌骨底背面。
主要功能： 伸腕和使腕外展。

桡侧腕短伸肌（背面浅层肌）

起点： 肱骨外上髁。
止点： 第3掌骨底背面。
主要功能： 伸腕和使腕外展。

尺侧腕伸肌（背面浅层肌）

起点： 肱骨外上髁、前臂筋膜和尺骨后缘。
止点： 第5掌骨底背面。
主要功能： 伸腕和使腕内收。

肱桡肌（侧面浅层肌）

详见肱二头肌肌群。

其他肌肉

拇长展肌： 起自桡骨、尺骨和骨间膜背面，止于第1掌骨底。主要功能是外展拇指。
拇短伸肌： 起自桡骨、尺骨和骨间膜背面，止于拇指近节指骨底。主要功能是伸拇指。
拇对掌肌： 起自屈肌支持带和大多角骨，止于第1掌骨。主要功能是使拇指对掌。

解析： 在力量训练中，有些人在做有前臂参与但不针对前臂的练习时就可轻易地锻炼前臂肌肉，另一些人却需要做针对性的练习才能做到。这些练习并不需要多么复杂，训练者只需在一定负重下屈伸前臂即可，比如，在锻炼肱二头肌时加入掌心朝下的屈曲动作。

　　自然握持（即掌心相对式握姿）介于旋后和旋前之间，此握姿可最大限度地保持桡骨和尺骨的稳定，因此也是最值得推荐的握姿。在讲解杠铃平板卧推时，可能有教练会提到旋内（之前讲过在做此练习时，应使掌心朝前，实际上此时前臂就是处于旋内状态）这个词，它比较形象，方便训练者理解。在本书中你不难发现"旋内"或"旋外"等字样，你必须清楚它们代表的动作实际上都是在旋转前臂。

✳ 伤病：腕管综合征

许多神经通过腕管从腕部延伸到手部。进行力量训练时，重量不当、重复次数过多、手腕过度屈伸或进行负重训练时都会不可避免地使用强握力，从而使腕管内压力增大，导致正中神经受卡压，使训练者感到手腕和手指麻木或疼痛。

为预防腕管综合征，应当避免不必要的屈伸动作，并且在做练习时保证手腕伸直。此外，针对手腕和手指做拉伸练习也有一定的作用。如果得了腕管综合征，有时还需要进行药物治疗。

每周让双手休息2~3天也可以很大程度地预防腕管综合征。可以制订一些不涉及手部的训练计划，比如某一天只做腿部练习。

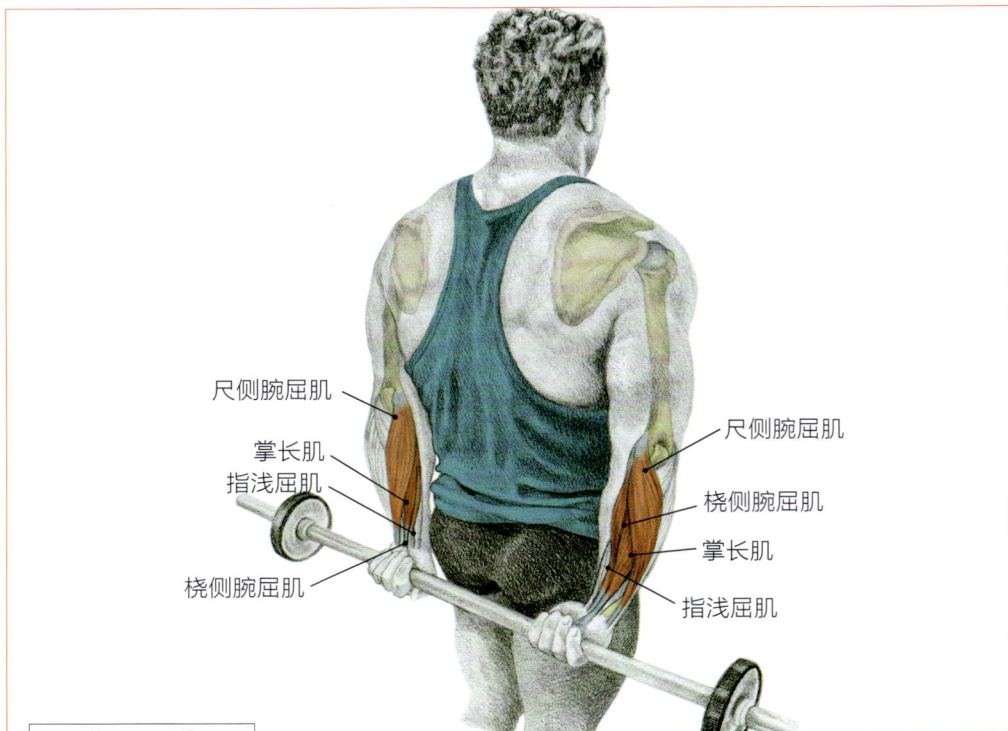

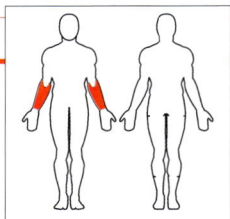

站姿杠铃背后腕弯举

尺侧腕屈肌
掌长肌
指浅屈肌
桡侧腕屈肌

尺侧腕屈肌
桡侧腕屈肌
掌长肌
指浅屈肌

所涉肌肉

主要肌肉：尺侧腕屈肌、桡侧腕屈肌、掌长肌。
次要肌肉：指浅屈肌、指深屈肌、拇长屈肌。
拮 抗 肌：桡侧腕长伸肌、指伸肌。

变式1　坐姿反握杠铃腕弯举

所涉主要肌肉：尺侧腕屈肌、桡侧腕屈肌、掌长肌、指屈肌。

动作要领：坐在健身凳上，双手掌心朝上握住杠铃杆，使前臂紧贴大腿并保持水平或者微微向下倾斜的状态，将手腕置于膝盖边缘处（双手置于膝盖外）。先伸展手指，用指尖托住杠铃杆，在此姿势的基础上屈曲手指，使杠铃杆到达掌心并握住。接着屈曲手腕，使杠铃朝前臂的位置移动，到达最高点后，伸展手腕回到起始位置。若杠铃杆足够粗（即手指无法将其完全握住），指屈肌可以得到很好的锻炼。

　　也可以跪姿做此变式，练习时前臂紧贴横放的健身凳，双手置于健身凳外。做此变式时请勿佩戴手表或饰品，以免手腕受伤。

站在地面上，双腿分开以保持平衡，躯干挺直。双手置于背后，掌心朝后握住杠铃杆，握距与肩宽相同。先将杠铃杆置于指尖（注意不要让杠铃滑落），然后屈曲手指使杠铃杆到达掌心并将杠铃杆握住，接着屈曲手腕使杠铃朝前臂的方向移动，到达最高点后，伸展手腕和手指回到起始位置。呼吸方式与大多数前臂练习相同，自然呼吸即可。

提示

不少训练者会使用较大的重量做此练习，这时最好省去屈曲手指的步骤以防杠铃滑落，并且应将注意力集中在手腕的屈伸上。

参与屈曲手指和手腕的肌肉多而复杂。事实上，双手打开程度的不同会使参与运动的肌肉所起的作用发生变化：和使用杠铃杆较粗的杠铃相比，使用杠铃杆较细的杠铃时，手指会将杠铃杆握得更紧，这时指屈肌的参与度便减小；和使用较轻的杠铃相比，使用较重的杠铃时，训练者会省去屈曲手指的步骤以防杠铃滑落，这时指屈肌的参与度也会减小。从整体上来说，指屈肌的力量要强于指伸肌，因为对人类来说，抓住东西要比松开东西更重要。但是，也请不要忘记，拉伸手指和手腕的重要性不亚于拉伸其他身体部位。

> ⚠️ **常见错误：**放下杠铃时让杠铃自由下落；移动肩部或肘部以完成动作；重量过大而使动作不规范。

> ✳️ 如果你想更好地锻炼指屈肌，那么应该使用杠铃杆较粗的杠铃，通常健身房不会有这种杠铃，你可以用合适的杠铃片代替。如果你想更好地锻炼腕屈肌，那么应该使用杠铃杆较细的杠铃（通常握拳时正好可以将杠铃杆完全握住）。

变式2　坐姿反握单臂哑铃腕弯举

所涉主要肌肉：尺侧腕屈肌、桡侧腕屈肌、掌长肌、指屈肌。

动作要领：与站姿杠铃背后腕弯举不同，此变式采用坐姿且只用一只手做练习（掌心朝上）。也可双手交替做练习。

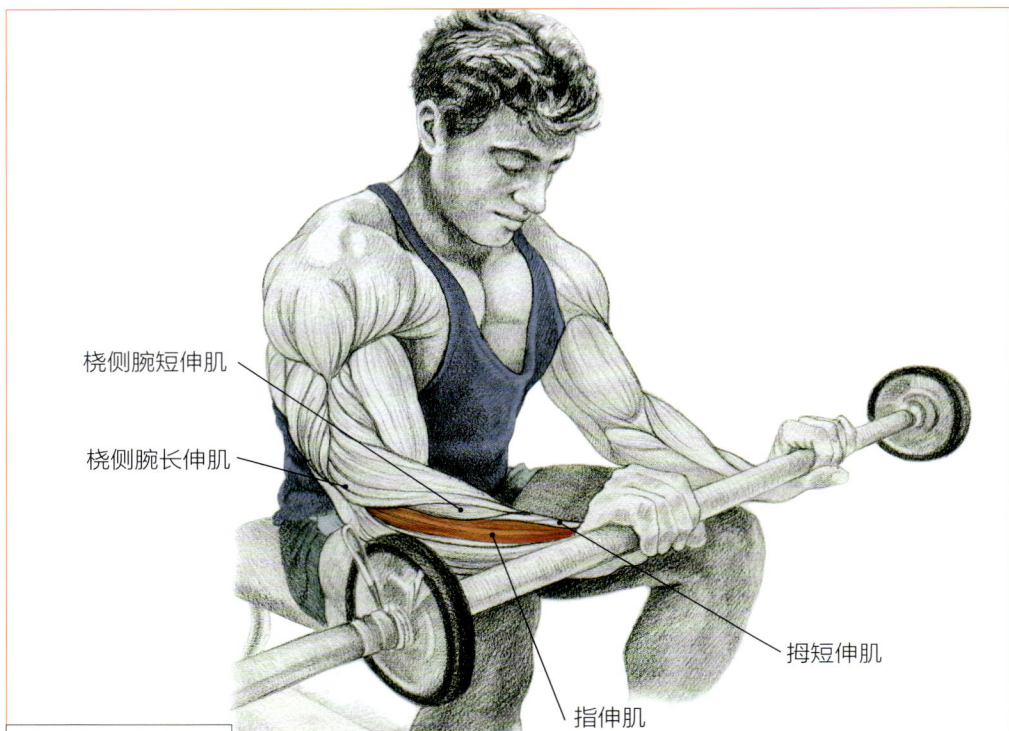

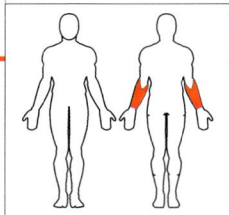

坐姿正握杠铃腕弯举

桡侧腕短伸肌

桡侧腕长伸肌

拇短伸肌

指伸肌

所涉肌肉

主要肌肉：指伸肌。

次要肌肉：桡侧腕长伸肌、桡侧腕短伸肌、示指伸肌（也称食指伸肌）、拇长伸肌、小指伸肌。

拮 抗 肌：尺侧腕屈肌、桡侧腕屈肌、掌长肌、指屈肌。

变式1　坐姿正握单臂哑铃腕弯举

所涉主要肌肉：指伸肌、桡侧腕长伸肌、桡侧腕短伸肌、示指伸肌、拇长伸肌、小指伸肌。

动作要领：动作与坐姿正握杠铃腕弯举基本相同，但此时杠铃换成了哑铃，且仅使用一只哑铃做单臂练习。也可双手交替做练习。

　　有不少人表示，使用一只哑铃做腕弯举练习很难保持腕部姿势的稳定，而使用杠铃做练习似乎可以解决这个问题。

坐在健身凳上，双手掌心朝下握住杠铃杆，使前臂紧贴大腿并保持水平或者微微向下倾斜的状态，将手腕置于膝盖边缘处（双手置于膝盖外）。先向上屈曲手腕，到达最高点后，再伸展手腕回到起始位置。也可以跪姿做练习，练习时前臂紧贴横放的健身凳，双手置于健身凳外。练习时自然呼吸即可。

提示

从整体上来说，腕伸肌的力量要弱于腕屈肌，为了避免造成肌肉比例失衡，不可忽视对腕伸肌的锻炼。因此，合适的动作幅度和标准的动作很重要，或者可以说，动作的标准程度比使用重量的大小更重要。腕部和手部由许多小骨骼和小肌肉群组成，十分脆弱，重量和动作幅度稍有不当就会受伤。

⚠️ **常见错误：** 放下杠铃时让杠铃自由下落；前臂向上抬以协助手腕向上屈曲；重量过大而使动作不规范。

✳️ 如果你想更好地锻炼指伸肌，那么应该使用杠铃杆较细的杠铃；如果你想更好地锻炼腕伸肌，那么应该使用杠铃杆较粗的杠铃，以将手部充分打开。

变式2　坐姿正握单臂滑轮腕弯举

所涉主要肌肉： 指伸肌、桡侧腕长伸肌、桡侧腕短伸肌、示指伸肌、拇长伸肌、小指伸肌。

动作要领： 动作与变式1基本相同，但此时一只手握住低位滑轮的握杆做练习。尽管使用滑轮可以使参与运动的肌肉始终受到压力，但还是应当缓慢地做动作以防借助滑轮的弹力。

此变式的效果与变式1没有太大差别。

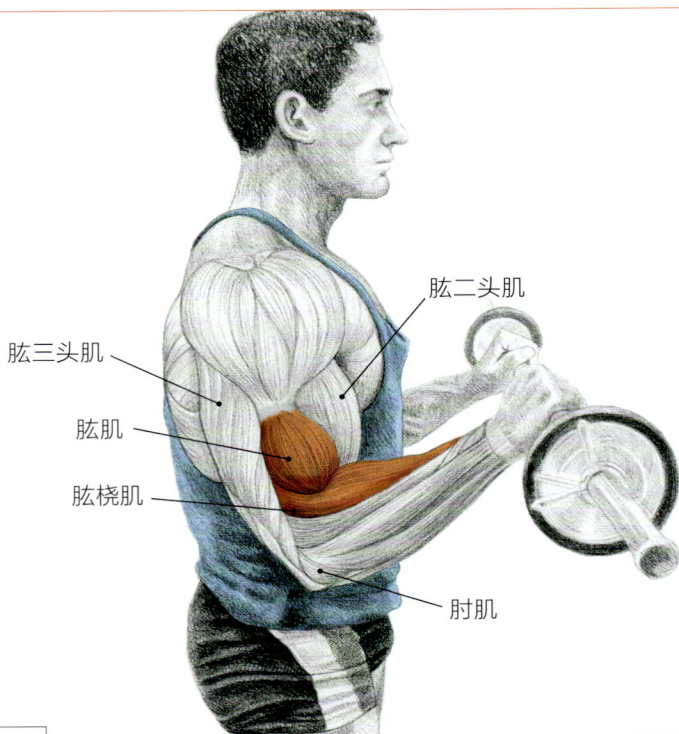

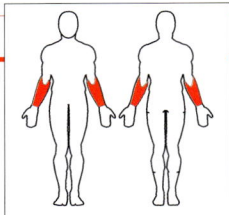

肱二头肌

肱三头肌

肱肌

肱桡肌

肘肌

所涉肌肉

主要肌肉：肱桡肌、肱肌。
次要肌肉：旋前圆肌、肱二头肌。
拮 抗 肌：肱三头肌、肘肌。

变式1　环形杠铃锤式弯举

所涉主要肌肉：肱桡肌、肱肌、肱二头肌。
动作要领：使用环形杠铃以掌心相对的握姿做练习既可以锻炼上臂，又可以锻炼前臂。此变式允许使用更大的重量，且握姿与正握杠铃弯举相比更加舒适。

站在地面上，双腿分开以保持平衡。掌心朝下握住杠铃杆并将杠铃稳定在大腿前方，握距与肩宽相同，此时双臂接近伸直。先将杠铃缓缓向上举直至双臂屈曲到最大幅度，再伸直双臂回到起始位置。在将杠铃向上举的前半段吸气并憋住，回到起始位置后呼气。

提示

练习过程中手腕可能会感到不适甚至疼痛，尤其是杠铃较重时。若出现这种情况，可以选择 EZ 杠或者哑铃做练习。

为了避免在目标肌肉疲劳之前出现握力不足的情况，请不要先做需要强握力的练习。例如，如果你要锻炼前臂肌肉，那么在做针对性练习之前，请不要做针对背部肌肉的滑轮下拉练习。

⚠️ **常见错误：** 晃动手臂以借助惯性；向后移动肘部以缩短运动距离。

✱ 因为力量训练的大部分练习都对握力有较高的要求，所以除了屈腕和伸腕，还有必要对手部关节进行锻炼。手部和腕部的骨骼小而脆弱，练习时应十分小心。

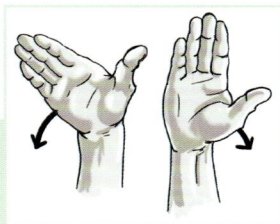

变式2　正握哑铃弯举

所涉主要肌肉： 肱桡肌、肱肌。

动作要领： 动作与正握杠铃弯举基本相同，但此时要使用哑铃做练习。使用哑铃可使姿势更舒适、动作更轻松。此外，哑铃下降时不会触碰到身体，因此动作幅度可以增大。做此变式时最普遍的错误是，在向上举哑铃的过程中使前臂旋外以借助其他肌肉的力量（尤其是疲劳时）。

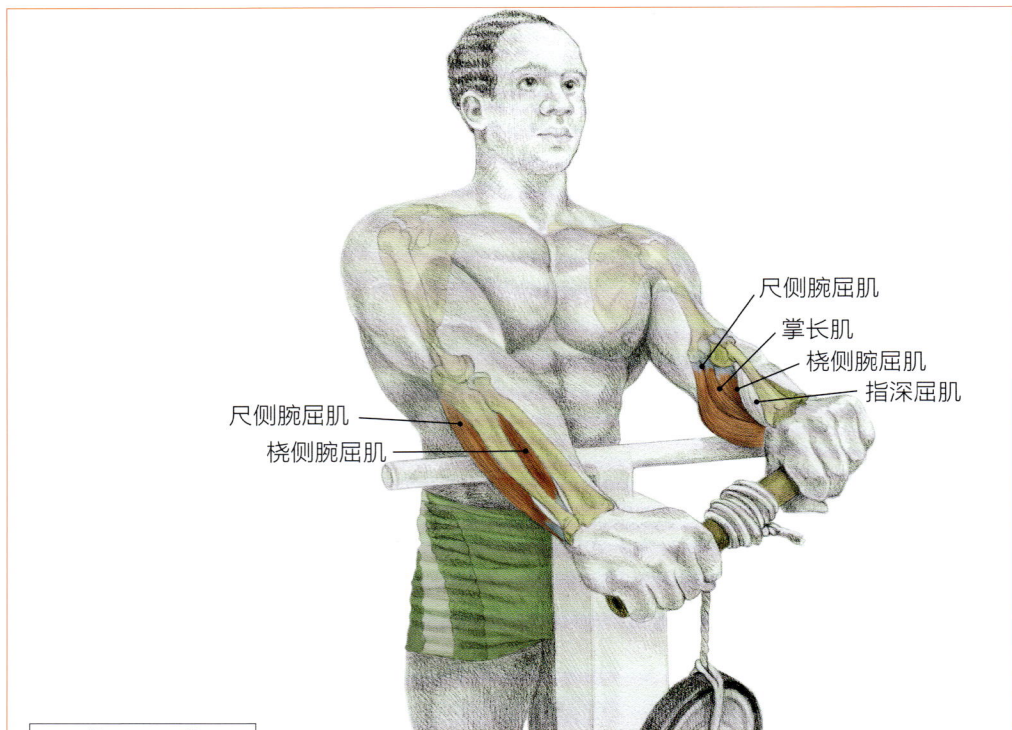

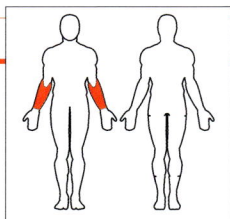

尺侧腕屈肌
掌长肌
桡侧腕屈肌
指深屈肌

尺侧腕屈肌
桡侧腕屈肌

所涉肌肉

主要肌肉：尺侧腕屈肌、桡侧腕屈肌、掌长肌。
次要肌肉：指深屈肌、指浅屈肌、拇长屈肌。
拮抗肌：尺侧腕伸肌、指伸肌。

变式1 逆向手腕滚轴

所涉主要肌肉：桡侧腕长伸肌、桡侧腕短伸肌、示指伸肌、拇长伸肌、小指伸肌。
动作要领：动作与手腕滚轴基本相同，但此变式通过伸腕（使手背向后屈曲，让滚轴逆向旋转）使重物升高。此变式可较好地锻炼腕伸肌。

站在地面上，伸出手臂，使前臂紧贴面前的支撑物，双手掌心朝下握住滚轴。在滚轴上缠绕一根高度与身高差不多的绳子，并在绳子下端绑一块重物。交替屈曲手腕，使滚轴旋转，从而使重物升高。当重物到达最高点时，再以相反的动作使重物慢慢下降。练习时自然呼吸即可。

提示

此练习由健美学家安德里厄推广，它在锻炼前臂的同时还可提高力量和耐力，因为它虽然强度不高，但持续时间很长。需要注意的是，练习时最好将双臂置于有保护作用的垫子上而不是横杆上，以防对参与运动的肌肉造成过大的压力。滚轴越粗，对指屈肌的锻炼效果越好（尽管难以将滚轴完全握住）。

有一种专门做此练习的器械，但在健身房中不太常见。

⚠️ **常见错误：** 重量过大而导致动作不规范；晃动手臂以借助惯性。

✱ 肱桡肌除了可以使前臂屈曲，还可以使前臂从掌心朝上或者掌心朝下的位置回到自然握持（掌心相对）的位置。

变式2　器械手腕滚轴

所涉主要肌肉： 伸腕涉及的肌肉主要有桡侧腕长伸肌、桡侧腕短伸肌、示指伸肌、拇长伸肌和小指伸肌，屈腕时涉及的肌肉主要有尺侧腕屈肌、桡侧腕屈肌、掌长肌和指屈肌。

动作要领： 有一种用于康复训练的器械，可自由调节伸腕和屈腕的阻力，此变式便借助这一器械来完成。手腕滚轴中提到的注意事项也适用于此变式。做此变式时常见的错误是：整条手臂（而非手腕）发力来旋转滚轴。

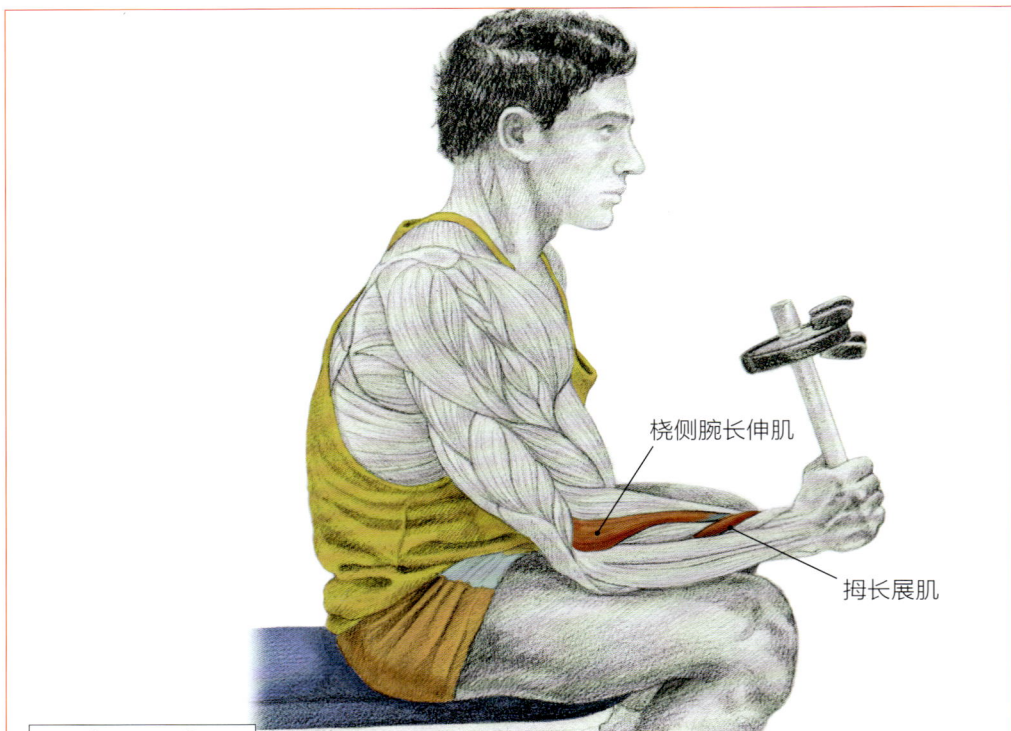

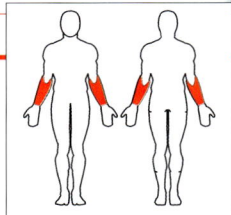

桡侧腕长伸肌

拇长展肌

所涉肌肉

主要肌肉：桡侧腕长伸肌、拇长展肌。
次要肌肉：拇长伸肌、桡侧腕屈肌、拇长屈肌。
拮 抗 肌：尺侧腕伸肌、尺侧腕屈肌。

变式1 仰卧单臂哑铃腕屈伸

所涉主要肌肉：尺侧腕伸肌、尺侧腕屈肌、指伸肌、小指伸肌。

动作要领：为锻炼拮抗肌，要以卧姿做练习。将一条手臂屈曲约90°，以锤式握姿握住哑铃，在此姿势的基础上做屈臂动作，先使哑铃朝着头部方向下降，再将哑铃缓缓举起。请注意做此变式时动作幅度要小，且不宜使用过重的哑铃，以防动作不规范或受伤。

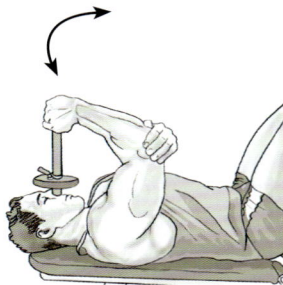

动作要领

坐在健身凳上，使用只有一只哑铃片的哑铃做练习。以锤式握姿握住没有哑铃片的一端，使哑铃垂直于地面。先向下屈曲手腕，使哑铃的一端缓缓向前下降，直至哑铃与地面几乎平行（理论上最好是呈30°），再向上屈曲手腕使哑铃的一端朝前臂的方向上升，直至回到起始位置。练习时自然呼吸即可。

提示

如果你想有针对性地锻炼手部到桡骨之间的单关节肌肉，此练习不失为一个很好的选择。

此练习（包括它的变式）主要用于康复训练、医学治疗和专业的体育训练，大部分人没有必要做此练习。

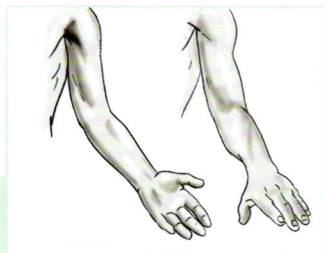

⚠️ **常见错误**：重量过大导致动作不规范；动作幅度过小。

✳ 肘部屈曲时，前臂的旋内和旋外比较容易；肘部伸直时，前臂的旋内和旋外往往伴随着肩部的旋转。

变式2　坐姿单臂哑铃腕旋转

所涉主要肌肉：旋前时涉及的主要肌肉有旋前圆肌、旋前方肌、肱桡肌、桡侧腕屈肌和桡侧腕长伸肌，旋后时涉及的主要肌肉有肱二头肌（尤其是短头）、旋后肌、拇长展肌、拇长伸肌和肱桡肌。

动作要领：先向内旋转手腕使哑铃的一端朝内侧缓缓下降，再向外旋转手腕回到起始位置。参与旋前和旋后的肌肉不需要大量的工作就能保持它们的形态，因此此变式只作为锻炼其他肌肉的一种补充练习。有一种健身房中不太常见、但在康复室中较常见的器械可专门用来做此变式。

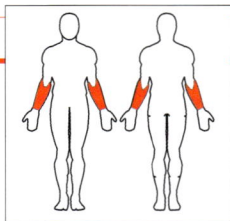

斜方肌

尺侧腕屈肌
桡侧腕屈肌

缝匠肌

股薄肌

内收肌

股四头肌

所涉肌肉

主要肌肉：尺侧腕屈肌、桡侧腕屈肌、掌长肌、指深屈肌、指浅屈肌、拇长屈肌。

次要肌肉：斜方肌、腿部肌肉。

拮 抗 肌：尺侧腕伸肌、指伸肌。

以掌心相对的握姿将两只足够重（重到无法做弯举动作）的哑铃握在身体两侧，并在平地上行走，持续时间根据哑铃的重量不同为1~2分钟。练习时自然呼吸即可。

此练习较少用到，它主要用于锻炼双手的握力，以更好地完成引体向上、划船等练习。

由于做此练习时前臂与双手进行等长收缩，因此训练者要计算的是行走时间而不是动作次数。实际上以行走的方式做练习与在原地做练习没有太大差别，但是以行走的方式做练习可以更好地促进血液循环，并且行走时手臂的摇晃可以提高练习的难度。此练习中的动作与我们日常生活中的一些动作（比如双手提重物行走）相似。

如果你可以持续行走2分钟以上，那么说明你使用的重量过小，应当在下一组练习中增加重量。

⚠ **常见错误：** 重量过大或过小。

第八章

下肢肌群

下肢背面主要肌肉示意图

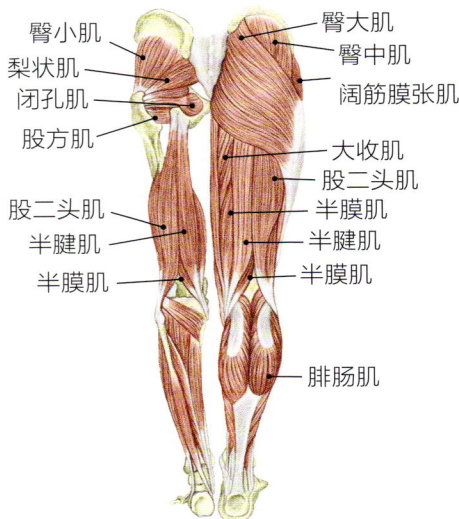

臀小肌
梨状肌
闭孔肌
股方肌
股二头肌
半腱肌
半膜肌

臀大肌
臀中肌
阔筋膜张肌
大收肌
股二头肌
半膜肌
半腱肌
半膜肌
腓肠肌

下肢正面主要肌肉示意图

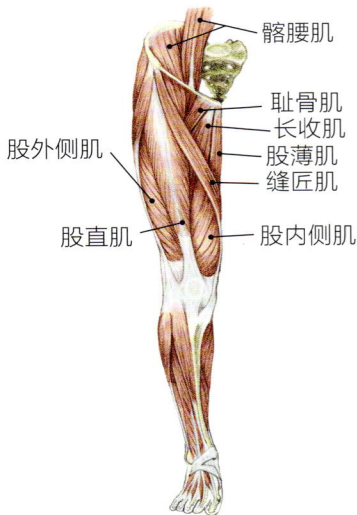

髂腰肌
耻骨肌
长收肌
股薄肌
缝匠肌
股外侧肌
股直肌
股内侧肌

下肢主要肌肉的生物力学介绍

大腿及髋部肌肉

股四头肌（正面浅层肌）

起点： 股四头肌包括股直肌、股中间肌、股外侧肌和股内侧肌。股直肌起自髂前下棘，股中间肌起自股骨体上2/3段，股外侧肌起自股骨粗线外侧唇，股内侧肌起自股骨粗线内侧唇。

止点： 胫骨粗隆。

主要功能： 4个头共同作用时可使膝关节伸展，股直肌可使髋关节前屈（尤其是在膝关节屈曲时），股外侧肌和股内侧肌可协助髌骨移动。

解析： 股外侧肌和股内侧肌是大腿正面的主体部分，较容易辨识。股直肌较特殊，它是双关节肌肉，既参与髋关节的运动又参与膝关节的运动。股四头肌上的肌腱包绕髌骨和胫骨，这就解释了为什么有时候针对股四头肌的练习不足以锻炼整个股四头肌，还需配合深蹲、腿举、登阶等需多关节参与的练习。

股内收肌

起点： 股内收肌包括大收肌、长收肌、短收肌、耻骨肌和股薄肌。大收肌起自耻骨支、坐骨支和坐骨结节，长收肌、短收肌和股薄肌起自耻骨支和坐骨支前面，耻骨肌起自耻骨梳和耻骨上支。

止点： 大收肌止于股骨粗线和内上髁，长收肌和短收肌止于股骨粗线，耻骨肌止于股骨的耻骨肌线，股薄肌止于胫骨上端内侧面。

主要功能： 使髋关节内收和旋外。

解析： 股内收肌是位于大腿内侧的肌群，其最主要的功能是内收大腿，其中起主要作用的是大收肌和长收肌。

髂腰肌（正面深层肌）

起点：髂腰肌包括髂肌和腰大肌，髂肌起自髂窝，腰大肌起自腰椎体侧面和横突。

止点：股骨小转子。

主要功能：使髋关节前屈和旋外；下肢固定时，可使躯干前屈。

解析：如果你想锻炼腹部，请不要混淆髂腰肌和腹部肌肉的工作，以免削弱腹部的力量。髂腰肌过度紧张会导致腰椎凸出（当屈曲躯干时，会引起腰椎后凸；当挺直躯干时，会引起腰椎前凸）和背部疼痛。

缝匠肌（正面浅层肌）

起点：髂前上棘。

止点：胫骨上端内侧面。

主要功能：屈髋和屈膝；使大腿在髋关节处旋外，使小腿在髋关节处旋内。

解析：缝匠肌是一块长且狭窄的多关节肌肉，从髂前上棘一直延伸至胫骨上端内侧面。因为此肌肉非常长且起止点跨度非常大，所以没有针对性的练习来锻炼它，只能在做其他下肢练习时让它自然参与运动。

臀大肌、臀中肌和臀小肌

起点：臀大肌起自骶骨背面、胸腰筋膜、骶结节韧带和髂骨翼外面，臀中肌起自臀前线和臀后线之间的髂骨翼，臀小肌起自臀前线和臀下线之间的髂骨翼。

止点：臀大肌止于髂胫束和股骨臀肌粗隆，臀中肌和臀小肌止于股骨大转子。

主要功能：臀大肌的主要功能为使髋关节伸展和旋外；臀中肌和臀小肌的主要功能为使髋关节外展、旋内、屈曲（臀小肌起主要作用）和旋外（臀中肌起主要作用）。

解析：臀大肌是人体最结实的肌肉之一。人类是使用双腿直立行走的生物，在行走时，臀大肌也会起作用（尽管不是起主要作用）。如果人类不用双腿直立行走，而像其他灵长类动物一样用四肢爬行，那么髋关节和膝关节可能会更好地相互适应，同时相关的肌肉和肌腱也都会发生变化。

腘绳肌（背面浅层肌）

起点：腘绳肌包括股二头肌、半腱肌和半膜肌。股二头肌长头、半腱肌和半膜肌起自坐骨结节，股二头肌短头起自股骨粗线。

止点：股二头肌止于腓骨外侧，半腱肌止于胫骨上端内侧，半膜肌止于胫骨内侧髁后面。

主要功能：伸展髋关节（股二头肌长头、半腱肌和半膜肌起作用，尤其是伸膝时）；屈膝（半腱肌、半膜肌、股二头肌都起作用）；使膝关节（股二头肌的长头和短头起作用）和髋关节（股二头肌长头起作用）旋外；使膝关节和髋关节旋内（半膜肌和半腱肌起作用）。

解析：与股四头肌相比，腘绳肌是经常被忽视的肌肉，因为它不及股四头肌明显。但是想让肌肉整体保持协调，就不可忽视对任何肌肉的锻炼。锻炼腘绳肌可以保护膝关节。

其他肌肉

闭孔外肌：起自闭孔膜外面及其周围骨面，止于转子窝。主要功能是使髋关节旋外。

闭孔内肌：起自闭孔膜内面及其周围骨面，止于转子窝。主要功能是使髋关节旋外。

股方肌：起自坐骨结节，止于转子间嵴和大转子。主要功能是使髋关节旋外。

阔筋膜张肌：起自髂前上棘，止于胫骨外侧髁。主要功能是使髋关节屈曲和旋内。

梨状肌：起自骶骨盆面，止于股骨大转子。主要功能是使髋关节旋外和外展。

孖肌：包括上孖肌和下孖肌，上孖肌起自坐骨棘，下孖肌起自坐骨结节，二者均止于转子窝。主要功能是使髋关节旋外和外展。

小腿及脚部肌肉

胫骨前肌（正面浅层肌）

起点：胫骨外侧面。

止点：内侧楔骨内侧面和第1跖骨底。

主要功能：使踝关节伸展（即背屈）和使足内翻。

解析：小腿正面的肌肉可能是力量训练中最容易被忽视的肌肉，其拮抗肌（通常是腓肠肌）总是能得到更好的锻炼。尽管人体有些部位锻炼量相对偏少是难免的，但无论如何都不要忽视任何一块肌肉。

踇长伸肌（正面深层肌）

起点：腓骨内侧面和小腿骨间膜。

止点：踇趾远节趾骨背面。

主要功能：使足背屈，使跖趾关节和趾骨间关节伸展，也参与伸展膝关节。

趾长伸肌（正面中层肌）

起点：胫骨外上髁、腓骨前缘和小腿骨间膜。

止点：第2~5趾。

主要功能：伸踝关节和伸趾。

腓肠肌（背面浅层肌）

起点：股骨内、外上髁。

止点：跟骨结节。

主要功能：使膝关节和踝关节屈曲，使脚部旋后。

解析：小腿背面的肌肉（腓肠肌和比目鱼肌）比较结实，需要进行高强度、有针对性的训练。在日常的行走和跑步中，也经常会用到这些肌肉。如果想更好地锻炼腓肠肌，训练时应尽量保持腿部伸直，若屈曲腿部，那么比目鱼肌会更多地发力。

比目鱼肌（背面中层肌）

起点：腓骨上端、胫骨腘线和胫骨体后面内侧中1/3段。

止点：跟骨结节。

主要功能：使踝关节屈曲，使脚部旋后。

解析：增加比目鱼肌的体积可能是腓肠肌比比目鱼肌发达的人的目标。与锻炼腓肠肌不同，为了更好地锻炼比目鱼肌，训练时应尽量保持腿部弯曲。尽管腿部伸直时比目鱼肌也参与运动，但大部分的工作都被腓肠肌分担。

其他肌肉

趾短伸肌：起自跟骨，止于第2~5趾的近节趾骨。主要功能是使第2~5趾伸展。

踇短伸肌：起自跟骨，止于踇趾的近节趾骨。主要功能是使踇趾的跖趾关节伸展。

足第1~4骨间背侧肌：起自跖骨相对面，止于第2~4趾的近节趾骨。主要功能是使第2~4趾的跖趾关节屈曲和使第3、4趾外展。

第1~3骨间足底肌：起自第3~5跖骨，止于第3~5趾的近节趾骨。主要功能是使第3~5趾向第2趾靠拢和使第3~5趾的跖趾关节屈曲。

足第1~4蚓状肌：起自趾长屈肌肌腱，止于第2~5趾的近节趾骨和趾背腱膜。主要功能是使第2~5趾的跖趾关节屈曲。

足底方肌：起自跟骨内、外侧面，止于趾长屈肌肌腱。主要功能是使第2~5趾的跖趾关节和趾骨间关节屈曲。

腓骨长肌和腓骨短肌：二者均起自腓骨外侧面，腓骨长肌止于第1跖骨底和内侧楔骨，腓骨短肌止于第5跖骨粗隆。主要功能是使踝关节屈曲和使足外翻。

腘肌：起自股骨外侧髁，止于胫骨比目鱼肌线以上骨面。主要功能是使膝关节屈曲和使小腿旋内。

胫骨后肌：起自胫骨、腓骨和小腿骨间膜的后面，止于舟骨粗隆和内侧、中间及外侧楔骨。主要功能是使踝关节屈曲和使足内翻。

跖肌：起自股骨外侧髁后面，止于跟骨结节。主要功能是使踝关节和膝关节屈曲。

踇长屈肌：起自腓骨背面和小腿骨间膜，止于踇趾的远节趾骨。主要功能是使踝关节屈曲、使足内翻和使第1趾的跖趾关节及趾骨间关节屈曲。

趾长屈肌：起自胫骨后面，止于第2~5趾的远节趾骨。主要功能是使踝关节屈曲、使足内翻和使第2~5趾的跖趾关节屈曲。

踇短屈肌：起自楔骨的足底侧、跟骰足底韧带和胫骨后肌肌腱，止于踇趾的近节趾骨。主要功能是使踇趾的跖趾关节屈曲。

踇收肌：斜头起自骰骨、外侧楔骨、跟骰足底韧带和足底长韧带，横头起自第3~5趾的跖趾关节囊韧带和跖骨深横韧带，止于踇趾的近节趾骨和外侧籽骨。主要功能是使踇趾内收和使踇趾的跖趾关节屈曲。

踇展肌：起自跟骨结节和足底腱膜，止于踇趾的近节趾骨。主要功能是使踇趾外展和使踇趾的跖趾关节屈曲。

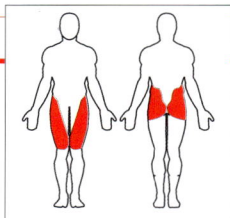

长收肌

股直肌

股外侧肌

股内侧肌

腓肠肌

腓肠肌

所涉肌肉

主要肌肉：股四头肌、臀大肌。
次要肌肉：腘绳肌、股内收肌、腓肠肌、腰椎椎旁肌。
拮 抗 肌：髂腰肌、缝匠肌。

变式1　宽距杠铃深蹲

所涉主要肌肉：股四头肌、臀大肌、腘绳肌、股内收肌。

动作要领：动作与杠铃深蹲基本相同，但此时双腿分开的距离更大。与杠铃深蹲相比，此变式能更好地锻炼股内收肌。

变式2　颈前杠铃深蹲

所涉主要肌肉：股四头肌、臀大肌、腘绳肌。

动作要领：动作与杠铃深蹲基本相同，但此时要将杠铃置于上胸部做练习。做此变式应使用比做杠铃深蹲小的重量，这样可以避免背部前屈，以起到保护背部的作用。做此变式时，股四头肌的紧张程度不比做杠铃深蹲时低。此变式和常规的深蹲练习相比没有绝对优势，因此较少用到。

变式3　单腿杠铃深蹲

所涉主要肌肉：股四头肌、臀大肌、腘绳肌、髂腰肌。

动作要领：动作与杠铃深蹲基本相同，但此时要屈曲一条腿并将脚背置于身后的健身凳上做练习。

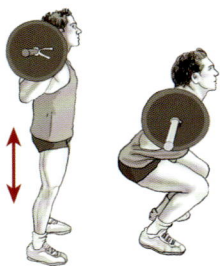

站在地面上，目视前方，双腿分开（间距略大于胯宽），脚尖向外倾斜20°~30°。双手掌心朝前握住杠铃杆，将杠铃举至头后并置于肩上。

先屈膝向下蹲，直至大腿与地面接近平行，再伸直膝盖回到起始位置。在整个过程中，应收紧腹部和腰部肌肉以保持稳定。背部始终挺直，身体可微微前倾以保持平衡。

练习时应尽量避免踮脚，如有困难，可在脚跟下放木楔或者杠铃片。

向下蹲之前深吸一口气并憋住，回到起始位置后呼气。如有必要，可在两次动作之间进行深呼吸。

提示

深蹲是力量训练中最主要、最有效的练习之一。为了避免受伤，此练习对动作技巧的要求也很高。我不建议做膝关节屈曲角度超过120°的深蹲动作，因为这样可能造成韧带松弛、肌腱炎、腘窝囊肿、髌骨软化、半脱位以及其他问题。一般来说，膝关节屈曲的角度越大，或所用重量越大及动作次数越多，潜在的风险就越大。但要想更好地锻炼臀部肌肉，就必须做幅度更大的深蹲，此时建议使用器械做练习或选择合适的变式，以使髋关节（而不是膝关节）屈曲更大的角度。做深蹲时，股直肌的活跃程度低于股外侧肌和股内侧肌，这是因为股直肌为多关节肌肉。改变脚尖的方向或是双脚之间的距离几乎不会对股四头肌的工作造成影响。

建议新手只使用杠铃杆做练习，且在身后放置健身凳，待臀部触碰到健身凳表面时便停止向下蹲（将动作想象成坐到健身凳上，但不要完全坐上去）。还有一种较少用到的、名为"泽奇深蹲"的变式：屈曲手臂，将杠铃夹在前臂和上臂之间做深蹲，但为了防止支撑部位受伤，做此变式时只能使用较小的重量。

> ⚠ **常见错误：** 向前或向后屈曲背部；向下蹲的幅度过大；未在同伴的协助下做大重量练习；向杠铃杆的方向伸展双臂；将杠铃放在骨骼或没有肌肉的部位；向下蹲时跳动；将杠铃放到身体上或从身体上拿下时使背部有不适感；向下蹲时膝盖位置超过脚尖。

变式4　哑铃深蹲

所涉主要肌肉： 股四头肌、臀大肌、腘绳肌。

动作要领： 起始姿势是以掌心相对的握姿将哑铃稳定在躯干两侧。此变式针对的是脊柱有问题的、不能安全使用杠铃做练习的或希望丰富练习种类的训练者。如果你想做强度较高的练习，那么杠铃深蹲是更好的选择。

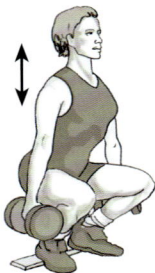

变式5　臀后杠铃深蹲

所涉主要肌肉： 股四头肌、臀大肌。

动作要领： 双手掌心朝后握住杠铃杆并将杠铃置于臀后做练习。在向下蹲的同时踮脚，不要使臀部触碰杠铃杆。此变式对股四头肌的锻炼效果较好，对腘绳肌和股内收肌的锻炼效果则较差。

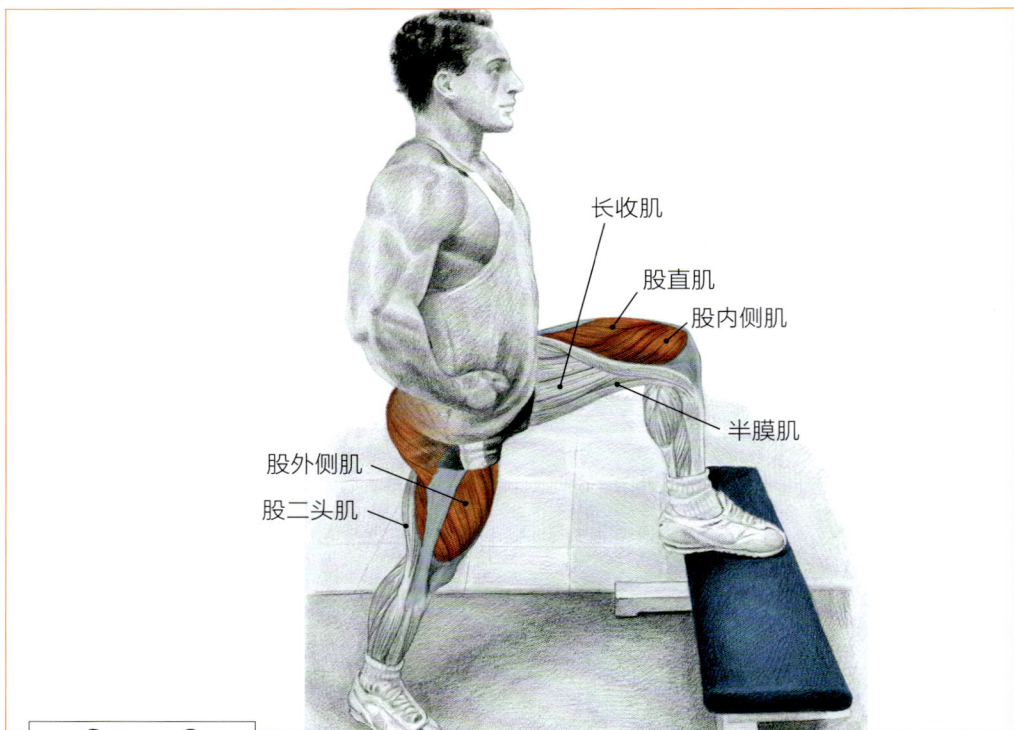

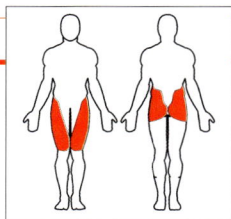

长收肌

股直肌

股内侧肌

半膜肌

股外侧肌

股二头肌

所涉肌肉

主要肌肉：臀大肌、股四头肌。
次要肌肉：腘绳肌、股内收肌。
拮 抗 肌：髂腰肌、缝匠肌。

变式1 单腿哑铃登阶

所涉主要肌肉：臀大肌、股四头肌、腘绳肌。
动作要领：动作与哑铃登阶基本相同，但此时不交换双腿，而是一直使用同一条腿做练习（即哪只脚先踩在台阶上，则用哪只脚下台阶）。理论上讲，这样做会使该条腿一直保持运动，使练习难度提高。做完一组后，换另一条腿重复动作。

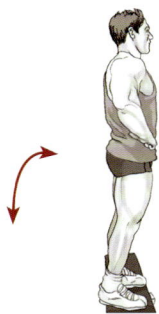

面向比膝盖稍低的台阶（或健身凳）站立，一只手握住哑铃，另一只手置于腰部或支撑物上以保持平衡，一只脚踩在台阶上。台阶上的腿先发力（将全身的重量集中在这条腿上）使整个身体站到台阶上，再换另一只脚下台阶。练习时自然呼吸即可。哑铃较重时，建议在登阶前吸气，回到地面后呼气。做完一组后，换另一条腿重复动作。

提示

此练习比较简单，若动作规范，对臀大肌的锻炼效果可观。新手做这一练习时请勿使用哑铃，而应将双手都置于腰部。爬楼梯（上楼）也是不错的练习，但是省去了动作的离心收缩阶段，而这一阶段的作用不容小觑。

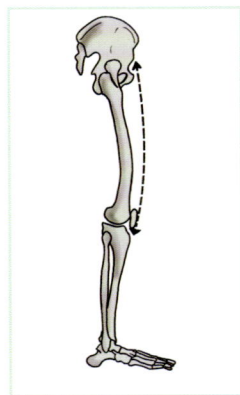

⚠️ **常见错误：** 借助置于支撑物上的手的力量；登阶前跳动以借助惯性；在登阶过程中躯干过于前倾；失去平衡。

变式2　侧向登阶

所涉主要肌肉： 臀大肌、臀中肌、股内收肌、股四头肌、腘绳肌、阔筋膜张肌。

动作要领： 侧对台阶（或健身凳）站立，将靠近台阶的那只脚踩在台阶上。台阶上的腿先发力使整个身体站到台阶上，再换另一只脚下台阶。此变式可更好地锻炼股内收肌。

变式3　完整哑铃登阶

所涉主要肌肉： 股四头肌、臀大肌。

动作要领： 动作与哑铃登阶基本相同，但是当整个身体站到台阶上后，不以相反的动作回到地面，而是越过台阶，落在台阶另一侧的地面。之后再以相反的动作回到起始位置。若动作足够慢，股四头肌会得到强烈收缩。膝盖有问题的训练者请勿做此变式。台阶的高度应低于膝盖。

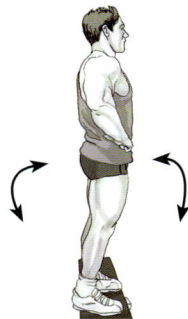

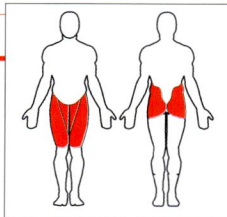

股直肌

股外侧肌

长收肌

股内侧肌

所涉肌肉

主要肌肉：股四头肌、臀大肌、长收肌。
次要肌肉：腘绳肌。
拮 抗 肌：髂腰肌、缝匠肌。

变式1　后退式杠铃弓步深蹲

所涉主要肌肉：臀大肌、股四头肌、股内收肌、腘绳肌。

动作要领：动作与杠铃弓步深蹲基本相同，但此时要将一条腿向后退以完成练习。此变式可更好地锻炼臀大肌（动作标准的前提下）。也可以在腰部绑一根绳子，将身体与低位滑轮相连，但这样通常会引发不适。

站在地面上，身体挺直，双手掌心朝前握住杠铃杆将杠铃举至颈后并置于肩上。先将一条腿向前迈出一大步，并将所有的重量都集中在这条腿上，同时屈曲另一条腿使其逐渐向地面靠近（但不要触碰到地面），直至前面那条腿膝关节屈曲90°。接着，前面那条腿发力，使身体站直回到起始位置。在整个过程中，应始终保持躯干挺直。开始迈腿时吸气，回到起始位置后呼气。

━ 提示 ━

此练习要求训练者具有一定的协调性和平衡性，且不宜使用过大的重量。眼睛看着面前的一个点有助于保持平衡。此练习既可以用杠铃做，也可以用哑铃做。建议新手只使用杠铃杆做练习或进行徒手训练。进行徒手训练时，可将双手置于腰部或向前迈出的那条腿的膝盖上，以减慢下蹲的速度。此练习的效果取决于动作，若迈出的步子较大，则对臀大肌的锻炼效果更好；若步子较小，则对股四头肌的锻炼效果更好。最佳的平衡点为：下蹲时，前面那条腿的膝盖位于脚尖正上方，且脚掌完全撑地。

练习时应当感受到整个脚掌发力，而不仅仅是脚趾发力。

⚠ **常见错误：** 前面那条腿的膝盖的位置超过脚尖；向下蹲时拱背；动作幅度过小。

✱ 如果不得不在同一天进行有氧训练和力量训练，那么最好将二者安排到一天当中的不同时段。如果不得不二者同时进行，那么我建议先进行力量训练，否则疲劳将会对力量训练产生不利影响。在疲劳状态下进行力量训练要比进行有氧训练危险得多。

变式2　前进式杠铃弓步深蹲

所涉主要肌肉： 臀大肌、股四头肌、股内收肌、腘绳肌。

动作要领： 做此变式时要一直向前迈腿，可以在站直时将杠铃垂直举起，从而与后退式杠铃弓步深蹲一样，更好地锻炼臀大肌。最好想象面前的直线上有标记点，通过前进不断地覆盖这些点，同时可以盯着它们以保持平衡。

变式3　侧向杠铃弓步深蹲

所涉主要肌肉： 股四头肌、臀大肌、阔筋膜张肌、臀中肌、股内收肌、腘绳肌。

动作要领： 先向一侧做弓步，回到直立位置后再向另一侧做弓步。与杠铃弓步深蹲相比，此变式对身体协调性的要求更高。

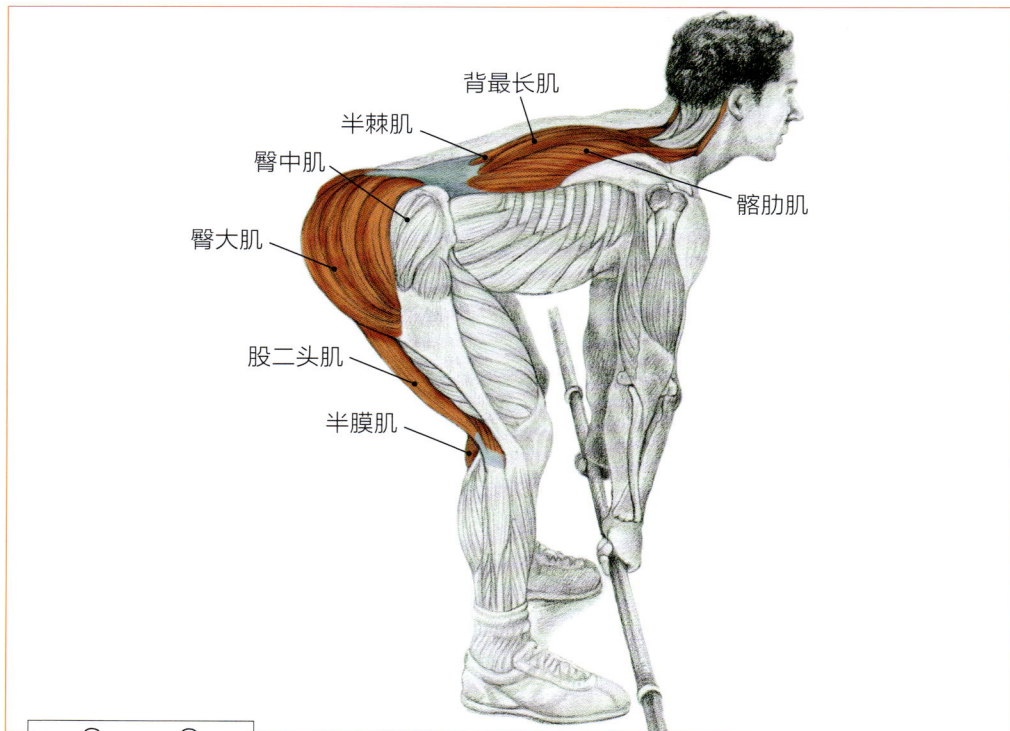

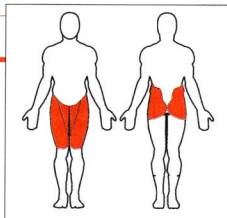

背最长肌
半棘肌
臀中肌
臀大肌
股二头肌
半膜肌
髂肋肌

所涉肌肉

主要肌肉：臀大肌、腘绳肌（半膜肌、半腱肌、股二头肌长头）。

次要肌肉：臀中肌（后部）、大收肌、梨状肌。

拮 抗 肌：髂腰肌、股直肌、阔筋膜张肌、耻骨肌、缝匠肌。

变式1 哑铃直腿硬拉

所涉主要肌肉：臀大肌、腘绳肌（半膜肌、半腱肌、股二头肌长头）。

动作要领：此变式与杠铃直腿硬拉唯一的区别在于使用哑铃做练习。如果只使用一只哑铃，则用双手将其握住。

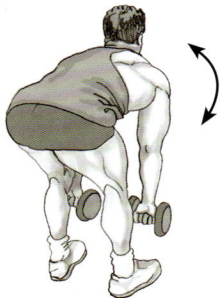

变式2 直腿早安式屈体

所涉主要肌肉：腰大肌、臀大肌、腘绳肌（半膜肌、半腱肌、股二头肌长头）。

动作要领：动作与杠铃直腿硬拉基本相同，但此时要将杠铃杆置于颈后做练习。尽管做此变式时使用的重量很小，但是动作更难，也更危险。

站在地面上，双脚分开，目视前方，双手正握杠铃杆并将杠铃稳定在大腿前方，握距与肩宽相同。先将躯干慢慢向前倾使杠铃下降，直至躯干与地面平行，再挺直躯干回到起始位置。在这个过程中不要使杠铃远离身体，也不要拱背。躯干的前倾角度以杠铃不触碰地面为前提。练习时应重点刺激下肢参与伸展髋关节的肌肉（臀大肌、腘绳肌）而非背部肌肉。在杠铃下降前吸气并憋住，回到起始位置后呼气。做下一次动作前要深呼吸。

提示

硬拉是传统健美练习之一，如果动作规范，可以很好地锻炼腰部、背部和腿部肌肉。但动作技巧掌握得再好也有受伤的风险，因为硬拉会对脊柱造成压力。反握可以避免杠铃滑落，但这样可能会造成前臂肌肉损伤。

硬拉主要分为屈腿硬拉和直腿硬拉（这里"直腿"的意思并不是双腿完全伸直，而是相对屈腿硬拉腿更直一些）。尽管罗马尼亚硬拉允许使用更大的重量，但是对腘绳肌的锻炼效果要逊色一些。

硬拉机在健身房中相当少见，而且也没有特别的优势。

⚠️ **常见错误：** 躯干向前倾时拱背；重量不当；呼吸方式不当。

✳️ 收紧核心肌群的目的是使躯干变成一个可以承受较大重量的坚实"圆柱体"，这可通过以下方法实现：
1. 当练习涉及到身体较脆弱的部位时，先深吸一口气并憋住；
2. 收紧腹部肌肉；
3. 练习全程保持脊柱呈一条直线，并通过收缩腰部肌肉来保证身体自然前倾。

变式3　高处直腿硬拉

所涉主要肌肉： 臀大肌、腘绳肌（半膜肌、半腱肌、股二头肌长头）。

动作要领： 做硬拉时，杠铃片（或没有装杠铃片的杠铃杆）可能会触碰地面，为避免这一问题，可以站在高处（台阶或其他支撑物上）做练习。由于动作幅度增大，做此变式时应当使用比做杠铃直腿硬拉小的重量。当然，如果你想增大髋关节的活动范围并提高腘绳肌的柔韧性，应当做更加专业的拉伸练习。

变式4　反向腿弯举

所涉主要肌肉： 腘绳肌（半膜肌、半腱肌、股二头肌长头）、臀大肌。

动作要领： 跪在平板上，固定脚踝（或让同伴压住）。双手交叉置于胸前，身体自由、缓慢地前倾。也可以抱一块重物以提高练习强度。此变式只适合有经验的训练者。腘绳肌在许多运动中都起重要的离心作用，因此很有必要锻炼这部分肌肉。

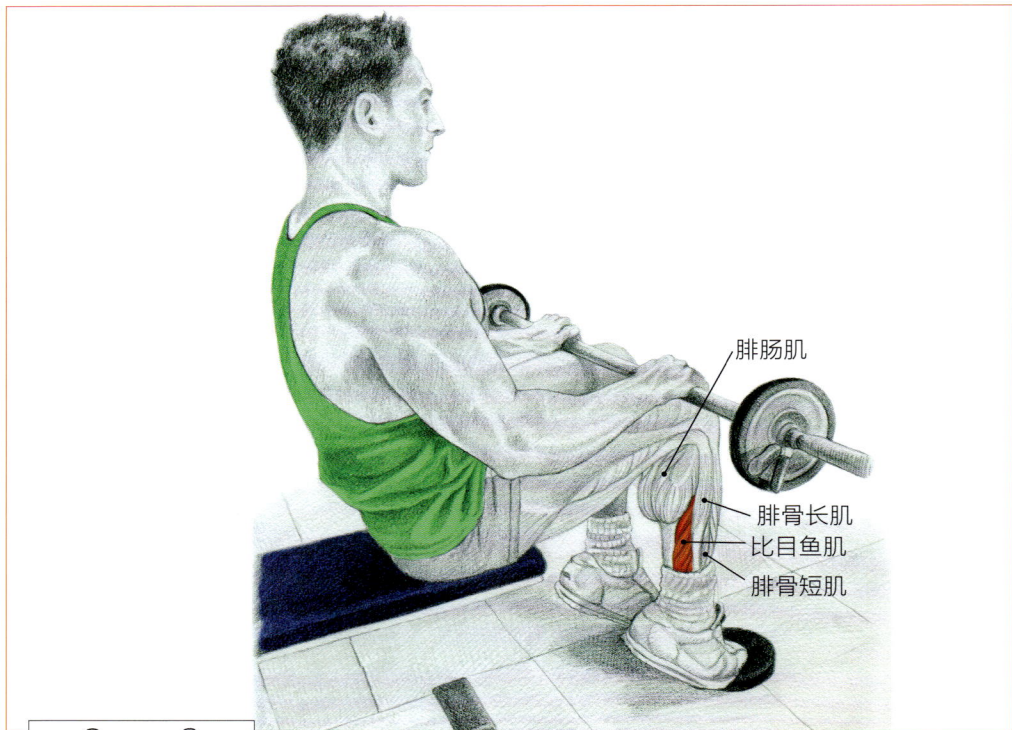

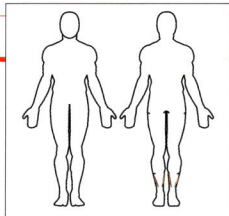

腓肠肌

腓骨长肌
比目鱼肌
腓骨短肌

所涉肌肉

主要肌肉：比目鱼肌。
次要肌肉：腓骨长肌、腓骨短肌、腓肠肌、胫骨后肌、屈趾肌（参与屈趾的肌肉）。
拮 抗 肌：胫骨前肌、伸趾肌。

变式1 坐姿哑铃提踵

所涉主要肌肉：比目鱼肌。
动作要领：动作与坐姿杠铃提踵基本相同，但此时要掌心相对握住哑铃（下端的哑铃片紧贴股四头肌的下部）做练习。有些人喜欢使用哑铃做练习，因为使用哑铃一方面握姿更加舒适，另一方面可以减轻腿部支撑处的压力。

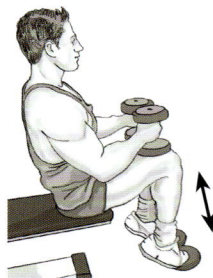

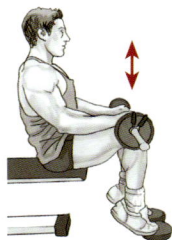

坐在健身凳上，屈膝约90°。双脚前脚掌踩在支撑物上，脚跟悬空，双手正握杠铃杆并使杠铃杆（重量适宜）紧贴股四头肌的下部。先尽可能抬高脚跟，到达最高点后，再放下脚跟回到起始位置。练习时自然呼吸即可。

提示

此练习及其变式是锻炼比目鱼肌最好的练习，因为当膝关节屈曲时，腘绳肌的工作量大大减少。此练习也能锻炼腓骨长肌，尽管这块肌肉比较脆弱。由于比目鱼肌比较结实，负重往往必不可少。建议在脚跟下放一块3~4厘米厚的支撑物，以防脚跟下降到过低位置，这样也可以在拿掉杠铃时，让双脚得到休息。

此练习尤其适合腓肠肌比比目鱼肌发达的人群。

⚠️ **常见错误：** 动作过快；次数过少或重量过小；脚掌支撑面积过小。

✳️ 对大多数力量训练者来说，一天进食5次是最理想的。在这5次进食中，应当摄入3类最基本的营养物质：蛋白质、碳水化合物和脂肪。在任何情况下，高质量的蛋白质都是增肌人群的餐食中必不可少的营养物质。

变式2 坐姿单腿哑铃提踵

所涉主要肌肉： 比目鱼肌。

动作要领： 只使用一只哑铃做单腿提踵练习，做完一组后，换另一条腿重复动作。与坐姿哑铃提踵相比，做此变式时训练者要先集中训练身体的一侧，接着集中训练身体另一侧。

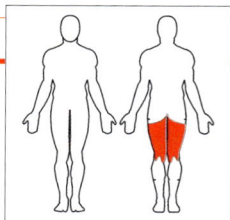

三角肌

肱二头肌

肱肌

肱桡肌

旋前圆肌

肱三头肌

长收肌
缝匠肌
股四头肌
股薄肌

股二头肌长头

半膜肌

腓肠肌

所涉肌肉

主要肌肉：臀大肌、腘绳肌（半膜肌、半腱肌、股二头肌长头）、股四头肌、肱肌、肱桡肌。

次要肌肉：臀中肌（后部）、股内收肌、腓肠肌、旋前圆肌、肱二头肌、三角肌、斜方肌。

拮抗肌：腹直肌、腹内斜肌、腹外斜肌、髂肌、腰大肌、缝匠肌、阔筋膜张肌、耻骨肌、肱三头肌、肘肌。

站在地面上，双脚分开，间距与肩宽相同。屈曲髋关节和膝关节，伸直双臂正握杠铃杆，握距比肩宽稍大，使杠铃杆紧贴小腿下部。抬头挺胸，并保持背部呈直线。动作开始时，肩部应位于杠铃杆正上方。双腿和躯干同时发力，双手将杠铃向上提起，在这个过程中杠铃应始终贴近身体。当杠铃被提至大腿前，且双腿接近伸直时，屈曲双臂并抬高肘部将杠铃向上提至胸部，接着放低并前移肘部以将杠铃放在肩上。整个动作应当一气呵成，在利用惯性的同时使各部位肌肉始终保持紧张。当杠铃到达最高点时，停顿几秒，再以相反的顺序结束动作。由于此练习动作较多、过程较长，因此呼吸分为两个阶段：将杠铃从地面向上提之前吸气并憋住，当杠铃到达最高点后呼气；接着再次吸气并憋住，将杠铃放回地面后呼气。

提示

这是一项经典的高强度练习，适合有经验的训练者，新手请勿做此练习。此练习在举重界一直十分流行，但从几年前开始，它在健美训练或者其他力量训练中就已不再常用。尽管我将此练习作为下肢练习来介绍，但它对其他肌群也有不俗的锻炼效果。因为涉及身体的许多部位，所以此练习可用来提升整体力量，但是动作不当可能会使背部受伤。此练习不会使肌肉膨大，但可以锻炼爆发力、协调性和潜在力量。建议以较少的次数和组数做此练习。

显而易见，此练习是多项练习的组合，包括了硬拉、深蹲、划船（主要锻炼斜方肌）、反向弯举（主要锻炼肱二头肌）。

如果从地面抓取杠铃有困难，可以将杠铃放在支架上，这样一来就省去了动作的起始阶段（这同时也是最易受伤的阶段）。

有一种比较流行的变式：在将杠铃从大腿前举至肩部的过程中保持屈膝的姿势，当杠铃到达肩部后伸直双腿。也可以在常规练习的最后加上推举的动作，即一条腿向后退一步，同时将杠铃向上方推举。抓举的动作和挺举类似，只是省略了将杠铃放在肩上的动作而直接将杠铃举起。

⚠️ **常见错误：** 拱背；重量过大；呼吸方式不当（非常危险）；过多地利用惯性；协调性不足。

223

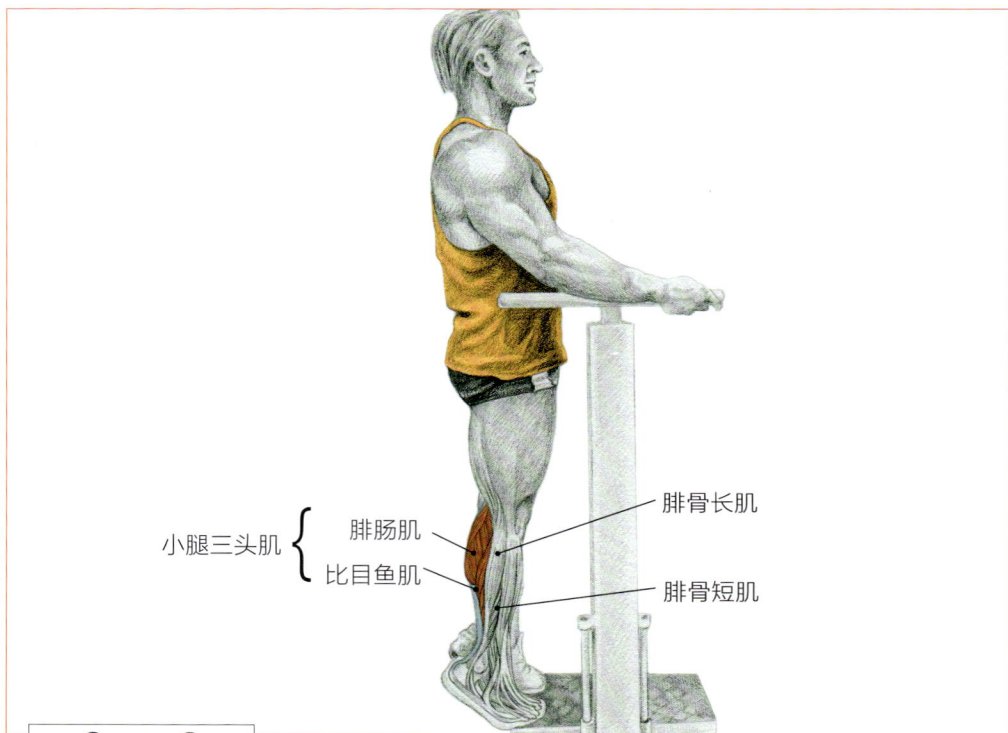

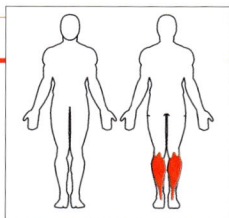

小腿三头肌 { 腓肠肌 · 比目鱼肌

腓骨长肌

腓骨短肌

所涉肌肉

主要肌肉：小腿三头肌。
次要肌肉：腓骨长肌、腓骨短肌、胫骨后肌、趾长屈肌。
拮 抗 肌：胫骨前肌、伸趾肌（参与伸趾的肌肉）。

变式1　站姿单腿提踵

所涉主要肌肉：小腿三头肌。
动作要领：此变式的强度介于站姿提踵和负重提踵之间，因为此时要用一条腿的力量抬起整个身体。

变式2　骑驴提踵

所涉主要肌肉：小腿三头肌。
动作要领：做此变式时，要将躯干向前倾，并用双手抓住面前的支撑物以保持平衡。躯干前倾角度（通常在90°~110°之间）的微小改变不会影响小腿三头肌的工作。也可以让同伴骑在你的臀部（注意不是背部）以增加负重。

动作要领

双脚分开站在台阶上，脚间距大约与臀宽相同，脚掌置于台阶边缘处，脚跟下降到尽可能低的位置。先踮脚使脚跟抬高，并且整个身体也随之抬到尽可能高的位置，再慢慢放下脚跟回到起始位置。练习时自然呼吸即可。也可在身体下降时吸气，提踵到最高点时呼气。

提示

小腿三头肌十分发达且不易疲劳，因此在行走和跑步时起到十分重要的作用。此练习涉及的次要肌肉跟小腿三头肌比起来脆弱得多。此外，做此练习时小腿起到二级杠杆的作用，这在人体中并不常见。

有些人错误地认为脚尖朝内或朝外能更好地锻炼腓肠肌的外侧或内侧，但这种情况只有在脚尖旋转幅度较小时才可能实现，且练习时只能使用很小的重量，否则十分危险。旋转脚尖不会改变小腿三头肌的整体工作，因为旋转的是髋关节而不是膝关节（膝关节在伸直时无法旋转）。

我建议不要旋转或倾斜脚部，而应使脚掌保持在自然的运动范围内。

最好在脚跟下放一块3～4厘米厚的支撑物，以防脚跟下降到过低位置导致身体失衡。

⚠ **常见错误：** 动作过快；次数过少或重量过小；脚掌支撑面积过小；旋转或倾斜脚部。

✱ 力量训练中有一条亘古不变的原则：肌肉在习惯了一定的重量之后，如果继续以这一重量做练习，肌肉的力量将不再增强。换句话说，如果你几个星期以来一直维持相同的训练强度，肌肉的力量不会发生改变。很多训练者忽略了这一事实，试图增强力量却日复一日使用相同的重量做练习。

变式3　15次接力提踵

所涉主要肌肉： 小腿三头肌。

动作要领： 此变式通过双腿接力提踵来提高肌肉的力量和耐力。一条腿先完成一次提踵动作，另一条腿悬空，接着换另一条腿完成一次提踵动作。随后，第一条腿完成两次动作，再换到另一条腿，同样完成两次动作，以此类推，直到两条腿各完成15次动作。之后做倒序练习，直到两条腿各完成一次动作。这种交换练习方式可以锻炼许多肌群（比如股二头肌肌群）。之所以把这项练习放在这一部分，是因为小腿三头肌起的作用最大。你如果觉得练习有难度，可以将次数减少到8次。

变式4　负重提踵

所涉主要肌肉： 小腿三头肌。

动作要领： 动作与站姿提踵基本相同，但此时要在腰部绑一块重物做练习。此变式与骑驴提踵的锻炼效果相似，它的优势在于，练习时可以自由选择重物的重量。请注意，重量过大会使腰部受伤。

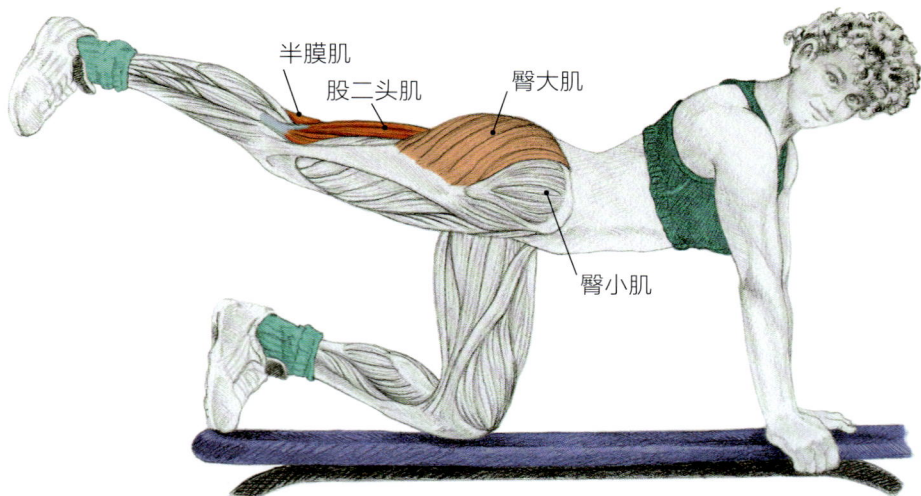

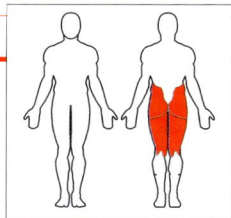

半膜肌

股二头肌

臀大肌

臀小肌

所涉肌肉

主要肌肉：半膜肌、半腱肌、股二头肌长头。
次要肌肉：臀大肌、臀中肌（后部）、臀小肌、大收肌、梨状肌、股方肌。
拮 抗 肌：髂腰肌、缝匠肌、股直肌。

变式1 俯卧平板后踢腿

所涉主要肌肉：臀大肌、腘绳肌、腰部肌肉。
动作要领：上身俯卧在健身凳上，胸部和腹部紧贴健身凳，双臂环抱健身凳，双腿屈曲并完全位于健身凳外。先伸直并抬高双腿，再屈曲双腿回到起始位置。

此变式比跪姿后踢腿的要求更高，但是臀大肌没有更加强烈的收缩感。此变式的难点在于，要使腰部肌肉进行强烈的等长收缩以保持稳定。

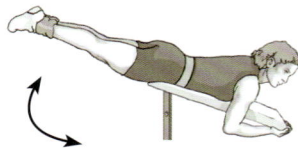

动作要领

四肢（膝盖和双手或者双肘）撑在健身凳上，躯干与地面接近平行。先抬起一条腿使其向后上方移动并伸直，直至其与躯干在一条直线上，再将其收至腹部下方。练习过程中不要过度屈曲背部。用双肘支撑身体可使练习更加容易。练习时自然呼吸即可。还有一种更加舒适的呼吸方式：放下腿时吸气，抬腿的后半段呼气。由于此练习强度不高，因此呼吸方式没有那么重要。

提示

此练习比较简单，适合新手。由于参与运动的肌肉比较结实（是人体最结实的肌群之一），练习时常常需要在脚踝处绑沙袋，否则臀部肌肉几乎感受不到压力。做此练习时，腘绳肌起到重要作用，臀大肌只起到协助作用。如果在动作过程中始终保持膝关节屈曲（不将腿伸直），臀大肌的作用将增大。若其他肌肉都能正常工作，那么臀小肌几乎不参与运动。有些人认为，做此练习可以减少锻炼部位的脂肪，这个观点是不正确的。

⚠️ **常见错误：** 收回腿时动作幅度过大；抬腿时过度屈曲背部；动作幅度过小或次数过少。

✳️ 脂肪团是皮下脂肪组织异常沉积造成的，主要原因是营养摄入不当和久坐不动。长期的运动和科学的饮食可以明显地改善脂肪堆积问题。当然，最好能做到防患于未然。遗憾的是，力量训练对减少脂肪团几乎没有作用，你需要做的是在生活方式上做出全面的改变。

变式2　跪姿半后踢腿

所涉主要肌肉： 臀大肌、腘绳肌。
动作要领： 与跪姿后踢腿相比，这一变式在收回腿时动作幅度较小，这样可以更好地锻炼目标肌肉，因为它们始终需要对抗重力。

屈腿时，臀大肌的作用更重要；伸腿时，腘绳肌的作用更重要。

变式3　臀桥

所涉主要肌肉： 臀大肌、腘绳肌、腰部肌肉。
动作要领： 仰卧在地面上，双脚脚掌撑地，双腿屈曲。先慢慢抬高臀部（即伸展髋关节），直至背部、臀部和大腿都悬空，只有双脚和肩部以上支撑在地面上，再慢慢放下臀部回到起始位置。此变式比较简单，适合新手，也可以用于热身。出于舒适和安全考虑，做此变式时请勿负重。为加大难度，可以将一条腿伸直，仅将一条腿支撑在地面上。

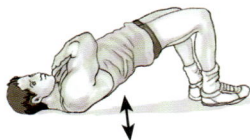

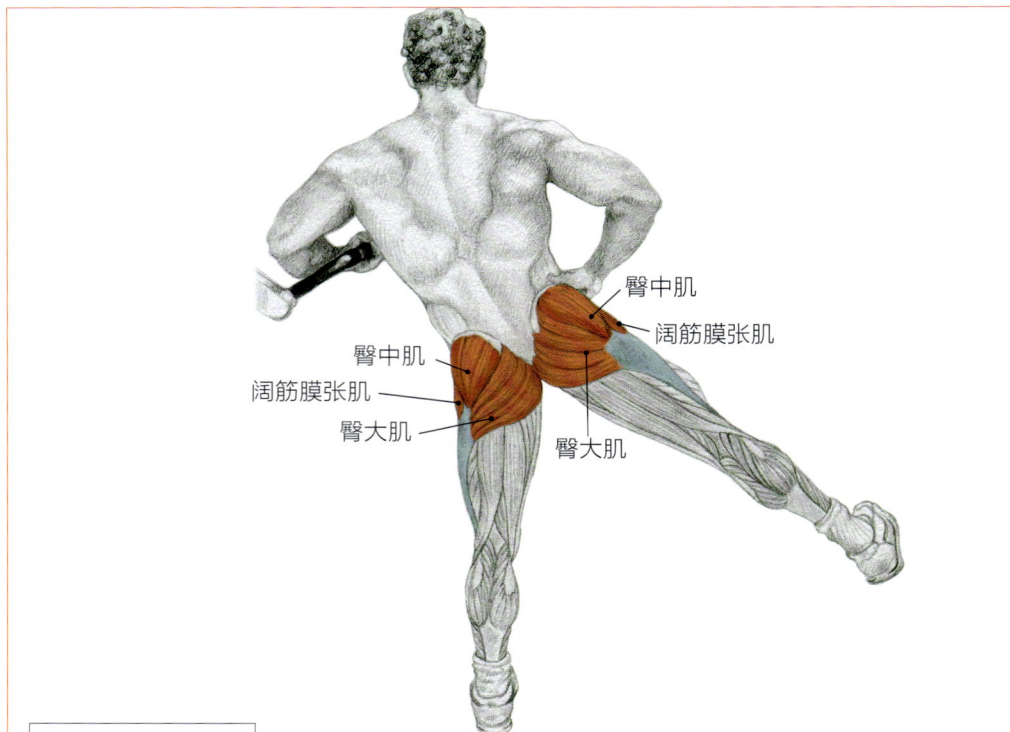

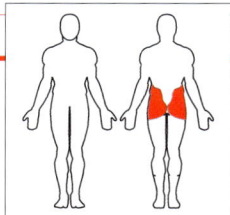

臀中肌

阔筋膜张肌

臀中肌

阔筋膜张肌

臀大肌

臀大肌

—— 所涉肌肉 ——

主要肌肉：臀中肌、阔筋膜张肌、臀大肌。
次要肌肉：臀小肌、梨状肌、闭孔内肌、上孖肌、下孖肌、腓肠肌、缝匠肌。
拮 抗 肌：股内收肌、耻骨肌。

变式1　侧卧直腿外展

所涉主要肌肉：臀中肌、臀大肌、阔筋膜张肌。

动作要领：侧卧在健身凳上做练习，腿部动作与站姿直腿外展基本相同。外展上面的那条腿，但是请注意不要弯腰，以防动作变形和受伤。以侧卧的姿势做练习可以保证受训腿始终对抗重力，从而得到持久的收缩；而以站姿做练习时，当受训腿内收至比较低的位置时几乎不用对抗重力。建议做此变式时在脚踝处绑沙袋。

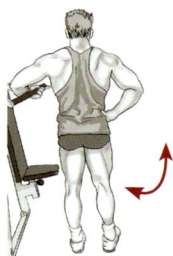

站在地面上，双腿微微分开（或并拢），一只手抓住身体一侧的支撑物以保持平衡。先将外侧的那条腿外展至尽可能高的位置（保持躯干稳定），再将腿收回（但不要落地）。将腿外展时吸气，将腿收回时呼气。

提示

此练习比较简单，适合新手。腿部外展的最大幅度取决于臀部骨骼的位置，这因人而异，注意请勿每一次都将腿外展至最大幅度，以免受伤。与跪姿后踢腿一样，此练习也无法改善锻炼部位脂肪堆积的问题。由于强度较低，这一类不负重的上下摆动练习对需要进行康复训练或年纪较大的训练者比较有效，对其他人作用不大。建议在脚踝处绑沙袋以提高练习的强度。此练习的变式强度较高。

> ⚠ **常见错误：** 将腿收回时脚碰到地面并趁机休息；向侧面倾斜躯干以将腿部外展至更高的位置；外展时将腿向前移动而不是向侧面移动；多次将腿外展至最大幅度。

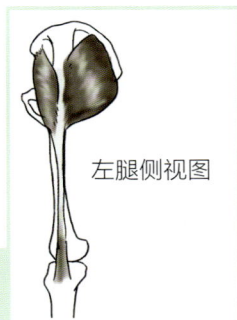

左腿侧视图

❋ 阔筋膜张肌是重要的协同肌，它可以协助臀中肌稳定骨盆。

变式2　侧卧屈腿外展

所涉主要肌肉： 臀中肌、阔筋膜张肌、臀大肌、股方肌、闭孔内肌。

动作要领： 动作与侧卧直腿外展基本相同，但要将腿屈曲90°做练习。这样做可以使腿在外展的同时旋外，因而参与旋外的肌肉也能得到锻炼。

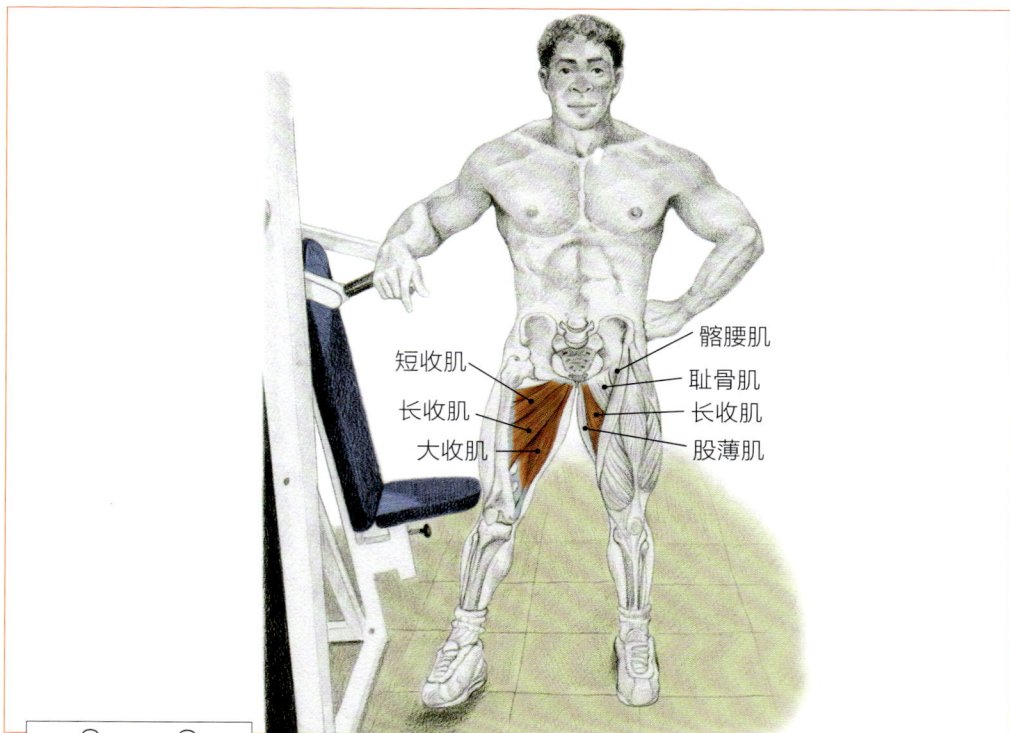

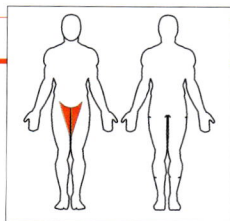

短收肌

长收肌

大收肌

髂腰肌

耻骨肌

长收肌

股薄肌

所涉肌肉

主要肌肉：股内收肌。

次要肌肉：臀大肌（深层）、股薄肌、耻骨肌、股方肌、闭孔外肌、髂腰肌、腘绳肌（主要为半腱肌）。

拮抗肌：臀中肌、阔筋膜张肌、臀大肌。

变式1 侧卧直腿内收

所涉主要肌肉：股内收肌、髂腰肌。

动作要领：侧卧在地面或健身凳上做练习。下侧腿为受训腿，上下运动，上侧脚掌撑在地面或健身凳上，腰部微微屈曲。以侧卧的姿势做练习可以使受训腿始终对抗重力，而以站姿做练习时，在动作的最低点受训腿几乎不受重力影响。此变式可更好地锻炼髂腰肌。建议做此变式时在脚踝处绑沙袋。

站在地面上，一只手扶住身体一侧的支撑物以保持平衡。先将一条腿在体前尽可能向对侧收拢，再将腿收回（但不落地）。在整个过程中，躯干应始终保持稳定。练习时自然呼吸即可。也可在将腿向对侧收拢时吸气，将腿收回时呼气。做完一组后，换另一条腿重复动作。

提示

此练习同样比较简单，适合新手。建议在脚踝处绑沙袋以提高练习的强度，尽管如此，此练习的强度仍然较低，因此可以采用卧姿或使用固定器械做练习。这一类不负重的腿部内收练习对需要进行康复训练或年纪较大的训练者比较有效。做此练习时，一条腿可能会碰到另一条腿，因此在练习开始时应将支撑腿置于靠后一些的位置以留出空间。

⚠ **常见错误：** 晃腿以借助惯性。

✳ 韧带和软骨在保护膝关节方面起着关键作用。一些运动（如足球、滑雪、网球、武术）会导致膝关节损伤，即使是有经验的运动员也难以避免。

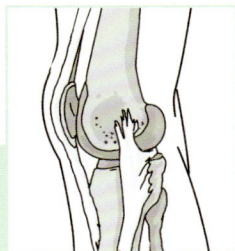

变式2　剪刀腿练习

所涉主要肌肉： 股内收肌、耻骨肌、上孖肌、下孖肌、髂腰肌、股直肌。

动作要领： 仰卧在地面（或健身凳）上，双腿并拢并抬起（臀部不要离地）直至与地面垂直，双手放在身体两侧的地面上以保持稳定。先外展双腿直至达到身体柔韧性允许的最大幅度，再内收双腿回到起始位置。此变式非常有效。做此变式时，臀部的屈肌进行等长收缩，以支持双腿不落下。建议做此变式时在脚踝处绑沙袋。

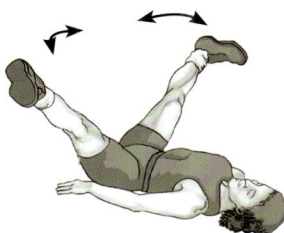

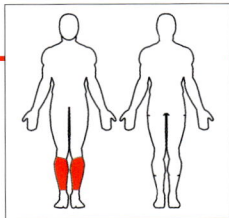

所涉肌肉

主要肌肉：胫骨前肌、趾长伸肌。
次要肌肉：跨长伸肌。
拮 抗 肌：小腿三头肌。

动作要领

坐在健身凳上，屈膝约90°，在脚跟下放一个低矮的支撑物，并将一只杠铃片或其他类似的重物放在脚尖上。先将脚背屈至最大角度（以脚跟为支点抬脚），停顿片刻后回到起始位置。练习时自然呼吸即可。

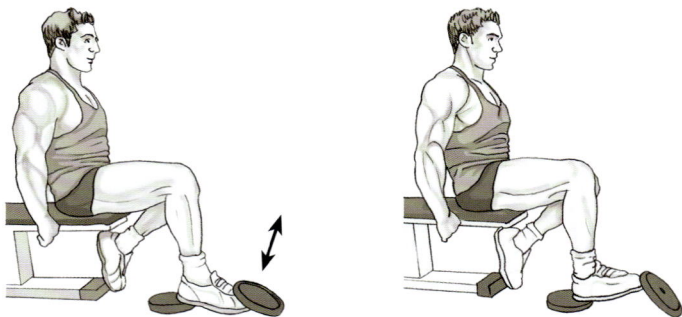

提示

此练习较少用到，一般用来锻炼不及小腿三头肌发达的脚部肌肉。使用滑轮做脚背屈练习会更加舒适且有效。

⚠️ **常见错误：**动作幅度过小；动作过快。

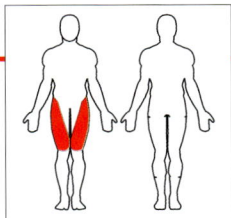

所涉肌肉

主要肌肉：股四头肌。
次要肌肉：臀大肌、腓肠肌。
拮 抗 肌：髂肌、腰大肌、缝匠肌。

动作要领

　　站在地面上，双脚分开，间距与臀宽相同。一只手抓住身体一侧的支撑物，另一只手握住一只哑铃片并将其置于胸前。先大幅度屈膝深蹲，同时使躯干向后屈曲并抬起脚跟。接着伸展膝关节回到起始位置。在整个过程中，要保持腰部、臀部、大腿在一条直线上。在动作的上升阶段，应当朝前上方发力，而不仅仅是上方，且应集中刺激股四头肌。开始向下蹲时吸气，回到起始位置后呼气。

提示

　　此练习强度较高、难度较大，适合有经验的训练者。也可不拿哑铃片，仅将手置于腰部以降低练习强度。尽管此练习与常规练习相比没有绝对优势，但是可用来丰富练习的种类。膝关节有问题者请勿做此练习。做此练习时起主要作用的肌肉为股四头肌，股内收肌和腘绳肌起协同作用。

⚠ **常见错误**：屈曲髋关节而将动作做成经典的深蹲；未集中刺激股四头肌。

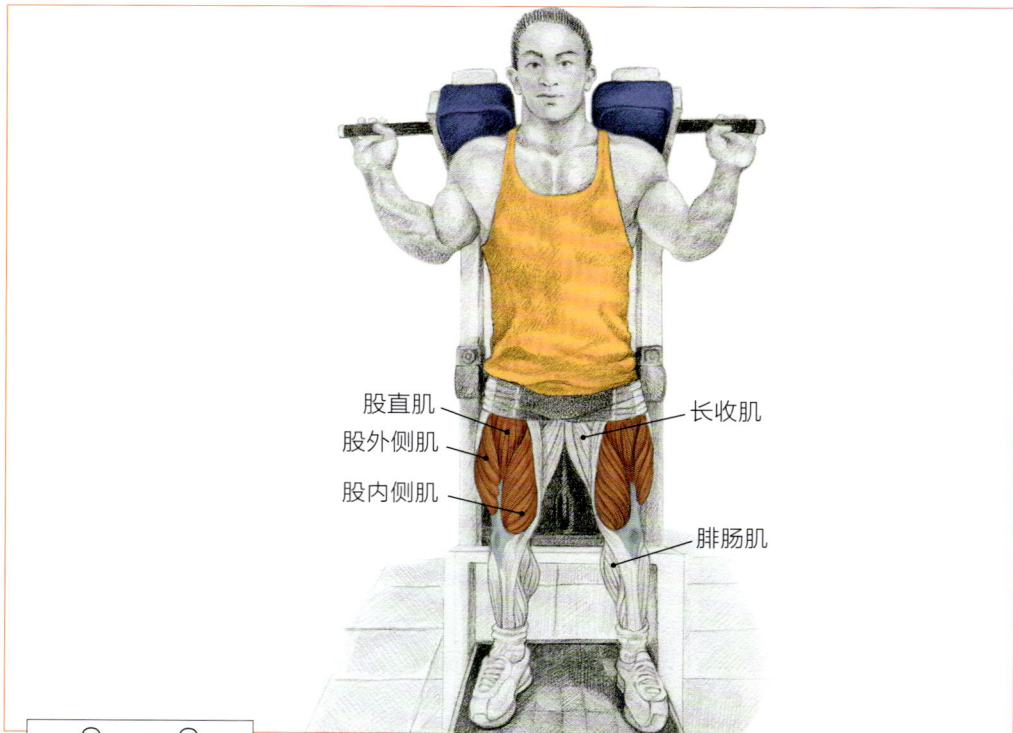

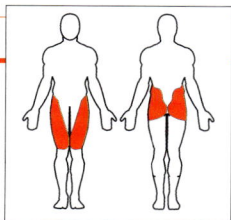

股直肌
股外侧肌
股内侧肌

长收肌

腓肠肌

所涉肌肉

主要肌肉：股四头肌、臀大肌。
次要肌肉：腘绳肌、股内收肌、腓肠肌。
拮抗肌：髂肌、腰大肌、缝匠肌。

变式1　双脚前移式史密斯机深蹲

所涉主要肌肉：臀大肌、股四头肌、股内收肌、腘绳肌。

动作要领：动作与雪橇深蹲基本相同，但此时要像做杠铃深蹲那样推举杠铃，且双脚的位置比较靠前（不用担心身体有向后倒的危险）。用史密斯机做练习时，可以将注意力集中在动作本身，而不用担心失去平衡。此外，将双脚前移可以更好地锻炼臀大肌并减轻髌骨的压力，因为膝关节的屈曲角度不会过大。尽管史密斯机提高了练习的安全性，但请注意练习时千万不要松开杠铃。

直立，目视前方，双脚脚尖向外倾斜20°～30°，间距比臀宽稍大。肩部紧贴器械的靠垫下方，双臂屈曲、双手抓住两侧的握杆。

先屈膝向下蹲，直至大腿与地面接近平行，再伸直双腿回到起始位置。在这个过程中，腰部和腹部应始终保持收紧状态，背部应比做杠铃深蹲时挺得更直，但手臂姿势不变，器械随着身体的移动下降和上升。

练习时应尽量避免踮脚，如有困难，可在脚跟下放木楔或其他类似物体。

开始向下蹲时深吸气并憋住，回到起始位置后呼气。如有需要，可以在做下一次练习前深呼吸。

提示

此练习的效果与杠铃深蹲相似。因为不必担心平衡问题，所以训练者可以将背挺得更直，从而减轻腰部的压力。此练习是锻炼腿部肌肉（尤其是股四头肌）和臀部肌肉的主要练习，可使用较大的重量来做。想要做深蹲练习的新手可以通过做此练习打好基础，但要注意循序渐进。另外，千万不要在双腿伸直且膝关节锁定时支撑杠铃，也不要使膝关节屈曲超过120°。

> ⚠️ **常见错误：** 屈曲躯干并使背部不适；重量较大时蹲得过低；在双腿伸直且膝关节锁定时支撑杠铃（此时是韧带在支撑重量，而不是肌肉）；双腿发力不均衡。

> ✳ 臀大肌是人体最大、最结实的肌肉，因此应使用较大的重量来锻炼。值得一提的是，在行走时臀大肌几乎不工作。

变式2 双脚后移式史密斯机深蹲

所涉主要肌肉： 股四头肌、臀大肌、股内收肌、腘绳肌。

动作要领： 变式1中的注意事项皆适用于此，但此时要将双脚置于躯干所在的垂直线。如有需要，可在脚跟下放木楔或其他类似物体，以防脚跟悬空。此变式可以更好地锻炼股四头肌，但同时膝盖和脚踝的压力也更大，因此通常不建议做。如果你仍想做此变式，我建议只做完整深蹲动作的1/3，这样可以使膝盖的压力保持在合理的范围之内。

变式3 体前史密斯机深蹲

所涉主要肌肉： 股四头肌、臀大肌、股内收肌。

动作要领： 前臂交叉将杠铃放在肩上，同时鼓起胸腔，抬高肘部。做此变式时要使用较小的重量，以免背部向前屈曲，从而导致背部受伤。此变式的姿势不太舒适，并且会使肩部产生疼痛感，因此较少用到。

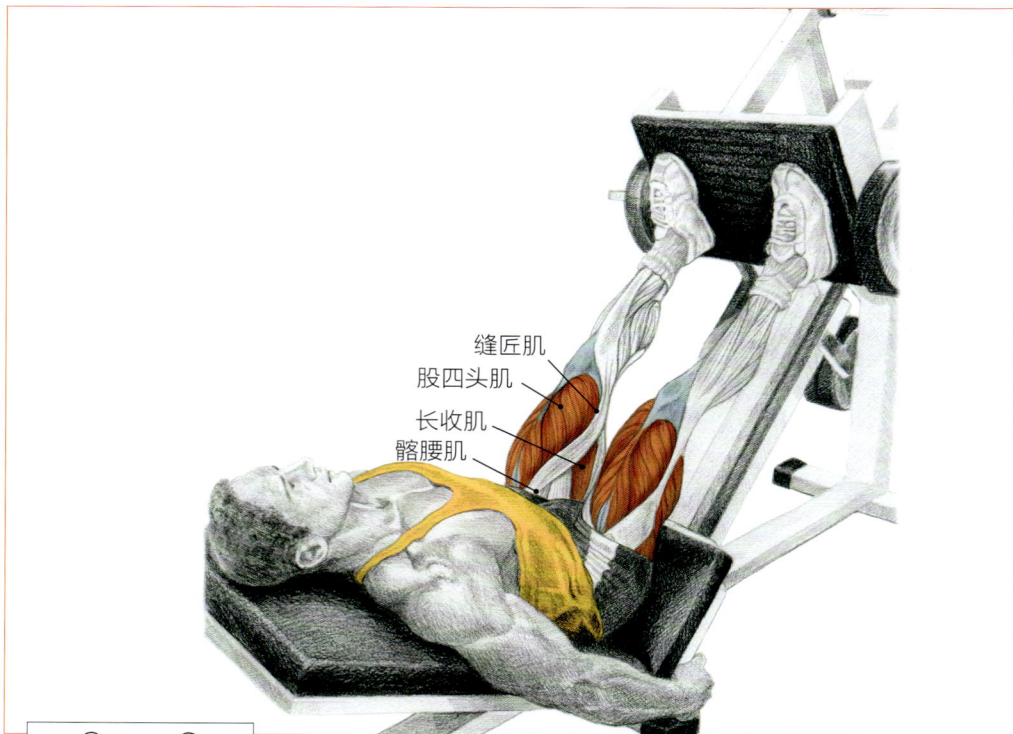

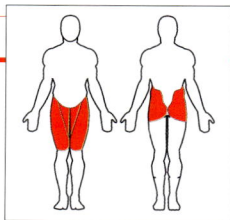

缝匠肌
股四头肌
长收肌
髂腰肌

所涉肌肉

主要肌肉：股四头肌、臀大肌、股内收肌。
次要肌肉：腘绳肌。
拮 抗 肌：髂腰肌、缝匠肌。

变式1　上侧腿举

所涉主要肌肉：臀大肌、股四头肌、股内收肌、腘绳肌。

动作要领：将双脚置于踏板的上部可以将很大一部分力量转移至臀部肌肉上（由于髋关节的屈曲）。有些研究表明，此变式对腘绳肌的作用很小，尤其是所用重量较小时。关于股直肌在此变式中的作用存在争议，但可以肯定的是，它不是起最大作用的肌肉。此变式不容易伤及膝盖，这一点要优于其他腿举练习，但还是应注意不要将臀部从座椅上抬起。

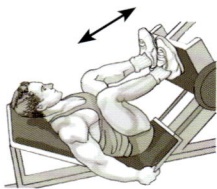

变式2　下侧腿举

所涉主要肌肉：股四头肌、臀大肌、股内收肌、腘绳肌。

动作要领：将双脚置于踏板的下部做练习。有些研究表明，与做腿举相比，做此变式时长收肌的作用减弱，股二头肌的作用增强，同时股四头肌起到更加重要的作用，但脚踝和膝盖会受到压力。因此，通常不建议做此变式，或者至少应当避免膝盖过度屈曲。

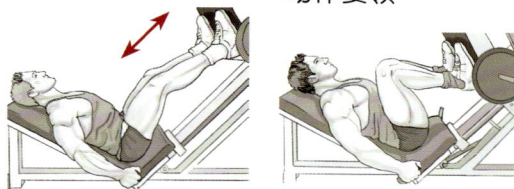

丛在倾斜的腿举机的座椅上，背部和臀部紧贴靠背，双脚置于踏板上，间距比臀宽稍大，脚尖微微朝外。在将踏板轻轻推起并使用重量释放装置之后，先屈膝使踏板下降，直至大腿靠近躯干，注意不要将臀部从座椅上抬起。接着双腿缓缓发力将踏板推起，直至双腿接近伸直。在踏板下降的前1/3段吸气，到达动作最高点后呼气。

提示

此练习允许使用大重量来做，它主要锻炼股四头肌（尤其是股外侧肌），也可锻炼臀大肌、股内收肌和腘绳肌。就整体效果而言，此练习不及深蹲，但是对腿部肌肉的锻炼还是十分有效的。相比于深蹲，此练习的优势为：使身体避免失衡，在做强度较高的练习时可以用手协助以减轻压力。做此练习时背部不易受伤，且增大和减小重量更加快捷。新手可以很快地增大重量，这有利于提高训练积极性。

建议不要将膝关节完全伸直或屈曲，不要让膝盖朝两侧移动，也不要让臀部从座椅上抬起（大腿不要触碰到躯干）。

练习时请勿使双腿过度远离或并拢，以免膝盖偏离自然的运动轨迹。尽管有不少相反观点，但我还是要强调：姿势的细微改变几乎不会对股四头肌和股内收肌的工作造成影响。

做强度较高的练习会导致乳酸堆积，同时还会伴随急促的呼吸，如果呼吸频率降低，就意味着可以做下一组练习了。

> ⚠️ **常见错误：**屈膝时抬起臀部；膝关节完全伸直（膝关节锁定）；动作幅度过大或过小；重量过大或过小；双腿发力不均衡。

变式3　哈克腿举

所涉主要肌肉：股四头肌、股内收肌、臀大肌。

动作要领：站在哈克机上，背部紧贴倾斜的靠背，双肩置于靠垫下。此变式比经典的深蹲更加安全，当屈膝使身体下降时，背部不要屈曲也不要离开靠背。此变式可有效地锻炼股四头肌，尤其是股外侧肌和股中间肌，腘绳肌则起次要作用。如果想更好地锻炼股直肌，可将双脚置于较靠后的位置，但是这样会给膝关节带来较大的压力。设计不当的器械会阻碍脚部前移，而使屈膝时膝盖的位置超过脚尖，产生较大的压力。

变式4　垂直腿举

所涉主要肌肉：股四头肌、臀大肌、腘绳肌、股内收肌。

动作要领：尽管垂直腿举机所占空间较小，但现在已经不常用了。它可以使双腿做垂直推举动作。练习时应特别注意不要屈曲背部，也不要将臀部从地面抬起。很明显，和常规的腿举相比，做此变式时双腿需要更多地发力，同时心脏的工作强度也更高，以将血液输送到参与运动的肌肉中。

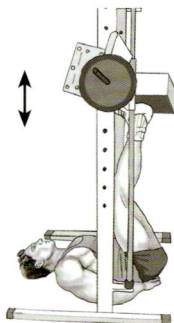

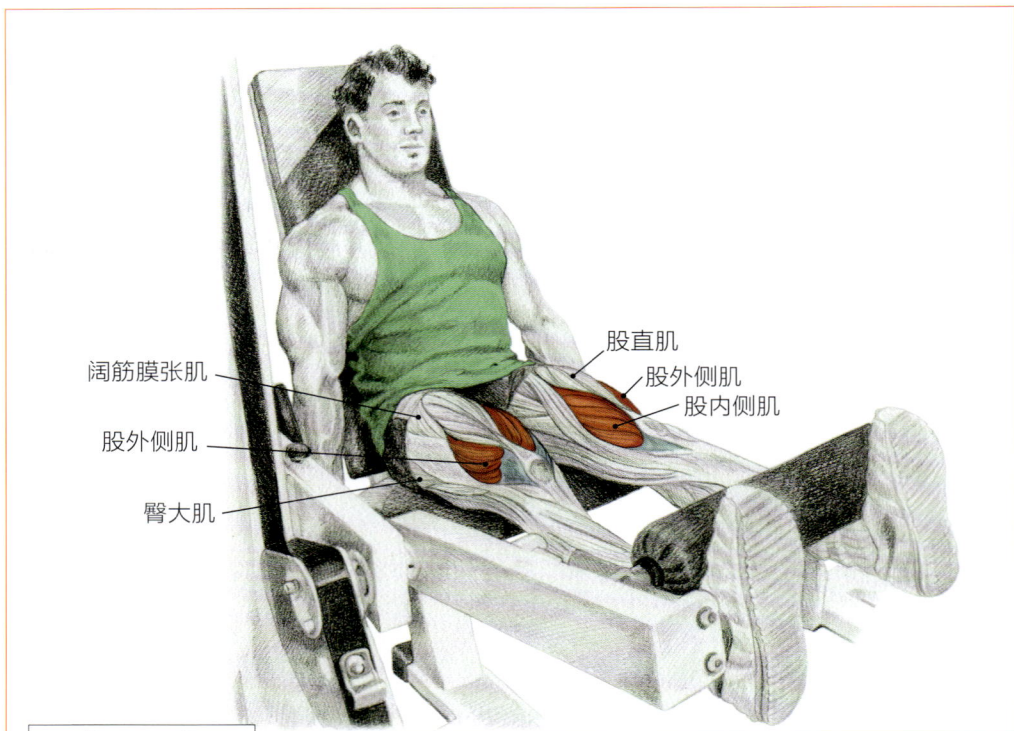

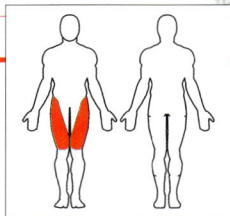

阔筋膜张肌

股直肌

股外侧肌

股内侧肌

股外侧肌

臀大肌

所涉肌肉

主要肌肉：股内侧肌、股外侧肌、股中间肌。
次要肌肉：股直肌、阔筋膜张肌、臀大肌。
拮抗肌：腘绳肌、股二头肌短头、股薄肌、缝匠肌、腓肠肌。

变式1 脚尖朝内式腿部伸展机练习

所涉主要肌肉：股四头肌。

动作要领：练习时只能使用较小的重量。脚尖朝内并使大腿的中部紧贴座椅，这样可以使股外侧肌更多地发力，其他肌肉的工作量则相对减少。

此变式仅用于有膝盖韧带薄弱、膝盖骨向内偏斜（不太常见）等症状的人进行恢复训练。请记住，膝盖骨容易向外脱臼，尤其是在过度伸展的情况下，因此练习时要注意安全。通常不建议做此变式。

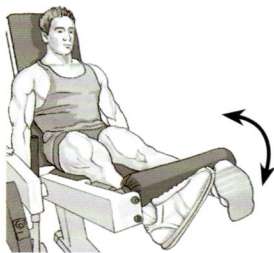

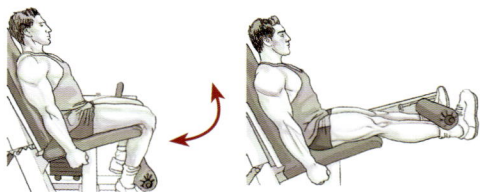

动作要领

坐在腿部伸展机的座椅上，将脚踝置于支撑轴下，膝盖的背面置于座椅的边缘处。先将双腿从弯曲90°的位置抬起，直至接近伸直，接着缓缓放下双腿（离心收缩）回到起始位置。在做强度较高的练习或进行康复训练时，请勿过度屈膝以免给膝关节造成压力。抬起双腿时吸气，放下双腿后呼气。

提示

此练习对锻炼股四头肌十分有效，可以使你在受伤风险较小的前提下获得相对较好的锻炼效果。即便如此，它还是不足以替代深蹲、腿举以及其他类似练习，通常应该在完成深蹲、腿举等练习之后再做腿部伸展机练习。

股四头肌中3块单关节的肌肉总是协同工作，其中股外侧肌的收缩最强。至于股直肌（双关节肌肉），你可以通过加大座椅靠背向后倾斜的角度（使髋关节伸展）来提高其参与度。有些腿部伸展机允许以站姿或双腿交替做练习。有些器械设有手动的重量释放装置，避免你在练习开始和即将结束时受伤。在做大重量练习时请避免过度屈曲膝关节，否则很危险。

> ⚠️ **常见错误：** 动作过快以借助惯性；膝关节过度屈曲；移动腿部的同时旋转臀部或膝盖。

> ✳️ 股四头肌中的股直肌是双关节肌肉，简单的腿部伸展练习不足以锻炼到它，因此，若想全面锻炼股四头肌，必须佐以各种复合练习。

变式2　脚尖朝外式腿部伸展机练习

所涉主要肌肉： 股四头肌。

动作要领： 练习时不宜使用较大的重量且只能在专业人士的指导下做。脚尖朝外可以使股中间肌更多地发力，股外侧肌的工作量则相对减少。

此变式仅用于某些疾病的康复训练。因为股外侧肌较脆弱，而做此变式时股外侧肌受到的压力较小，所以伸展腿部时膝盖骨不容易向外脱臼。

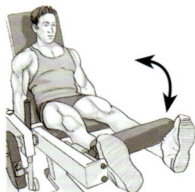

变式3　腿部伸展机单腿练习

所涉主要肌肉： 股四头肌。

动作要领： 动作与腿部伸展机练习基本相同，但此时先锻炼一条腿，接着锻炼另一条腿。可以完成一组练习之后换腿，也可以每完成一次动作换一次腿（双腿都能得到短暂的休息）。此变式对肌肉的要求与腿部伸展机练习没有差别，但比较适用于康复训练。此外，与做腿部伸展机练习相比，做此变式可以避免双腿发力不均衡的情况。

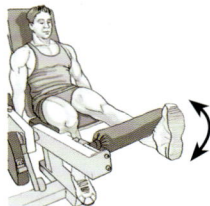

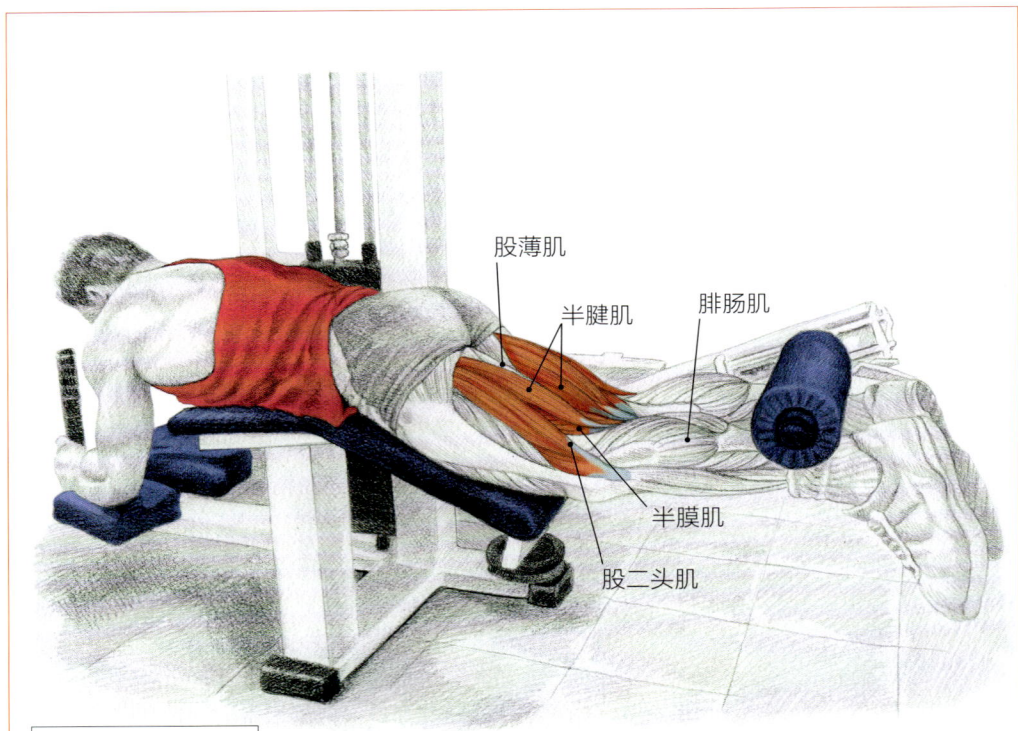

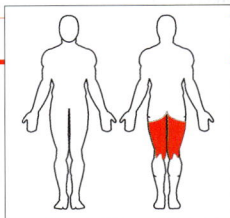

股薄肌

半腱肌

腓肠肌

半膜肌

股二头肌

所涉肌肉

主要肌肉：腘绳肌。
次要肌肉：股薄肌、缝匠肌、腓肠肌、腘肌。
拮 抗 肌：股四头肌。

变式1　脚尖朝内式器械腿弯举

所涉主要肌肉：腘绳肌。
动作要领：在所用重量较小的情况下，可以使脚尖朝内并且使小腿的侧面紧贴支撑轴，从而集中刺激半膜肌和半腱肌，尽管实际练习中所有肌肉都参与工作。

变式2　脚尖朝外式器械腿弯举

所涉主要肌肉：腘绳肌、股二头肌短头。
动作要领：用脚尖朝外的姿势做练习可以集中刺激股二头肌。

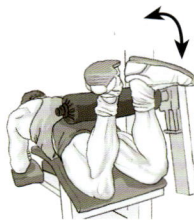

变式3　站姿器械单腿弯举

所涉主要肌肉：股二头肌短头、腘肌、腘绳肌。
动作要领：以站姿做练习躯干挺直，双手扶住器械一只脚置于支撑轴下。

俯卧在一端微微向下倾斜的平板上（髋关节微微屈曲），双手抓住面前的握柄以保持平衡。将跟腱置于支撑轴下，脚背朝向地面，膝盖置于平板边缘处。先从双腿接近伸直的姿势开始尽可能缓慢地向上抬起小腿，再伸直双腿回到起始位置。练习过程中应注意，无论如何不要将双腿完全伸直。向上抬腿时吸气，完成伸展动作后呼气。

提示

此练习是锻炼腘绳肌效果很好的练习。腘绳肌的重要性不亚于股四头肌，尽管它比股四头肌脆弱。有些训练者在练习时会不自觉地背屈脚踝，以使腓肠肌协助屈膝，从而更轻松地举起重量，这是不正确的。如果你想避免背屈脚踝（以更好地锻炼大腿的背面），应当保证在练习开始前使脚背朝向地面且在整个过程中不要改变脚部的姿势。设计合理的器械允许训练者调整平板的倾斜角度以屈曲髋关节，在拉伸腘绳肌的同时，还可以起到减轻股直肌和腰部肌肉压力的作用。髋关节的屈曲角度越大，膝关节的屈曲角度就越大。

上下器械时应微微屈膝。在负重时将双腿完全伸直以及腿部动作过猛是非常危险的，因此我建议控制住双腿缓慢地做练习。若动作规范，比练习没有太大的危险。

> ⚠️ **常见错误：** 动作幅度过大；向上抬腿时动作过快（借助惯性）；未将膝盖置于平板边缘处；上下器械时伸直膝关节；下降时未控制住双腿。

> ✳ 硬拉对腘绳肌的锻炼效果并不比腿弯举或腿部屈伸练习好（不管是卧姿还是站姿），尽管腿弯举或腿部屈伸练习使用的重量较小。虽然硬拉允许使用更大的重量，但是腿弯举针对性更强，安全性更高。

变式4　器械单腿弯举

所涉主要肌肉： 腘绳肌、股二头肌短头。

动作要领： 动作与俯卧器械腿弯举基本相同，但此时先锻炼一条腿，接着锻炼另一条腿。可以完成一组练习之后换腿，也可以每完成一次动作换一次腿（受训腿能得到短暂的休息）。此变式优于同时锻炼双腿的练习。

变式5　坐姿器械腿弯举

所涉主要肌肉： 腘绳肌、股二头肌短头。

动作要领： 将下方的支撑轴置于脚跟后，并在大腿上放一个支撑轴。有研究表明，与做俯卧器械腿弯举相比，做此变式时缝匠肌的工作量增加，股二头肌的工作量则相对减少。

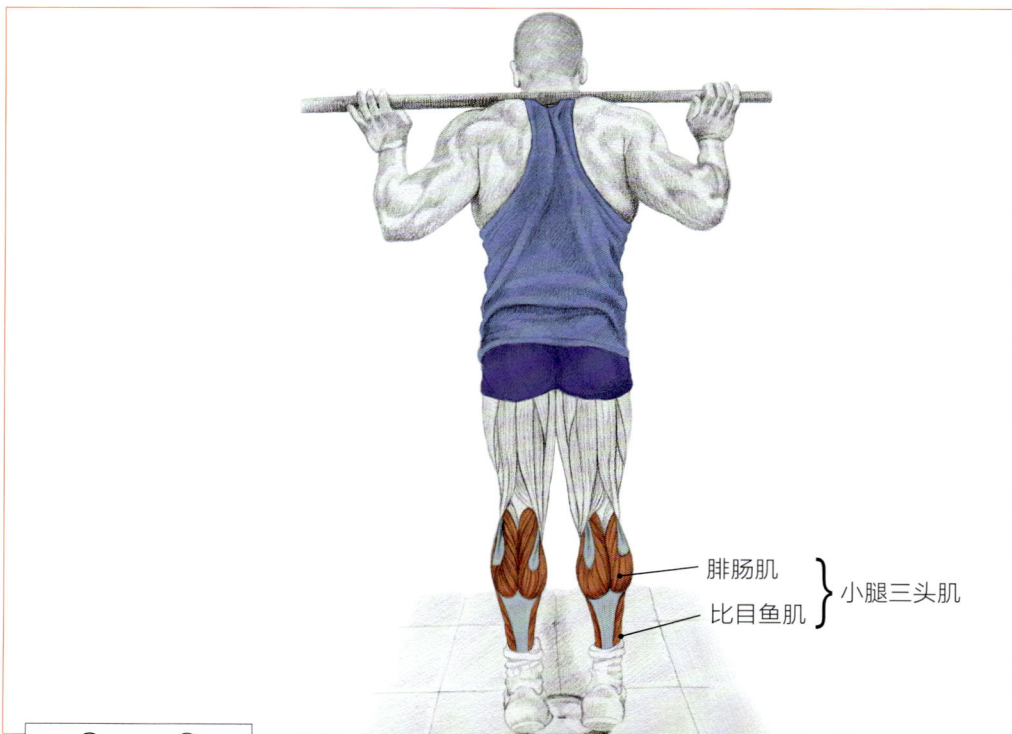

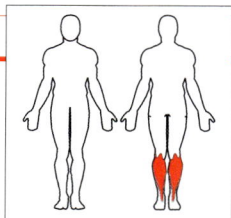

器械杠铃提踵

腓肠肌
比目鱼肌
} 小腿三头肌

所涉肌肉

主要肌肉：小腿三头肌。
次要肌肉：腓骨长肌、腓骨短肌、趾长屈肌、胫骨后肌。
拮 抗 肌：胫骨前肌、伸趾肌。

变式1 　脚尖朝内式器械杠铃提踵	变式2 　脚尖朝外式器械杠铃提踵
所涉主要肌肉：小腿三头肌。	**所涉主要肌肉**：小腿三头肌。
动作要领：为了更好地锻炼腓肠肌外侧，做器械杠铃提踵时可以旋转脚踝使脚尖朝内。此变式只可使用较小的重量来做，且只适合腓肠肌欠发达的人。	**动作要领**：为了更好地锻炼腓肠肌内侧，做器械杠铃提踵时可以旋转脚踝使脚尖朝外。同样，此变式只可使用较小的重量来做，且只适合腓肠肌欠发达的人。

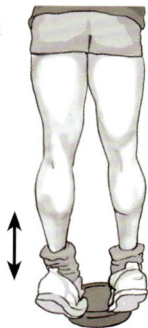

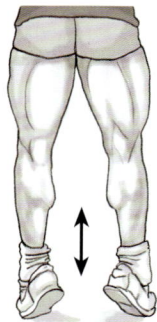

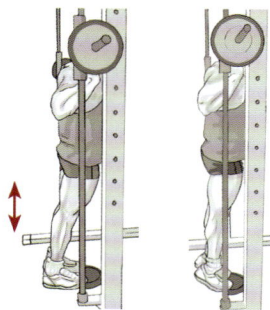

站在支撑物上，将前脚掌置于支撑物边缘，双脚间距与臀宽相同，屈曲双臂将杠铃置于肩部。先脚掌发力抬起脚跟，从而使整个身体抬起至尽可能高的位置，再放下脚跟回到起始位置。在整个过程中不要改变手臂姿势，并且尽量不要屈膝。练习时自然呼吸即可。

提示

与十分发达的小腿三头肌相比，此练习所锻炼的次要肌肉要脆弱得多。要强调的是，有些人错误地认为，做此练习时旋转脚踝使脚尖朝内或朝外能更好地锻炼腓肠肌的外侧或内侧。事实上，这种情况只有在脚踝旋转幅度较小时才能实现，否则有可能受伤，因为旋转脚踝时随之旋转的是髋骨而不是膝盖（膝盖伸直时无法旋转）。

有各种各样的器械（比如反向哈克机）可以用于锻炼腓肠肌，但使用这些器械锻炼的效果没有明显差别。

⚠️ **常见错误：** 未控制住动作而使动作过猛；次数过少；重量过大；完成练习后一只脚先离开支撑物（请注意应先屈膝并移除杠铃，再离开支撑物）；脚掌的支撑面积过小。

✳️ 与上身或手臂训练一样，将腿部训练分散到不同训练日进行也十分有效。当然，你也可以单独抽出一天的时间进行腿部训练。

变式3　器械骑驴提踵

所涉主要肌肉： 小腿三头肌。

动作要领： 屈曲髋关节，将重物放在臀部，同时手扶支撑物以保持平衡。尽管有些研究表明，做此变式时肌肉的工作与做器械杠铃提踵时相比发生了改变，但我认为躯干的姿势不会影响小腿三头肌的工作。请注意在离开支撑物之前先移除重物。

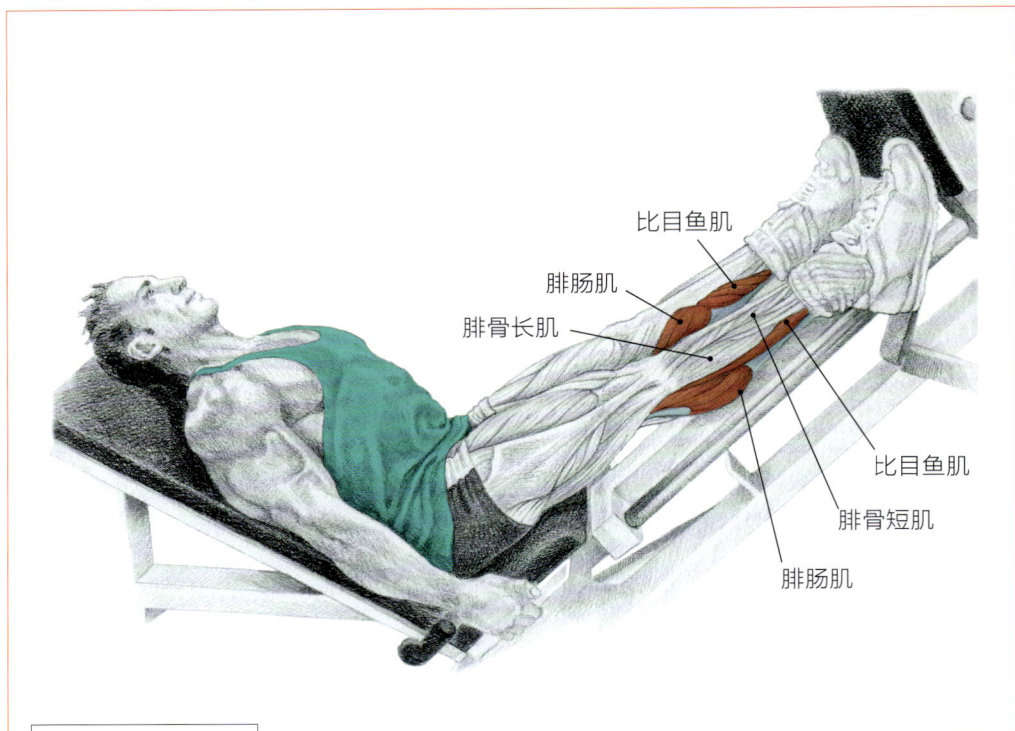

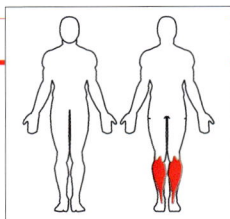

比目鱼肌
腓肠肌
腓骨长肌
比目鱼肌
腓骨短肌
腓肠肌

所涉肌肉

主要肌肉：小腿三头肌。
次要肌肉：腓骨长肌、腓骨短肌、趾长屈肌、胫骨后肌。
拮 抗 肌：胫骨前肌、伸趾肌。

变式1　仰卧小腿推举

所涉主要肌肉：小腿三头肌。

动作要领：动作与小腿推举基本相同，但此时要仰卧在训练器的水平凳面上做练习。此变式的优点是，练习时可以很好地控制动作节奏，允许进行慢节奏运动。此外，它可以使你在保持动作标准的同时保证背部的安全，是大重量练习的不错的选择。

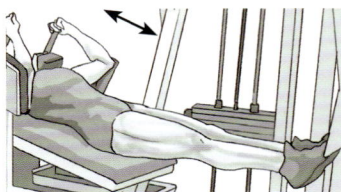

坐在倾斜的腿举机的座椅上（背部紧贴靠背），将前脚掌支撑在踏板上，微微屈膝以免受伤。先尽可能大幅度地伸展小腿使脚背绷直，将踏板向前推，再屈曲脚背回到起始位置。练习结束后，先屈膝再移除踏板，最后移开双脚。练习时自然呼吸即可。

■ 提示 ■

尽管随着膝关节屈曲角度增大，腓肠肌的工作量会逐渐减少，但在做大重量练习时，这样做可以避免膝盖处的韧带承担重量。微微屈膝使膝盖周围的肌肉收缩可以防止膝盖受伤。至于脚尖朝外还是朝内，请参见器械杠铃提踵。

总的来说，此练习的效果并不比站姿提踵好。

⚠ **常见错误：** 动作过猛（没有控制住动作节奏）；次数过少；重量过大；脚掌支撑在踏板上的面积过小（有滑落的危险）。

✳ 右图为杠杆种类示意图。

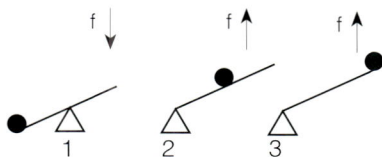

f 压力
● 重量
△ 支点

1   2   3

变式2　屈膝小腿推举

所涉主要肌肉： 比目鱼肌。

动作要领： 此变式难度较大，较少用到。动作与小腿推举基本相同，但此时膝盖要保持弯曲状态，以更好地锻炼比目鱼肌。将双手放在大腿上或用双手抓住座椅边缘有利于保持稳定。

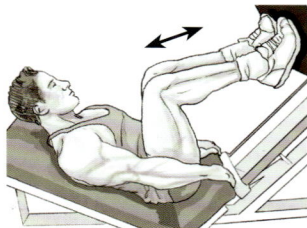

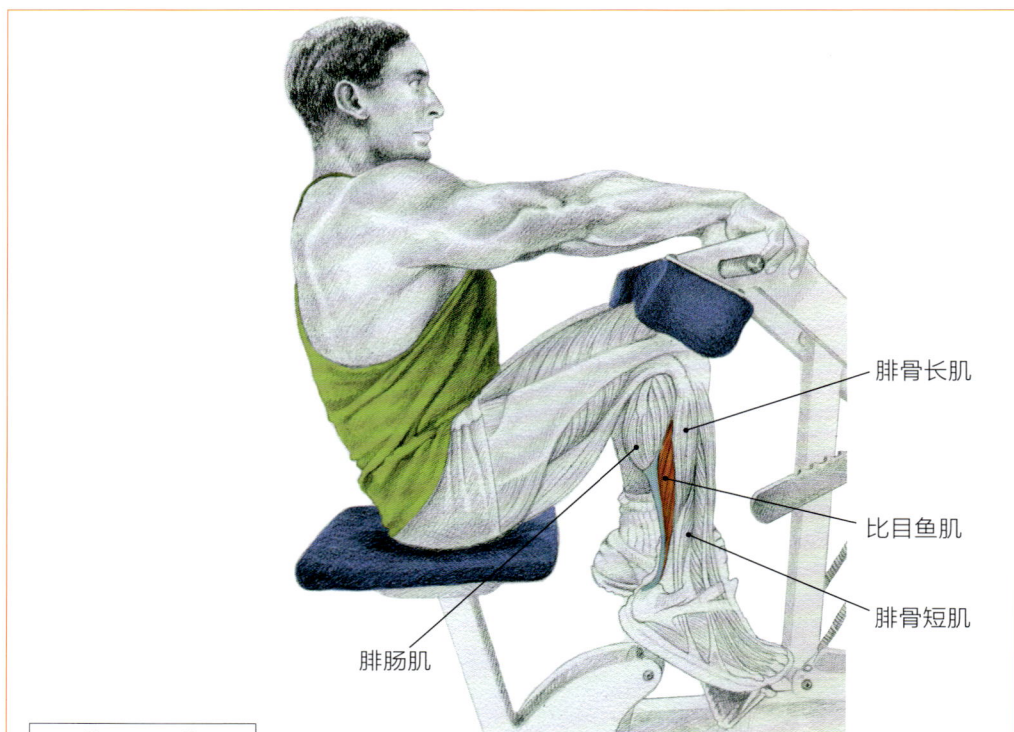

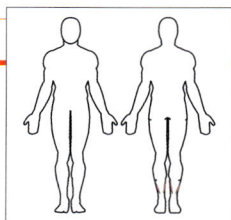

腓骨长肌

比目鱼肌

腓骨短肌

腓肠肌

所涉肌肉

主要肌肉：比目鱼肌。
次要肌肉：腓骨长肌、腓骨短肌、胫骨后肌、屈趾肌。
拮 抗 肌：胫骨前肌、伸趾肌。

变式1 坐姿器械双脚屈伸

所涉主要肌肉：比目鱼肌。

动作要领：动作与坐姿器械提踵基本相同，但由于器械设计的不同，此时要将脚跟支撑在踏板上，使脚尖抬起和放下。

此变式对肌肉的锻炼效果与坐姿器械提踵差不多。做此变式所用的器械在健身房中不常见。为避免受伤，请在移开双脚前先移除支撑垫。

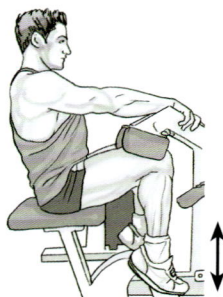

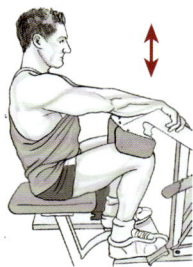

　　坐在器械的座椅上（膝关节屈曲约90°），使双脚的前脚掌紧贴踏板，并将支撑垫放在股四头肌的上部。先抬起脚跟至最高点，停顿几秒后，再放下脚跟回到起始位置。练习时自然呼吸即可。

━━ **提示** ━━

　　当屈曲膝关节做练习时，集中刺激的是位于腓肠肌下方的比目鱼肌甚至腓骨长肌，对腓肠肌的刺激作用则较小。

　　旋转脚踝使脚尖朝内或朝外不会对比目鱼肌的工作造成影响，因为旋转脚踝时，随之旋转的是膝关节或髋关节，它们不与比目鱼肌相连。练习结束后，请在移开双脚前先移除支撑垫。此练习尤其适合腓肠肌比比目鱼肌发达的人群。

> ⚠ **常见错误：** 动作过猛（没有控制住动作节奏）；次数过少；重量过小；移开双脚前未先移除支撑垫；脚掌支撑在踏板上的面积过小。

> ✳ 职业健美实际上对健康没有太大好处，每个人都有权决定是否将身体训练到职业健美运动员那种程度。对成年人来说，适度的力量训练对健康非常有益。

变式2　滑轮单脚屈伸

所涉主要肌肉： 胫骨前肌、趾长伸肌、跛长伸肌。

动作要领： 坐在低位滑轮前，屈曲一条腿。将滑轮的绳索绑在另一只脚的前脚掌处，以最大的幅度缓慢地使这只脚做屈伸动作。尽管此变式不属于提踵练习，但它可以锻炼提踵练习中所涉拮抗肌，因而它可以作为提踵练习的很好的补充。你也可以使用腿举机做此变式：将脚跟支撑在踏板上，脚尖和脚掌置于踏板外，以这样的姿势做脚部屈伸动作，但是这对动作技巧的要求比较高。

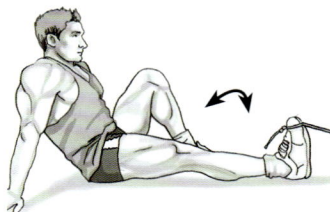

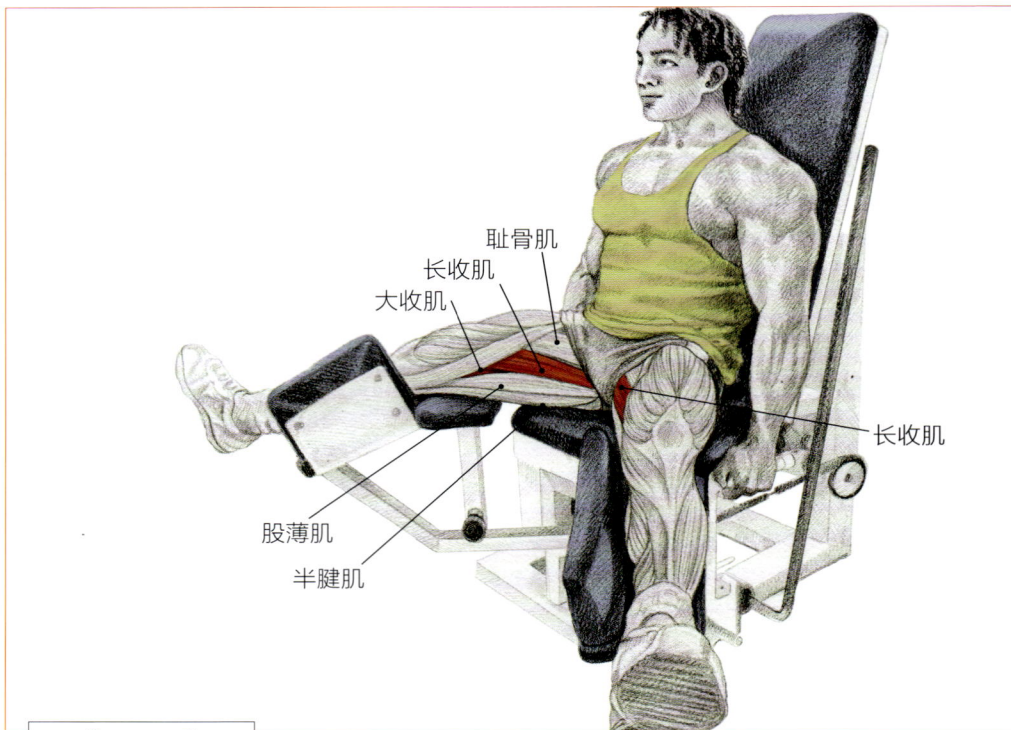

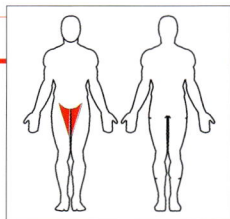

耻骨肌
长收肌
大收肌
股薄肌
半腱肌
长收肌

─ 所涉肌肉 ─

主要肌肉：股内收肌。
次要肌肉：臀大肌（深层）、耻骨肌、股薄肌、股方肌、闭孔外肌、髂腰肌、腘绳肌（主要为半腱肌）。
拮抗肌：臀中肌、臀大肌、阔筋膜张肌。

变式1　后倾式坐姿腿内收

所涉主要肌肉：股内收肌、上孖肌、下孖肌、腘绳肌（尤其是半膜肌和半腱肌）、耻骨肌。

动作要领：动作与坐姿腿内收基本相同，但此时座椅靠背向后倾斜的角度更大，这会使大腿背面的肌肉更多地发力以协助腿内收。

变式2　滑轮腿内收

所涉主要肌肉：股内收肌、上孖肌、下孖肌、耻骨肌。

动作要领：站在低位滑轮一侧，一只手撑在滑轮上。身体和滑轮之间的距离要足够远，以保证做动作时不碰到滑轮。先将滑轮的绳索绑在靠近滑轮那条腿的脚踝处，接着将该条腿从与地面垂直的位置开始向前上方拉，直到绳索与地面形成30°角时，再放下腿回到起始位置。将腿放在身后做练习效果更好。

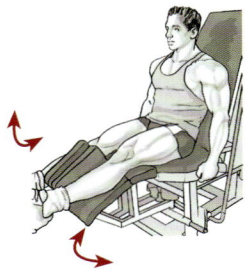

坐在腿内收训练器上，使脚踝或膝盖的内侧紧贴保护垫（依器械设计而定），将双腿外展至柔韧性允许的最大幅度。先将双腿用力向内收直至两侧保护垫相互接触，再伸展双腿回到起始位置。练习时自然呼吸即可。若使用的重量较大，建议在外展双腿时吸气，完成内收动作后呼气。

提示

此练习可用来有针对性地锻炼股内收肌，尤其是大收肌。新手和有经验的训练者皆可做此练习。练习前请先做热身运动，练习时请不要使双腿过度外展，以免受伤。同时，练习时请勿动作过猛。

以坐姿做腿内收动作会导致髋关节不稳定，而设计得当的器械允许将座椅靠背调节至水平状态。不过，髋关节无异常者做此练习一般不会有问题。由于商家欠缺相关知识或出于盈利考虑（比如器械占地面积较大），腿内收训练器在健身房中比较罕见。

此练习一直以来都深受女性青睐，因为她们相信，它比其他练习更能瘦腿和塑造腿形。实际上，无论男性还是女性都能从这一练习中获益，但它并不具有局部塑形和减脂的作用（至少如今大部分的研究结果是这样的）。

> ⚠️ **常见错误：** 重量过小；动作过快；外展幅度过大。

> ✳ 外展动作过快及幅度过大会使股内收肌受伤，这很好地解释了为什么应当缓慢地、有控制地做相关练习。

变式3　多功能滑轮机腿内收

所涉主要肌肉： 股内收肌、上孖肌、下孖肌、耻骨肌。

动作要领： 站在器械上，双手扶住器械，将支撑轴置于一只脚脚踝内侧的上方。先外展这条腿至柔韧性允许的最大幅度，再将其内收至与地面垂直（或接近垂直）的位置。此变式的效果与滑轮腿内收的效果没有差别，但它可以使动作更加准确（只要器械设计得当）。不建议外展幅度过大。将腿放在身后做练习效果更好。

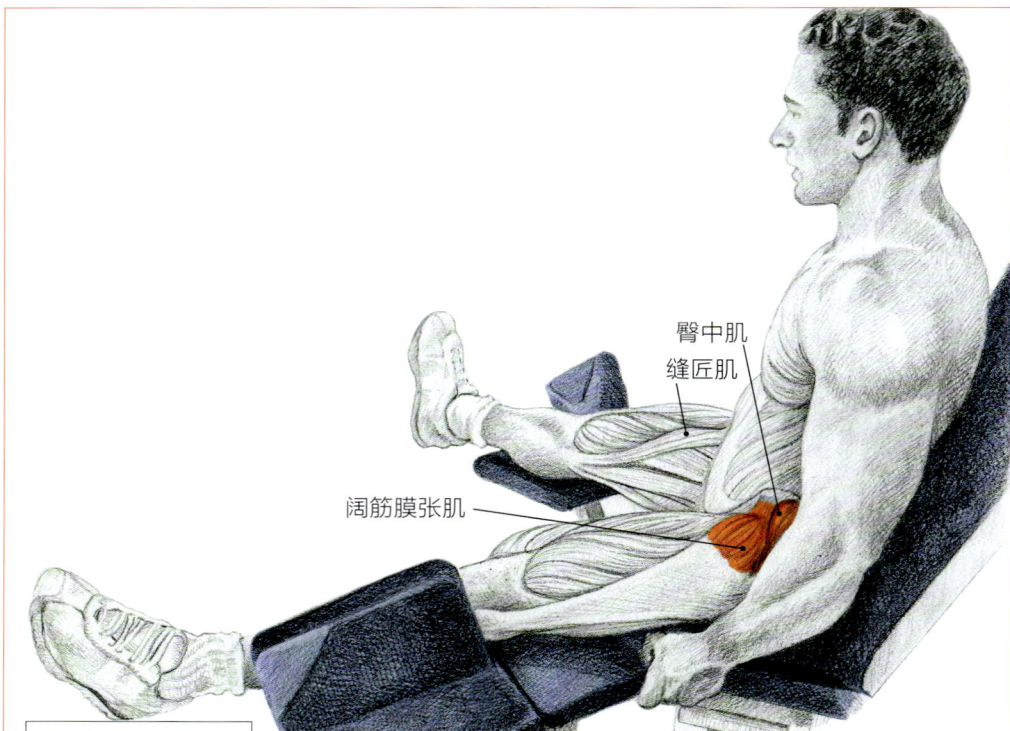

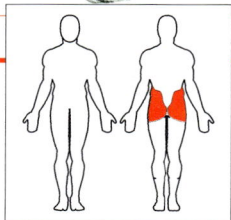

臀中肌
缝匠肌

阔筋膜张肌

── 所涉肌肉 ──

主要肌肉：臀中肌、阔筋膜张肌、臀大肌。
次要肌肉：臀小肌、梨状肌、闭孔内肌、上孖肌、下孖肌、腓肠肌、缝匠肌。
拮 抗 肌：股内收肌、耻骨肌。

变式1 滑轮腿外展

所涉主要肌肉：臀大肌、臀中肌、阔筋膜张肌。
动作要领：站在低位滑轮一侧，一只手撑在滑轮上。身体和滑轮之间的距离要足够远，以保证做动作时不碰到滑轮。先将滑轮的绳索绑在远离滑轮那条腿的脚踝处，接着将该条腿外展至柔韧性允许的最大幅度，再将腿内收至起始位置。在这个过程中，尽量避免屈曲髋关节，并始终保证站在滑轮的侧面。

　　正常情况下，当受训腿外展时（尤其是外展角度超过30°时），支撑腿需要承担一半的工作，尽管支撑腿保持不动。此变式的动作幅度大于坐姿腿外展。

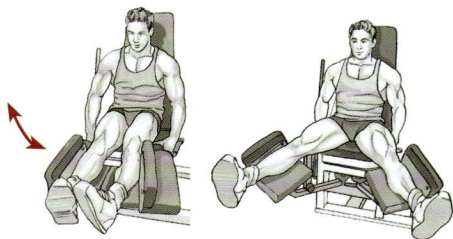

动作要领

坐在腿外展训练器上，使脚踝或者膝盖的外侧紧贴保护垫（依器械设计而定），此时双侧保护垫靠在一起。先将双腿外展至柔韧性允许的最大幅度，再内收双腿回到起始位置。练习时自然呼吸即可。若使用的重量较大，建议在外展双腿时吸气，完成内收动作后呼气。

提示

此练习可锻炼一系列具外展功能的腿部肌肉，但是不会起到局部减脂的作用。

此练习既适合新手，也适合有经验的训练者。调大座椅靠背向后倾斜的角度可以更好地锻炼臀中肌（使髋关节外展的肌肉）。将座椅靠背调节至水平更有利于保持髋关节的稳定，尽管同时也使动作幅度变小了。很多时候，使用腿外展训练器与使用腿内收训练器锻炼的肌肉基本相同，只不过侧重锻炼的肌肉部位发生变化。出于商业考虑，这两种器械通常单独销售。

> ⚠️ **常见错误：** 重量过小；动作过猛。

变式2　多功能滑轮机腿外展

所涉主要肌肉： 臀大肌、臀中肌、阔筋膜张肌。

动作要领： 站在器械上，双手扶住器械，将支撑轴置于一只脚脚踝外侧的上方。先外展这条腿至柔韧性允许的最大幅度，再将其内收至与地面垂直（或接近垂直）的位置。此变式的效果与滑轮腿外展的效果没有差别，但它可以使动作更加准确（只要器械设计得当）。若你想减少阔筋膜张肌的工作量，从而更好地锻炼臀部肌肉，可以适当旋转身体，使腿向斜后方伸展。

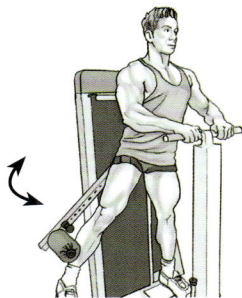

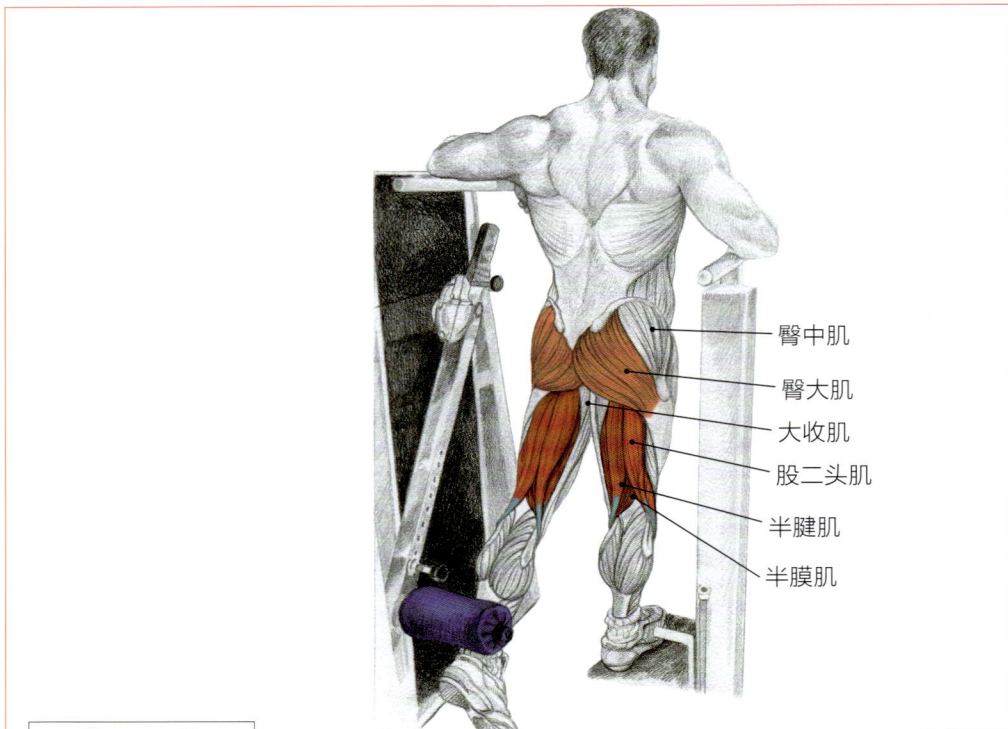

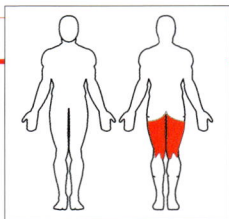

臀中肌
臀大肌
大收肌
股二头肌
半腱肌
半膜肌

所涉肌肉

主要肌肉：腘绳肌。
次要肌肉：臀大肌、臀中肌（背面）、大收肌、梨状肌、股方肌、臀小肌。
拮 抗 肌：髂腰肌、缝匠肌、股直肌。

变式1　站姿滑轮直腿上摆

所涉主要肌肉：腘绳肌、臀部肌肉。
动作要领：站在低位滑轮前，躯干微微向前倾，双手扶住滑轮。将滑轮的绳索绑在一条腿的脚踝处，做与站姿直腿上摆相同的动作。一般来说，做此变式时无法像使用摆腿机那样能长时间且动作标准地做练习。

动作要领

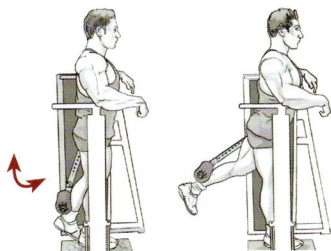

站在摆腿机上，微微屈曲髋关节，双手扶住器械以保持稳定。依据器械的设计，将支撑轴置于一条腿的比目鱼肌处或脚踝的后侧（更佳），并使同侧膝盖保持弯曲状态。先将受训腿向后上方伸展，直至抬到尽可能高的位置，再放下腿回到起始位置。动作开始时吸气，完成后呼气。

提示

人们通常对此练习存在两大误解：一是认为此练习可以局部减脂（至少现今的科学研究证明这种说法是错误的），二是认为此练习可以很好地锻炼臀大肌。事实上，此练习类似于行走，臀大肌几乎不参与运动。出现第一种误解可能是由于人们对人体能量系统不了解。第二种误解看上去似乎情有可原，因为伸展髋关节时臀大肌起主要作用，但是在膝盖接近伸直时，臀大肌便不具备此功能，更不用说在负重较小时。为了发挥臀大肌的作用，练习时应当收紧臀部、屈膝并增加负重。与此练习相比，深蹲、登阶等对臀大肌的锻炼效果更好。

> ⚠️ **常见错误：** 晃动身体以借助惯性；伸腿时使支撑轴弹起；未集中刺激目标肌肉。

变式2　仰卧双腿下摆

所涉主要肌肉： 腘绳肌、臀部肌肉、腰部肌肉。
动作要领： 仰卧在器械上，在腰部绑一根腰带或布条，并将大腿放在支撑轴上。伸展髋关节将支撑轴向下推动，同时双手扶住器械以防身体其他部位移动。

做此变式时背部可以得到很好的保护。如果器械允许在使用时屈膝，并允许将支撑轴置于弯曲的膝盖下，那么腘绳肌的工作量将减少，而臀部肌肉能得到更好的锻炼。

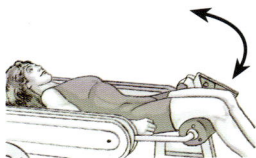

变式3　摆腿机臀后踢腿

所涉主要肌肉： 腘绳肌、臀部肌肉。
动作要领： 动作与站姿直腿上摆基本相同，但此时要将踏板放在脚底（靠近脚跟处）做练习。练习过程中要保持膝盖弯曲并收紧臀部。

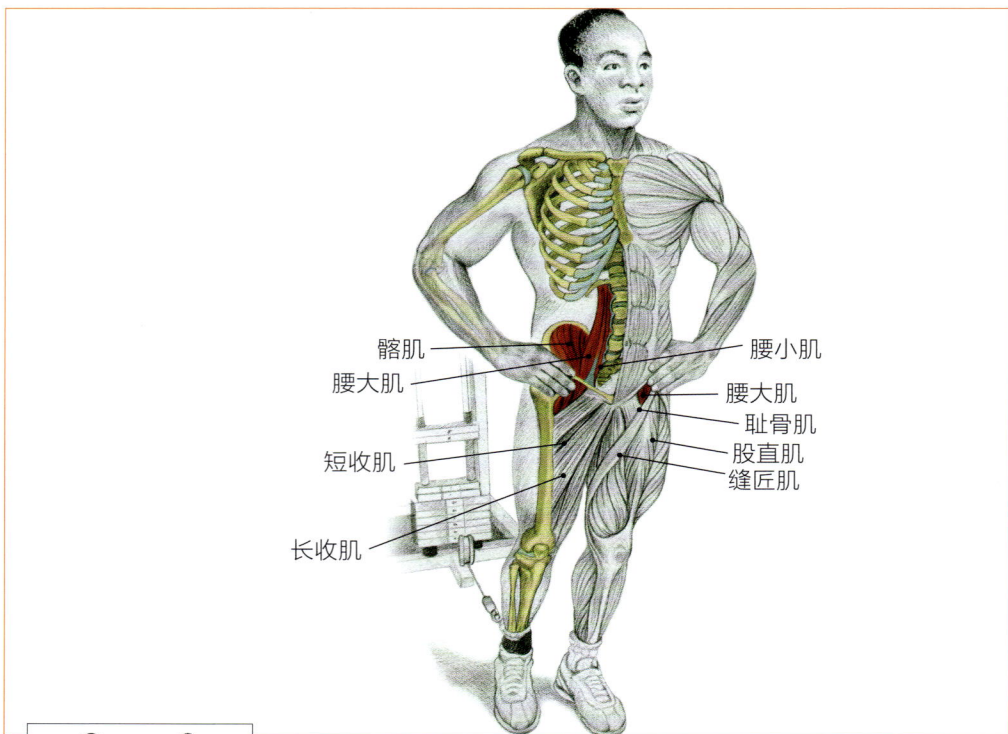

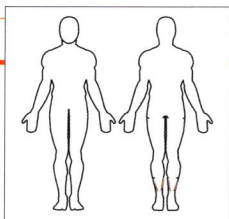

髂肌
腰大肌
短收肌
长收肌

腰小肌
腰大肌
耻骨肌
股直肌
缝匠肌

所涉肌肉

主要肌肉：腰大肌、腰小肌、髂肌。
次要肌肉：股直肌、阔筋膜张肌、缝匠肌、耻骨肌、长收肌、短收肌、臀小肌、臀中肌（正面）。
拮 抗 肌：臀大肌、腘绳肌。

变式1　摆腿机站姿抬腿

所涉主要肌肉：髂肌、腰大肌、腰小肌。
动作要领：动作与站姿直腿上摆基本相同，但此时要将支撑轴置于一条腿的胫骨处或者股四头肌下部。先将受训腿从体后向体前抬起，直至其与地面形成的夹角大于65°，再缓缓放下腿回到起始位置。在这个过程中，支撑腿的膝盖应保持接近伸直的状态。

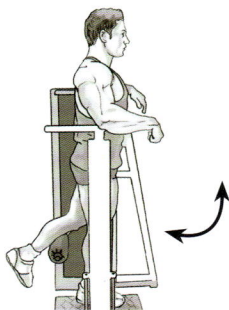

动作要领

背对低位滑轮站立，躯干微微向前倾，双手置于支撑物或者腰上。将滑轮的绳索绑在一条腿的脚踝处做练习。先抬起受训腿到尽可能高的位置，再缓缓放下腿回到起始位置。

练习时，如果将腿向外旋转，将会增加股内收肌的工作；相反，如果将腿向内旋转，将会增加股外展肌的工作。

使用滑轮做抬腿练习无法像使用专门的器械那样做大幅度且准确的动作。

开始抬腿时吸气，回到起始位置后呼气。

提示

此练习很少用到，因为它锻炼的是经常被过度锻炼的部位（比如在有些腹部练习和综合体育运动中）。但你可以偶尔做此练习，或者将它作为竞技体育训练的热身练习（比如在足球比赛前做抬腿动作）。练习时可以将腿移到更靠后的位置，但是注意不要借助惯性。

如果你想更好地锻炼股直肌，练习时应保持屈膝姿势。如果其他肌肉正常工作，那么臀中肌将不会过多地参与运动。

> ⚠️ **常见错误：** 晃动身体以借助惯性；动作过猛；重量过大。

> ✱ 如果你抽出一天的时间单独进行腿部训练，我不建议再做其他需要腿部发力的练习，因为这对腿部肌肉来说强度已经足够高。

变式2　仰卧滑轮抬腿

所涉主要肌肉： 髂肌、腰大肌、腰小肌。

动作要领： 仰卧在地面上（双脚靠近滑轮），将滑轮的绳索绑在一条腿的脚踝处。先抬起受训腿到尽可能高的位置，再放下腿回到起始位置，在这个过程中保持膝盖的姿势不变。与站姿滑轮抬腿一样，向外或向内旋转腿将会相应地增加其他肌肉的工作。

做此变式时动作幅度可以很大，且背部始终可以得到很好的支撑。

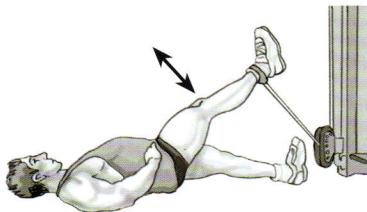

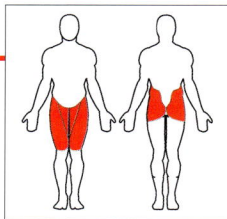

所涉肌肉

主要肌肉：臀大肌、股四头肌、股内收肌。
次要肌肉：腘绳肌、股直肌。
拮　抗　肌：髂肌、腰大肌、腰小肌、缝匠肌。

动作要领

　　站在器械的杠铃支架下方，将杠铃置于肩上，双手掌心朝前握住杠铃杆。先将一条腿向后退，将重量集中在前面那条腿上，然后向下蹲。在这个过程中保持背部挺直，并保证前面那条腿的膝盖位置不超过脚尖。最后，前面那条腿发力，收回后退的腿并站直，回到起始位置。开始向下蹲时吸气，回到起始位置后呼气。

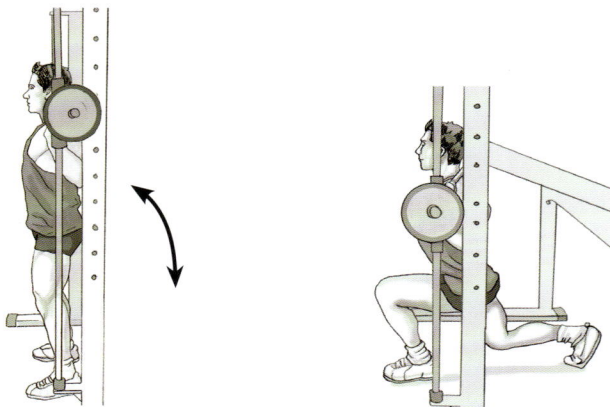

提示

　　使用史密斯机做练习可以避免身体失去平衡。新手只可使用杠铃杆做练习。

⚠️　**常见错误：**前面那条腿的膝盖位置超过脚尖；向下蹲时拱背；起身站直时使杠铃弹起。

✳️　锻炼脚趾肌肉的练习超出了本书的范围，但脚趾肌肉很重要，并且它们的力量经常由于我们所穿鞋子的挤压和固定而被削弱。在此我推荐一个简单而有效的锻炼脚趾肌肉的练习：踩在一块布上，仅通过屈曲和伸展脚趾将布团起和展开。另一个建议是尽可能赤脚走路。

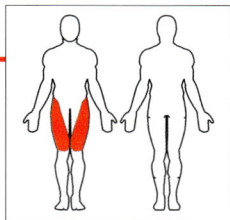

所涉肌肉

主要肌肉：股四头肌。
次要肌肉：阔筋膜张肌、臀大肌。
拮 抗 肌：腘绳肌、股二头肌短头、股薄肌、缝匠肌、腓肠肌。

动作要领

　　俯卧在低位滑轮前的健身凳上，使头部朝向滑轮，将滑轮的绳索绑在一只脚的脚背处。先将受训腿的小腿从与健身凳垂直的位置向后下方伸展，直至到达尽可能低的位置，再抬起腿回到起始位置。使用的重量较小时，自然呼吸即可；使用的重量较大时，在伸展的前1/3段吸气，回到起始位置后呼气。

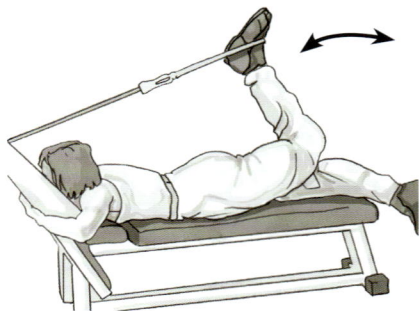

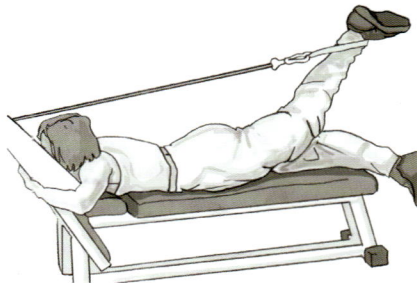

提示

　　力量训练中一般很少采用俯卧的姿势做练习，但比起以仰卧的姿势所做的练习，此练习可以更好地锻炼股直肌。

　　此练习有几个变式：以仰卧的姿势做伸腿练习，将腿从屈曲90°的位置开始伸展；背对滑轮站立做练习，同样将腿从屈曲90°的位置开始伸展；背对滑轮并坐在健身凳上做练习。

⚠️ **常见错误**：动作过快以借助惯性；腰部过度伸展。

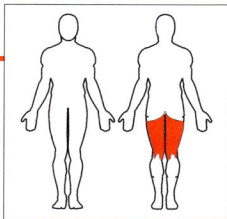

所涉肌肉

主要肌肉：腘绳肌。
次要肌肉：股薄肌、缝匠肌、腓肠肌。
拮抗肌：股四头肌。

动作要领

俯卧在低位滑轮前的健身凳上，使脚部朝向滑轮，将滑轮的绳索绑在一条腿的脚踝处，双手抓住健身凳以保持平衡。先将受训腿从接近伸直的状态屈曲到尽可能大的角度（120°左右），再伸直腿回到起始位置。练习时动作要缓慢，且不要过度伸展腰部。使用的重量较小时，自然呼吸即可；使用的重量较大时，在开始屈腿时吸气，回到起始位置后呼气。

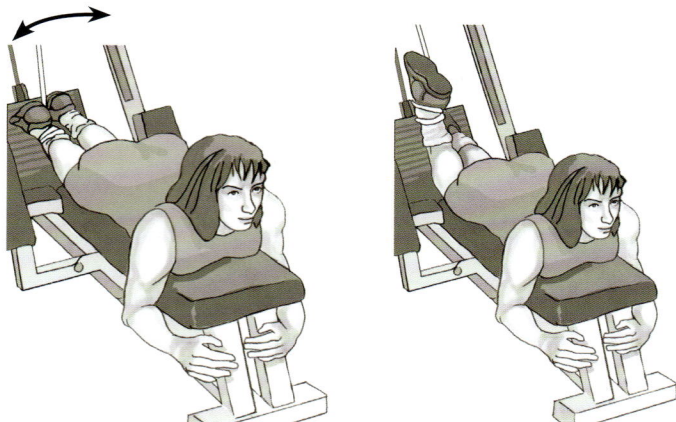

提示

此练习是俯卧器械腿弯举的一个变式。与俯卧器械腿弯举相比，此练习没有明显的优势，因此较少用到。

⚠️ **常见错误**：动作过快以借助惯性；腰部过度伸展。

✳️ 在人体所有肌肉中，腘绳肌是最应当也是最值得被拉伸的，因为腘绳肌紧绷会导致腰痛、臀部肌肉紧缩以及日常行动不便，甚至会在体育运动中导致更严重的伤病。

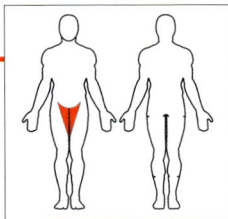

所涉肌肉

主要肌肉：股内收肌。

次要肌肉：臀大肌（深层）、股薄肌、耻骨肌、股方肌、闭孔外肌、髂腰肌、腘绳肌（主要为半腱肌）。

拮 抗 肌：臀中肌、臀大肌、阔筋膜张肌。

动作要领

仰卧在低位滑轮一侧，将滑轮的绳索绑在靠近滑轮那条腿的脚背处，双臂置于身体两侧的地面（或垫子）上以保持平衡。先将受训腿朝滑轮的方向外展，再将腿内收回到起始位置。将腿外展时吸气，回到起始位置后呼气。

提示

此练习为剪刀腿练习的一个变式，使用滑轮做练习可以使受训腿始终受到压力。最好选择可以以坐姿做练习的器械，因为以卧姿做练习不太舒适也不太方便。

⚠️ **常见错误**：借助惯性；转动身体。

✳️ 力量训练通常不能改善膝内翻和膝外翻的症状。

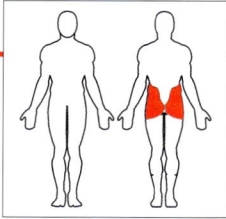

所涉肌肉

主要肌肉：臀中肌、阔筋膜张肌、臀大肌。
次要肌肉：臀小肌、梨状肌、闭孔内肌、上孖肌、下孖肌、腓肠肌、缝匠肌。
拮　抗　肌：股内收肌、耻骨肌。

动作要领

　　动作与仰卧滑轮腿内收基本相同，但此时要将滑轮的绳索绑在远离滑轮的脚上做外展动作。练习时自然呼吸即可，若使用的重量较大（最好避免），则开始外展时吸气，回到起始位置后呼气。

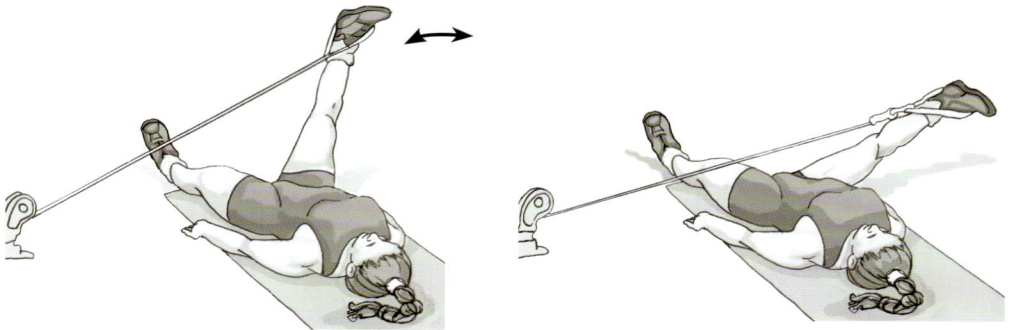

提示

　　在负重的情况下做腿内收和外展动作不太舒适。此练习的唯一优势是，它可以使受训腿始终受到压力。最好选择可以以坐姿做练习的器械，因为以卧姿做练习不太舒适也不太方便。

⚠️ **常见错误：** 借助惯性；转动身体。

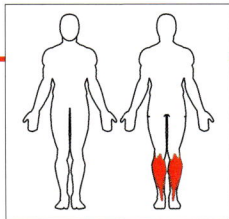

所涉肌肉

主要肌肉：小腿三头肌。
次要肌肉：腓骨长肌、腓骨短肌、趾长屈肌、胫骨后肌。
拮 抗 肌：胫骨前肌、伸趾肌。

动作要领

动作与站姿提踵基本相同。双脚分开站在地面上，间距与臀宽相同，双手在身体后方握住滑轮的握柄。先踮脚使脚跟抬高，并且整个身体也随之抬到尽可能高的位置，再放下脚跟回到起始位置，在这个过程中膝盖要保持微屈以免受伤。练习时自然呼吸即可。

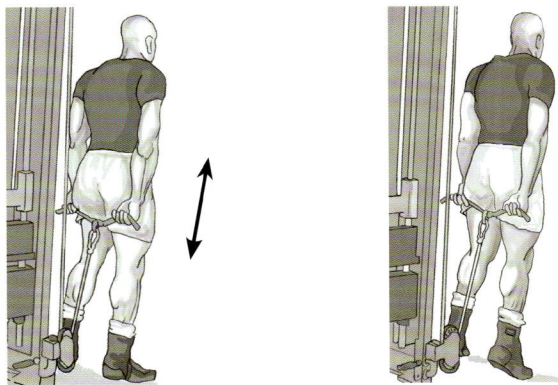

提示

此练习与站姿提踵和器械杠铃提踵一样，主要锻炼的肌肉都是十分发达且不易疲劳的小腿三头肌。但是做此练习时通常不建议使用太大的重量，而是应当做尽可能多的次数。此练习除了可以缓解肩部的压力以外没有其他优势，主要用于丰富练习种类。

⚠️ **常见错误：** 动作过快；次数过少。

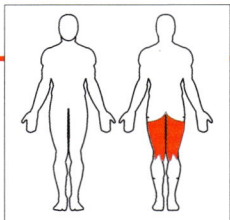

所涉肌肉

主要肌肉：股二头肌。
次要肌肉：阔筋膜张肌（参与较少）、腿部和脚部的协同肌。
拮 抗 肌：半膜肌、半腱肌、腘肌、股薄肌、缝匠肌。

动作要领

坐在滑轮一侧，将绳索绑在离滑轮较远的那只脚的前部，并将脚跟支撑在地面上。先慢慢向外旋转膝盖（旋转角度不超过40°），再慢慢回到起始位置。练习过程中髋部也会随之旋转。练习时自然呼吸即可。

提示

在这里要提醒一下，膝盖在弯曲的状态下只能轻微地旋转。练习时不宜使用过大的重量，动作不宜过快。通常不建议做此练习，除非医生要求做。

⚠️ **常见错误**：仅仅旋转髋部或脚部而没有旋转膝盖；重量过大；动作过快；动作不到位。

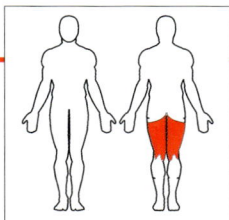

所涉肌肉

主要肌肉：半膜肌、半腱肌、腘肌、股薄肌、缝匠肌。
次要肌肉：腿部和脚部的协同肌。
拮 抗 肌：股二头肌。

动作要领

坐在滑轮一侧，将绳索绑在靠近滑轮的那只脚的前部，并将脚跟支撑在地面上。先慢慢向内旋转膝盖（旋转角度不超过30°），再慢慢回到起始位置。练习过程中髋部也会随之旋转。练习时自然呼吸即可。

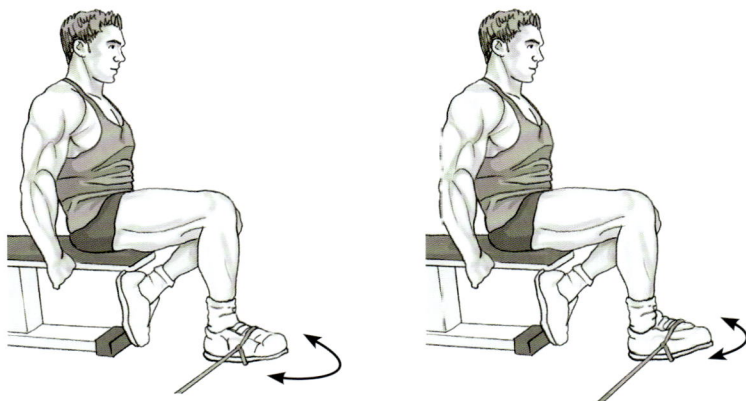

提示

坐姿滑轮膝外旋中提到的注意事项也适用于此练习。

⚠️ **常见错误：** 仅仅旋转髋部或脚部而没有旋转膝盖；重量过大；动作过快；动作不到位。

第九章

腰腹部肌群

腹部和腰部主要肌肉示意图

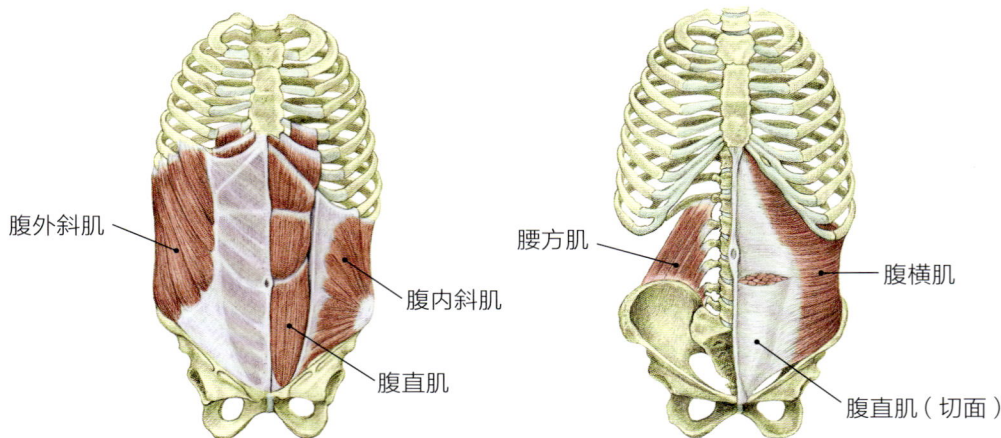

左图标注：腹外斜肌、腹内斜肌、腹直肌

右图标注：腰方肌、腹横肌、腹直肌（切面）

腹部和腰部主要肌肉的生物力学介绍

屈肌

腹直肌（正面浅层肌）

起点： 第5~7肋软骨前面和胸骨剑突。

止点： 耻骨联合和耻骨嵴。

主要功能： 使脊柱前屈和增加腹压。

解析： 腹直肌是躯干的主要屈肌。锻炼腹直肌并不会使腹部的脂肪明显减少。手臂不会因为锻炼而变细，腹部也是同样的道理。

由于在许多针对其他部位的练习中腹直肌也会强烈收缩，有些人就误认为这些练习是针对腹直肌的。腹直肌连接胸腔和骨盆，因此练习时应当采用使胸腔和骨盆相互靠近的动作。值得注意的是，不涉及骨盆的腿部运动不能使胸腔和骨盆相互靠近，只能使腹直肌进行等长收缩，因此不建议在锻炼腹直肌时做这种腿部运动。

另外，腹部肌肉不会参与到由臀部屈肌的惯性而引发的动作中，这一点经常被人忽略。训练时，应当决定先练腹部的哪些肌肉，我建议先从腹内斜肌和腹外斜肌开始。但总的来说，在一次训练中，腹部肌肉应放在最后，以防它在其他练习中由于疲劳而造成不利影响。

发达的腹部肌肉和腰部肌肉可以在很大程度上保护脊柱，尽管如此，在做高强度练习时，良好的动作技巧也很重要。同时，在做高强度练习时，采用恰当的呼气方式并不是一件容易的事，这不但需要不断实践，还需要很好地了解身体。最后，我要提醒你的是：没有必要做过多针对腹部肌肉的拉伸练习，站直时腹部肌肉就会得到拉伸。

腹横肌（正面深层肌）

起点： 胸腰筋膜、髂嵴、腹股沟韧带和第6~12肋软骨内面。

止点： 白线。

主要功能： 增加腹压以及使脊柱前屈、侧屈和旋转。

髂腰肌（正面深层肌）

详见下肢肌群。

腹外斜肌（正面浅层肌）

起点： 第5~12肋的外面。

止点： 髂嵴前部和白线。

主要功能： 使脊柱前屈、侧屈和旋转。

腹内斜肌（正面中层肌）

起点： 腹股沟韧带、髂嵴和胸腰筋膜。

止点： 第10~12肋和白线。

主要功能： 使脊柱前屈、侧屈和旋转。

伸肌

竖脊肌（背面深层肌）

起点： 骶骨背面、髂嵴、腰椎棘突和腰背筋膜。

止点： 肋骨，颞骨乳突，颈椎的横突和筋膜，胸椎的横突和筋膜。

主要功能： 双侧收缩时使脊柱后伸和仰头，单侧收缩时使脊柱向同侧屈。

解析： 竖脊肌是背部3组肌肉的总称，由外至内依次为髂肋肌、最长肌和棘肌，是决定身体姿态的重要肌肉。人体正面和背面的肌肉不太平衡，也正因如此我们的双脚才会指向前方而不是后方。但这并不代表竖脊肌始终都为改变或保持身体的姿态而工作。由于在镜子中不太容易观察到人体背面的肌肉，并且锻炼这些肌肉时的姿势往往会让我们感到不适，因此人体背面的肌肉相比起正面的肌肉往往锻炼不足。

锻炼竖脊肌通常对动作技巧要求较高，因为脊柱周围的骨骼和肌肉整体比较脆弱。

可能导致脊柱受伤的练习有：硬拉、早安式屈体、划船、仰卧起坐、腿举、侧平举以及所有在大重量下需要屈曲、伸展脊柱（尤其是旋转脊柱）的练习。

最后，我要强调，良好的身体姿态十分重要（无论是休息时还是练习时），它有利于维持椎间盘和心肺功能的健康。

腰方肌（背面深层肌）

起点： 髂嵴。

止点： 第12肋下缘、第1~4腰椎横突和第12胸椎。

主要功能： 双侧收缩时，降第12肋，助呼吸；单侧收缩时，使脊柱侧屈。

髂肋肌（背面深层肌）

起点： 髂肋肌包括颈髂肋肌、胸髂肋肌和腰髂肋肌。颈髂肋肌起自第3~7肋的肋骨角，胸髂肋肌起自第7~12肋下缘内侧，腰髂肋肌起自骶骨、髂嵴和全部腰椎棘突。

止点： 颈髂肋肌止于第3~6颈椎横突，胸髂肋肌止于第1~7肋下缘，腰髂肋肌止于第7~12肋的肋角。

主要功能： 双侧收缩时使脊柱后伸，单侧收缩时使脊柱向同侧屈和旋转。

背最长肌（背面深层肌）

起点： 腰椎横突的背面、胸腰筋膜的深层和骶骨背面。

止点： 胸椎横突和第9~10肋的肋结节与肋角之间。

主要功能： 双侧收缩时使脊柱后伸，单侧收缩时使脊柱向同侧屈和旋转。

横突棘肌（背面深层肌）

起点： 下位椎骨的横突。

止点： 上位椎骨的棘突。

主要功能： 使脊柱伸展、侧屈和旋转以及活动韧带。

下后锯肌（背面深层肌）

起点： 第1和2腰椎棘突以及第11和12胸椎棘突。

止点： 第9~12肋下缘。

主要功能： 使躯干伸展、侧屈和旋转。

背阔肌（背面浅层肌）

详见背部肌群。

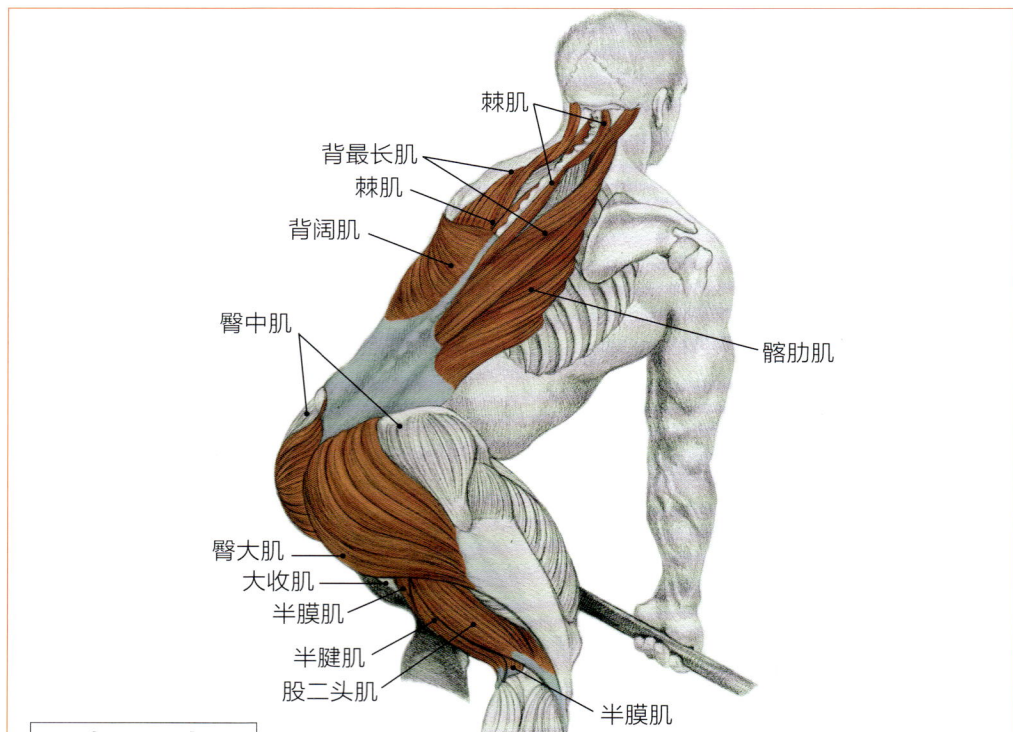

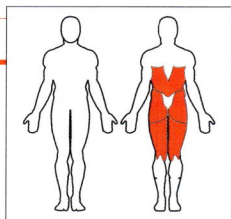

棘肌
背最长肌
棘肌
背阔肌
臀中肌
髂肋肌
臀大肌
大收肌
半膜肌
半腱肌
股二头肌
半膜肌

━━ 所涉肌肉 ━━

主要肌肉：竖脊肌、腰方肌、背阔肌、多裂肌、臀大肌、腘绳肌（半膜肌、半腱肌、股二头肌长头）。
次要肌肉：下后锯肌、臀中肌（表面）、大收肌、梨状肌。
拮 抗 肌：腹直肌、腰大肌、髂肌、腹斜肌、股直肌、阔筋膜张肌、耻骨肌、缝匠肌。

变式1　哑铃屈腿硬拉

所涉主要肌肉：竖脊肌、背最长肌、腰方肌、髂肋肌、背阔肌、棘肌、多裂肌、臀大肌、腘绳肌。

动作要领：动作与杠铃屈腿硬拉基本相同，但此时以自然握持方式握住两只哑铃，在身体两侧做练习。在放下哑铃的过程中，应将哑铃稍微向前移。

对所涉主要肌肉而言，此变式与杠铃屈腿硬拉差别不大，但从人体解剖学的角度来说，此变式的姿势更加舒适。我不建议转动躯干将一侧的哑铃向相反侧的脚部移动，尽管此动作在健身房中十分常见（甚至在学校里也很常见，只不过不负重）。

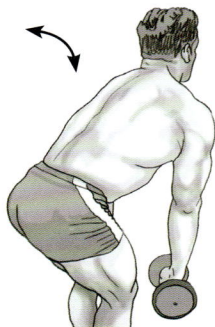

站在地面上，双脚分开，屈膝俯身（躯干向前倾约45°），背部挺直，双手正握杠铃杆并将杠铃稳定在小腿前方，握距与肩宽相同。先双腿发力并伸展膝关节将杠铃向上提，直至完全站直，再屈膝回到起始位置，在这个过程中，不要使杠铃远离身体。练习时应重点刺激背部肌肉。提起杠铃前吸气并憋住，回到起始位置后呼气。

提示

此练习比较危险，练习时应十分小心，以免引起椎间盘疝、椎间盘破裂以及韧带损伤。

在不负重的情况下，将弯曲的身体抬起会使竖脊肌承受200千克的负荷，第5腰椎也会承受很大的压力。一些生物力学方面的研究指出，椎间盘在800千克的负荷下就可能破裂（对40岁以上的人来说这一数值将更小）。为了预防发生危险，练习时应屏住呼吸，将压力分散到椎骨的不同部位，从而使躯干变成一个"圆柱体"。但是，这样做可能会造成呼吸和循环系统紊乱。

年长的训练者请勿做此练习，年轻的训练者应当了解此练习的危险性，最好选择更加安全的练习。

⚠ **常见错误：**躯干前倾时背部屈曲；重量过大；呼吸方式不当（十分危险）。

✱ 屈腿硬拉涉及的肌肉较多，且它对肌肉的要求较高，对背部造成的压力也较大，脊柱有问题者应该避免做此练习。

做硬拉时，背部肌群和下肢肌群是参与运动的主要肌群。

变式2　屈腿早安式屈体

所涉主要肌肉：竖脊肌、腰方肌、髂肋肌、背阔肌、棘肌、多裂肌、臀大肌、腘绳肌。

动作要领：动作与杠铃屈腿硬拉基本相同，但此时要将杠铃杆放在肩部做练习。在躯干前倾的过程中，臀部应当稍稍后移以更好地保持平衡。

此变式可能比常规的硬拉练习危险系数更高。

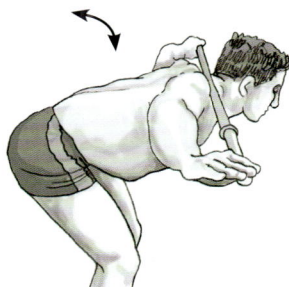

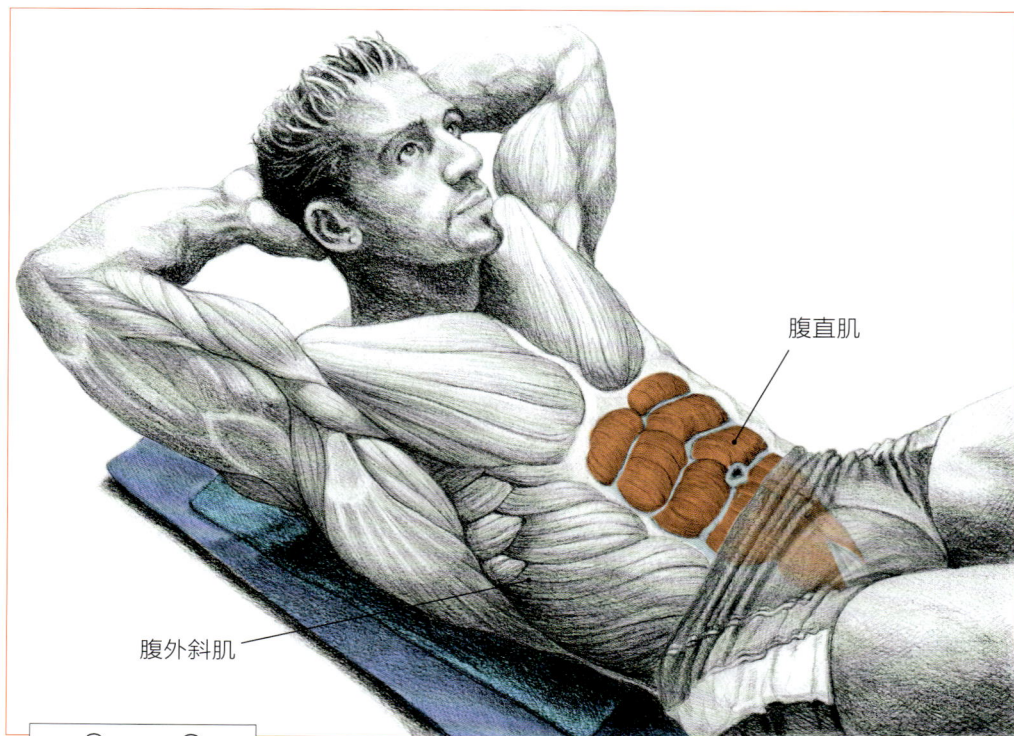

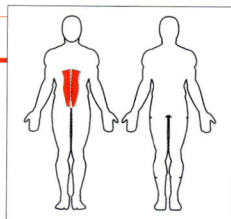

腹直肌

腹外斜肌

所涉肌肉

主要肌肉：腹直肌。
次要肌肉：腹外斜肌、腹内斜肌、腹横肌、锥状肌。
拮　抗　肌：竖脊肌、腰部肌肉。

变式1　转体卷腹

所涉主要肌肉：腹外斜肌、腹内斜肌、腹直肌。

动作要领：动作与卷腹基本相同，但此时要将一条腿放在另一条腿上做练习。一只手放在脑后，通过前屈和旋转躯干，使该侧的肘部朝着抬起的那条腿的膝盖移动。尽管此变式可以锻炼腹斜肌，但它不是锻炼腹斜肌最有针对性的练习，因为腹直肌也参与了很大一部分工作。在做了较多次数后，你会感觉到腹部有灼烧感。发达的腹斜肌可以改善腰部的线条，但过度膨大的腹斜肌只会增加腰围。此变式造成脊柱损伤的风险比卷腹大，大部分情况下不建议做。也可双手均放在脑后做练习。

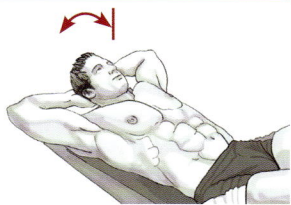

动作要领

仰卧在垫子或健身凳上，双膝屈曲，双脚微微分开，双手可置于脑后（但双手和双臂不要发力）。先利用腹部肌肉的收缩使肩部抬起（做此动作时应当控制节奏并缓慢进行），同时微微拱起背部以抬起躯干（注意不要将腰部抬起），到达最高点后再降低躯干回到起始位置。只需向前屈曲躯干使身体呈蜷缩状态并使胸腔靠近骨盆即可，无须将躯干整个抬起。降低躯干时吸气，抬起躯干时呼气。

提示

此练习对腹直肌的锻炼效果显著，且和仰卧起坐相比能更好地保护腰椎，因为没有髂肌、腰大肌、股直肌等肌肉的参与。做此练习时，整块腹直肌都参与运动（参与度最高的还属腹直肌上部），因为尽管腹直肌上部和下部区域之间没有骨质结构，但是存在横穿肌肉的白线。

有一种毫无根据的说法：要想减少腹部的脂肪含量，应该进行腹部训练，而且训练越多效果就越好。时至今日，这种说法仍然存在很大争议。减脂最好的方法是采用健康且低热量的饮食方法，再配合有氧运动和常规的力量训练。如果针对腹部某个部位进行高强度训练，可能会造成此部位肌肉过度膨大。此外，除非某些特定的体育运动要求，一般情况下，针对腹部肌肉的训练频率不应超过其他部位。

⚠️ **常见错误：** 将整个躯干抬起以借助臀部屈肌的力量；动作过快（借助惯性）；颈部过度屈曲；双臂发力过多；伸直髋关节或膝关节。

✳️ 如果你想减少热量摄入以达到减重的目的，那么应多吃蔬菜，但也不可完全不摄入蛋白质和碳水化合物。

变式2　下斜卷腹

所涉主要肌肉： 腹直肌、腹外斜肌、腹内斜肌。
动作要领： 动作与卷腹基本相同，但此时要躺在一端向下倾斜的健身凳上并固定双脚。此变式难度更大，因此更适合有经验的训练者。我不建议将健身凳的倾斜角度调得过大，因为当头部低于心脏水平时人体较难发力。另一个变式是躺在一端向上倾斜的健身凳上做练习，这样训练强度会降低，但它仅仅适合因处于康复期或者腹部力量较弱而无法较好地完成卷腹的训练者。

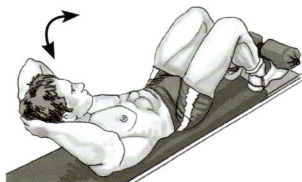

变式3　手臂平伸式卷腹

所涉主要肌肉： 腹直肌、腹外斜肌、腹内斜肌。
动作要领： 动作与卷腹基本相同，但此时要将双臂向前平伸，以协助抬起躯干。此变式与卷腹相比要容易得多，适合新手。

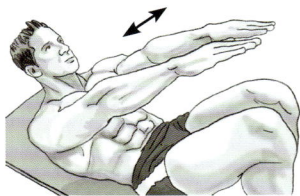

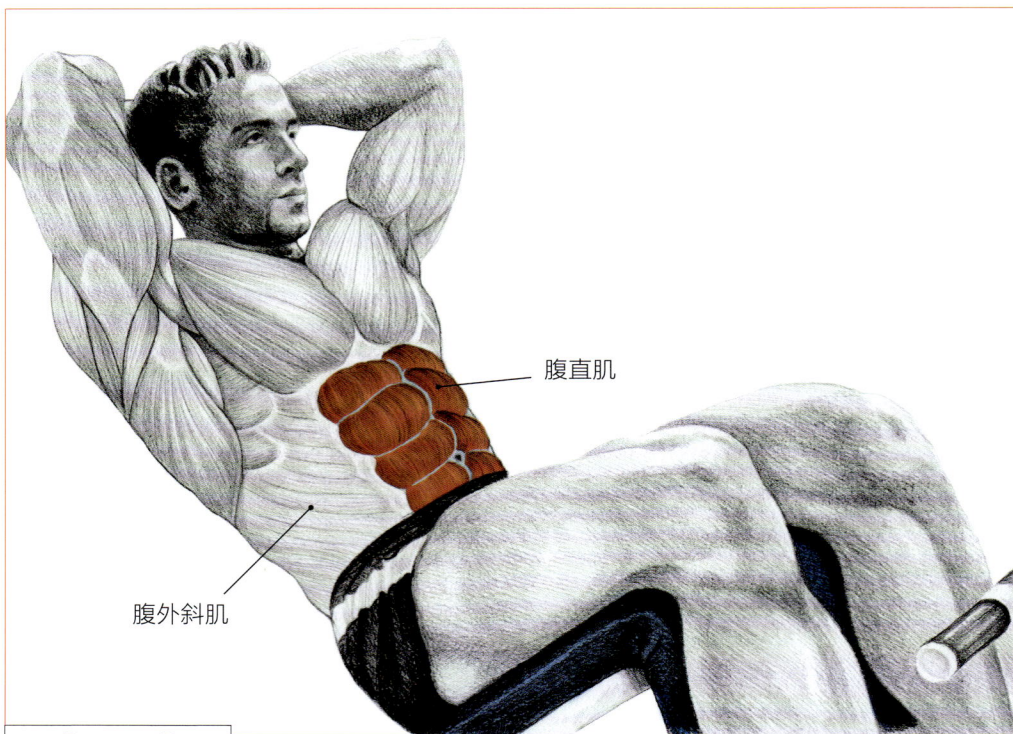

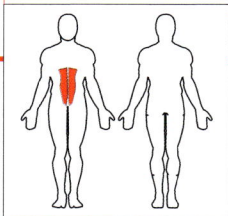

腹直肌

腹外斜肌

——所涉肌肉——

主要肌肉：腹直肌。
次要肌肉：腹外斜肌、腹内斜肌、腰大肌、股直肌、腹横肌、锥状肌。
拮 抗 肌：竖脊肌、腰部肌肉、臀大肌。

变式1　转体仰卧起坐

所涉主要肌肉：腹外斜肌、腹内斜肌、腹直肌、腰大肌。

动作要领：动作与仰卧板仰卧起坐基本相同，但此时要在抬起躯干的同时转体，以更好地锻炼一侧的腹内斜肌和另一侧的腹外斜肌（以及一些屈肌）。在抬起躯干和转体的同时，同样需要使胸腔向骨盆靠近。在大多数情况下，不建议做屈体和转体的动作组合。

变式2　负重仰卧起坐

所涉主要肌肉：腹直肌、腹外斜肌、腹内斜肌、腰大肌。

动作要领：动作与仰卧板仰卧起坐基本相同，但此时要双手交叉将一只杠铃片或其他重物抱在胸前做练习。也可通过调大仰卧板的弯曲角度来达到与负重相同的目的。

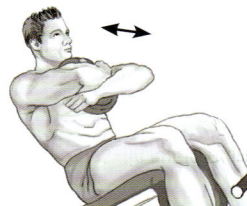

坐在弯曲角度约45°（呈倒 V 形）的仰卧板上，双脚固定，双手置于脑后（但双手和双臂不要发力）。先利用腹部肌肉的收缩使躯干抬起（幅度大于卷腹），从而缩小骨盆与胸腔之间的距离，到达最高点（躯干抬起不超过90°）后再降低躯干回到起始位置。练习过程中保持背部微微拱起。降低躯干时吸气，抬起躯干时呼气。

提示

做此练习时需要多次屈曲髋关节，同时腹直肌几乎独自进行等长收缩，因此腿部（尤其是股直肌）和腰部（尤其是腰大肌）也经常会受到压力。抬起躯干的同时应当伴以躯干的蜷缩动作，以使腹部肌肉参与其中。此练习对腹部肌肉的针对性要低于卷腹。

此练习对腰椎的压力实际上是有害的，速度过快或负重过大（设置障碍）会造成更大的伤害。

综上所述，此练习不适合新手，尽管他们经常向教练提出做这一练习的要求。

⚠️ **常见错误：** 动作幅度过小；动作过快；躯干过于僵硬而使臀部屈肌的工作多于腹部肌肉；重复次数过多却没有集中刺激腹部。

✳ 与传统仰卧起坐相比，使用仰卧板做仰卧起坐可能造成动作上的错误，因此使用仰卧板做练习不如直接在地面上做练习。在仰卧板上做练习时，一些训练者的躯干十分僵硬，并且当髋关节伸展时会将头部向后移动；另一些训练者会在抬起躯干时附加转体动作，或者动作幅度相当小（躯干几乎处于伸直状态，肩部只离开地面很小的距离）。

变式3　下斜仰卧起坐

所涉主要肌肉： 腹直肌、腹外斜肌、腹内斜肌。

动作要领： 动作与仰卧板仰卧起坐基本相同，但此时要躺在一端向下倾斜的健身凳上并固定双脚。此变式难度更大，因此更适合有经验的训练者。我不建议将健身凳的倾斜角度调得过大，因为当头部低于心脏水平时人体较难发力。另一个变式是躺在一端向上倾斜的健身凳上做练习，这样训练强度会降低，但它仅仅适合因处于康复期或者腹部力量较弱而无法较好地完成仰卧起坐的训练者。

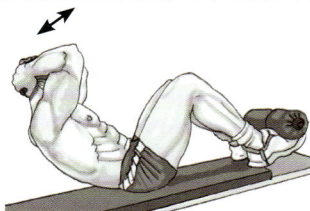

变式4　垂直仰卧起坐

所涉主要肌肉： 腹直肌、腹外斜肌、腹内斜肌、腰大肌。

动作要领： 有些仰卧板可以使训练者的身体垂直悬挂，这样可以提高训练强度，但同时也可能使臀部屈肌过度参与运动。只建议经验丰富且力量较强的训练者做此变式。

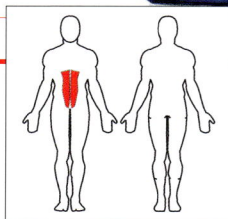

腹直肌

腹外斜肌

所涉肌肉

主要肌肉：腹直肌。
次要肌肉：腹外斜肌、腹内斜肌、腹横肌、髂腰肌、锥状肌。
拮 抗 肌：竖脊肌、腰部肌肉。

变式1 大幅仰卧抬腿

所涉主要肌肉：腹直肌、腹外斜肌、腹内斜肌。

动作要领：动作与仰卧抬腿基本相同，只不过此时动作幅度更大，且要使膝盖向胸部靠近。做此变式时，膝关节的屈曲角度应始终保持不变，否则臀部屈肌将承担大部分工作。尽管在倾斜的平板上做此变式效果更佳，但新手在地面上做即可。此变式的效果可与仰卧抬腿相媲美。

仰卧在垫子上，抬起双腿直至与地面垂直。双腿交叉，双手放在臀部下方或身体两侧。先垂直向上推动双腿以抬高骨盆，到达最高点后，再降低骨盆回到起始位置。理想状态是用足够慢的动作做练习。降低骨盆时吸气，抬高骨盆时呼气。

提示

若动作规范，此练习效果显著。练习时整块腹直肌都参与运动（躯干的其余屈肌和臀部屈肌也参与运动），尤其是腹直肌下部。不幸的是，许多训练者都错误地使髂腰肌和股直肌过多发力，有些时候还会借助惯性和爆发力，这样就会适得其反。为提高训练强度，可以在脚踝处增加负重或使用斜板做练习。练习时请勿将躯干整个抬起，抬高骨盆就足够了。

⚠️ **常见错误：** 借助惯性或爆发力而使动作过快；抬臀的幅度过大而仅仅使肩部支撑在地面上；做腿屈伸动作。

✱ 仰卧时，如果以摆动的动作抬起和放下双腿，骨盆会随之摆动。为避免骨盆摆动，腹直肌会进行等长收缩。许多人因此错误地认为，只要屈髋抬腿（而没有使骨盆向胸腔靠近）就可以有针对性地锻炼腹直肌，尤其是腹直肌下部。如果你对臀部屈肌（尤其是髂腰肌）的生物力学知识有一定了解，就很容易明白这种观点是错误的。交替抬腿对腹部肌肉的锻炼效果较差，因为这样做会限制骨盆摆动。负重（比如脚上绑一个杠铃片）做此练习只会给腰椎带来更大的压力。

变式2　仰卧交替抬腿

所涉主要肌肉： 髂肌、腰大肌、股直肌。

动作要领： 仰卧在垫子上，交替将伸直的腿抬起（臀部为动作的轴心）。

做此练习时腹部肌肉只进行等长收缩以保持姿势，臀部的屈肌才是主要参与运动的肌肉。只有同时抬起双腿方可增加腹部肌肉的工作，但是在这种情况下腰部会不自然地屈曲（脊柱前凸），这样会对椎间盘和第5腰椎等造成危害。

此变式及所有类似的练习都不建议用来锻炼腹部，在这里介绍此变式是因为，其一它可能在有些特定的体育训练中有用，其二可以用它来提醒那些被误导的训练者。

273

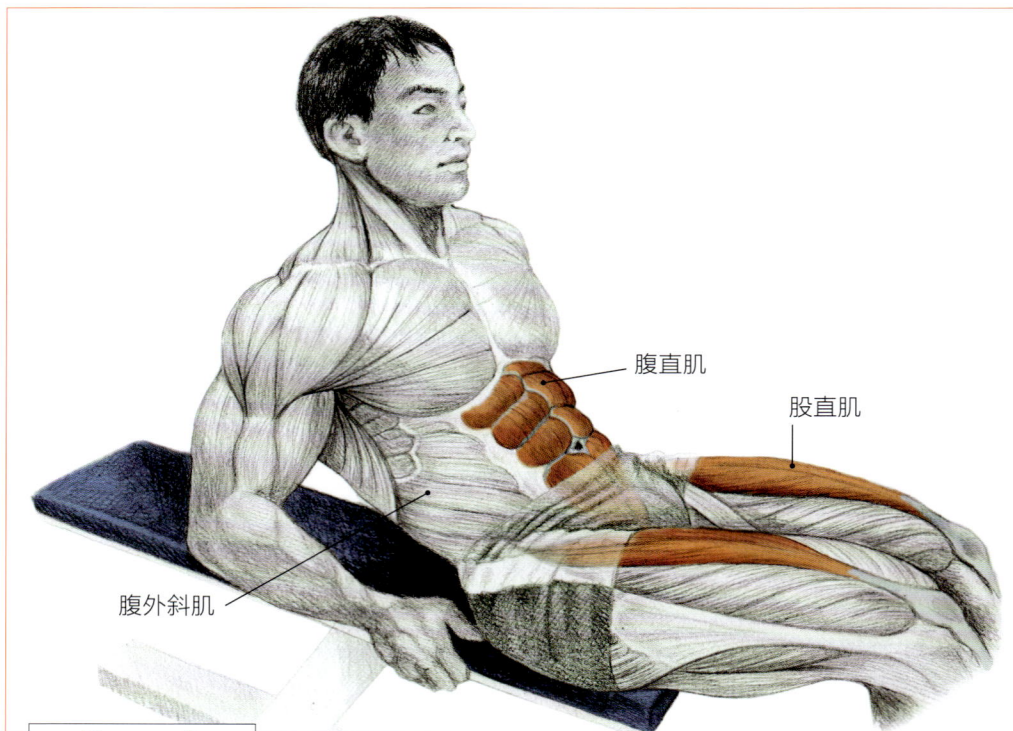

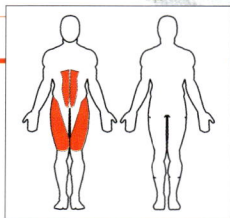

腹直肌

股直肌

腹外斜肌

所涉肌肉

主要肌肉：腹直肌、髂腰肌、股直肌。
次要肌肉：腹外斜肌、腹内斜肌、腹横肌、锥状肌。
拮 抗 肌：竖脊肌、腰部肌肉。

变式1　双手交叉式坐姿屈腿两头起

所涉主要肌肉：腹直肌、髂腰肌、股直肌、腹外斜肌、腹内斜肌。

动作要领：动作与坐姿屈腿两头起基本相同，但此时应以双手交叉放在胸前的姿势做练习。此变式的难度比坐姿抬腿高，且会对腰部造成较大压力，因此不推荐。

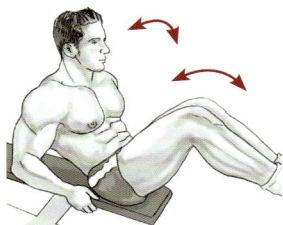

坐在健身凳上，双手置于臀部两侧并扶住健身凳。先屈曲髋关节和膝关节使大腿向胸部靠近，同时使躯干略微前屈，到达最高点后，再向后降低躯干并将双腿朝前伸展，回到起始位置。降低躯干时吸气，抬起躯干时呼气。

提示

此练习实际上是仰卧板仰卧起坐的一个变式。练习中腿部的运动不是为了锻炼下腹部，而是为了给躯干向后降低提供力量，而腿部的运动可能会给下背部造成压力，因此不建议经常做此练习。

新手在做此练习时，不要完全伸直或者放下双腿，可以将双手放在更加靠后的位置。横向放置健身凳与纵向放置健身凳相比没有任何优势，只会让姿势更加不稳定。

尽管此练习可以锻炼腹直肌和腹斜肌，但毫无疑问，它不是针对它们的最好练习。

⚠️ **常见错误：** 只有腿在动而躯干没有动；双手发力过多。

✴ 除非情况特殊，否则不建议做额外的腹部拉伸练习。一般情况下，将身体悬挂在单杠上足以起到拉伸腹部的作用。尤其不建议以右图这种姿势做练习：俯卧在地面上（眼睛看向地面），髋部贴地，双臂伸直并发力将肩部抬起到最高的位置。

变式2　触脚式坐姿屈腿两头起

所涉主要肌肉： 腹直肌、髂腰肌、股直肌、腹斜肌。

动作要领： 动作与坐姿屈腿两头起基本相同，但此时要将双手向前伸，且动作幅度更大（双腿离躯干更近）。抬起躯干时，双手做去触碰脚的动作。此变式对动作技巧的要求高于坐姿屈腿两头起，但是效果并不太好，因为练习时腿部的运动和手臂的姿势加大了臀部肌肉的运动量。总的来说，我不建议做此变式。

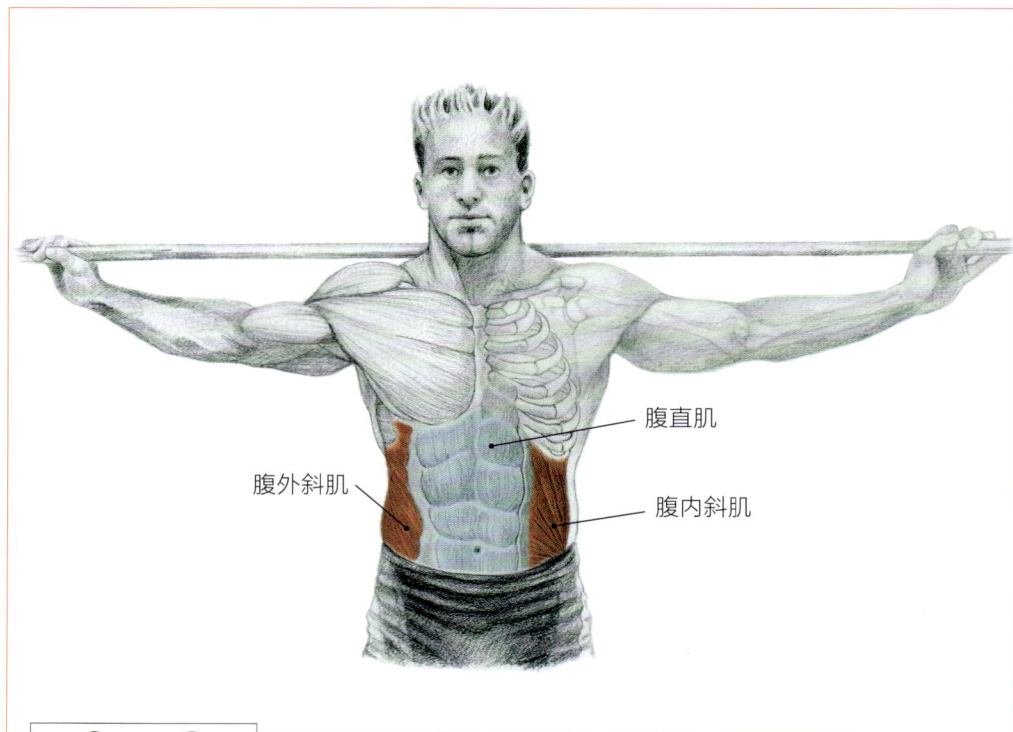

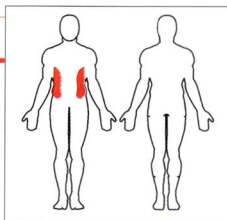

所涉肌肉 腹直肌

腹外斜肌 腹内斜肌

所涉肌肉

主要肌肉：腹内斜肌、腹外斜肌。
次要肌肉：腹直肌、腹横肌、腰方肌、锥状肌。
拮 抗 肌：腹部和腰部另一侧的同类型肌肉。

变式1 后倾式长杆转体

所涉主要肌肉：腹内斜肌、腹外斜肌、腹直肌。

动作要领：坐在仰卧板上，将身体稍微向后倾斜以使腹部肌肉收缩。因为在做转体动作时要一直保持身体向后倾斜的姿势，所以此变式可使腹部肌肉始终保持收缩状态。然而，此变式可能会给椎间盘带来伤害，因此一般情况下应避免做此变式。

动作要领

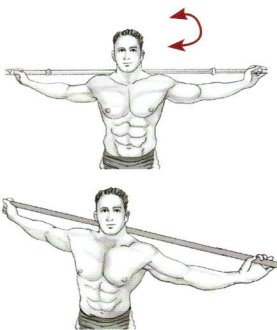

站在镜子前，目视前方，双腿分开以保持平衡。双手掌心朝前将一根木质长杆稳定在体后颈部下方，使长杆紧贴肩部。交替向身体两侧做转体动作，使腹部肌肉强烈收缩，并利用腹部肌肉的力量开始和结束转体动作。转体的角度约为90°，绝对不能超过90°（即长杆的一端不要完全指向前方或后方）。

提示

此练习的增肌效果较差，但是，如果动作正确，它可以提高肌肉的柔韧性。做此练习应该比做其他练习速度更快、次数更多，但不要过度训练。练习时应始终收紧腹部和腰部肌肉，否则当转体动作过猛时，将会是包围脊柱的韧带使动作停下，这对这些韧带来说是十分危险的。此练习可锻炼到旋转方向同侧的腹内斜肌，以及对侧的腹外斜肌，但是不会减少这些部位的脂肪含量。背部有伤者请勿做此练习。

⚠ **常见错误：** 动作过快或过慢；转体角度过大；未集中刺激目标肌肉；未始终目视前方；将长杆紧贴颈椎。

✳ 任何营养物质（脂肪、蛋白质或糖类）如果不用于构成人体细胞、提供能量等，都会以脂肪的形式储存在体内。因此，摄入过多的蛋白质或糖类会导致脂肪堆积。不过，导致脂肪堆积的罪魁祸首是高脂肪食物，因为它们热量很高。

变式2　金属杆转体

所涉主要肌肉： 腹内斜肌、腹外斜肌、腹直肌。

动作要领： 如果使用金属杆（8~12千克）做练习，那么训练强度会提高。做此变式时，防护措施应当尽可能完善，以防背部受伤。再次强调，应利用腹部肌肉的力量开始和结束转体动作。由于此变式导致受伤的概率比较高（因为需要在一定压力下旋转脊柱），因此不推荐。

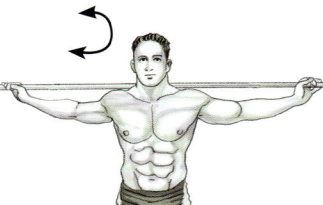

变式3　坐姿长杆转体

所涉主要肌肉： 腹内斜肌、腹外斜肌、腹直肌。

动作要领： 跨坐在健身凳上，收紧双腿，用膝盖夹住健身凳侧面以使臀部保持稳定。此变式中肌肉的运动与长杆转体基本相同，但是臀部的姿势更加稳定。此变式为转体练习中最好的练习，但也不能忽略长杆转体中提到的注意事项。

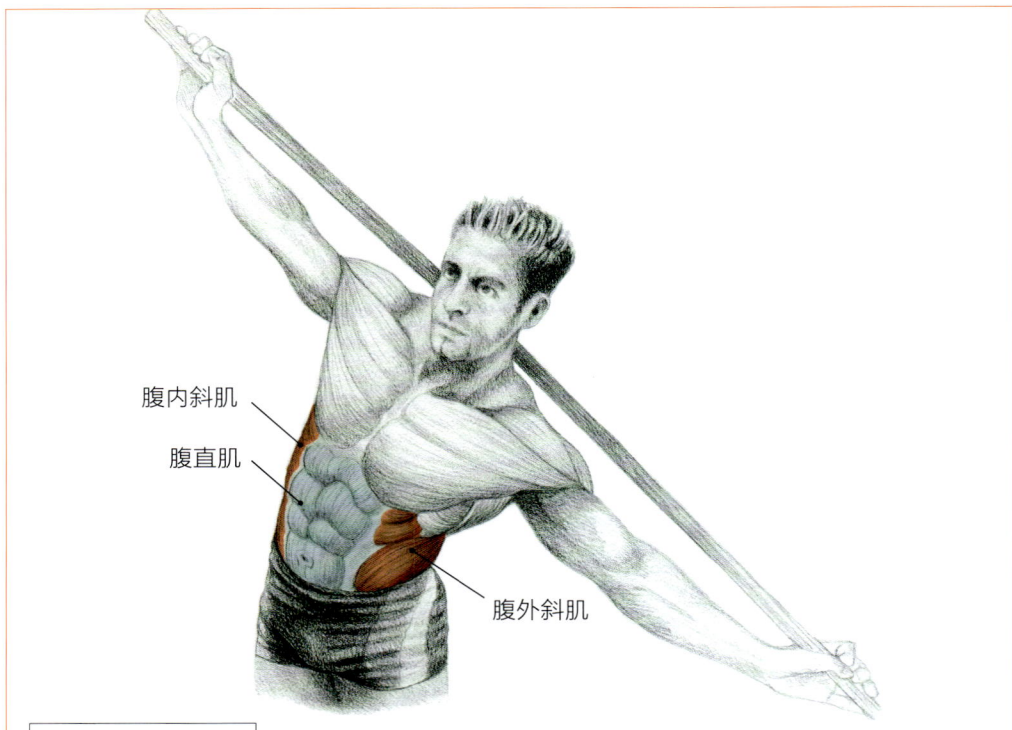

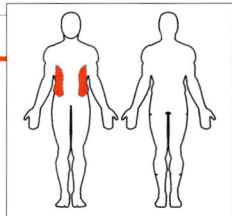

腹内斜肌

腹直肌

腹外斜肌

所涉肌肉

主要肌肉：腰方肌、腹内斜肌、腹外斜肌。
次要肌肉：脊柱周围的肌肉、腹直肌、腰大肌、腰小肌。
拮 抗 肌：腹部和腰部另一侧的同类型肌肉。

变式1 单臂哑铃侧屈

所涉主要肌肉：腰方肌、腹内斜肌、腹外斜肌。

动作要领：一只手将一只重量较小（或重量中等）的哑铃握在身体一侧（掌心朝向身体），另一只手置于腰部。躯干动作与长杆侧屈基本相同，但最好以更慢的速度来做，以集中刺激负重一侧的腹斜肌，因为很大一部分工作都由负重相反侧的腰方肌承担。

两只手都握住哑铃做练习没有任何意义，因为这样就像天平一样，两端的重量会相互抵消。

站在镜子前，目视前方，双腿分开以保持平衡。双手掌心朝前将一根木质长杆稳定在体后颈部下方，使长杆紧贴肩部。交替向左和向右屈曲躯干（屈曲角度不超过40°），使腹部肌肉强烈收缩，并利用腹部肌肉的力量开始和结束侧屈动作。直起身子时吸气，侧屈时呼气。

提示

与长杆转体一样，由于此练习无须过多发力，动作次数往往比其他练习多。请注意在练习过程中不但要收紧腹部肌肉，还要使腰部肌肉也保持一定程度的紧张。在这里我必须提醒一句，所用重量或屈曲角度过大容易导致脊柱受伤。此练习可锻炼腹内斜肌和腹外斜肌，尽管很大一部分的工作由腰方肌承担。

⚠️ **常见错误：** 动作幅度过小；脊柱姿势不当；未集中刺激目标肌肉。

✱ 腹部肌肉不仅仅分布于腹部，它上可延伸至肋骨，后可到达脊柱。因此，腹部肌肉对于腰椎的活动和稳定性有相当重要的作用。

变式2　金属杆侧屈

所涉主要肌肉： 腰方肌、腹外斜肌、腹内斜肌。

动作要领： 使用金属杆（8~12千克）做练习可以提高训练强度，但同时也会增加椎间盘的压力。因此，我不建议你做此变式。

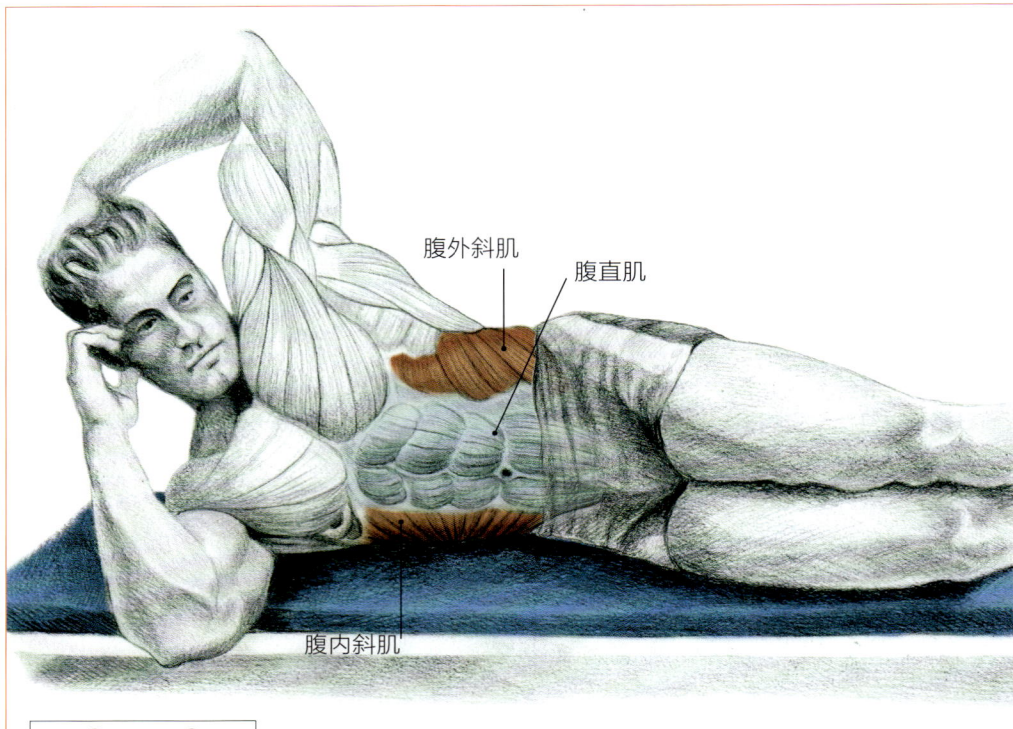

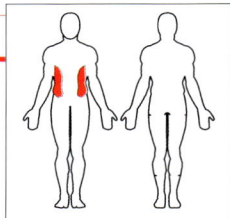

腹外斜肌

腹直肌

腹内斜肌

所涉肌肉

主要肌肉：腹内斜肌、腹外斜肌。
次要肌肉：腹直肌、腰方肌。
拮 抗 肌：腹部和腰部另一侧的同类型肌肉。

变式1　侧卧抬腿抬体

所涉主要肌肉：腹内斜肌、腹外斜肌、髂肌、腰大肌。

动作要领：此变式的起始姿势与侧卧抬体相同，但此时要在侧屈躯干的同时抬起双腿。也就是说，应使躯干和双腿彼此靠近。

　　尽管此练习动作幅度较小，且腹部肌肉不参与抬腿的动作，但它仍然能够锻炼腹部肌肉。

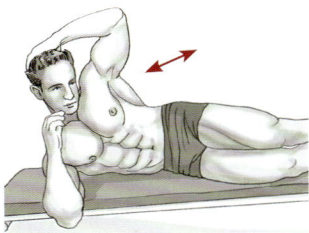

动作要领

侧卧在健身凳上，双腿平行（或交叉），上方的手置于脑后，下方的手向躯干一侧伸出或者放在胸前（难度更大）。利用腹斜肌的收缩使肩部抬起几厘米，并使躯干向侧面屈曲，到达最高点后，再降低肩部回到起始位置。降低肩部时吸气，抬起肩部时呼气。

提示

此练习与卷腹相似，主要锻炼腹部侧面的肌肉，即腹内斜肌和腹外斜肌，如果侧卧姿势标准，腰方肌也会承担很大一部分工作。

没有必要将肩部抬得过高，且不要使身体从健身凳上弹起。练习时应当能感受到所涉主要肌肉的工作。不建议在做此练习时增加额外的负重。

> ⚠️ **常见错误：** 使身体从健身凳上弹起以借助惯性；动作过快；借助自由手的力量（除非是最后一次练习）。

变式2　仰卧旋腿

所涉主要肌肉： 腹内斜肌、腹外斜肌、腰大肌、髂肌、腹横肌。

动作要领： 仰卧在垫子上，双腿屈曲并抬起，双手平伸放在躯干两侧。在将躯干向一侧旋转的同时使双腿向同侧旋转并下降，待双腿接近地面（依身体柔韧性而定）时，再向另一侧旋转躯干。脊柱有问题者请勿做此变式。

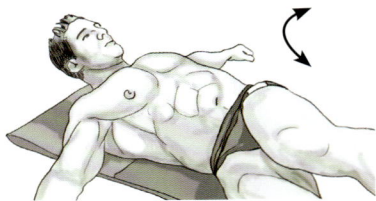

为了提高此变式的难度，可以先做一组双腿只向一侧旋转的练习，再做一组向另一侧旋转的练习，甚至可以在脚踝处绑沙袋。

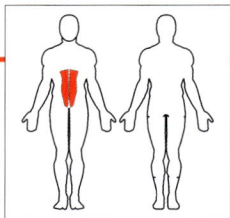

所涉肌肉

主要肌肉：腹直肌。
次要肌肉：腹外斜肌、腹内斜肌、腰大肌、股直肌、腹横肌。
拮 抗 肌：竖脊肌、腰部肌肉、臀大肌。

动作要领

倒挂在单杠上（脚踝固定），先弯腰将躯干抬起，同时拱起背部，再降低躯干回到起始位置。

练习时自然呼吸即可，在大多数情况下，也可以在降低躯干时吸气，抬起躯干后呼气。

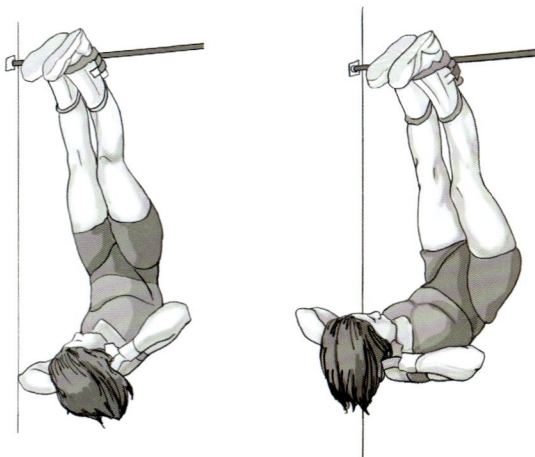

提示

此练习只适合经验丰富的训练者，我建议最好不要做此练习。当头部低于心脏水平时发力可能会造成昏厥，因为人体不习惯在这种姿势下发力。此练习和其他的腹部练习相比没有太大优势。如果一定要做此练习，请在同伴的协助下上下单杠，并让同伴在一旁照看，以免受伤。

⚠️ **常见错误：**负重做练习；晃动身体；动作次数过多。

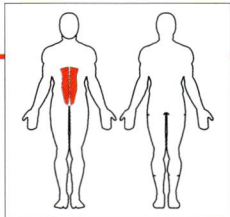

所涉肌肉

主要肌肉：腹直肌、髂腰肌。
次要肌肉：腹外斜肌、腹内斜肌、股直肌、腹横肌。
拮 抗 肌：竖脊肌、腰部肌肉、臀大肌。

动作要领

倒立，肩部支撑在长凳上，保持身体呈直线。先使身体下降一定幅度，再回到起始位置。

身体下降前吸气并憋住，回到起始位置后呼气。

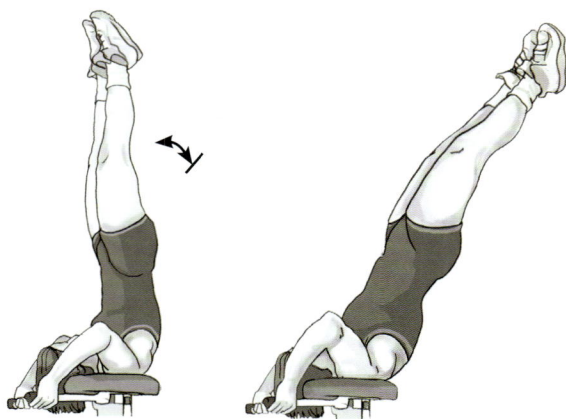

提示

此练习难度较高，一般只用于体操训练，且效果存在争议。不管怎么说，它只适合经验丰富的训练者。

⚠️ **常见错误**：身体下降幅度过大（容易失衡）；脊柱不正常弯曲。

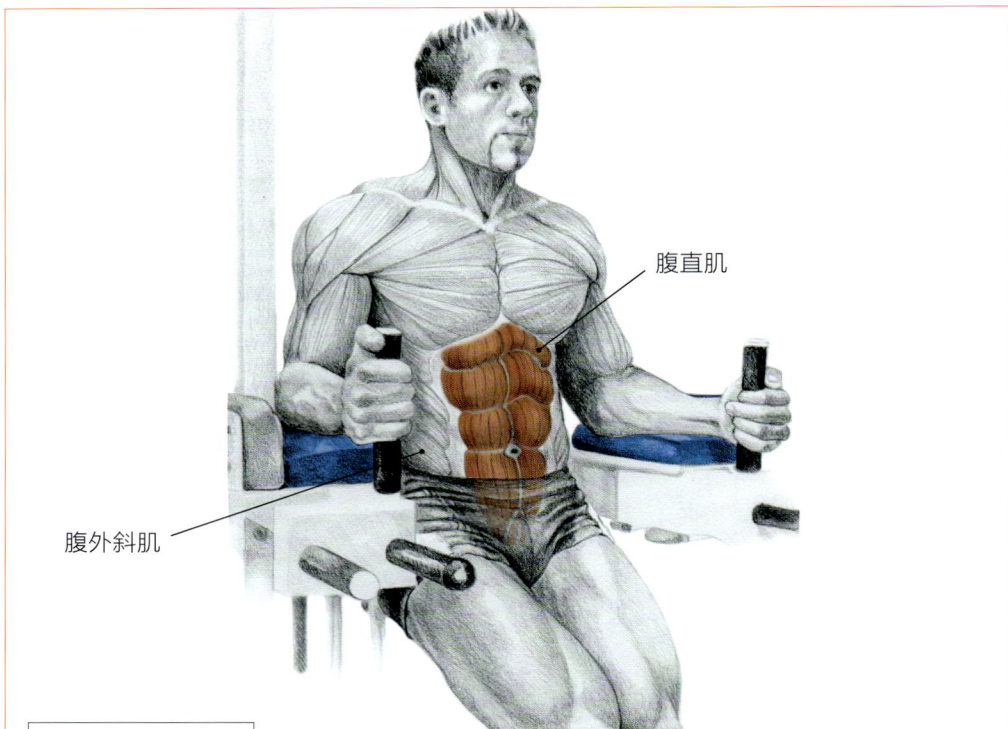

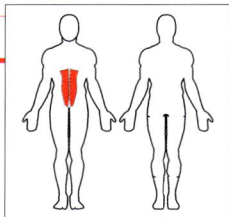

腹直肌

腹外斜肌

所涉肌肉

主要肌肉：腹直肌。
次要肌肉：腹外斜肌、腹内斜肌、髂腰肌、股直肌、腹横肌、锥状肌。
拮 抗 肌：竖脊肌及其余椎旁肌、腰部肌肉。

变式1　单杠垂直提臀抬腿

所涉主要肌肉：腹直肌、腹外斜肌、腹内斜肌、髂腰肌、股直肌。

动作要领：双手掌心朝前握住单杠做垂直提臀抬腿动作。此变式比器械垂直提臀抬腿难度高，因为练习时身体是悬空的，要保持身体与地面垂直且不晃动比较困难。此变式的注意事项可参考器械垂直提臀抬腿。

　　还有一个难度比较高的变式：将双脚钩在单杠上，抬起躯干去触碰单杠。我不推荐此变式，因为做此变式时头部低于心脏水平，并且它也没有特别的优势。

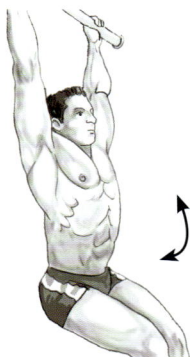

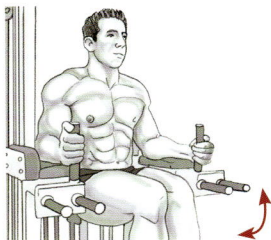

坐在器械的座椅上，髋关节和膝关节屈曲90°，双肘和前臂支撑在靠垫上，双手握住握柄，腰背部紧贴靠背。先在此姿势的基础上抬起双腿使身体呈蜷缩状态（膝关节屈曲角度不变），直至腰背部离开靠背，再放下双腿回到起始位置。此练习的关键不在于腿部的动作，而在于要使骨盆向胸腔靠近。抬腿时吸气，将腿放下时呼气。

提示

很少有训练者可将此练习做标准。练习时要将注意力集中在躯干屈肌上，而不是臀部屈肌。为此，我们应当了解，是腹部肌肉而非腿部肌肉嵌入耻骨和骨盆。此练习最大的难点是在髋关节屈曲90°时向上抬腿。有些训练者在做此练习时腿部会因为惯性发力过多，而使目标肌肉的工作量减少。任何由臀部屈肌的惯性引发的动作都不会锻炼到腹部肌肉。练习时最容易出现的错误是摆动双腿或交替抬腿。

⚠️ **常见错误：** 摆动双腿或交替抬腿；仅仅抬腿却没有使骨盆向胸腔靠近；腿部发力过多。

✳️ 尽管当胸腔靠近或远离骨盆时，整个腹直肌都会收缩，但当胸腔靠近骨盆时，腹直肌上部肌束更加活跃，当胸腔远离骨盆时，腹直肌下部肌束更加活跃。没有哪项练习可以将腹直肌上部和下部分开锻炼，因为这两部分之间没有骨头相连。

变式2　攀缘架垂直提臀抬腿

所涉主要肌肉： 腹直肌、腹外斜肌、腹内斜肌、髂腰肌、股直肌。

动作要领： 双手握住横杆，背部紧贴攀缘架，屈曲膝关节和髋关节并保持稳定。先抬起双腿和骨盆使身体呈蜷缩状态，到达最高点后，再放下双腿和骨盆回到起始位置。

使用攀缘架的好处在于可以防止身体晃动（使用单杠做练习时经常出现身体晃动的情况）。

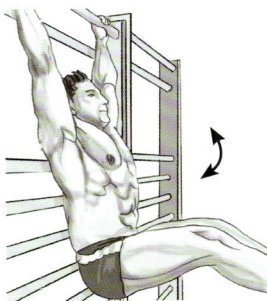

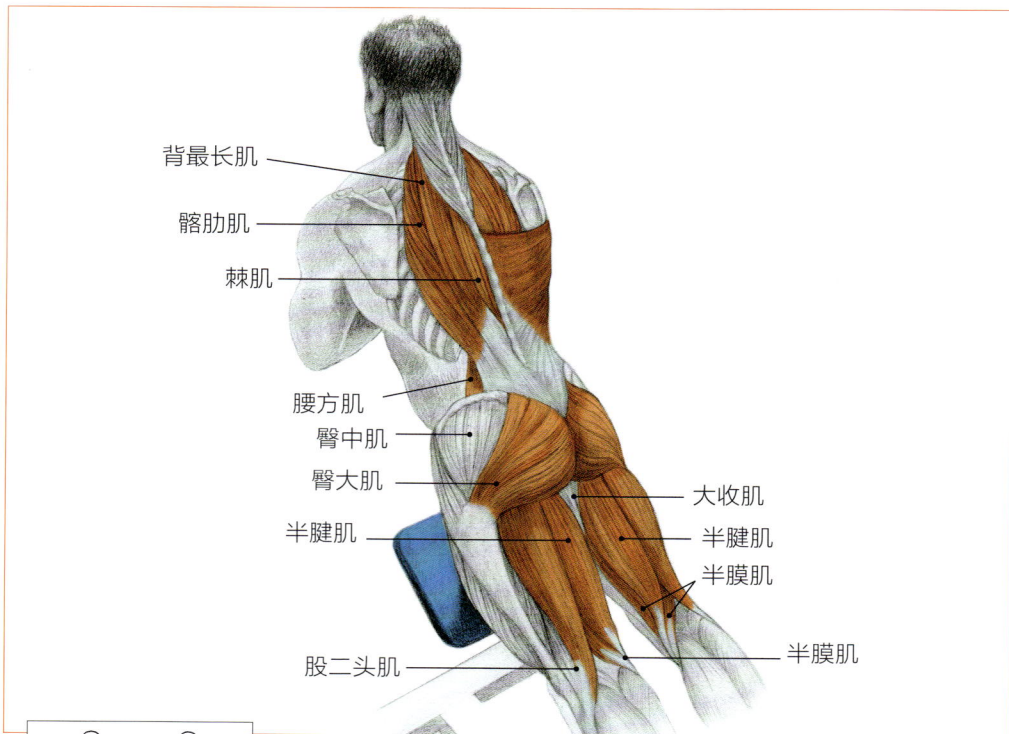

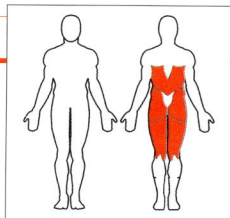

背最长肌

髂肋肌

棘肌

腰方肌

臀中肌

臀大肌

半腱肌

股二头肌

大收肌

半腱肌

半膜肌

半膜肌

所涉肌肉

主要肌肉：竖脊肌、腰方肌、髂肋肌、背阔肌、棘肌、多裂肌、臀大肌、腘绳肌（半膜肌、半腱肌、股二头肌长头）。
次要肌肉：下后锯肌、臀中肌（背面）、大收肌、梨状肌。
拮抗肌：腹直肌、腰大肌、髂肌、腹斜肌、腹直肌、阔筋膜张肌、耻骨肌、缝匠肌。

变式1　俯卧负重背部伸展

所涉主要肌肉：竖脊肌、腰方肌、髂肋肌、背阔肌、棘肌、多裂肌、臀大肌、腘绳肌（半膜肌、半腱肌、股二头肌长头）。

动作要领：动作与俯卧背部伸展基本相同，但此时要双手交叉将一块重物抱在胸前做练习。此变式适合有经验的训练者，练习前应当充分热身，练习时请勿旋转身体。如果想提高训练强度，建议放慢速度而不是使用重量更大的重物。

动作要领

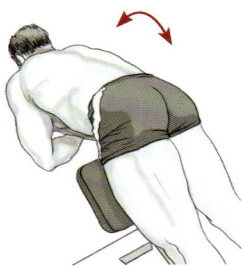

俯卧在一端向上倾斜45°的背部伸展训练器上，固定双腿，使骨盆紧贴支撑垫。从髋关节屈曲90°的姿势开始伸展躯干，直至身体呈一条直线，再向前屈曲躯干回到起始位置。伸展躯干时吸气，回到起始位置后呼气（但不要全部呼出）。

提示

此练习是锻炼所有腰部肌肉和脊柱周围肌肉的出色练习。与腹部相比，腰部和脊柱往往容易过度训练。此练习可以替代硬拉。抬起躯干时，尽量使臀部肌肉和腘绳肌保持放松，以免这些肌肉过度参与运动。采用与上文所述相反的呼吸方式对腰椎的保护力度较小。

⚠️ **常见错误：**躯干伸展幅度过大；双腿发力过多或借助惯性；伸展躯干时旋转身体（危险）；整个髋部都紧贴支撑垫而没有足够的空间做屈曲动作。

✳ 臀桥对腰部肌肉也有一定的锻炼作用，且动作比较简单，适合新手或者无法做背部伸展练习的训练者。

变式2　俯卧平板背部伸展

所涉主要肌肉：竖脊肌、腰方肌、髂肋肌、背阔肌、棘肌、多裂肌、臀大肌、腘绳肌（半膜肌、半腱肌、股二头肌长头）。

动作要领：俯卧背部伸展中提到的注意事项基本都适用于此变式。做此变式时应当俯卧在水平健身凳上，这样做在提高训练强度的同时，还减轻了背部的压力，适合有经验的训练者。至于负重的问题，可参考俯卧负重背部伸展。

需要强调的是，练习时附加转体动作会增加脊柱受伤的风险。

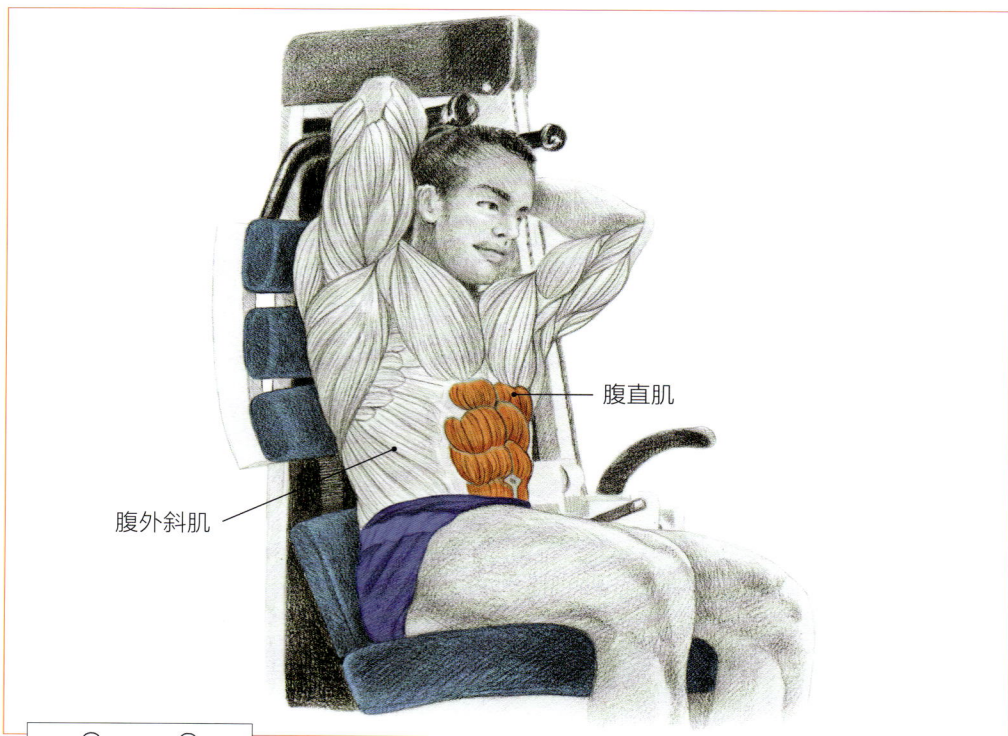

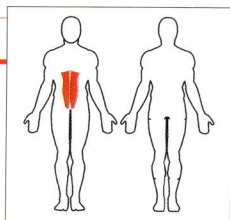

腹直肌

腹外斜肌

所涉肌肉

主要肌肉：腹直肌。
次要肌肉：腹外斜肌、腹内斜肌、腰大肌、股直肌、腹横肌。
拮 抗 肌：竖脊肌及其余椎旁肌、腰部肌肉。

变式1 仰卧器械抬腿

所涉主要肌肉：髂腰肌、腹直肌、腹外斜肌、腹内斜肌。

动作要领：仰卧在器械的平板上，用双手或绑带使躯干保持稳定。通过屈髋，用大腿或者双脚（依器械设计而定）将支撑轴抬起。

此变式可锻炼髂腰肌。若器械设计合理，练习时骨盆会向胸腔靠近，腹部肌肉也会强烈收缩。尽管练习中整个腹部都在工作，但锻炼更多的是下腹部的肌肉。

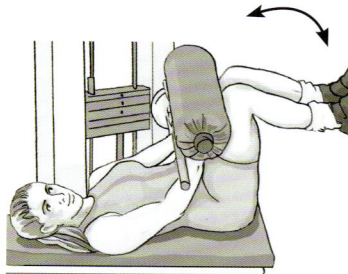

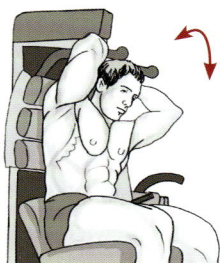

坐在腹肌训练器的座椅上，双手握住位于头部上方的握柄。先向下拉动握柄（依器械设计而定）并向前屈曲躯干，到达最低点后，再抬起躯干回到起始位置。向前屈曲躯干时吸气，抬起躯干时呼气。

提示

此练习的效果不明显。有些腹肌训练器设计得很好，可以使躯干屈曲并使身体呈蜷缩状态，有些只能让训练者做出屈髋的动作而无法做出抬腿的动作。因此，我再次强调，只有骨盆慢慢向胸腔靠近才能真正锻炼到腹直肌。做此练习时，新手很难察觉腹部肌肉是在进行向心收缩还是仅仅在进行等长收缩，这取决于器械的设计。

此练习的主要优势在于，你可以根据自身的能力和目标自由选择重量，但是重量过大有可能导致受伤。

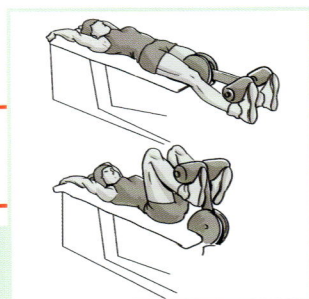

⚠️ **常见错误：** 重量过大或过小；使用设计不当的器械。

✳️ 右图是设计不当的腹肌训练器。

变式2 坐姿推胸机卷腹

所涉主要肌肉： 腹直肌、腹外斜肌、腹内斜肌。

动作要领： 坐在推胸机的座椅上，双手抓住前方的握杆，双臂接近伸直。向前屈曲躯干以推动器械。请注意做此变式时应当控制节奏并放慢速度，你应该能感受到腹部肌肉（主要为腹直肌）是推动躯干向前屈的肌肉。

尽管较少用到，但此变式效果显著，可供有经验的训练者丰富练习种类或供新手增强力量。

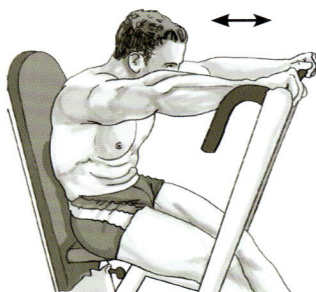

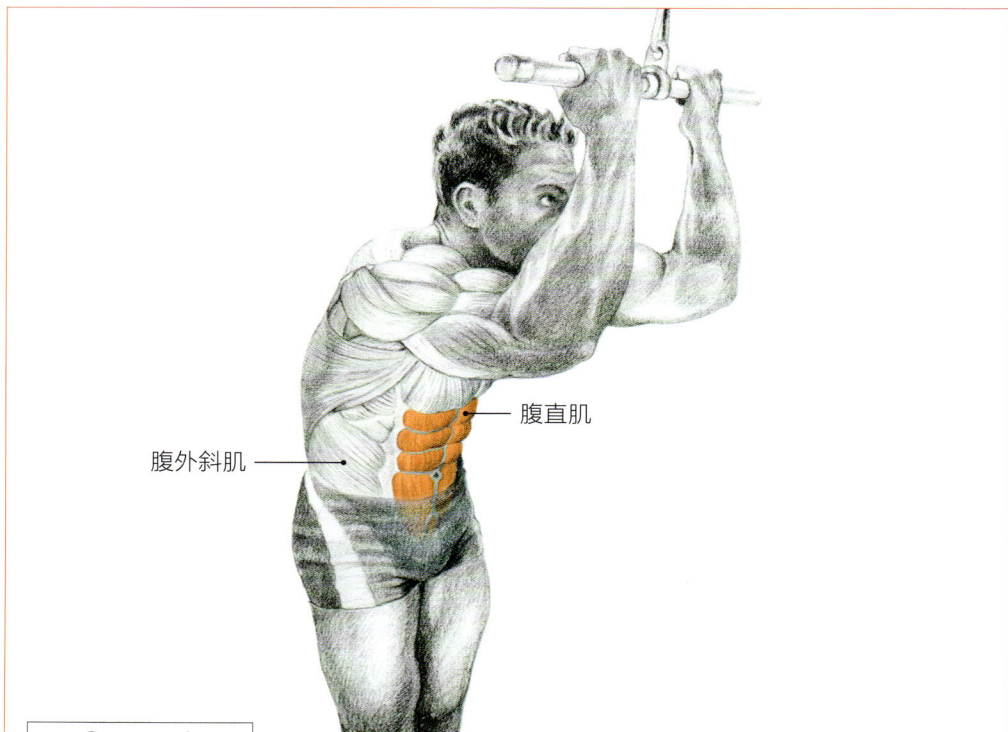

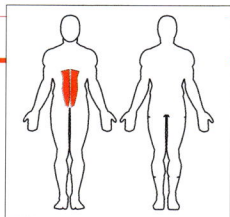

腹直肌

腹外斜肌

所涉肌肉

主要肌肉：腹直肌。
次要肌肉：腹外斜肌、腹内斜肌、腹横肌。
拮 抗 肌：竖脊肌、腰部肌肉。

变式1　跪姿滑轮卷腹

所涉主要肌肉：腹直肌、腹外斜肌、腹内斜肌。

动作要领：跪在高位滑轮前，握姿和动作与站姿滑轮卷腹基本相同。练习时应注意不要屈髋，并要始终保持臀部不动以免腹直肌参与程度不足。也可坐在健身球上做练习，这样更利于保持臀部和腿部的姿势。

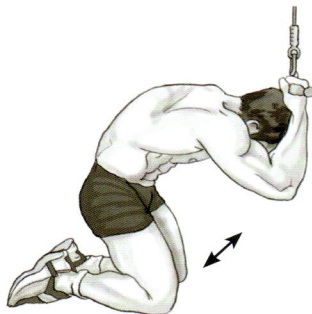

站在高位滑轮下方，双手掌心朝向身体握住握杆并将握杆稳定在头部前上方。从躯干接近伸直的姿势开始，先收紧腹部使胸腔向骨盆靠近，到达身体柔韧性允许的最低点后，再抬起躯干回到起始位置。动作应当是蜷缩身体而不仅仅是屈曲髋关节。练习过程中应始终保持臀部不动、双臂姿势不变。抬起躯干时吸气，使胸腔向骨盆靠近时呼气。

提示

此练习效果显著，但它对动作技巧要求较高，只适合有经验的训练者。新手做此练习时，往往会将动作做成屈髋，因为他们臀部的屈肌比腹部肌肉更加有力，且更容易被激活。练习时可使用相当大的重量而不会造成太大危险。可以根据个人喜好，将握杆换成粗绳。我不建议以跪姿做练习，也不建议背对滑轮做练习。

⚠️ **常见错误：** 将动作做成屈髋而使腹部肌肉的参与程度不足；动作过快或幅度过小；使骨盆向胸腔靠近而不是使胸腔向骨盆靠近。

✱ 力量训练者比不进行力量训练和久坐不动的人新陈代谢更快，因此他们的身体会消耗更多的热量。此外，甲状腺激素在调节新陈代谢方面起着重要作用。

变式2 站姿滑轮侧面卷腹

所涉主要肌肉： 腹外斜肌、腹内斜肌、腹直肌、腰方肌。

动作要领： 站在高位滑轮的一侧，用靠近滑轮的一只手握住握柄（最好为粗绳或者握杆），使躯干向滑轮一侧屈曲。练习时应集中刺激腹斜肌。

此变式既可以以站姿做，也可以以跪姿做。

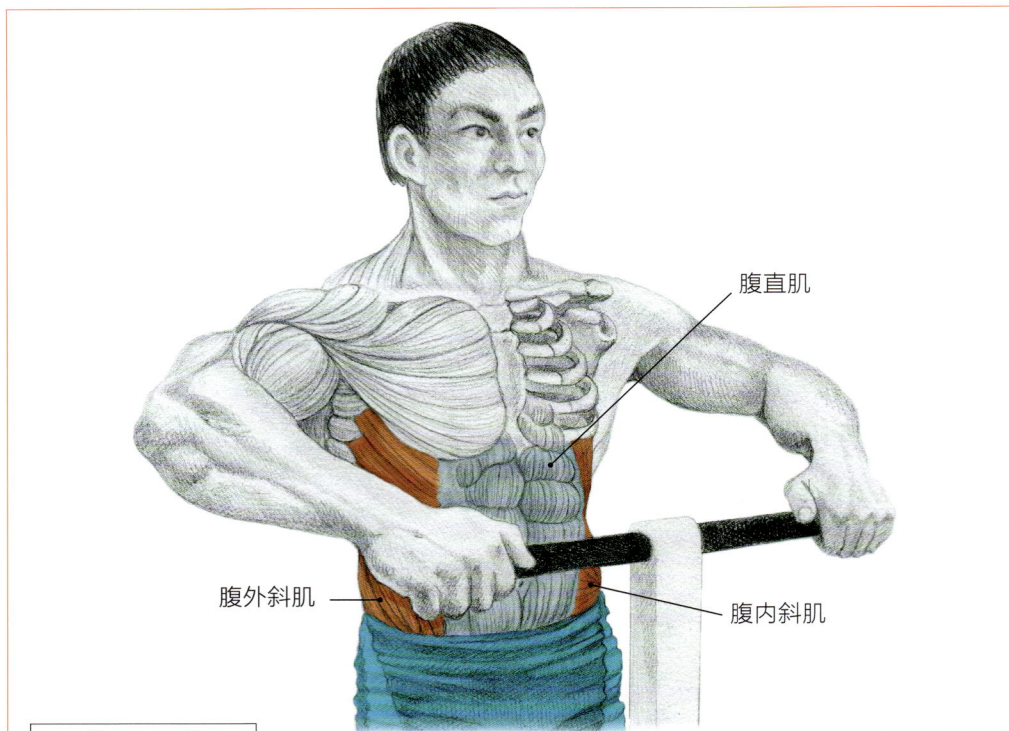

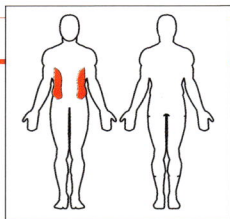

腹直肌

腹外斜肌

腹内斜肌

所涉肌肉

主要肌肉：腹内斜肌、腹外斜肌。
次要肌肉：腹直肌、腹横肌、腰方肌。
拮　抗　肌：腹部和腰部另一侧的同类型肌肉。

变式1　坐姿扭腰转体

所涉主要肌肉：腹内斜肌、腹外斜肌、腹直肌。
动作要领：选择好重量后坐在坐姿扭腰训练器上，腰部以下保持不动。双手推动重物，使躯干从一侧缓慢旋转至另一侧。

　　由于价格比扭腰器高，坐姿扭腰训练器在健身房中不太常见，但是它对腹部肌肉的锻炼效果比扭腰器好，且更加安全。此外，坐姿扭腰训练器是对腹斜肌针对性最强的器械。尽管做此变式时并不像做金属杆转体时那样要将重物压在脊柱上，但在做转体动作时也应格外小心。虽然发达的腹斜肌可以稳定腰椎并塑造腰部的线条，但若腹斜肌体积过大可能会使腰部显得粗壮。

动作要领

站在扭腰器上，双腿分开，膝盖微屈，双手握住器械的握杆。保持腹部肌肉强烈收缩，使躯干交替向两侧做转体运动。要利用腹部肌肉的力量开始和结束动作。练习时自然呼吸即可。

提示

做此练习时，若不能很好地控制腹部，可能会发生危险。因为很多训练者经常借助旋转的惯性做练习，这样一来为了结束动作，会使脊柱周围的韧带以及小肌肉群参与运动，请注意避免这类情况。此练习容易使膝盖和背部受伤，因此完全可以不做。此外，你无法通过此练习达到减肥或增肌的目的。然而，许多教练仍不加区分地让他们的学员做此练习。

⚠️ **常见错误：** 动作过快或过慢；转体角度过大；未集中刺激目标肌肉。

✳️ **出汗和减肥的关系**
有氧运动通常会导致大量出汗，尤其是在温暖的天气。同时，有氧运动会使身体消耗一定的能量（从食物中获得的能量或以脂肪形式储存的能量）。这种所谓的联系导致许多人认为：只要出汗，就能减肥。然而，这种说法就如同减肥的时候会出汗一样荒谬（节食减肥表明情况并非如此）。高强度有氧运动可以使人大量出汗，也可以消耗很多能量。然而，高强度有氧运动后出现的体重减轻，通常是由于人体水分流失，而这些水分很快就会被补充回来。无论是否进行体育锻炼，穿厚衣服捂汗并不能达到减肥的目的。事实上，穿厚衣服运动会影响正常的体温调节机制。

变式2 滑轮转体

所涉主要肌肉： 腹内斜肌、腹外斜肌、腹直肌。
动作要领： 坐在滑轮一侧，稍稍向滑轮方向转过身子。用靠近滑轮的一只手握住握柄，屈肘，向身体另一侧拉动重物。

此变式也可以以站姿做，但仅适合有经验的训练者。

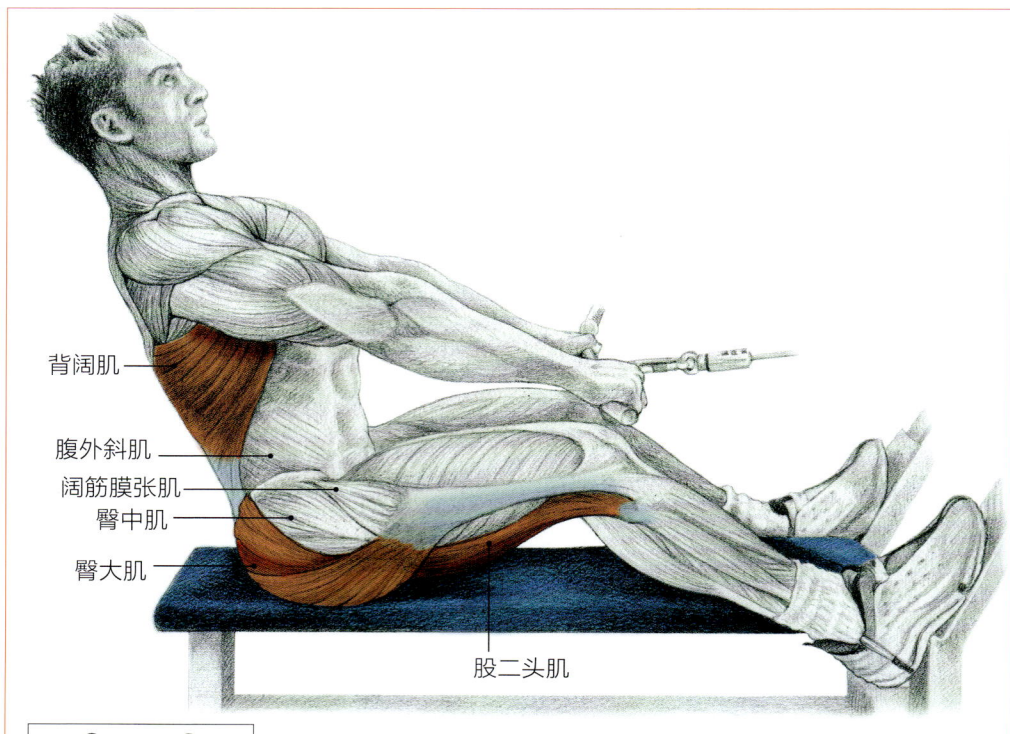

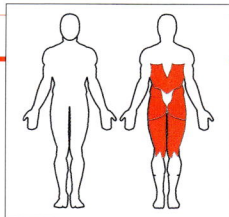

背阔肌

腹外斜肌

阔筋膜张肌

臀中肌

臀大肌

股二头肌

所涉肌肉

主要肌肉：竖脊肌、腰方肌、背阔肌、多裂肌、臀大肌、腘绳肌（半膜肌、半腱肌、股二头肌长头）。
次要肌肉：下后锯肌、臀中肌、大收肌、梨状肌。
拮抗肌：腹直肌、腰大肌、髂肌、腹斜肌、股直肌、阔筋膜张肌、耻骨肌、缝匠肌。

变式1 下压器背部伸展

所涉主要肌肉：腰方肌、竖脊肌、背阔肌、多裂肌、臀大肌、腘绳肌。
动作要领：上背部紧贴支撑轴，从躯干与地面接近垂直的姿势开始向后伸展躯干。伸展躯干时应微微拱起背部。若器械设计合理，动作几乎不会出现错误。

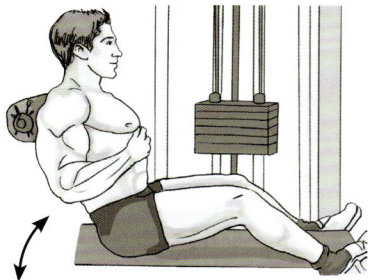

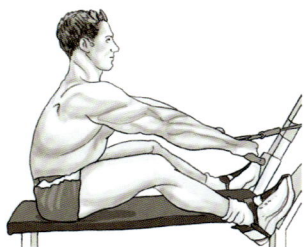

━━━ **动作要领** ━━━

　　面对滑轮坐在训练凳上，固定好双脚，屈曲双腿。双手握住握杆，肘部微屈。在练习过程中，双腿保持弯曲，但是比做坐姿滑轮划船时稍微直一些，因为弯曲角度过大会使动作幅度减小。此外，练习过程中应保持肘部姿势不变。

　　先从躯干与地面垂直的位置开始，缓慢并持续地向后伸展腰部和脊柱，伸展角度超过45°时再回到起始位置。向后伸展前吸气并憋住，回到起始位置后呼气（但不要全部呼出）。做下一次练习前要深呼吸。

━━━ **提示** ━━━

　　练习过程中应尽可能地使臀部肌肉和腘绳肌保持放松，以免这些肌肉过度参与运动。练习时动作应当缓慢，以使目标肌肉始终受到压力。如果动作标准，那么此练习对腰背部肌肉力量较弱或处于康复期的人来说不失为一个好练习。

⚠️ **常见错误：** 重量过大；动作过快；双腿发力过多；手臂发力过多（背部没有发力）。

✳ 腘绳肌柔韧性不足会使腰部活动受限，甚至会影响下背部的自然曲线。做拉伸练习可避免这一问题。

变式2　滑轮硬拉背部伸展

所涉主要肌肉： 竖脊肌、腰方肌、背阔肌、多裂肌、臀大肌、腘绳肌。

动作要领： 站在低位滑轮前，做与杠铃直腿硬拉相同的动作。你可以站在健身凳或其他类似支撑物上做练习以增大动作幅度。

变式3　史密斯机硬拉

所涉主要肌肉： 竖脊肌、腰方肌、背阔肌、多裂肌、臀大肌、腘绳肌。

动作要领： 动作与杠铃直腿硬拉基本相同。使用史密斯机做练习可以增加安全性。杠铃直腿硬拉中提到的注意事项皆适用于此变式。做此变式时，杠铃的移动范围变小，可能会使训练者感到不适。也可使用史密斯机做早安式屈体，但是这对动作技巧的要求更高，且需要腰部更多地发力。

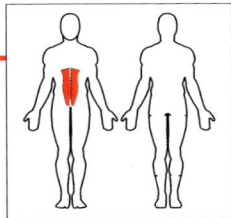

所涉肌肉

主要肌肉：腹直肌。
次要肌肉：腹外斜肌、腹内斜肌、腰大肌、股直肌、腹横肌。
拮 抗 肌：竖脊肌及其余椎旁肌、腰部肌肉、臀大肌。

动作要领

　　动作与仰卧板仰卧起坐基本相同。坐在地面上，双手抓住位于身体后方的滑轮的粗绳，躯干后仰。先利用腹部肌肉的收缩使躯干抬起（使胸腔向骨盆靠近），到达最高点后，再降低躯干回到起始位置。注意不要使躯干下降到过低的位置，且动作幅度不宜过大以给腰椎施加压力。抬起躯干时吸气，降低躯干时呼气。

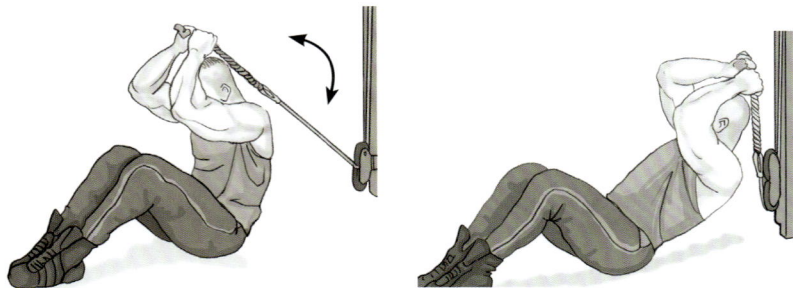

提示

　　请注意不要做成屈髋的动作，以免臀部屈肌（腰大肌、股直肌等）过多地参与运动。我不推荐此练习，因为做此练习时你有可能感到不适，并且姿势不标准或动作不熟练都有可能给腰椎带来压力。

　　如果仰卧在地面上，将双脚放在滑轮前，并将绳索绑在脚上做抬腿练习，那么受到的阻力比做常规的仰卧起坐时受到的阻力更大。臀部屈肌在有抬腿动作的针对腹部肌肉的练习中起到非常重要的作用，你可以很明显地从自身感受到的张力中体会到这一点。

> ⚠️ **常见错误：** 动作过快或幅度过大；躯干僵硬而使臀部屈肌发力过多；重量过大。

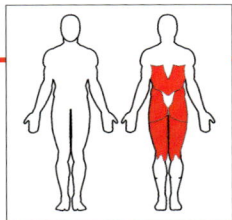

所涉肌肉

主要肌肉：竖脊肌、腰方肌、背阔肌、多裂肌、臀大肌、腘绳肌（半膜肌、半腱肌、股二头肌长头）。
次要肌肉：下后锯肌、臀中肌、大收肌、梨状肌。
拮 抗 肌：腹直肌、腰大肌、髂肌、腹斜肌、股直肌、阔筋膜张肌、耻骨肌、缝匠肌。

动作要领

面对低位滑轮坐下，屈曲双腿和双臂，双手抓住滑轮的粗绳并将其稳定在头部附近。

从身体蜷缩的姿势开始，将臀部和脊柱向后缓慢并持续地伸展，到达最低点后再回到起始位置。练习过程中应始终保持双腿弯曲。向后伸展躯干时吸气，回到起始位置后呼气。

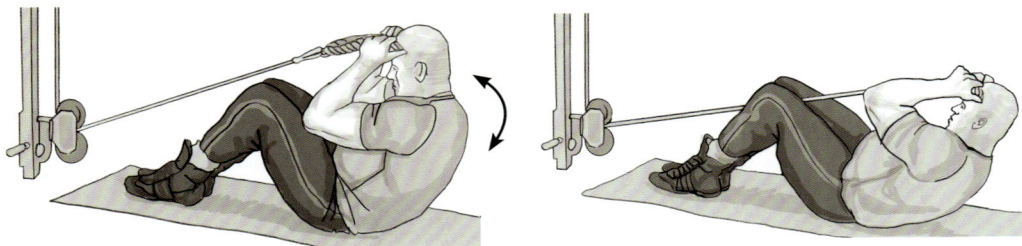

提示

练习过程中应尽可能地使臀部肌肉和腘绳肌保持放松，以免这些肌肉过度参与运动，屈膝可以帮助这些肌肉放松。此练习在效果上并不优于锻炼腰部的其他练习。

⚠️ **常见错误：**重量过大；动作过快或腿部发力过多；粗绳紧贴头部或颈部。

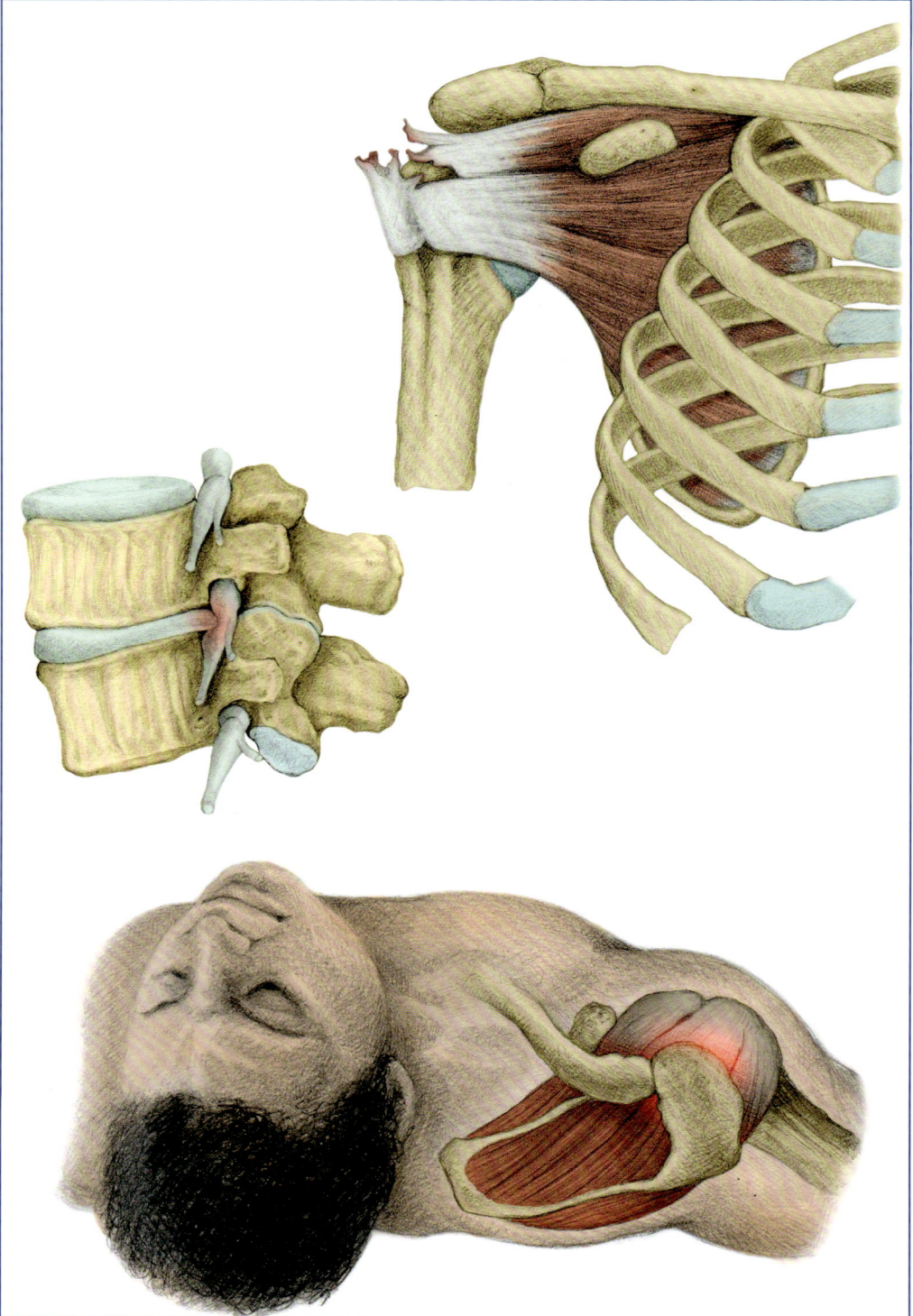

附录1

身体各部位关节运动所涉肌肉

肩关节

- 外展：三角肌、冈上肌、肱二头肌长头、前锯肌、斜方肌等。
- 内收：背阔肌、大圆肌、胸大肌、肱三头肌长头、肱二头肌短头、三角肌的前部和后部、喙肱肌。
- 屈曲：三角肌前部、喙肱肌、肱二头肌长头、胸大肌上部、前锯肌。
- 伸展：背阔肌、三角肌后部、大圆肌、肱三头肌长头、胸大肌。
- 旋外：冈下肌、三角肌后部、小圆肌。
- 旋内：肩胛下肌、胸大肌、三角肌前部、背阔肌、大圆肌。

肘关节

- 屈曲：肱二头肌、肱肌、肱桡肌、桡侧腕长伸肌、旋前圆肌、掌长肌、桡侧腕屈肌、尺侧腕屈肌。
- 伸展：肱三头肌、肘肌。

腕关节

- 屈曲：指浅屈肌、指深屈肌、桡侧腕屈肌、尺侧腕屈肌、掌长肌、拇长屈肌。
- 伸展：指伸肌、桡侧腕长伸肌、桡侧腕短伸肌、示指伸肌、拇长伸肌、小指伸肌。
- 旋外：肱二头肌、肱桡肌、旋后肌、拇长展肌、拇长伸肌、桡侧腕长伸肌。
- 旋内：旋前圆肌、肱桡肌、桡侧腕屈肌、桡侧腕长伸肌。
- 外展：桡侧腕长伸肌、桡侧腕短伸肌、拇长展肌、拇长伸肌、桡侧腕屈肌、拇长屈肌。
- 内收：尺侧腕伸肌、尺侧腕屈肌、指伸肌。

髋关节

◆ 外展：臀中肌、臀小肌、臀大肌、阔筋膜张肌、缝匠肌、梨状肌、闭孔内肌。

◆ 内收：大收肌、长收肌、短收肌、股薄肌、耻骨肌、髂腰肌、臀大肌、股方肌、闭孔外肌、半腱肌。

◆ 屈曲：髂腰肌、股直肌、缝匠肌、阔筋膜张肌、耻骨肌、臀小肌（有时还有臀中肌）、大收肌、长收肌、短收肌、股薄肌。

◆ 伸展：臀大肌、半膜肌、半腱肌、股二头肌长头、臀中肌、大收肌、梨状肌。

◆ 旋外：臀大肌、股方肌、臀中肌（背面）、闭孔内肌、髂腰肌、股二头肌长头、大收肌、缝匠肌、梨状肌。

◆ 旋内：半腱肌、半膜肌、臀小肌、阔筋膜张肌、大收肌、耻骨肌、臀中肌。

膝关节

◆ 伸展：股四头肌、臀大肌、阔筋膜张肌。

◆ 屈曲：半膜肌、半腱肌、股二头肌、股薄肌、腓肠肌、缝匠肌、腘肌、阔筋膜张肌。

◆ 旋外：股二头肌、阔筋膜张肌。

◆ 旋内：半膜肌、半腱肌、股薄肌、腘肌、缝匠肌。

脚踝和脚

◆ 背屈：胫骨前肌、趾长伸肌、跗长伸肌。

◆ 掌屈：腓肠肌、比目鱼肌、腓骨长肌、腓骨短肌、趾长屈肌、胫骨后肌、跗长屈肌。

附录2

术语表

以下对术语的解释有助于读者理解本书讲解的内容。部分释义摘自《西班牙皇家语言学院词典》，并经本书作者修改以便读者更好地理解。

人体解剖学：生物学和医学的分支，研究正常人体各部分形态、结构、位置、毗邻及结构与功能关系的科学。

生物力学：生物物理学的分支，应用力学原理和方法对生物体中的力学问题进行定量研究的科学。

人体的标准解剖学姿势：身体直立、眼睛平视前方、双脚并拢、脚尖朝前、双臂下垂于躯干两侧、掌心朝前的姿势。

矢状面：前后方向将人体分成左右两部分的切面。该切面与水平面和冠状面互相垂直。

水平面：与矢状面和冠状面互相垂直，将人体分为上下两部分的切面。

冠状面：与矢状面及水平面互相垂直，将人体分为前后两部分的切面。

内侧：距人体正中矢状面近的一侧。

外侧：距人体正中矢状面远的一侧。

正面：人体前部那一面。

背面：人体后部那一面。

近端：四肢靠近躯干的一端。

远端：四肢远离躯干的一端。

旋内：关节由前向内的旋转运动。

旋外：关节由前向外的旋转运动。

内收：使四肢靠近躯干中心所在的平面（该平面将人体分成左右对称的两部分）的运动。通常指手臂靠近躯干或一条腿靠近另一条腿。

外展：使四肢远离躯干中心所在的平面的运动。通常指手臂远离躯干或一条腿远离另一条腿。

伸展： 使弯曲的关节展开的运动。

过度伸展： 伸展角度超过正常范围。

屈曲： 使关节弯曲的运动。从人体解剖学角度来说，指身体正面各部位的相互靠近（腿部除外，腿部是背面相互靠近）。

过度屈曲： 屈曲角度超过正常范围。

仰卧： 面部朝上躺着，主要靠背部和臀部来支撑的一种体位。

俯卧： 面部朝下躺着，主要靠胸部和腹部来支撑的一种体位。

侧卧： 面部朝侧面躺着，靠一侧躯干来支撑的一种体位。

正握： 拇指相对的握姿。

反握： 拇指朝外的握姿。

开握： 拇指与其余四指位于器械同一侧的握姿。

锁握： 拇指位于其余四指对侧的握姿。

自然握持： 手臂自然下垂、掌心朝向大腿外侧的握姿。

肌纤维： 即肌细胞，因为其形状细而长，所以又称肌纤维。

等长收缩： 关节角度和肌纤维长度不变但张力增加的肌肉收缩形式。

等张收缩： 张力基本不变，关节角度和肌纤维长度发生变化的肌肉收缩形式。

向心收缩： 等张收缩的一种形式，特征是肌肉收缩时肌纤维长度缩短，其目的是产生肢体运动。

离心收缩： 等张收缩的一种形式，特征是肌肉收缩时肌纤维长度延长，其目的是控制肢体运动。

拮抗肌： 与原动肌作用和运动方向完全相反的肌肉。原动肌是指直接参与完成动作的肌肉。

协同肌： 配合原动肌使其更好地发挥作用的肌肉。

吸气： 将外界的空气吸入肺部的过程。

呼气： 将吸入的空气呼出的过程。

深呼吸： 尽力吸气然后尽力呼出的一种呼吸方式。

憋气： 力量训练中指屏住呼吸。

关节： 骨与骨之间相连接的地方。

关节活动度： 关节由最大伸展到最大屈曲所覆盖的活动角度范围。

柔韧性：人体各关节的活动幅度，即关节的肌肉、肌腱和韧带等软组织的伸展能力。通常用关节活动度来表示。

肌肉萎缩：肢体活动减少引起的横纹肌营养不良、肌肉缩小、肌纤维变细甚至消失的症状。

肌肉膨大：肌肉体积增加。

脊柱前凸：脊柱向前偏离中线的一种脊柱畸形。

脊柱后凸：脊柱向后偏离中线的一种脊柱畸形。

杠铃：一种自由重量训练器械，由杠铃杆、杠铃片和卡箍三部分组成，一般分为直杆和曲杆两种。

EZ 杠：曲杆杠铃的一种，可以使握姿更加舒适。

哑铃：一种自由重量训练器械，有固定重量的和可调节重量的两种。

史密斯机：可以将杠铃放在两侧支架的安全锁扣上做练习的多功能器械。它左右两边的轨道可以固定杠铃的移动方向，从而限制了很多动作的运动轨迹。它对动作的标准性和平衡性的要求更低，安全性更高，适合新手。

徒手练习：不需要使用健身房中的器械、只需借助自身体重就可以做的练习，如俯卧撑、引体向上等。此类练习对场地没有要求，可以随时随地进行。

自由重量练习：使用杠铃、哑铃等直接发挥负重作用的器械来锻炼肌肉的练习，如杠铃卧推、哑铃夹胸、杠铃硬拉、杠铃深蹲等。此类练习所用器械占地面积较小，动作幅度相对自由，练习时需要分出一部分力来控制平衡。

固定器械练习：使用史密斯机、蝴蝶机、划船机、滑轮拉力器、坐姿下拉器等有固定轨道的器械来锻炼肌肉的练习，如史密斯机卧推、蝴蝶机夹胸、坐姿下拉等。所用器械占地面积较大，动作幅度相对固定，练习时无须控制平衡。

人体重心：整个人体所受重力的合力的作用点。

力竭：用正确、规范的姿势做动作，直到不能完成一次完整的动作，力量完全用尽的状态。

超级组：做完一组练习之后立刻做下一组练习，中间不休息，但这两组练习锻炼的是功能完全相反的肌肉。

核磁共振成像：当今用于透视人体内部软组织的最先进的技术，医疗上可以通过这一技术进行脑部疾病、血管病、肿瘤等的检查和诊断，同时它在肌肉使用情况评估方面的价值也已得到证实。

附录3

强度－重量－次数表

你可以利用强度－重量－次数表计算在动作规范的情况下应当重复多少次才能使肌肉达到力竭状态。

例如，假设你在做杠铃平板卧推时所能承受的最大重量为100千克，也就是说，在使用此重量时，你仅能完成一次缓慢且标准的动作，无法完成第二次。那么，当你以80%的强度做杠铃平板卧推时，你实际使用的重量便是80千克，参考下表得出你应当重复6~7次。

此表有3大用途：

1. 你无法也不应该随时随地进行最大重量的测试（比如测量做硬拉练习时所能使用的最大重量十分危险），但是借助此表，你不用做练习就可以得知，若想以80%的强度做练习，应当重复6~7次（动作缓慢且标准）。

2. 如果重复6~7次动作后，肌肉达到力竭状态，你便可得知你能承受的最大强度为80%。

3. 你可以快速进行强度值和重量值的换算。例如，假设你能承受的最大重量为75千克，强度为65%，则实际使用的重量应为48.75千克。

此表中的数值均为近似值，因为没有将个体肌肉结构的差异（个体优势）、训练者的积极性、进步速度、疲劳程度等因素考虑在内。此外，从65%以下的强度开始，重复次数可能不太准确。

强度－重量－次数表

kg	40%	45%	50%	55%	60%	65%	70%	75%	80%	85%	90%	95%	100%
5	2	2.25	2.5	2.75	3	3.25	3.5	3.75	4	4.25	4.5	4.75	5
10	4	4.50	5.0	5.50	6	6.50	7.0	7.50	8	8.50	9.0	9.50	10
15	6	6.75	7.5	8.25	9	9.75	10.5	11.25	12	12.75	13.5	14.25	15
20	8	9.00	10.0	11.00	12	13.00	14.0	15.00	16	17.00	18.0	19.00	20
25	10	11.25	12.5	13.75	15	16.25	17.5	18.75	20	21.25	22.5	23.75	25
30	12	13.50	15.0	16.50	18	19.50	21.0	22.50	24	25.50	27.0	28.50	30
35	14	15.75	17.5	19.25	21	22.75	24.5	26.25	28	29.75	31.5	33.25	35
40	16	18.00	20.0	22.00	24	26.00	28.0	30.00	32	34.00	36.0	38.00	40
45	18	20.25	22.5	24.75	27	29.25	31.5	33.75	36	38.25	40.5	42.75	45
50	20	22.50	25.0	27.50	30	32.50	35.0	37.50	40	42.50	45.0	47.50	50
55	22	24.75	27.5	30.25	33	35.75	38.5	41.25	44	46.75	49.5	52.25	55
60	24	27.00	30.0	33.00	36	39.00	42.0	45.00	48	51.00	54.0	57.00	60
65	26	29.25	32.5	35.75	39	42.25	45.5	48.75	52	55.25	58.5	61.75	65
70	28	31.50	35.0	38.50	42	45.50	49.0	52.50	56	59.50	63.0	66.50	70
75	30	33.75	37.5	41.25	45	48.75	52.5	56.25	60	63.75	67.5	71.25	75
80	32	36.00	40.0	44.00	48	52.00	56.0	60.00	64	68.00	72.0	76.00	80
85	34	38.25	42.5	46.75	51	55.25	59.5	63.75	68	72.25	76.5	80.75	85
90	36	40.50	45.0	49.50	54	58.50	63.0	67.50	72	76.50	81.0	85.50	90
95	38	42.75	47.5	52.25	57	61.75	66.5	71.25	76	80.75	85.5	90.25	95
100	40	45.00	50.0	55.00	60	65.00	70.0	75.00	80	85.00	90.0	95.00	100
105	42	47.25	52.5	57.75	63	68.25	73.5	78.75	84	89.25	94.5	99.75	105
110	44	49.50	55.0	60.50	66	71.50	77.0	82.50	88	93.50	99.0	104.50	110
115	46	51.75	57.5	63.25	69	74.75	80.5	86.25	92	97.75	103.5	109.25	115
120	48	54.00	60.0	66.00	72	78.00	84.0	90.00	96	102.00	108.0	114.00	120
125	50	56.25	62.5	68.75	75	81.25	87.5	93.75	100	106.25	112.5	118.75	125
130	52	58.50	65.0	71.50	78	84.50	91.0	97.50	104	110.50	117.0	123.50	130
135	54	60.75	67.5	74.25	81	87.75	94.5	101.25	108	114.75	121.5	128.25	135
140	56	63.00	70.0	77.00	84	91.00	98.0	105.00	112	119.00	126.0	133.00	140

续表

kg	40%	45%	50%	55%	60%	65%	70%	75%	80%	85%	90%	95%	100%
145	58	65.25	72.5	79.75	87	94.25	101.5	108.75	116	123.25	130.5	137.75	145
150	60	67.50	75.0	82.50	90	97.50	105.0	112.50	120	127.50	135.0	142.50	150
155	62	69.75	77.5	85.25	93	100.75	108.5	116.25	124	131.75	139.5	147.25	155
160	64	72.00	80.0	88.00	96	104.00	112.0	120.00	128	136.00	144.0	152.00	160
165	66	74.25	82.5	90.75	99	107.25	115.5	123.75	132	140.25	148.5	156.75	165
170	68	76.50	85.0	93.50	102	110.50	119.0	127.50	136	144.50	153.0	161.50	170
175	70	78.75	87.5	96.25	105	113.75	122.5	131.25	140	148.75	157.5	166.25	175
180	72	81.00	90.0	99.00	108	117.00	126.0	135.00	144	153.00	162.0	171.00	180
185	74	83.25	92.5	101.75	111	120.25	129.5	138.75	148	157.25	166.5	175.75	185
190	76	85.50	95.0	104.50	114	123.50	133.0	142.50	152	161.50	171.0	180.50	190
195	78	87.75	97.5	107.25	117	126.75	136.5	146.25	156	165.75	175.5	185.25	195
200	80	90.00	100.0	110.00	120	130.00	140.0	150.00	160	170.00	180.0	190.00	200
205	82	92.25	102.5	112.75	123	133.25	143.5	153.75	164	174.25	184.5	194.75	205
210	84	94.50	105.0	115.50	126	136.50	147.0	157.50	168	178.50	189.0	199.50	210
215	86	96.75	107.5	118.25	129	139.75	150.5	161.25	172	182.75	193.5	204.25	215
220	88	99.00	110.0	121.00	132	143.00	154.0	165.00	176	187.00	198.0	209.00	220
225	90	101.25	112.5	123.75	135	146.25	157.5	168.75	180	191.25	202.5	213.75	225
230	92	103.50	115.0	126.50	138	149.50	161.0	172.50	184	195.50	207.0	218.50	230
235	94	105.75	117.5	129.25	141	152.75	164.5	176.25	188	199.75	211.5	223.25	235
240	96	108.00	120.0	132.00	144	156.00	168.0	180.00	192	204.00	216.0	228.00	240
245	98	110.25	122.5	134.75	147	159.25	171.5	183.75	196	208.25	220.5	232.75	245
250	100	112.50	125.0	137.50	150	162.50	175.0	187.50	200	212.50	225.0	237.50	250
255	102	114.75	127.5	140.25	153	165.75	178.5	191.25	204	216.75	229.5	242.25	255
260	104	117.00	130.0	143.00	156	169.00	182.0	195.00	208	221.00	234.0	247.00	260
265	106	119.25	132.5	145.75	159	172.25	185.5	198.75	212	225.25	238.5	251.75	265
270	108	121.50	135.0	148.50	162	175.50	189.0	202.50	216	229.50	243.0	256.50	270
最大重复次数（在动作标准的情况下）	>30	>30	21~25	17~20	15~16	12~14	10~11	8~9	6~7	4~5	2~3	1~2	1

附录4

常见伤病及预防和处理措施

需要注意的是，受伤时应及时就医，以医生的意见和处方为准。

出现伤病通常采取紧急处理四步法（制动、冰敷、加压包扎、抬高患肢）进行处理。

骨折

解析

骨折指骨头部分或完全断裂，主要由外伤或骨组织的病变引起。

当受到重击时骨头会断裂，此时应当及时进行处理，否则可能导致骨骼变形甚至功能衰退。

还有一种由于长期、反复的外力作用于受力骨骼的薄弱处（即应力集中的部位），当肌肉承受的负荷超过其疲劳极限时引起的骨折叫应力性骨折，也称疲劳性骨折。这种骨折属累积性损伤，常发生于腿部，并且在动作重复次数多的活动（比如跑步）中更容易发生。

预防

外伤性骨折

在力量训练中骨折并不常见。训练时拿起和放下重物时最容易引起外伤性骨折，因此应当格外小心，同时请注意不要使用超过自身能力范围的重量。动作不当也可能造成骨折，比如在做杠铃平板卧推时使杠铃撞击胸骨和肋骨。

应力性骨折

请不要在崎岖不平的路面上跑步，不要穿质量差或不合脚的鞋，此外还有必要提高

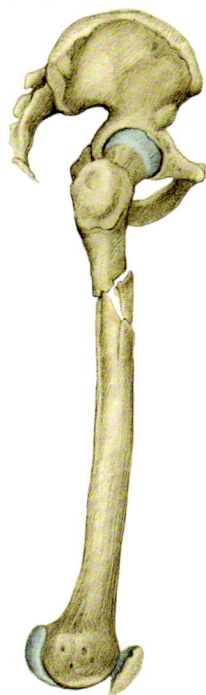

跑步的技巧并控制运动量。尽管在力量训练中不太常见，你还是应当注意不要做撞击动作或其他过于猛烈的动作，也不要突然改变常规的训练计划。总之，避免过度训练是最基本的预防措施。

处理措施

通常采取紧急处理四步法进行处理，情况比较严重时，还需进行修复性的外科手术治疗或截肢。

骨折后的恢复时间与骨折角度、部位、严重程度甚至年龄有关。这里我列举出不同部位大概的恢复时间（一切以医生的意见为准）。

手指：3~5周；

手掌和前臂：6~12周；

上臂：8~12周；

脊柱：14~18周；

髋部：10~14周；

腿部：10~20周；

脚部：4~6周。

在骨折部位恢复之后，还应逐步进行一些针对肌肉和关节的康复训练，长期不动会造成肌肉萎缩、关节粘连以及骨头脱钙等问题。应当与医生保持沟通，不可长期不动。

肌肉或肌腱断裂

解析

此伤病发生在较柔软的部位，通常为肌肉或肌腱，主要由过度发力引起。

预防

在力量训练中，这是比较常见的伤病，因为这项运动对肌肉力量的要求比较高。为预防此伤病，应遵守以下几条基本原则：

1. 不要使用超过自身能力范围的重量；

2. 动作幅度不要超过身体柔韧性允许的最大范围；

3. 不要摄入同化类固醇类药物；

4. 避免做爆发性的动作；

5. 正确饮食；

6. 运动前应热身；

7. 若感到不适，请立刻停止训练。

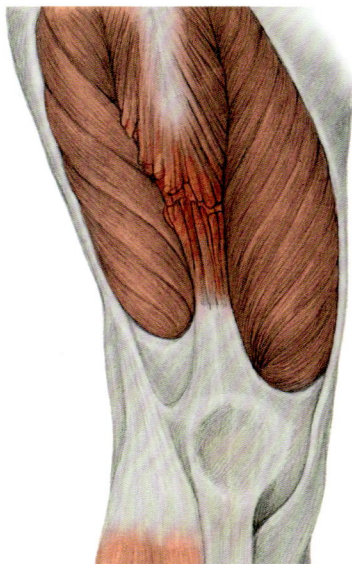

任何一块肌肉或肌腱都有撕裂或断裂的可能。我着重提醒一下，胸部肌肉撕裂十分常见，因为胸部肌肉是能承受很大重量且活动范围很广的肌肉，在做哑铃卧推、夹胸等练习时都会锻炼到胸部肌肉。做此类练习时，请勿在使用较大重量的同时做幅度过大的动作，并且不要使器械撞击身体。

有时在锻炼体积较大的肌肉时会使某些体积较小的肌肉受伤。例如，在做夹胸、杠铃平板卧推、引体向上或硬拉等重量和动作幅度都比较大的练习时可能会造成肱二头肌受伤。

处理措施

若伤势较轻，应采取紧急处理四步法进行处理。若伤势严重（不太常见），则需进行手术治疗。

通常至少需要一周的休养时间，且至少一个月后才可以做体育运动（尤其是受伤的部位）。缩短恢复期只会产生反效果。

挫伤

解析

挫伤指由钝器撞击或压挤引发的闭合性损伤，轻者局部血肿（由肌肉或关节血管的破裂引起）、瘀血，重者肌肉、肌腱断裂。

预防

力量训练中的挫伤主要由身体撞到器械引起。

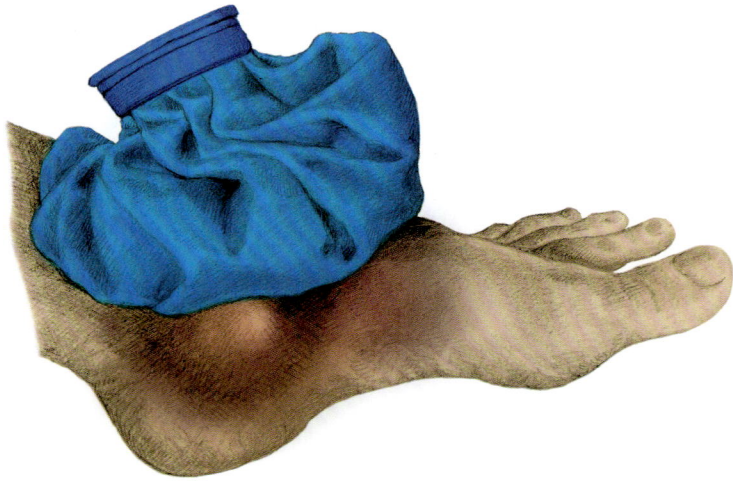

以下是造成挫伤的主要原因：

1. 注意力不集中而使身体撞到器械；

2. 健身房物品杂乱；

3. 没有拿稳器械，器械掉落时被砸到；

4. 被其他训练者误伤。

处理措施

受伤后，应立即采取紧急处理四步法进行处理。若伤势较轻，休养即可；若伤势严重，则需就医。

在血肿尚未完全消退（可能需要几天或者几个星期）之前，请勿锻炼受伤部位。但我不建议伤者完全不动，而应向医生咨询，根据具体的伤势在医生的帮助下制订运动计划（包括决定运动的强度和最佳时间）。

扭伤

解析

扭伤指四肢关节或身体软组织（如肌肉、肌腱、韧带等）损伤，而没有出现骨折、脱臼、皮肉破损等症状，通常是由关节活动度过大引起的。根据严重程度，扭伤可分为以下几级。

1. 一级扭伤：轻度扭伤，伴随轻度肿痛及关节僵硬，但仍可正常行动。

2. 二级扭伤：中度扭伤，有疼痛感或发炎，伴随软组织部分撕裂或断裂，行动较困难。

3. 三级扭伤：重度扭伤，有强烈的疼痛感或严重发炎，伴随软组织完全撕裂或断裂，还可能出现关节半脱位的症状（关节部分脱出，很快即可复原），行动受很大影响。

预防

最常出现扭伤的部位为脚踝，通常由该部位的错位（关节向外侧移动）引起。膝盖也可能出现扭伤。

做户外的有氧运动时容易出现扭伤的症状。若道路不平整，必须注意脚下，切不可目视前方。建议穿质量好的运动鞋。

进行力量训练时，若双脚踩在不太稳定的物体（比如平衡木、波速球、健身球等）上，也可能出现扭伤。

处理措施

一旦出现扭伤，应立即采取紧急处理四步法进行处理，之后再根据伤势进行后续处理。发生一级扭伤时，1~2天后就可以移动受伤部位（比如脚踝扭伤后，1~2天后可以行走），其余情况需要就医。按摩或其他物理疗法都不能加快严重扭伤部位的恢复。千万不可心急，因为治疗不当可能会造成永久性的伤害。

正常情况下，扭伤的恢复时间为1~3个月。脚踝扭伤通常比膝盖扭伤恢复得快，尽管理论上还是取决于严重程度。

扭伤恢复之后，建议做一些帮助恢复本体感觉的练习，比如在不稳定的平面上做练习，但是必须十分小心。

人们倾向于认为扭伤没有骨折严重，但是扭伤有重度的，骨折也有轻微的。三级扭伤或扭伤处理不当会给行动带来极其严重的影响。

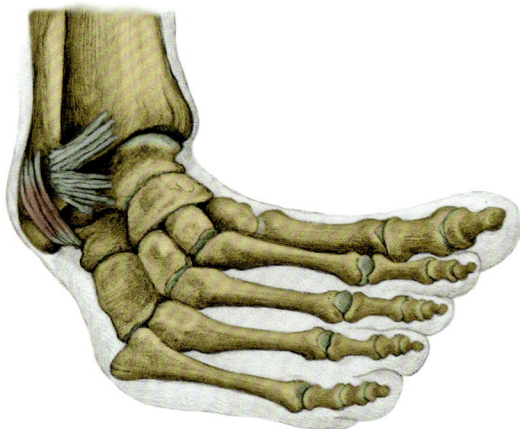

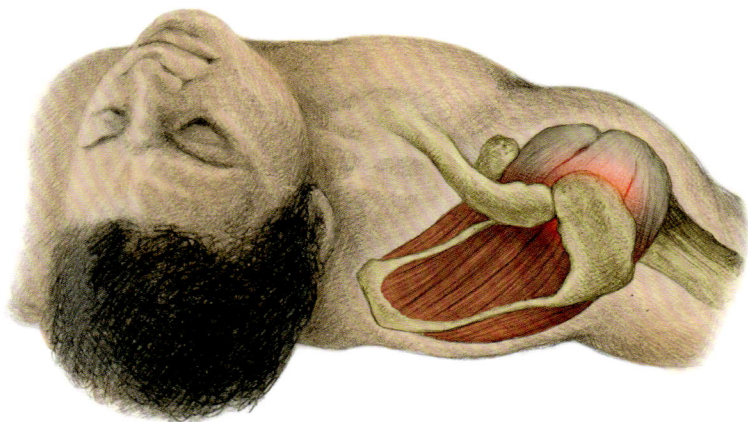

肌腱炎

解析

　　肌腱炎指肌腱或肌腱周围组织的一种无菌性炎症（与其所属的关节无关），通常由超负荷训练（高强度或次数过多）引起。一般情况下，疼痛感不会突然出现，而是在训练过程中逐渐出现的，甚至训练结束后才出现。

预防

　　由于疼痛感是逐渐出现的，因此在恶化之前必须及时停止训练。这样一来，治疗将容易得多。

　　研究表明，深蹲是最容易引起膝关节肌腱炎的练习，但这并不代表应当避免做此练习，而是应当小心，且不宜长时间做练习。

处理措施

　　受伤后应立即采取紧急处理四步法进行处理。必须等到受伤部位的疼痛感消失后（几天甚至几个月之后）方可活动该部位，且应当循序渐进，尽可能避免容易导致受伤的练习。

　　处理得当的话，肌腱炎算不上严重的伤病，通常无须进行手术治疗。但最大的问题在于，有些训练者不愿放弃训练，因为不想退步。这种行为只会加重问题并延长恢复时间，反而真的会导致退步。

肩袖损伤

解析

　　某些关节处的肌腱和小肌群在运动时会相互摩擦或者与其他骨骼摩擦，这其中，肩袖（由冈上肌、冈下肌、肩胛下肌和小圆肌组成）是最容易受伤的。

　　实际上，肩袖损伤与肌腱炎类似，但也有特殊之处。肩袖与喙肩弓摩擦会引发肩部疼痛或发炎，使肩关节主动活动受限。

　　此伤病的症状是在训练过程中逐渐出现的。

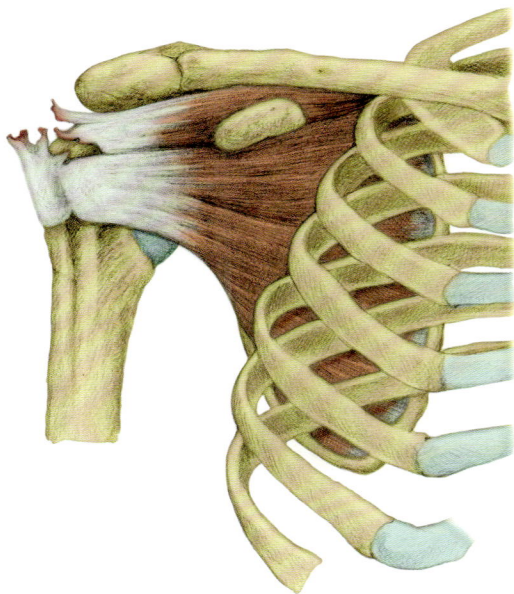

预防

　　此伤病在力量训练中比较常见，主要由重复做某一个易导致受伤的动作引起，因此锻炼肩部正面和背面的旋转肌群十分重要。

　　本书提到一些针对肩部的练习，我建议练习时无论如何都不要使用过大的重量。这些练习对塑形没有帮助，因此在健身房中不常用到。

　　有些练习很容易使肩袖受伤，比如颈后推举、手臂外展超过90°的侧平举以及颈后滑轮下拉。其他一些练习可能会加重伤势，比如所有需要肩部参与的练习。

处理措施

　　应采取紧急处理四步法进行处理。此外，还应避免做所有会引起疼痛的练习，可以用其他练习代替。

　　若受伤部位在夜间持续疼痛，说明伤势较严重，应避免做肩部练习，可以的话也不要做涉及胸部、背部和肱二头肌的练习，并且应请医生进行更加深入的诊断和治疗。平均休养时间为一个月，但应根据具体情况进行调整。

　　除非医生要求，否则不要使肩部完全固定不动，只要不做容易引起受伤的练习即可。

腕管综合征

解析

这是一种由摩擦引起的特殊伤病。腕管位于手腕的正面，其中有一根正中神经，正中神经在腕管压力增大时会受卡压。

与其他由摩擦引起的伤病相同，此伤病的症状也是逐渐出现的。主要表现为手指有疼痛、麻木感或其他不适。

预防

力量训练者通常很难预防腕管综合征，因为大多数练习都需要用手紧紧握住器械。

若出现疼痛症状，应避免做需要手腕发力的练习，可以用其他练习代替，比如用夹胸练习代替卧推练习，用器械侧平举代替哑铃侧平举等。

处理措施

若伤势不严重，休养和冷敷即可。此外，还应避免任何会使手腕有疼痛感的练习，尤其是伸腕练习。医生可能会开一些消炎药、止痛药或者皮质类固醇药物。若伤势比较严重，则需进行手术治疗。

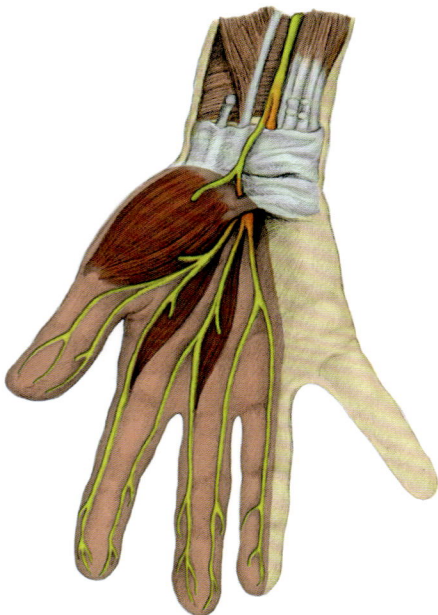

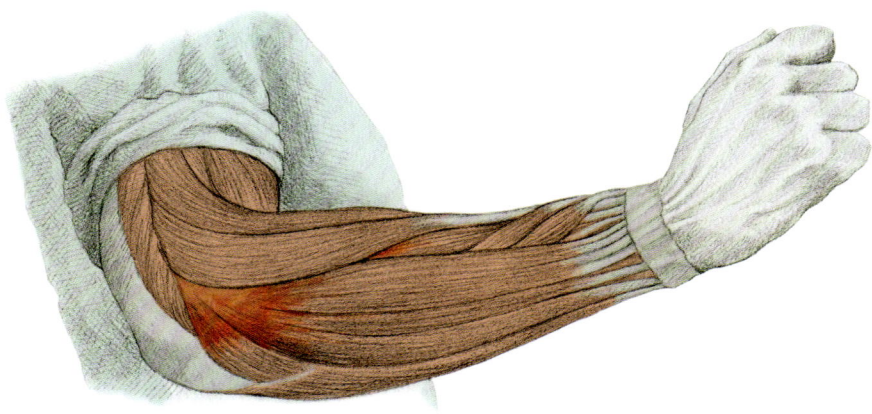

肱骨外上髁炎（网球肘）

解析

即肱骨外上髁的伸肌总腱发炎。本书将此伤病与肌腱炎区分开是为了突出它的一些特点，其中之一就是普遍性。

此伤病主要由肘关节和腕关节的频繁活动引起，其症状也是逐渐出现的。

预防

尽管此伤病多发于网球运动员，但在力量训练中也比较常见。

此伤病发生之初并不严重，但若放任不管，那么随着时间的推移在伸肌总腱嵌入点将会形成疤痕组织，这将大大延长恢复时间。

若你已经进行了力量训练，我建议就不要再打网球或棒球了。

处理措施

冰敷，无须加压包扎或抬高患肢。医生可能会开一些消炎药、止痛药或者皮质类固醇药物。通常没有进行手术治疗的必要，因为伤者由于肘部不适，不会再继续进行训练。

训练时应当避免所有可能使肘部疼痛的练习，可以用其他练习代替。如果情况允许，最好休养几个星期，直到伤处消炎并完全恢复正常。

恢复时间从几天到几年不等。

腰部和下背部疼痛

解析

起因不详，一般和多种因素有关。

预防

最重要的预防措施是练习时不要用腰部支撑，不要做会引起腰部和下背部疼痛的练习。保护脊柱需要注意以下几点：

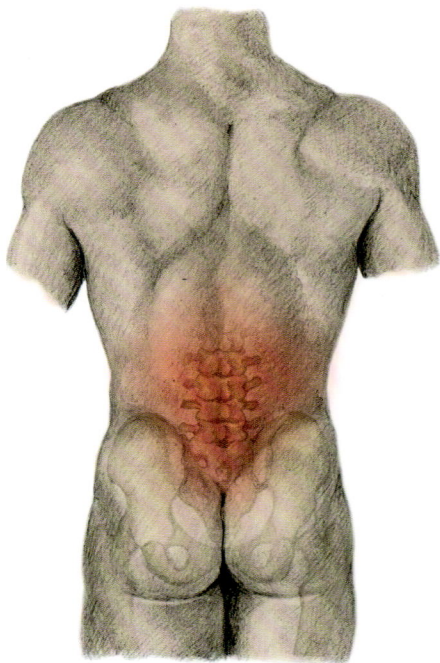

- ◆ 不要长时间保持同一姿势，不管是站着还是坐着；
- ◆ 坐着时应保持背部挺直，不要使背部弯曲或倾斜；
- ◆ 站立时应尽量避免将一条腿放在台阶上；
- ◆ 提高腰部和下背部的柔韧性；
- ◆ 肺部没有充满空气时不要举起重物，应当充分吸气使躯干成为一个坚固的"圆柱体"，然后再举起重物；
- ◆ 举起重物时不要旋转躯干或拱背，应当收紧腹部和腰部以形成"天然腰带"；
- ◆ 加强对腹部和腰部的锻炼；
- ◆ 移动重物时，应将重物靠近身体的重心，比如将重物靠在身上并环抱它；
- ◆ 避免做无法真正锻炼腹部的练习，比如仰卧交替抬腿等；
- ◆ 在做单臂哑铃划船或哑铃弯举时，应将一条手臂支撑在固定物体上，以防重量过多地施加在腰部；
- ◆ 若使用多个重物，比如两只哑铃，应将重量平均分配到两条手臂上。

处理措施

按摩，或在医生的指导下服用消炎药、止痛药。

我还是建议在练习时多加小心，做到防患于未然。有些时候，我建议使用训练腰带。

椎间盘突出症

解析

人体的脊柱被椎间盘分成许多段，椎间盘又由髓核和纤维环组成，当其中某个部分变形或者膨出，将会使脊柱上的神经受压，产生疼痛感。

此伤病由很多原因引起，其中最主要的原因是重量分配不当使椎间盘表面承受过大的压力，导致脊柱变形。换句话说，负重时脊柱的不自然弯曲会引起此伤病。

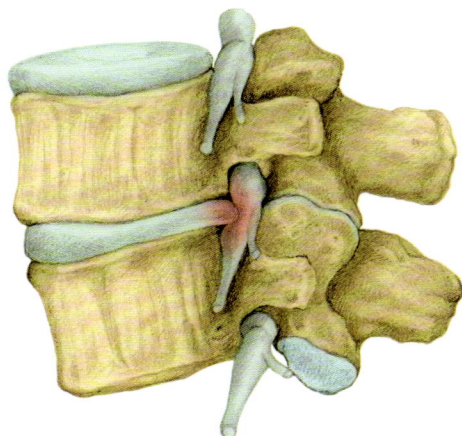

预防

除了前文提到的一些关于保护脊柱的建议，最重要的一点是应自然地将重量分配到脊柱上，不要使用超过自身承受力的重量。

椎间盘突出症还与年龄有关，随着年龄的增长，应更加注意姿势和所选择的练习。在负重时屈曲脊柱是十分危险的动作（比如硬拉和早安式屈体），更别说在屈曲脊柱的同时做旋转动作。

不管是站着还是坐着，猛烈的动作都要比缓和的动作更加危险。哪怕是很强壮的人，比如健美运动员，也会因为错误的动作而饱受腰间盘突出症的困扰。训练腰带对预防椎间盘突出症没有太大作用。最好的预防办法是避免使用过大的重量，挺直脊柱并且以标准的动作做练习。有些较危险的练习，即使有很好的效果，也应当避免，或至少降低练习强度及频率，这些练习有：

1. 硬拉及其变式；

2. 抓举和挺举；

3. 杠铃 / 哑铃 / 滑轮 /T 杠 / 史密斯机划船；

4. 杠铃 / 哑铃 / 杠铃片 / 滑轮直臂伸展；

5. 杠铃 / 哑铃 / 杠铃片 / 滑轮前平举；

6. 俯身哑铃侧平举；

7. 滑轮上提；

8. 双臂哑铃后屈伸；

9. 仰卧起坐（尤其是带转体动作或负重时）；

10. 仰卧交替抬腿（尤其是带转体动作或负重时）。

其他具有一定危险的练习：

1. 滑轮上提的变式；

2. 所有的肩部推举练习；

3. 所有站姿杠铃 / 哑铃 / 杠铃片 / 滑轮弯举练习；

4. 滑轮划船（尤其是动作不到位时）；

5. 深蹲、弓步深蹲以及类似练习（尤其是动作错误或负重过大时）；

6. 腿举及其变式；

7. 长杆转体（尤其是负重较大、转体幅度较大或速度较快时）；

8. 腰部伸展练习（尤其是带转体动作或负重时）；

9. 其他会对脊柱造成较大压力的练习。

处理措施

冷敷和卧床为基本处理措施，卧床时间应根据伤势的严重程度而定，有时可能长达几个月。伤势十分严重时，还需进行手术治疗。

患有椎间盘突出症不意味着要放弃体育运动，但是一旦恢复健康，运动时必须更加小心。

耻骨炎

解析

发生于耻骨联合处的应力性损伤，因重复做髋关节内收动作而逐渐引发。

预防

最好的预防措施就是不要让股内收肌过度工作。在任何情况下，都应该使各肌肉的工作量保持在可承受范围内，当股内收肌过度工作时，甚至连腹部肌肉也会参与其中。

股内收肌还与其他一些肌肉协同工作，且不仅仅是在针对这些肌肉的练习中。

足球是极易引发伤病的体育运动，耻骨炎在足球运动员中十分常见。

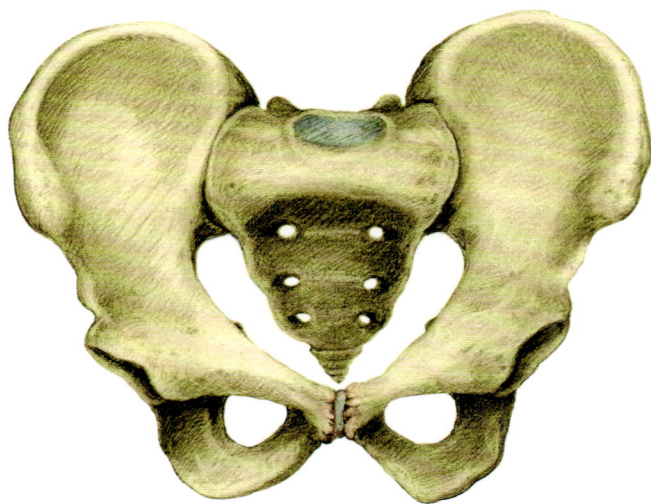

处理措施

应听从医生的意见，停止训练并静养一段时间。此伤病通常无须进行手术治疗，除非伤势特别严重或伤病反复发作。

半月板（膝盖）损伤

解析

半月板是位于股骨和胫骨之间的半月形软骨。半月板损伤表现为半月板局部或全部撕裂，伤者会感到刺痛。

预防

应当避免需要剧烈旋转膝关节的运动，比如足球、篮球、网球、滑雪、板球和其他类似运动。

在力量训练中，应当尽量选择那些能够使关节保持直线的练习，且不要超出正常运动范围。有些时候，训练者会旋转膝关节以移动大腿或腿部的其他区域，这会影响膝盖和半月板的稳定。猛烈的伸腿和屈腿动作，即使动作在正常运动范围内，也会造成半月板损伤。可通过核磁共振成像检查半月板是否撕裂。

处理措施

一旦受伤，应立即采取紧急处理四步法进行处理，然后听从医生的意见。通常需要进行手术治疗，因为半月板的血液循环要比肌肉差很多，如果不进行手术治疗，此部位很难完全康复。

当无法修复时，可以考虑将半月板完全（很罕见）或部分（较常见）切除。

此伤病的恢复期一般为数月，具体时间要根据伤势以及后续的治疗情况来定。

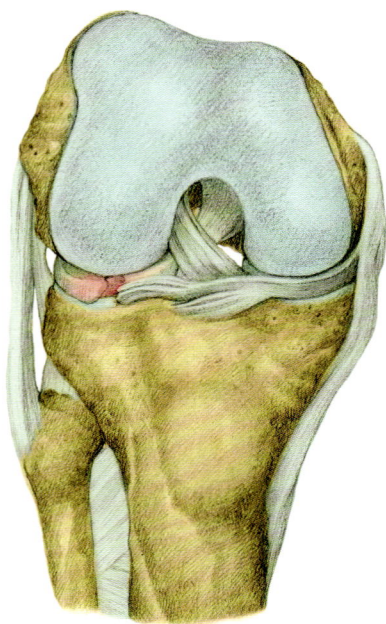

膝关节滑囊炎

解析

膝关节周围分布着一些起保护作用的滑囊，滑囊内有滑液。进行力量训练时，使用的重量过大或者同一动作重复次数过多可能会引起滑囊发炎并伴有疼痛。

预防

训练时应避免过度屈曲膝关节，尤其是在负重的情况下。在力量训练中，深蹲、腿举和股四头肌伸展等练习常导致此伤病，因为这些练习比较常见且负重较大。不管怎么说，应将膝关节的屈曲角度控制在90°以内，只有在不负重的情况下才可以超过90°。

同时，还应避免做直接用膝盖撑地的练习，比如跪姿滑轮卷腹。如果可以，不仅在力量训练中，在日常生活和工作中也最好避免用膝盖撑地。

另一个较好的预防措施是每周让腿部休息几天，不做腿部练习也不做有氧运动。但游泳通常不会对膝盖的滑囊产生过大的冲击。

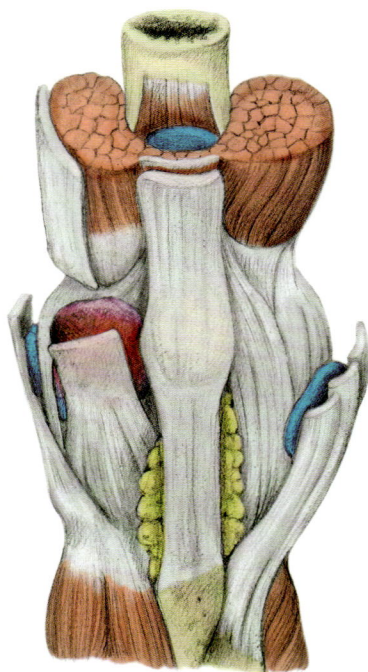

处理措施

受伤后采取紧急处理四步法进行处理。为避免伤病复发，应当休养两周，具体休养时间应听从医生的意见。可能还需要服用一些消炎药、止痛药辅助治疗。需要进行手术治疗的情况十分少见（除非自身无法康复）。

胫腓骨骨膜炎

解析

此伤病为腿部（尤其是肌肉间的组织及神经）的炎症。发病较缓慢，初期一般只在训练时出现症状，休息时症状消失。

预防

在跑、跳运动中，腿部受碰撞是引起此伤病的主要原因，但是在力量训练中，也可能由于负重过大而引起此伤病。受伤后，应当在一段时间内避免做涉及胫骨的练习，做其他不涉及胫骨的练习时应穿质量较好的运动鞋，且不要用器械的皮带将脚部固定，比如在做划船机练习时。

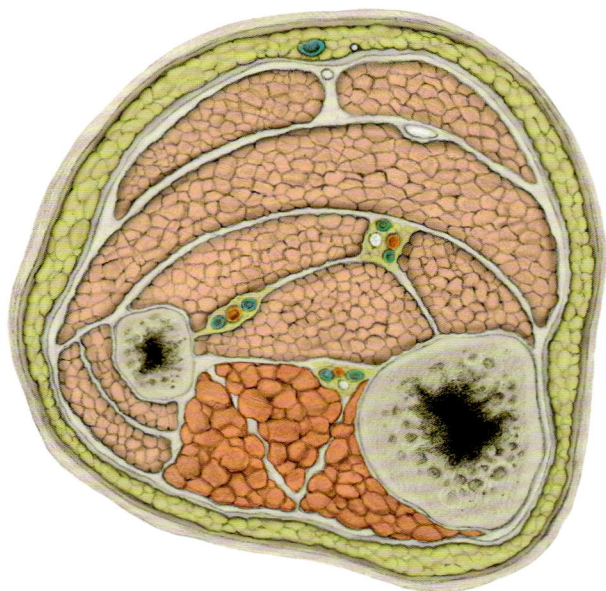

大腿正面肌肉的过度膨大会给胫腓骨骨膜带来很大的压力。

处理措施

最好的处理措施为卧床休息。若训练时感到疼痛，可采取紧急处理四步法进行处理。

幸运的是，此伤病不会影响其他部位的训练。按摩和服用消炎药（在医生指导下）也有一定的帮助。

无论如何不要轻视出现的疼痛，因为此伤病在初期很好治疗，但复发率极高，如果不加以重视，会在日后长期反复发作，造成恶性循环。伤势比较严重时需要进行手术治疗，尽管手术相对简单。

解析

跟腱断裂是以跟腱明显肿胀、局部或全部断裂为主要表现的伤病。

预防

跟腱断裂的原因有很多,在力量训练中,最常见的原因是小腿三头肌发力过多、过猛。肌肉可以承受这样的力量,但肌腱不行。

为预防此伤病,进行力量训练时应注意以下几点:

◆ 充分热身;

◆ 在锻炼小腿肌肉时,使用的重量不宜过大;

◆ 负重时不要跳起,也不要像做其他练习那样过分地控制动作节奏;

◆ 不要忽视拉伸练习。

处理措施

受伤后应采取紧急处理四步法进行处理。之后根据伤势,让小腿休息1~3个月。若跟腱完全断裂,则需进行手术治疗。一旦出现这种情况,应第一时间进行治疗,因为肌肉与肌腱相连,肌腱断裂会使肌肉萎缩,若未及时治疗,肌肉甚至会萎缩到连外科手术也无法修复的程度。当然,在跟腱完全断裂的情况下,恢复期也会相应延长,但一般不超过9个月。

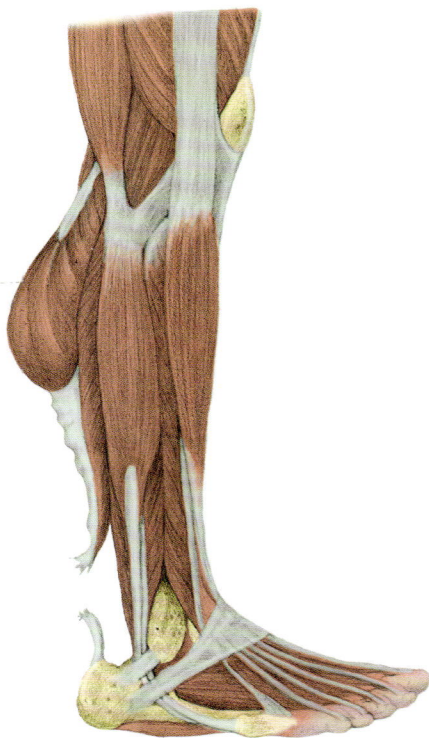

练习总表（中英文对照）

变式3 靠墙式俯卧撑

变式4 肩胛骨俯卧撑

14. 双杠臂屈伸

Bar Dip

变式1 负重双杠臂屈伸

变式2 躯干直立式双杠臂屈伸

胸部固定器械练习

15. 器械卧推

Machine Bench Press

变式1 上斜器械卧推

变式2 下斜器械卧推

变式3 坐姿平推

16. 史密斯机卧推

Smith Machine Bench Press

变式1 上斜史密斯机卧推

变式2 下斜史密斯机卧推

变式3 直臂史密斯机卧推

17. 站姿拉力器夹胸

Standing Cable Crossover

变式1 站姿拉力器下拉

变式2 站姿单臂拉力器夹胸

变式3 站姿单臂拉力器上拉

18. 仰卧拉力器夹胸

Flat Cable Lying Crossover

变式1 上斜拉力器夹胸

变式2 拉力器卧推

变式3 仰卧单臂拉力器夹胸

19. 坐姿蝴蝶机夹胸

Seated Pec-deck Crossover

变式1 坐姿蝴蝶机直臂夹胸

变式2 中途停顿式坐姿蝴蝶机夹胸

20. 仰卧滑轮上拉

Flat Cable Pull-over

21. 器械双杠臂屈伸

Machine Bar Dip

背部肌群

背部自由重量练习

1. 杠铃划船

Barbell Row

变式1 哑铃划船

变式2 反握杠铃划船

变式3 窄距哑铃划船

变式4 上斜杠铃划船

变式5 环形杠铃划船

2. T杠划船

T-bar Row

变式1 宽距T杠划船

变式2 单臂T杠划船

3. 单臂哑铃划船

One-arm Dumbbell Row

变式1 外展式单臂哑铃划船

变式2 上斜单臂哑铃划船

变式3 直臂哑铃划船

4. 直臂杠铃伸展

Straight-arm Barbell Extension

背部徒手练习

5. 单臂侧拉

One-arm Lateral Pull

6. 正握引体向上

Chin-up

    变式1 颈后引体向上

    变式2 平行梯引体向上

    变式3 腰式引体向上

    变式4 直体引体向上

背部固定器械练习

7. 坐姿下拉

Seated Pull-down

    变式1 高位单臂坐姿下拉（一只手固定于高处）

    变式2 低位单臂坐姿下拉（一只手固定于低处）

8. 坐姿滑轮下拉

Seated Cable Pull-down

    变式1 坐姿颈后滑轮下拉

    变式2 坐姿反握滑轮下拉

    变式3 坐姿窄距滑轮下拉

    变式4 仰卧滑轮下拉

    变式5 坐姿宽距滑轮下拉

9. 坐姿滑轮划船

Seated Cable Row

    变式1 坐姿宽距滑轮划船

    变式2 坐姿高位滑轮划船

    变式3 坐姿单臂滑轮划船

    变式4 坐姿T杆滑轮划船

10. 划船机练习

Machine Seated Row

    变式1 宽距划船机练习

    变式2 单臂划船机练习

11. 站姿低位滑轮划船

Standing Low Cable Row

    变式1 站姿高位滑轮划船

    变式2 站姿单臂低位滑轮划船

    变式3 站姿反握低位滑轮划船

12. 站姿滑轮下拉

Standing Cable Pull-down

    变式1 站姿滑轮锤式下拉

    变式2 下拉器练习

13. 器械引体向上

Machine Chin-up

    变式1 相对式器械引体向上

    变式2 器械单臂引体向上

14. 坐姿单臂滑轮下拉

Seated One-arm Cable Pull-down

    变式1 地面单臂滑轮下拉

    变式2 坐姿单臂滑轮侧拉

15. 站姿拉力器夹背

Behind-the-back Cable Crossover

16. 器械肘内收

Machine Elbow Adduction

17. 史密斯机划船

Smith Machine Row

18. 俯身器械划船

Bent-over Machine Row

肩部自由重量练习

1. 坐姿杠铃推举

Seated Barbell Military Press

变式1 坐姿颈后杠铃推举

变式2 坐姿窄距杠铃推举

2. 坐姿哑铃推举

Seated Dumbbell Press

变式1 站姿哑铃推举

变式2 站姿单臂哑铃推举

变式3 相对式坐姿哑铃推举

变式4 站姿哑铃交替推举

变式5 W 形坐姿哑铃推举

3. 哑铃体前推举

Dumbbell Front Press

变式1 上斜哑铃体前推举

变式2 阿诺德哑铃推举

4. 哑铃侧平举

Dumbbell Lateral Raise

变式1 拇指朝上式哑铃侧平举

变式2 拇指朝下式哑铃侧平举

变式3 哑铃过头侧举

变式4 哑铃体侧伸展

5. 单臂哑铃侧平举

One-arm Dumbbell Lateral Raise

变式1 侧身上斜哑铃侧平举

变式2 站姿斜式单臂哑铃侧平举

变式3 侧卧哑铃侧平举

变式4 单臂横杆侧平举

6. 单臂哑铃前平举

One-arm Dumbbell Front Raise

变式1 双臂哑铃前平举

变式2 相对式哑铃前平举

变式3 杠铃前平举

变式4 杠铃片或单只哑铃前平举

7. 俯身哑铃侧平举

Bent-over Dumbbell Lateral Raise

变式1 坐姿俯身哑铃侧平举

变式2 上斜俯身哑铃侧平举

变式3 上斜俯身单臂哑铃侧平举

变式4 仰卧双肘撑体

8. 侧卧哑铃上举

Lying Side Dumbbell Raise

变式1 肘部贴合式侧卧哑铃上举

变式2 俯身哑铃单臂伸展

9. 杠铃上提

Barbell Upright Row

变式1 哑铃上提

变式2 杠铃上提前伸

变式3 俯身杠铃上提

10. 哑铃耸肩

Dumbbell Shrug

变式1 哑铃旋转耸肩

变式2 杠铃耸肩

变式3 俯身杠铃耸肩

11. 侧卧哑铃外展

Lying Side Dumbbell Abduction

12. 侧卧哑铃内收

Lying Side Dumbbell Adduction

13. 坐姿上斜哑铃上举

Seated Incline Dumbbell Raise

14. 俯身单臂哑铃上举

Bent-over One-arm Dumbbell Raise

肩部徒手练习

15. 倒立俯卧撑

Handstand Push-up

16. 肩部提拉

Shoulder Dip

17. 俯卧颈部伸展

Prone Neck Extension

18. 侧卧屈颈

Lying Side Neck Flexion

19. 仰卧屈颈

Flat Neck Flexion

20. 侧卧旋头

Lying Side Head Rotation

肩部固定器械练习

21. 器械肩上推举

Machine Shoulder Press

    变式1 器械体前推举

    变式2 坐姿滑轮推举

22. 史密斯机推举

Smith Machine Military Press

    变式1 史密斯机颈后推举

    变式2 窄距史密斯机推举

23. 器械侧平举

Machine Lateral Raise

    变式1 单臂器械侧平举

    变式2 上斜器械侧平举

24. 单臂滑轮侧平举

One-arm Cable Lateral Raise

    变式1 单臂滑轮背后侧平举

    变式2 双臂滑轮交叉侧平举

25. 单臂滑轮前平举

One-arm Cable Front Raise

    变式1 双臂锤式前平举

    变式2 单臂滑轮体前前平举

26. 俯身单臂滑轮侧平举

Bent-over One-arm Cable Lateral Raise

    变式1 俯身滑轮直臂伸展

    变式2 跪姿单臂滑轮侧平举

27. 反向坐姿器械侧平举

Seated Rear Machine Lateral Raise

    变式1 反向坐姿器械夹胸

    变式2 手臂外旋式反向坐姿器械夹胸

28. 滑轮上提

Cable Upright Row

    变式1 仰卧滑轮上提

    变式2 史密斯机杠铃上提

29. 滑轮耸肩

Cable Shrug

    变式1 史密斯机杠铃耸肩

    变式2 滑轮上提前伸

    变式3 单臂滑轮耸肩

    变式4 俯身器械耸肩

30. 侧卧滑轮外展

Lying Side Cable Abduction

31. 侧卧滑轮内收   Lying Side Cable Adduction

肱二头肌肌群

肱二头肌自由重量练习

1. 反握杠铃弯举

Backhand Barbell Curl

  变式1 反握 EZ 杠弯举

  变式2 21响礼炮弯举

  变式3 双人杠铃弯举

  变式4 坐姿反握杠铃弯举

2. 哑铃交替弯举

Dumbbell Alternating Curl

  变式1 掌心朝前式哑铃交替弯举

  变式2 掌心相对式哑铃交替弯举

  变式3 掌心朝后式哑铃交替弯举

  变式4 上斜哑铃交替弯举

3. 杠铃斜托弯举

Barbell Scott Curl

  变式1 单臂哑铃斜托弯举

  变式2 单臂哑铃斜托旋转弯举

  变式3 单臂哑铃斜托锤式弯举

4. 哑铃集中弯举

Dumbbell Concentration Curl

  变式1 站姿哑铃集中弯举

  变式2 平板哑铃集中弯举

5. 上斜仰卧单臂哑铃弯举

Incline Flat One-arm Dumbbell Curl

6. 佐特曼交替弯举

Zottman Alternating Curl

7. 上斜俯卧单臂哑铃弯举

Incline Prone One-arm Dumbbell Curl

肱二头肌徒手练习

8. 反握引体向上

Backhand Chin-up

肱二头肌固定器械练习

9. 器械斜托弯举

Machine Scott Curl

  变式1 锤式器械斜托弯举

  变式2 滑轮斜托弯举

10. 低位滑轮弯举

Low Cable Curl

  变式1 低位滑轮锤式弯举

  变式2 单臂低位滑轮弯举

  变式3 仰卧低位滑轮弯举

  变式4 蹲式低位滑轮弯举

11. 单臂高位滑轮弯举

One-arm High Cable Curl

  变式1 双臂高位滑轮弯举

  变式2 仰卧低位滑轮夹胸

  变式3 仰卧高位滑轮弯举

肱三头肌自由重量练习

1. 杠铃法式推举

Barbell French Press

变式1 EZ 杠法式推举

变式2 环形杠铃法式推举

变式3 反握 EZ 杠法式推举

变式4 头后杠铃法式推举

2. 哑铃法式推举

Dumbbell French Press

变式1 面前交叉哑铃法式推举

变式2 单臂哑铃法式推举

变式3 侧卧哑铃法式推举

3. 窄距杠铃平板卧推

Close-grip Barbell Bench Press

变式1 开肘式窄距杠铃平板卧推

变式2 中距杠铃平板卧推

4. 单臂哑铃后屈伸

One-arm Dumbbell Kick-back

变式1 掌心朝后式单臂哑铃后屈伸

变式2 掌心朝前式单臂哑铃后屈伸

变式3 单臂哑铃旋转后屈伸

变式4 俯身双臂哑铃后屈伸

5. 颈后哑铃臂屈伸

Overhead Dumbbell Triceps Extension

变式1 颈后杠铃臂屈伸

变式2 单臂颈后哑铃臂屈伸

变式3 颈后哑铃双臂屈伸

肱三头肌徒手练习

6. 窄距双杠臂屈伸

Close-grip Bar Dip

变式1 平板臂屈伸

变式2 平板间臂屈伸

变式3 平板间障碍臂屈伸

7. 窄距俯卧撑

Close-grip Push-up

变式1 双手叠加式窄距俯卧撑

变式2 单臂窄距俯卧撑

变式3 靠墙式窄距俯卧撑

肱三头肌固定器械练习

8. 滑轮下压

Cable Push-down

变式1 掌心朝下式单臂滑轮下压

变式2 掌心朝上式单臂滑轮下压

变式3 反握滑轮下压

变式4 单臂滑轮锤式下压

9. 滑轮锤式下压

Rope Push-down

变式1 颈后滑轮锤式下压

变式2 单臂颈后滑轮锤式下压

变式3 单臂滑轮后屈伸

变式4 仰卧滑轮单臂屈伸

10. 器械臂屈伸

Machine Extension

11. 窄距史密斯机卧推

Close-grip Smith Machine Bench Press

12. 坐姿器械平推

Seated Machine Horizontal Press

13. 窄距器械双杠臂屈伸

Close-grip Machine Bar Dip

14. 滑轮背后臂屈伸

Behind Back Cable Extension

15. 滑轮法式推举

Cable French Press

前臂肌群

前臂自由重量练习

1. 站姿杠铃背后腕弯举

Standing Barbell Behind Back Wrist Curl

    变式1 坐姿反握杠铃腕弯举

    变式2 坐姿反握单臂哑铃腕弯举

2. 坐姿正握杠铃腕弯举

Seated Forehand Barbell Wrist Curl

    变式1 坐姿正握单臂哑铃腕弯举

    变式2 坐姿正握单臂滑轮腕弯举

3. 正握杠铃弯举

Forehand Barbell Curl

    变式1 环形杠铃锤式弯举

    变式2 正握哑铃弯举

4. 手腕滚轴

Wrist Roller

    变式1 逆向手腕滚轴

    变式2 器械手腕滚轴

5. 坐姿单臂哑铃腕屈伸

Seated One-arm Dumbbell Wrist Extension

    变式1 仰卧单臂哑铃腕屈伸

    变式2 坐姿单臂哑铃腕旋转

6. 哑铃负重行走

Dumbbell Load Walking

下肢肌群

下肢自由重量练习

1. 杠铃深蹲

Barbell Squat

    变式1 宽距杠铃深蹲

    变式2 颈前杠铃深蹲

    变式3 单腿杠铃深蹲

    变式4 哑铃深蹲

    变式5 臀后杠铃深蹲

2. 哑铃登阶

Dumbbell Step-up

    变式1 单腿哑铃登阶

    变式2 侧向登阶

    变式3 完整哑铃登阶

3. 杠铃弓步深蹲

Barbell Lunge

    变式1 后退式杠铃弓步深蹲

    变式2 前进式杠铃弓步深蹲

    变式3 侧向杠铃弓步深蹲

4. 杠铃直腿硬拉

Barbell Stiff-legged Deadlift

变式1 哑铃直腿硬拉

变式2 直腿早安式屈体

变式3 高处直腿硬拉

变式4 反向腿弯举

5. 坐姿杠铃提踵

Seated Barbell Calf Raise

变式1 坐姿哑铃提踵

变式2 坐姿单腿哑铃提踵

6. 杠铃挺举

Barbell Clean and Jerk

下肢徒手练习

7. 站姿提踵

Standing Calf Raise

变式1 站姿单腿提踵

变式2 骑驴提踵

变式3 15次接力提踵

变式4 负重提踵

8. 跪姿后踢腿

Glute Kickback

变式1 俯卧平板后踢腿

变式2 跪姿半后踢腿

变式3 臀桥

9. 站姿直腿外展

Standing Hip Abduction

变式1 侧卧直腿外展

变式2 侧卧屈腿外展

10. 站姿直腿内收

Standing Hip Adduction

变式1 侧卧直腿内收

变式2 剪刀腿练习

11. 脚背屈

Calf Extension

12. 西斯深蹲

Sissy Squat

下肢固定器械练习

13. 雪橇深蹲

Sled Squat

变式1 双脚前移式史密斯机深蹲

变式2 双脚后移式史密斯机深蹲

变式3 体前史密斯机深蹲

14. 腿举

Leg Press

变式1 上侧腿举

变式2 下侧腿举

变式3 哈克腿举

变式4 垂直腿举

15. 腿部伸展机练习

Machine Leg Extension

变式1 脚尖朝内式腿部伸展机练习

变式2 脚尖朝外式腿部伸展机练习

变式3 腿部伸展机单腿练习

16. 俯卧器械腿弯举

Prone Machine Leg Curl

变式1 脚尖朝内式器械腿弯举

变式2 脚尖朝外式器械腿弯举

变式3 站姿器械单腿弯举

变式4 器械单腿弯举

变式5 坐姿器械腿弯举

腰腹部肌群

腰腹部自由重量练习

1. 杠铃屈腿硬拉

Barbell Deadlift

    变式1 哑铃屈腿硬拉

    变式2 屈腿早安式屈体

腰腹部徒手练习

2. 卷腹

Crunch

    变式1 转体卷腹

    变式2 下斜卷腹

    变式3 手臂平伸式卷腹

3. 仰卧板仰卧起坐

Roman Chair Sit-up

    变式1 转体仰卧起坐

    变式2 负重仰卧起坐

    变式3 下斜仰卧起坐

    变式4 垂直仰卧起坐

4. 仰卧抬腿

Lying Leg Raise

    变式1 大幅仰卧抬腿

    变式2 仰卧交替抬腿

5. 坐姿屈腿两头起

Jack-knife Sit-up

    变式1 双手交叉式坐姿屈腿两头起

    变式2 触脚式坐姿屈腿两头起

6. 长杆转体

Twist

    变式1 后倾式长杆转体

    变式2 金属杆转体

    变式3 坐姿长杆转体

7. 长杆侧屈

Side Bend

    变式1 单臂哑铃侧屈

    变式2 金属杆侧屈

8. 侧卧抬体

Lying Lateral Crunch

    变式1 侧卧抬腿抬体

    变式2 仰卧旋腿

9. 倒挂式仰卧起坐

Hanging Sit-up

10. 倒立摆腿

Inverted Leg Drop

腰腹部固定器械练习

11. 器械垂直提臀抬腿

Machine Vertical Hip Raise

    变式1 单杠垂直提臀抬腿

    变式2 攀缘架垂直提臀抬腿

12. 俯卧背部伸展

Prone Back Extension

    变式1 俯卧负重背部伸展

    变式2 俯卧平板背部伸展

13. 坐姿器械卷腹

Seated Machine Crunch

    变式1 仰卧器械抬腿

    变式2 坐姿推胸机卷腹

14. 站姿滑轮卷腹

Standing Cable Crunch

变式1 跪姿滑轮卷腹

变式2 站姿滑轮侧面卷腹

15. 扭腰器练习

Twister

变式1 坐姿扭腰转体

变式2 滑轮转体

16. 坐姿滑轮划船背部伸展

Seated-row Back Extension

变式1 下压器背部伸展

变式2 滑轮硬拉背部伸展

变式3 史密斯机硬拉

17. 滑轮仰卧起坐

Cable Sit-up

18. 滑轮背部伸展

Cable Back Extension